# 人民币汇率波动效应计量分析

贾凯威　著

中国金融出版社

责任编辑：黄海清
责任校对：李俊英
责任印制：丁淮宾

图书在版编目（CIP）数据

人民币汇率波动效应计量分析（Renminbi Huilü Bodong Xiaoying Jiliang Fenxi）/贾凯威著．—北京：中国金融出版社，2015.5
ISBN 978 – 7 – 5049 – 8026 – 7

Ⅰ．①人…　Ⅱ．①贾…　Ⅲ．①人民币汇率—汇率波动—经济计量分析
Ⅳ．①F832.63

中国版本图书馆 CIP 数据核字（2015）第 150072 号

出版
发行　　中国金融出版社

社址　北京市丰台区益泽路 2 号
市场开发部　（010）63266347，63805472，63439533（传真）
网上书店　http://www.chinafph.com
　　　　　　（010）63286832，63365686（传真）
读者服务部　（010）66070833，62568380
邮编　100071
经销　新华书店
印刷　北京松源印刷有限公司
尺寸　169 毫米 ×239 毫米
印张　19.25
字数　400 千
版次　2015 年 7 月第 1 版
印次　2015 年 7 月第 1 次印刷
定价　55.00 元
ISBN 978 – 7 – 5049 – 8026 – 7/F. 7586
如出现印装错误本社负责调换　联系电话（010）63263947

# 前　　言

2005 年 7 月 21 日，这是个值得写入中国金融史的日子。这一天，人民币长达 11 年的盯住美元的形成制度宣告终结，取而代之的是参考一揽子货币、由市场供求决定其价值的有管理的浮动制度。2005 年 7 月 21 日，我国货币当局按照"主动、可控、渐进"的原则启动了人民币汇率机制改革，至今已历时近 10 年。经过 10 年的汇率机制改革，人民币已经从 2005 年 7 月 21 日前的 8.27RMB/USD 升值到 2015 年 2 月 13 日的 6.24RMB/USD，累计升值幅度逾 25%，最大升值幅度超 30%。值得关注的是，进入 2014 年以来，人民币汇率波动呈现出新的特征：第一，人民币汇率一改往日的单边升值态势，逐渐呈现出双向波动态势，汇率波动弹性明显增强。2014 年的 12 个月中，人民币兑美元中间价有 6 个月贬值、6 个月升值，2014 年全年人民币兑美元汇率中间价贬值 0.36%；与此相似，人民币兑美元即期汇率也有 6 个月升值、6 个月贬值，全年贬值 2.42%。整体来看，人民币已经由单边升值逐渐转变为双向波动。第二，伴随着汇率波动区间的放宽及人民币国际化步伐的加快，波动浮动明显加剧。2015 年 2 月 2 日，人民币兑美元即期汇率创 27 个月新低；3 日，人民币汇率连续 7 个交易日 6 天接近跌停；4 日，即期汇率开盘后再次下跌。伴随着人民币汇率波动的加剧，汇率波动及由此带来的波动效应逐渐成为政府、企业界及学术界关注的重点。首先，汇率是现代金融的核心变量之一，汇率的变化直接影响着国际资本流动的方向与规模，事关一国宏观经济稳定与安全，汇率波动及其调控对保持一国宏观经济稳定乃至区域经济稳定具有重要的现实意义。其次，随着我国开放度的提高，我国物价水平或通货膨胀水平受外部因素的影响日益严重。在欧美等主要发达经济体普遍实施量化政策、国际大宗商品价格持续大幅震荡、全球经济不确定性依然明显、国际资本流动频繁的背景下，我国物价水平或通货膨胀水平越来越受到外部因素的影响，输入型通货膨胀或紧缩已经逐渐成为我国货币当局面临的主要问题，对我国宏观经济稳定的管理提出了较大挑战。再次，我国地域广阔，东中西部地区产业结构、贸易依存度等均存在显著差异，汇率波动对我国经济具有显著的区域效应。最后，对于企业而言，我国是贸易大国，汇率水平及汇率波动影响着我国进出口企业的盈利水平及所面临的汇率风险，因此，准确计量汇率波动的效应对于企业规避风险具有重要的参考价值。

鉴于此，本书旨在对人民币汇率波动效应进行计量分析。全书分为八个部分：第一部分为引言，包括研究背景与意义、研究思路、研究方法与工具。第二部分着重利用非线性模型研究人民币汇率的决定，主要包括：基于 LSTAR 模型的购买力平价再研究、基准货币选择对汇率非线性特征的影响；基于 Markov 转移模型的汇率非线性决定研究、基于状态空间模型的人民币汇率时变性研究。第三部分对人民币汇率波动进行识别，着重研究其波动特征，主要包括汇率波动的 ARCH 类模型识别、人民币汇率的平稳性研究、人民币汇率结构突变杠杆效应研究、基于 Monte Carlo 及自举神经网络的汇率面板单位根检验等。第四部分着重研究汇率波动的物价传递效应，主要包括汇率影响物价水平的理论模型构建、基于递归 VAR 模型的汇率传递实证研究、经济周期视角下的汇率传递非对称性计量研究、基于边限协整模型的汇率传递非对称性研究、基于面板与 VAR 模型的 BRICS 汇率传递研究等。第五部分着重从理论与文献综述的角度探讨汇率波动对贸易的影响机制，分为国外文献综述、国内文献综述、汇率影响贸易的实证研究等。第六部分从全国、省域及区域等多个层面研究汇率波动对经济增长与通货膨胀的影响，重点探讨了人民币区域有效汇率指数的构建与应用。此外，还对石油价格、汇率机制改革等因素对经济增长与通货膨胀的影响进行了实证研究。第七部分以辽宁省上市公司为样本数据，在构建区域有效汇率指数并估计汇率波动的基础上，实证研究了辽宁省上市公司对汇率波动的承受能力，深化了当前的研究。第八部分将人民币汇率纳入全球视野进行研究，着重从金融传染的角度研究人民币汇率变化与股票市场间的动态关联性，分别采用了 VAR – MGARCH – BEKK 模型、Copula 模型及马尔科夫区制转移模型进行了实证研究。结果表明，确实存在汇市对股市的动态传染效应，且在低尾部的关联性显著大于高尾部的关联性。

本书得到了辽宁省教育厅科学研究一般项目——"企业对汇率波动承受能力的计量分析——以辽宁省为例"（No. 2012047）、辽宁省财政厅财政科研基金项目（No. 14D001）的资助。特此感谢！

贾凯威
**2015 年 2 月**

# 目　　录

# 引　言

## 0.1　选题背景与意义

汇率作为现代金融的核心变量一直是学术界关注的重点领域。国内外对汇率的研究主要包括三个部分：汇率的决定、汇率的波动或调整、汇率波动的影响。我国对汇率的研究也主要包括以上三部分。21 世纪初期以前，国内外对人民币汇率的研究主要侧重于人民币汇率的决定与调整，而人民币均衡汇率水平的决定及其调整路径成为研究重点，与当时人民币汇率水平扭曲、汇率形成机制急需改革的现状密不可分，而这些研究成果也为 2005 年 7 月 21 日的汇率机制改革提供了参考。当然，2005 年 7 月以后，伴随着人民币汇率机制改革的启动，对汇率水平的决定并没有结束。汇率改革启动后，围绕着人民币升值程度及未来的升值路径，国内外学者仍然对汇率水平尤其是均衡汇率水平的决定进行了大量而有成效的研究。例如，大量的研究结果表明，人民币汇率低估 25% ~ 30%，从而预测未来人民币将面临长期单边升值压力。从目前看，这些研究成果无疑是正确的。事实表明，截至 2014 年年末，人民币兑美元累计最大升值幅度已达到 30% 左右，且 2014 年以来人民币汇率已经一改往日的单边升值态势，呈现出双边弹性波动的态势。从即期汇率的变化态势看，2014 年人民币兑美元汇率升贬参半，呈现出贬—升—贬的态势。从 2014 年全年看，人民币兑美元汇率（中间价）贬值约 0.36%，即期汇率贬值约 2.42%。而 2013 年中国人民银行公布的人民币兑美元中间价累计升幅达 3.09%，即期累计升幅也超过 2.91%。可见，人民币汇率已经呈现出升贬参半的双向波动态势，人民币已经接近其均衡水平。此时，对人民币汇率的研究也逐渐由汇率均衡水平的决定转向汇率的波动及其影响。人民币汇率的波动与震荡使各市场主体面临的汇率风险与不确定性上升。那么，汇率波动如何识别？汇率波动的特征是线性的还是非线性的？汇率波动的效应又如何？对于企业而言，企业对汇率波动的承受能力如何计量？汇率波动是促进了区域经济收敛还是使区域经济差异进一步扩大？这些问题目前均有待进一步研究。这对于我国继续稳妥推进汇率机制改革、促进人民币国际化进程、保持宏观经济稳定态势、降低汇率风险等具有重要的理论价值与现实意义。

## 0.2 研究思路

在研究思路上，本书遵循汇率波动识别—汇率波动特征分析—汇率波动影响分析的思路。在汇率波动识别中，主要采用不同类型的 ARCH 类模型捕捉汇率波动的集聚性、非对称性，通过对比确定最优的波动识别模型。在此基础上，采用 STR 模型或 LSTR 模型重点研究汇率波动的特征，以判断其是否存在非线性调整行为。如果存在非线性调整行为，进一步判断其服从渐近调整行为还是跳跃式调整行为。最后，进一步研究汇率变化对一系列宏观、微观经济变量的影响，即汇率波动效应。这里在应用线性计量模型的同时，重点考虑非线性协整、非线性 ARDL 等模型的实证研究，以期得到更有价值的结论。

## 0.3 研究方法与工具

本书采用定性分析与定量分析相结合、规范分析与实证分析相结合的方法对汇率波动效应进行研究。具体地，从文献综述的角度阐述了人民币汇率波动影响宏观、微观经济的内在机制与原理，并对人民币汇率机制改革历程及相应的汇率变化特征进行了分析与描述。在定量研究方面，分别采用 ARCH 类模型、面板协整、递归 VAR 模型、非线性 ARDL 模型、谱回归分析模型等现代计量技术术对汇率波动效应进行实证分析。

本书模型的估计采用了多个计量或统计软件，包括 RATS8.0、EVIEWS8.0、Stata12.0 等，本书的末尾提供了不同模型估计软件的相关程序与命令。

# 1 人民币汇率决定再研究：非线性视角

有序扩大人民币汇率浮动区间，增强人民币汇率双向浮动弹性，保持人民币汇率在合理均衡水平上的基本稳定，一直是我国汇率机制改革的方向。2013年以前，我国金融市场、资本项目开放和人民币国际化都是在人民币升值通道中进行的。在人民币累计升值逾30%，经济进入经济增长换挡期、前期政策消化期、结构调整阵痛期，全球经济不确定性增强的背景下，国内外对当前人民币汇率是否处于均衡水平以及未来走势的争论与分歧再次升温。一旦形成人民币贬值预期，是否会造成急速贬值、资本外逃、冲击国内金融稳定，我国尚无应对经验。因此，需要抓紧研究并储备相关政策。基于非线性计量方法对人民币汇率决定、调整及其传递进行深入研究对引导国际资本合理流动、稳定汇率预期、促进宏观经济稳定、调控通货膨胀具有重要意义。

对于人民币汇率的均衡水平及其失调程度的研究脉络，可以用"两个基本点，一个中心"来概括。第一个基本点是所有研究均致力于选择或发展合适的汇率决定理论，借此找到汇率的决定变量；第二个基本点是模型设定形式。两个基本点均围绕着"一个中心"进行，即构建人民币汇率最优决定模型，确定其均衡水平，并对当前人民币汇率估值水平及失调程度作出真实、客观的评价。很明显，选择的变量不同，模型设定形式不同，均会影响人民币均衡汇率及其失调程度的测度。在汇率决定理论及变量选择方面，当前国内外大量研究文献主要侧重于对购买力平价理论及以 BEER 理论为代表的均衡汇率理论。当前基于购买力平价理论的研究成果有鲍银胜和刘国平（2013）、池光胜（2013）、杨长江和钟宁桦（2012）、张等人（Cheung et al.）（2013）、Cheung et al.，（2011）、徐家杰（2013，2012，2010）、王泽填和姚洋（2009）等。鲍银胜和刘国平（2013）在分析购买力平价理论的基础上，着重论述了平均劳动生产率对于一国货币汇率的决定性影响。杨长江和钟宁桦（2012）认为扩展型的购买力平价方法更适合于度量人民币均衡汇率水平，当前人民币汇率基本达到均衡水平，甚至处于高估状态，该研究仍然在线性框架下进行。徐家杰（2010）建立内外均衡条件下的购买力平价线性模型测度均衡汇率，结果表明，人民币兑美元汇率从 1994 年以后一直处于低估状态，但 2007 年以来低估程度明显缩小。王泽填和姚洋（2008）用线性购买力平价法估计人民币均衡汇率，发现 2005—2007 年人民币被低估的幅度分别为 23%、20% 和 16%，处于持续升值通道。王义中（2009）的线性估计结果表明，2008—2010 年，人民币实际有效汇率仍低估 20% 左右。综上，国外物价水平、本国物价水平、劳动生产率（鲍银胜和刘国平，2013）及考虑 PENN 效应的人均 GDP（杨长江和钟宁桦，2012；王泽填和姚洋，2009；Cheung 等，2008）成为当前线性 PPP 框架下的主要备选变量。基于 BEER 理论的研究成果有（Hind Lebdaoui，2013）、沈军（2013）、张志柏（2012）、任杰（2013）、王莉和李勇（2013）、孙章杰和傅强（2013）、高书丽（2013）、赵西亮和赵景文（2006）等。Hind Lebdaoui（2013）以 BEER 理论为基础，选择资本净流出、贸易条件、财政政策态势、外汇储备、货币政策态势、相对劳动生产率等基本面变量对人民币 1980—2012 年的汇率失调进行了度量，认为人民币汇率在低估 2.8% 至高估 2.16% 的区间内波动，且需要 6 年的时间恢复至均衡。Yuming Cui（2013）以 BEER 理论为框架，选择 BS 效应、贸易条件、开放度、外汇储备及 FDI 等变量构造 VAR 模型，对人民币汇率 1980—2012 年的失调程度进行了测度，认为 2007—2008 年的汇率接近均衡水平，而 2011 年中期以来再次低估达 25%。沈军（2013）以修正的 BEER 模型为理论依据，引入中国金融发展综合指标，运用协整检验与 H－P 滤波对 1994—2010 年的人民币均衡汇率水平和汇率失调程度进行了测算。结果表明：金融发展对人民币实际汇率有着较大程度的影响，人民币汇率失调在 5% 以内，失调程度轻微。任杰（2013）以均衡汇率理论中的 BEER 模型为基础，建立了人民币实际有效汇率的协整和误差修正模型，测算出人民币实际有效均衡汇率的波动范围，认为绝大多数年份的人民币名义汇率处于合理波动区间内。张志柏（2012）将行为均衡汇率模型拓展到非平稳面板数据，计算了人民币实际有效汇率。证据表明，人民币在 2009—2010 年出现一定程度的低估，但不是个别现象。在该理论的指导下，多数研究的参考变量有贸易条件、开放度、政府支出占 GDP 比重、外汇储备、货币供给、捕捉 BS 效应的非贸易品与贸易品价格比等。

在模型设定形式方面，国内外大量文献基本上都采用线性模型，其中线性单位根检验、协整检验及 VAR 模型的运用最为广泛，只有国外少数文献采用非线性模型（Chinn，1991；Meese & Rose，1991；Kanas，2000）研究人民币汇率的均衡及失调。

目前，国内外对汇率决定的研究存在以下问题：第一，大多数研究在关注汇率决定理论及变量选择的同时，对模型非线性设定形式的研究显得非常欠缺。目前，我们尚未见国内有汇率非线性决定研究的文献，研究有待深入。第二，线性模型意味着汇率对各解释变量的弹性系数为常数，这显然过于苛刻。因为，同一变量如贸易条件对汇率的影响程度甚至方向会伴随着环境的变化而变化，应当具有时变性。基于此，有必要对人民币均衡汇率及失调程度进行非线性计量研究，以弥补当前不足。第三，一直以来，人民币汇率的测度都是在线性框架下进行的，人民币汇率与各决定因素间是否存在非线性因果关系没有得到系统回答，当前汇率是否均衡仍存在分歧。鉴于此，本章首先以购买力平价模型为理论框架，对人民币汇率的非线性调整特征进行计量分析。在此基础上，进一步检验汇率非线性调整特征是否受币种选择因素的影响。其次采用马尔科夫区制转移模型深入研究人民币汇率决定的区制转移特征，着重研究其门限性及非对称性。最后为了深入研究汇率决定与调整的时变性，这里根据修正的泰勒规则，建立具有时变特征的动态空间模型，深入研究人民币汇率决定的时变性特征。

## 1.1　人民币购买力平价非线性调整再研究：LSTAR 还是 ESTAR?

自 2005 年 7 月人民币汇率机制改革以来，人民币汇率步入了单边升值的通道，截至 2013 年年底，人民币汇率升值程度逾 30%。2014 年 2 月末，人民币持续走低，步入双向波动阶段。那么，人民币双向波动是否意味着人民币汇率已经达到均衡水平？人民币的双向调整是否存在非对称特征？这些问题的解答与研究对于货币当局进一步扩大汇率浮动区间，稳步推进人民币汇率市场化及人民币国际化具有重要的理论与现实意义。基于此，这里旨在通过非线性框架对长期购买力平价进行再检验。

### 1.1.1　国内外文献综述

购买力平价理论最早由卡塞尔提出（Cassel，1918，1922），成为最具影响力的汇率决定理论之一。PPP 是向理论证伪开放的，在理论假说与经验事实的互动过程中不断改进和拓展（郑超愚等，2007），国内外学者也从来没有停止过对 PPP 理论的争论。PPP 理论发展至今，存在多种形式，主要包括绝对购买力平价（完全受约束）及相对购买力平价（完全不受约束）。大量文献利用传统的单位根方法检验 PPP 的合理性，并没有找到支持 PPP 的证据富兰克和罗斯（Frankel 和 Rose，1996）；泰勒和萨诺（Taylor 和 Sarno，1998）。

汇率向其长期均衡水平调整是经济内外均衡的必要条件（张斌，2004）。但是，贸易壁垒（Taylor，2004）、外汇干预（Bahmani - Oskooee 等，2008）、市场代理人异质性信念（Lilian 和 Taylor，2008）及汇率机制改革（Birrens，1997）等因素使得汇率的调整具有非线性与持续性。尤其值得注意的是，交易成本使汇率的变化存在无套利区间（interval of free arbitrage），当汇率处于无套利区间内时，汇率调整缓慢，持续性较强。当汇率处于无套利区间外时，交易主体套利动机明显增强，汇率调整或收敛的速度较快。因此，从理论上讲，汇率向其均衡水平的调整具有非线性。因此，部分研究否定 PPP 除了因为研究区间较短、无法涵盖 PPP 长期调整所需时间外，采用传统的 ADF、PP 单位根检验及 Johansen 协整检验也是重要原因。ADF、PP 等单位根检验以及 Johansen 协整检验的一个内含假设就是，变量对其自身的回归系数为常数，具有线性特征。此外，ECM 模型中的误差修正系数为常数，这显然与事实相左。

为此，后来的检验技术发展为非线性单位根检验与非线性协整检验等非线性计量技术，并找到了支持 PPP 的证据（Diebold 等，1991；Cheung 和 Lai，1993）。受恩德斯和格兰杰（Enders 和 Granger，1998）的影响，Lestari 等，（2003）利用非线性门限自回归模型 TAR 检验了购买力平价理论，检验结果支持部分约束 PPP 与无约束 PPP，但拒绝了绝对 PPP。此后，考虑摩擦因素的非线性框架被广泛应用于 PPP 的检验（Dumas，1992；Sercu 等，1995）。我国学者运用非线性模型研究汇率调整行为的时间较晚，成果仍然较少。现有研究结果表明，人民币真实汇率向长期 PPP 的调整过程具有非线性（刘青，2013；郑晓亚和尤海波，2012；封福育，2011；刘柏，2011；徐家杰，2010；丁剑平和谌卫学，2010；赵振全和刘柏，2008；张卫平，2007）。在众多非线性模型中，STAR 模型的应用成为广泛。STAR 模型分为指数平滑转移自回归模型（ESTAR）和非对称的对数平滑转移自回归模型（LSTAR）。目前，学术界对 ESTAR 模型与 LSTAR 模型的选择仍然存在较大争议。迈克尔等（Michael 等，1997）、鲍姆等（Baum 等，2001）采用具有对称性质的 ESTAR 模型，直接排除了 LSTAR 模型的应用。国内学者采用 LSTAR 模型的有刘柏（2011）、刘柏和赵振全（2008）等，使用 ESTAR 模型的有张卫平（2007）。由于 ESTAR、LSTAR 模型对汇率在不同区制的调整路径有不同的刻画，因此模型选择合适与否至关重要。基于此，论文采用 1994 年 1 月至 2013 年 4 月相关数据，对人民币汇率的调整行为进行再研究，并检验我国长期 PPP 是否成立。

## 1.1.2 购买力平价 PPP 与平滑转移自回归模型 STAR

### 1.1.2.1 购买力平价理论

根据绝对购买力平价理论，汇率水平是两个国家价格水平之比，即

$$E = \frac{P_t}{P_t^*} \tag{1}$$

其中，$P_t$、$P_t^*$ 分别表示国内价格水平和国外价格水平，$E$ 表示名义汇率水平。对模型（1）中等号两边取对数形式，则得到绝对购买力平价理论的一般形式：

$$e = p_t - p_t^* \tag{2}$$

模型（2）中小写字母分别代表模型（1）中各变量的对数形式。考虑汇率水平和价格水平的平稳性质，可以将模型（2）转化为如下形式：

$$q_t = e_t - p_t + p_t^* \tag{3}$$

其中，$q_t$ 就是实际汇率，如果 $q_t$ 是一个随机游动过程，则长期购买力平价不成立。虽然模型（3）在形式上与传统理论有所不同，但是它一方面要求国内外价格水平对称，另一方面要求价格水平与汇率水平呈比例，仍然是一种严格的购买力平价表示方法。随着协整技术的发展，变量的约束条件得到了极大的放松。购买力平价的形式可以转变为：

$$e_t = \alpha + \beta p_t + \beta^* p_t^* + \nu_t \tag{4}$$

其中，$\alpha$ 是常量，$\beta$ 和 $\beta^*$ 分别是国内外价格水平的系数，$\nu_t$ 是随机误差项，代表实际汇率偏离购买力平价的程度。由此可得长期购买力平价成立的充分条件为：① $\beta > 0, \beta^* < 0$；② $\nu_t$ 是一个平稳过程。

以上两个条件的实质是检验名义汇率水平、国内价格水平、国外价格水平之间是否存在某种稳定的线性关系。本文拟利用模型（4）检验购买力平价理论是否成立。

### 1.1.2.2 平滑转移自回归模型 STAR

对于时间序列 $\nu_t$，其 p 阶平滑转移自回归模型 STAR 可设定如下：

$$\nu_t = \varphi_0 + \varphi'_1 x_t + (\theta_0 + \theta'_1 x_t) G(s_t; \gamma, c) + u_t \tag{5}$$

$x_t = (\nu_{t-1}, \nu_{t-2}, \cdots, \nu_{t-p})'$，$\varphi_1 = (\varphi_1, \varphi_2, \cdots, \varphi_p)'$，$\theta_1 = (\theta_1, \theta_2, \cdots, \theta_p)'$ 为相应的参数向量，$G(\cdot)$ 为取值范围为 $[0, 1]$ 的连续型转移函数，$s_t$ 为转移变量，$c$ 为门限参数或阈值参数。假设 $u_t \sim n.i.d(0, \sigma^2)$。转移变量 $s_t$ 可以是单个随机

变量（如向量 $x$ 的某一分量），也可以是若干变量的线性组合或确定性变量（如线性时间趋势项）。在 STAR 模型中，经常假设 $s_t$ 为一滞后内生变量（Teräsvirta，1994），即 $s_t = \nu_{t-d}$，$d$ 为正整数。可以在该模型中加入外生变量 $z$ 作为外生解释变量，此时模型称为平滑转移模型 STAR（Teräsvirta，1998）。可以将 STAR 模型解释为具有两个区制的区制转移模型，两个区制分别对应着转移函数 $G$ 的两个极端值 0 与 1。转移函数 $G$ 取值在 0 与 1 之间时，呈现渐近转移特征。$t$ 时刻的区制由转移变量 $s$ 及相应的转移函数值 $G$ 确定。

在 STAR 模型中，汇率向均衡汇率的调整过程是连续的，其调整速度随着汇率偏离长期 PPP 程度的变化而变化，呈现出时变性特征。与非线性 TAR 模型不同（Tong，1990），STAR 模型中的汇率调整具有渐变性（连续性），而不是突变性（离散性），因此 STAR 模型与 TAR 模型相比，更适用于描述汇率的非线性调整（Michael 等，1997）。原因有二：第一，价格黏性决定了汇率调整在很大程度上是连续的，而不是离散的；第二，即使单个经济个体作出离散性决策，也是在不同时点上作出的，从而具有相当的连续性。

转移函数包括 LSTAR 函数及 ESTAR 函数，可分别表示如下：

$$\text{LSTAR：} G(s_t;\gamma,c) = \{1 + \exp[-\gamma(s_t - c)]\}^{-1}, \gamma > 0 \tag{6}$$

$$\text{ESTAR：} G(s_t;\gamma,c) = 1 - \exp[-\gamma(s_t - c)^2], \gamma > 0 \tag{7}$$

在以上模型中，参数 $\gamma$ 是对转移速度或区制转移平滑度的测度。$c$ 为变量 $s$ 的取值，是两个区制的分界点。若汇率非线性调整模型最终确定为 LSTAR 模型，则两个区制分别为升值区制与贬值区制。两个区制的调整速度因汇率的不同失调程度而存在差异。此时，LSTAR 转移函数呈 S 型，且是 $s$ 的单调递增函数。该模型表明，实际汇率高估或低估时，其向均衡水平的调整速度存在非对称性。当选择 ESTAR 模型时，模型在 $s = c$ 处对称，呈 U 型。此时，两个区制内的汇率调整行为非常相似。当 $G$ 取值为 0 或 1 时，ESTAR 模型简化为线性模型。

LSTAR 及 ESTAR 模型描述了不同的动态调整路径。其主要区别在于市场代理人在应对相同的汇率冲击时，会作出方向相反的响应。在 ESTAR 模型下，代理人在阈值两侧会作出对称的响应，即汇率高估与低估都不影响汇率的调整速度；在 LSTAR 模型下，代理人的响应则具有非对称性。

### 1.1.3　长期购买力平价非线性调整的实证研究

#### 1.1.3.1　数据选择与说明

论文采用 1994 年 1 月至 2013 年 4 月的月度数据，囊括了"单一盯住美元"

与"盯住一揽子货币"两种汇率机制，便于在尽可能长的时间范围内研究我国汇率的调整情况。名义汇率选择人民币兑美元汇率 $e$，国内物价水平来自我国的月度环比 CPI 数据 $P$，外国价格水平采用美国环比 CPI 数据 $P^*$。采用环比价格指数，有利于剔除各国物价水平周期性因素的影响。

### 1.1.3.2　单位根检验与协整检验

**表 1-1**　　　　　　　　　　　　　　　　单位根检验

| 变量 | 检验形式（C，T，L） | ADF 值 | 5% 临界值 | 相伴概率 $P$ |
|---|---|---|---|---|
| $e$ | $C$，0，2 | -2.0201 | -2.8729 | 0.2781 |
| $p$ | $C$，0，12 | -1.4763 | -2.8733 | 0.5441 |
| $P^*$ | $C$，$T$，2 | -3.0855 | -3.4279 | 0.1120 |
| $\Delta e$ | 0，0，1 | -10.9126 | -1.9420 | 0.0000 |
| $\Delta p$ | 0，0，11 | -2.9214 | -1.9421 | 0.0036 |
| $\Delta P^*$ | 0，0，1 | -8.6929 | -1.9420 | 0.0000 |

检验结果表明，三个变量均不能拒绝"至少含有一个单位根"的原假设，而三个变量一阶差分变量均在 1% 的显著性水平上拒绝了原假设。这表明，三个变量均为 1 阶单整变量。

由于模型（4）具有两个解释变量，这里采用 Johansen 协整检验对三个变量间的协整关系进行检验。检验结果表明，三个变量间有且仅有一个协整关系，但是协整向量符号与理论符号相反（$e = 0.0047 - 1.437p + 0.2778p^*$），且国内物价 $p$ 对汇率的影响不显著，不符合经济理论与实际情况。这表明，传统的协整检验理论不能满足我国 PPP 的检验。一个重要的原因在于，传统的 Johansen 协整检验是在线性框架下进行的，而这显然是不合理的。第一，汇率机制改革使国内物价水平变化影响汇率调整的机制发生变化，使汇率对国内物价水平变化的响应系数并非常数。第二，市场摩擦因素（如贸易壁垒、交易成本、外汇干预及结构性断点等）使汇率的变化存在无套利区间。在无套利区间内，汇率调整的积极性较低，调整速度缓慢；而在无套利区间外，汇率调整速度与积极性较高，因此，汇率向长期 PPP 的调整存在非线性特征。BDS（Brock, Dechert 和 Scheinkman, 1987）独立同分布检验也已表明，模型（4）产生的样本残差不满足独立同分步特征，表明汇率调整具有非线性特征。

### 1.1.3.3　汇率调整非线性行为研究

**1. STAR 非线性检验**

在构建与估计 STAR 模型之前，首先检验序列是否存在 STAR 非线性性质。

Teräsvirta（1994，1998）对模型线性检验进行了研究。为使线性检验的相关计算简化，定义 $G^* = G - 1/2$。模型（5）可重新表示为：

$$\nu_t = \varphi_0 + \varphi'_1 x_t + (\theta_0 + \theta'_1 x_t) G^*(s_t; \gamma, c) + u_t \qquad (8)$$

将不同类型的转移函数进行泰勒近似（即将转移函数在 $\gamma = 0$ 处泰勒展开），并用泰勒近似式代替原转移函数。此时，以 Logistic 函数及 Exponential 函数作为转移函数的模型（5）可分别表示成以下形式：

$$\text{LSTAR}: \nu_t = \beta'_0 x_t + \beta'_1 x_t s_t + \beta'_2 x_t s_t^2 + \beta'_3 x_t s_t^3 + \mu_t \qquad (9)$$

$$\text{ESTAR}: \nu_t = \beta'_0 x_t + \beta'_1 x_t s_t + \beta'_2 x_t s_t^2 + \beta'_3 x_t s_t^3 + \beta'_4 x_t s_t^4 + \mu_t \qquad (10)$$

此时，时间序列是否具有 STAR 非线性性质，只需要检验模型（5）中的 $\gamma$ 是否等于零，该假设对应着模型（9）与模型（10）中的 $\beta'_j = 0$（$j = 1, 2, 3, 4$）。根据 Granger 和 Terasvirta（1993）的研究结果，基于模型（9）的 F 检验对模型（10）同样具有检验功效，因此，检验序列是否具有 STAR 非线性，只需要以模型（9）为基础进行 F 检验就可以（小样本情况下更适合）。具体地：提出原假设：$H'_0: \beta'_1 = \beta'_2 = \beta'_3 = 0$。

（1）在线性原假设下，即 $\beta'_1 = \beta'_2 = \beta'_3 = 0$，对模型（9）进行 OLS 估计，得到样本残差 $\hat{e}_t$，并计算其残差平方和 $SSR_0 = \sum_{t=1}^{T} \hat{e}_t^2$

（2）令 $\beta'_0 = 0$，对辅助回归式 $\nu_t = \beta'_1 x_t s_t + \beta'_2 x_t s_t^2 + \beta'_3 x_t s_t^3 + e_t$ 进行 OLS 估计，得到其残差平方和 $SSR_1 = \sum_{t=1}^{T} \hat{e}_t^2$

（3）计算 F 统计量：

$$F = \frac{(SSR_0 - SSR_1)/3p}{SSR_1/(T - 4p - 1)} \qquad (11)$$

$p$ 为解释变量个数。在原假设下，$F$ 统计量渐近服从于自由度为（$3p, T - 4p - 1$）的 $F$ 分布。当 $F$ 统计量大于其临界值时，拒绝原假设，此时应当选择非线性的 STAR 模型。

对残差序列进行自相关分析，根据其 ACF 及 PACF 可知，序列 $\nu_t$ 的 ACF 具有 2 阶截尾性，即 $p = 2$。此时，转移变量 $s_t = \nu_{t-1}$ 或 $\nu_{t-2}$。

表 1-2　　　　　　　　　　　　STAR 非线性检验

| 转移变量 | $\chi^2$ | $\chi^2$ 自由度 | P 值（$\chi^2$） | $F - stat$ | F 自由度 | P 值（$F$） |
|---|---|---|---|---|---|---|
| $lag1$ | 46. 4222 | 6 | 0. 0000 | 9. 1523 | （6，242） | 0. 0000 |
| $lag2$ | 32. 7447 | 6 | 0. 0000 | 6. 0512 | （6，242） | 0. 0000 |

注：Null Hypothesis：no smooth threshold nonlinearity，结果来自 S - plus8. 0。

可以看出，无论是以 $v_{t-1}$ 还是以 $v_{t-2}$ 为转移变量，$\chi^2$ 统计量及 $F$ 统计量的相伴概率均为 0，可以拒绝原假设。这表明，序列存在 STAR 非线性特征。由于 $v_{t-1}$ 的 $F$ 值大于 $v_{t-2}$ 的 $F$ 值，这里选择 $v_{t-1}$ 作为 STAR 模型的转移变量（Lestari 等，2013；Van Dijk，1999）。

2. STAR 模型转型函数类型选择

在确定变量存在 STAR 非线性特征之后，如何确定合适的转移函数 $G$ 成为关键。基于模型（8）与模型（9），可以根据以下检验程序判断转移函数的具体形式：

$$H_{04} : \beta'_4 = 0$$
$$H_{03} : \beta'_3 = 0 \,|\, \beta'_4 = 0$$
$$H_{02} : \beta'_2 = 0 \,|\, \beta'_4 = \beta'_3 = 0 \qquad (12)$$

其检验逻辑如下，如果原假设拒绝 $H_{04}$，则选择 LSTAR 模型；拒绝原假设 $H_{03}$，则选择 ESTAR 模型；拒绝原假设 $H_{02}$，则选择 LSTAR 模型。

根据检验结果，原假设 $H_{04}$ 在 1% 的显著性水平下被拒绝，因此，LSTAR 模型更适用于刻画人民币汇率的非线性特征。这与谢赤等（2005）、徐家杰（2010）等的研究结果一致。这表明，人民币汇率的非线性行为与门限值（或阈值）存在非对称性。具体地，人民币汇率调整具有高区制与低区制两个区制，人民币汇率在高低两个区制间进行转换。

3. LSTAR 模型估计

在确定转移变量及模型形式的基础上，采用 NLS 方法对模型进行估计。参数估计如下：

$$\hat{\theta} = (\hat{\varphi}'_1, \hat{\varphi}'_2, \hat{\gamma}, \hat{c}) = \underset{\theta}{\arg\min} Q_T(\theta) = \underset{\theta}{\arg\min} \sum_{t=1}^{T} \left[ v_t - F(x_t; \theta) \right]^2 \quad (13)$$

$$F(x_t; \theta) = \varphi_0 + \varphi'_1 x_t + (\theta_0 + \theta'_1 x_t) G(s_t; \gamma, c) + u_t \qquad (14)$$

在随机扰动项 $u_t$ 服从正态分布假设下，NLS 估计等价与极大似然估计。如果随机扰动项 $u_t$ 不服从正态分布，NLS 估计为准极大似然估计。因此，NLS 估计量满足一致性且渐近服从正态分布。具体地，这里采用 S-plus 软件进行估计。在模型估计过程前，需要确定参数 $\gamma, c$ 的初始值，这里通过二维 grid search 方法求得两参数初始值。经计算，$\gamma = 0.743^{**}$，$c = -0.018^{***}$，且分别在 5% 与 1% 的显著性水平上显著。在此基础上，对模型的估计结果为：

$$v_t = (-2.30 + 0.5121 v_{t-1} - 0.333 v_{t-2})(1 - G)$$
$$+ (0.198 + 0.097 v_{t-1} + 0.111 v_{t-2}) G$$

$$= -2.30 + 0.5121v_{t-1} - 0.333v_{t-2}$$
$$+ (2.498 - 0.415v_{t-1} - 0.222v_{t-2})G \qquad (15)$$
$$G = [1 + e^{-0.743(v_{t-1}+0.018)}]^{-1}$$

从估计结果可知，人民币汇率非线性调整平滑系数为 0.743，高于张卫平（2007）的 0.5159 及郝立亚和朱慧明（2008）的 0.1061，即本文的人民币汇率均值回归速度高于其他研究结果。可能原因如下：第一，汇率机制改革使汇率的决定与调整更具有市场化特征，调整速度加快。第二，我国与国际市场的接轨在很大程度上降低了关税壁垒，汇率调整更迅速，无套利区间趋于狭窄。第三，伴随着汇率机制改革的深入，政府减少了对外汇市场的干预，且汇率波动区间逐渐扩大，这都增强了汇率向其均值的回复速度。

### 1.1.4 小结

以购买力平价为理论模型，利用 1994 年 1 月到 2013 年 2 月的月度数据，对我国汇率调整的非线性行为进行了实证研究。结果表明：

第一，传统的协整检验理论不能满足我国 PPP 适用性的检验。一个重要的原因在于，传统的 Johansen 协整检验是在线性框架下进行的，"不存在协整关系"的原假设被拒绝意味着，汇率、我国物价水平与外国物价水平间存在着一个稳定的线性关系，这表明汇率向长期 PPP 的调整是线性的、匀速的，而这显然是不合理的。首先，我国汇率机制改革使得国内物价水平变化影响汇率调整的机制发生变化，从而使得汇率对国内物价水平变化的响应系数并非常数。其次，市场摩擦因素（如贸易壁垒、交易成本、外汇干预及结构性断点等）使得汇率的变化存在无套利区间。在无套利区间内，汇率调整的积极性较低，调整速度缓慢；而在无套利区间外，汇率调整速度与积极性较高，因此，汇率向长期 PPP 的调整存在非线性特征。BDS 独立同分布检验也已表明，汇率调整存在着非线性特征。

第二，基于 PPP 的人民币真实汇率调整具有 LSTAR 非线性特征。这与张卫平（2007）、郝立亚和朱慧明（2008）、谢赤等（2005）、徐家杰（2010）等的研究结果一致。这再次表明，人民币汇率的非线性行为存在非对称性。具体地，人民币汇率调整具有高区制与低区制两个区制，人民币汇率在高低两个区制间进行转换。

第三，人民币汇率目前已经达到基本均衡水平。LSTAR 模型中的 c 值为 -0.018（或 -1.8%），这表明，人民币真实汇率只需再升值 1.8% 就可以达到均衡水平。可见，人民币已经达到基本均衡水平。

第四，人民币汇率非线性调整平滑系数为 0.743，高于张卫平（2007）的 0.5159 及郝立亚和朱慧明（2008）的 0.1061，即本文的人民币汇率均值回归速度高于其他研究结果。首先，汇率机制改革使汇率的决定与调整更具有市场化特征，调整速度加快。其次，我国与国际市场的接轨在很大程度上降低了关税壁垒，汇率调整更迅速，无套利区间趋于狭窄。再次，伴随着汇率机制改革的深入，政府减少了对外汇市场的干预，且汇率波动区间逐渐扩大，这都增强了汇率向其均值的回复速度。

## 1.2 基准货币的选择影响人民币汇率非线性性吗？——来自美元、英镑与日元的证据[①]

### 1.2.1 引言

越来越多的研究表明，汇率调整具有显著的非线性特征（刘青，2013；Sarno，2000；Sarno 和 Taylor，2002）。与此同时，国外学者也从理论上找到了汇率调整具有非线性行为的依据，包括贸易壁垒因素（Taylor 等，2001）、外汇干预因素（Taylor，2004）、市场主体异质性信念或多重均衡因素［基利思（Kilian 和 Taylor，2003）］、结构性断点因素（Bierens，1997）等。

目前对人民币实际汇率的非线性类型是否与基准货币选择有关的研究仍不多见，而对不同基准货币下的人民币实际汇率非线性调整的差异性分析有助于提高不同基准货币下的人民币实际汇率的预测精度，为外汇市场投资主体提供决策依据。

论文结构如下：第二部分为模型与方法；第三部分为实证分析；第四部分总结全文。

### 1.2.2 模型与方法

1.2.2.1 购买力平价与真实汇率

PPP 理论可表述如下：

$$P_t = (S_t)(P_t^*) \tag{1}$$

① 基金项目：辽宁省教育厅科学研究一般项目（W2012047）。

模型中，$S_t$ 表示一国名义汇率，定义为单位外币的本币价格，$P_t$ 与 $P_t^*$ 分别表示本国与外国物价水平。名义汇率去除各国物价水平的影响后就成为真实汇率。但是，模型（1）要求价格水平与汇率水平呈比例，人为施加了一种较为严格的约束，因此，这里采用相对购买力平价模型估计真实汇率水平：

$$s_t = \alpha_0 + \alpha_1 p_t + \alpha_2 p_t^* + q_t \tag{2}$$

模型（2）中小写字母表示模型（1）中相应变量的对数形式，$q_t$ 表示实际汇率偏离购买力平价的程度，通过 $q_t$ 的平稳性检验可以判断 PPP 是否成立。可以从现有文献看，判断真实汇率稳定与否的主要检验工具为线性模型，如 ADF 检验。该检验方法的一个重要假设是：真实汇率的调整速度 $\rho$ 是不变的、连续的，而没有考虑到汇率偏离 PPP 的程度。即

$$\Delta q_t = \alpha + \rho q_{t-1} + \sum_{j=1}^{p} \lambda_j \Delta q_{t-j} + \varepsilon_t \tag{3}$$

### 1.2.2.2 实际汇率非线性检验

模型（3）的缺陷主要表现为自回归系数 $\rho$ 为常数。为此，需要考虑具有变异性 $\rho$ 的非线性模型，如 STAR 模型（Granger 和 Terasvirta，1993）。在 STAR 模型中，汇率的调整速度伴随着汇率偏离 PPP 程度的变化而变化。目前，主要有两类 STAR 模型，指数 STAR 模型与逻辑 STAR 模型，分别记为 ESTAR 模型与 LSTAR 模型。ESTAR 模型意味着汇率向其均衡水平的调整具有对称性，而不受汇率失调方向的影响。无论是高估还是低估，汇率的调整速度相同，但是方向相反。而 LSTAR 模型的调整行为则具有非对称性。Taylor 等（2001）认为，从先验的角度出发，ESTAR 模型不适合于描述真实汇率的调整行为，该模型忽略了汇率高估及低估时向均衡水平偏离的非对称性。在存在非线性的前提下，建立在不同模型对数据拟合程度基础上的模型选择似乎显得更为合理。为此，对真实汇率 $q$ 构建如下 STAR 模型：

$$\Delta q_t = \alpha' + \rho' q_{t-1} + \sum_{j=1}^{p} \lambda'_j \Delta q_{t-j} + \left\{ \alpha_0 + \rho_0 q_{t-1} + \sum_{j=1}^{p} \lambda_{0j} \Delta q_{t-j} \right\} G(\theta; q_{t-d}) + \varepsilon_t \tag{4}$$

$G(\theta; q_{t-d})$ 为转移函数，其值域为 $[0，1]$，该函数决定着汇率的均值回复程度。$\theta > 0$ 为平滑转移参数，决定着汇率平滑转移的速度，该值越小表明汇率在两个区制间的转移速度越慢。$d$ 为时滞参数，表明汇率向其均衡水平的收敛调整具有滞后性。$\varepsilon_t$ 为服从零均值、同方差的白噪音过程。

当平滑系数 $\theta = 0$ 时，模型（4）就简化为模型（3）。当汇率调整确实存在模型（4）所描述的非线性行为时，用线性模型进行研究则存在设定偏误。这时，模

型（3）中 $\rho$ 的估计值相当于模型（4）中的待估参数 $\rho_0$ 与 $\rho'$ 之和，此时，模型（3）中的 $\rho$ 的估计不满足一致性。因此，$\rho_0$ 与 $\rho'$ 的估计非常关键。如前所述，汇率向其均衡水平的收敛速度与其失衡程度正相关。这意味着，当偏离程度较小时，真实汇率 $q$ 具有单位根特征或发散行为，此时允许 $\rho' > 0$。但是，当汇率偏离程度较大时，真实汇率 $q$ 具有均值回复特征，此时要求 $\rho_0 < 0$，$\rho_0 + \rho' < 0$。

根据 Terasvirta（1994），STAR 模型的识别分三个阶段：首先要确定线性自回归模型的阶数，这里根据 PACF 的截尾性判断其滞后阶数；其次，根据经济含义确定最大时滞参数 $D$，并确定最优时滞参数 $d \in [1, D]$，检验模型的非线性性。如果"线性模型"原假设被拒绝，根据 F 值最大原则或 p 最小原则获取时滞参数 $d$。最后，构建辅助回归式，通过一系列嵌套假设检验在 LSTAR 与 ESTAR 模型间作出选择。

为了检验模型是否存在非线性，需要对转移函数在 $\theta = 0$ 处进行三阶泰勒近似，形成以下辅助回归式：

$$q_t = \alpha\sigma_0 + \sum_{j=1}^{p} \alpha_j q_{t-j} + \sum_{j=1}^{p} (\beta_{1j} q_{t-j} q_{t-d} + \beta_{2j} q_{t-j} q_{t-d}^2 + \beta_{3j} q_{t-j} q_{t-d}^3) + \varepsilon_t \quad (5)$$

据此提出原假设 $H_0$（$\beta_{1j} = \beta_{2j} = \beta_{3j} = 0, j = 1, \cdots, p$）与备择假设 $H_1$（至少有一个 $\beta_{ij} \neq 0$，$i = 1, 2, 3$）。拒绝 $H_0$ 意味着真实汇率调整存在 STAR 非线性特征，这可以通过 F 检验得到。为了确定时滞参数 $d$，基于模型（5）的非线性检验需要尝试不同的 $d$ 值，一般情况下要求 $1 \leqslant d \leqslant D$（Terasvirta 和 Anderson 1992）。如果有一个以上的 $d$ 值使得基于模型（5）的线性检验被拒绝，则选择使相伴概率 $P$ 达到最小时的时滞参数作为 $d$ 的最优值或 LM − F 统计量最大时的时滞参数作为 $d$。第三个阶段的关键是在 LSTAR 模型与 ESTAR 模型间作出选择。根据 Terasvirta 和 Anderson（1992），可以通过检验以下嵌套假设完成：

$$H_{03}: \beta_{3j} = 0, j = 1, \cdots, p$$
$$H_{02}: \beta_{2j} = 0 \mid \beta_{3j} = 0, j = 1, \cdots, p$$
$$H_{01}: \beta_{1j} = 0 \mid \beta_{2j} = \beta_{3j} = 0, j = 1, \cdots, p \quad (6)$$

如果原假设 $H_{03}$ 被拒绝，选择 LSTAR 模型。如果在接受 $H_{03}$ 的条件下，拒绝原假设 $H_{02}$，选择 ESTAR 模型。在接受 $H_{02}$ 的情况下，拒绝 $H_{01}$，则选择 LSTAR 模型。此外，Granger 和 Terasvirta（1993）及 Terasvirta（1994）认为，在构建辅助回归模型（5）时，如果泰勒展开阶数较低，以上检验可能会导致模型选择的错误。为此，他们建议根据 F 检验统计量的相伴概率判断模型类型，即选择最小相伴概率对应的模型。因此，在拒绝线性原假设后，如果原假设 $H_{03}$、$H_{01}$ 的 p

值最小，则选择 LSTAR 模型；如果原假设 $H_{02}$ 的 p 值最小，则选择 ESTAR 模型。

### 1.2.3 实证分析

#### 1.2.3.1 数据

以人民币汇率为研究对象，分别以美元、日元、英镑三种货币为基准货币，判断人民币实际汇率的非线性平稳性。因此，所需数据有人民币兑不同货币的名义汇率、中国与其他三国的物价指数 CPI。数据区间为 1994 年 1 月至 2014 年 1 月。其中，人民币兑各国货币的名义汇率来自 Pacific Exchange Rate Service，各国 CPI 来自各国统计局。首先将 CPI 数据转化为以 1994 年 1 月为基期的定基数据，在此基础上根据模型（2）求得人民币兑不同货币的真实汇率序列，如图 1 - 1 所示。序列 q1、q2、q3 分别表示人民币以美元、英镑及日元为基准货币的真实汇率。

**图 1 - 1　真实汇率走势**

#### 1.2.3.2 单位根检验

首先判断各序列是否满足线性平稳性。为此，采用 ADF、Zivot 和 Andrews 两种单位根方法进行检验。ADF 检验结果见表 1 - 3。从检验结果看，以美元、英镑及日元为基准货币的人民币汇率均为 I（1）过程。这表明，如果仅以 ADF 检验结果为准的话，人民币真实汇率为非平稳过程，人民币对 PPP 的失衡不具有均值回复特征。

表 1 - 3　　　　　　　　　　　　　ADF 单位根检验

|  | 检验形式（C，T，L） | ADF 统计量 | 5% 临界值 | 相伴概率 |
|---|---|---|---|---|
| q1 | C，T，12 | - 1.9620 | - 3.4296 | 0.6184 |
| D（q1） | 0，0，11 | - 5.0867 | - 1.9422 | 0.0000 |
| q2 | C，T，1 | - 1.2029 | - 3.4287 | 0.9070 |
| D（q2） | 0，0，0 | - 11.9506 | - 1.9421 | 0.0000 |
| q3 | C，0，6 | - 2.3831 | - 2.8737 | 0.1476 |
| D（q3） | 0，0，5 | - 6.3719 | - 1.9421 | 0.0000 |

注：D（ ）表示对括号内变量取一阶差分。

但是，人民币汇率在以上样本期内可能包括由 1997 年东南亚金融危机、2005 年人民币汇率机制改革、2007 年美国次贷危机等事件导致的结构性断点，而 ADF 检验并没有考虑到这些结构性断点对序列平稳性的影响。为了检验是否存在结构性断点，这里采用 Zivot 和 Andrews（1992）单位根检验方法。

Zivot 和 Andrews（1992）的单位根检验包括三个模型。模型 A 用于检验均值的结构性断点，模型 B 用于检验斜率或趋势的结构性断点，模型 C 用于检验均值与斜率同时存在结构性断点。

表 1 - 4　　　Zivot 和 Andrews（1992）单位根检验（一个结构性断点）

| | 模型 A：Allowing for Break in Intercept Only | | 模型 B：Allowing for Break in Trend Only | | 模型 C：Allowing for Break in both Intercept and Trend | |
| --- | --- | --- | --- | --- | --- | --- |
| | T 统计量 | Time of Break | T 统计量 | Time of Break | T 统计量 | Time of Break |
| $q1$ | - 3. 3121 | 2005：8 | - 3. 4757 | 2005：9 | - 3. 7966 | 2005：6 |
| $q2$ | - 4. 2333 | 2005：8 | - 3. 7153 | 2005：8 | - 4. 3679 | 2005：5 |
| $q3$ | - 5. 2489* | 2005：9 | - 5. 1225** | 2005：8 | - 5. 3287* | 2005：7 |

Zivot 和 Andrews（1992）的原假设为"序列含有单位根"，其备择假设为"序列为均值平稳、趋势平均、均值与趋势平稳"。从表 1 - 4 的估计结果看，Zivot 和 Andrews 单位根检验结果并不理想，只有以日元为基准货币的人民币实际汇率序列 $q3$ 拒绝了单位根原假设，而以美元及英镑为基准货币的人民币实际汇率序列仍然为非平稳过程。Zivot 和 Andrews 检验还表明，人民币实际汇率在2005 年 6 ~ 9 月确实存在结构性断点，进一步说明 ADF 单位根检验不适用于检验我国汇率机制改革背景下的人民币实际汇率平稳性。

尽管 Zivot 和 Andrews 检验比 ADF 检验的检验功效有所提高，但是由于 Zivot 和 Andrews 检验只能对一个未知结构性断点进行检验，对于含有多个未知结构性断点的检验仍然存在局限。人民币实际汇率有可能还包含其他多个结构性断点（如 1997 年金融危机、2007 年金融危机等），而 Zivot 和 Andrews 检验只能对一个结构性断点进行判断。Zivot 和 Andrews 检验与 ADF 检验均不能解释真实汇率序列的非线性性。如果序列存在非线性性，那么基于 ADF 或 Zivot 和 Andrews 的单位根检验势必导致错误的结果。为此，需要在进一步判断真实汇率存在非线性的基础上进行 KSS 检验。

1.2.3.3　人民币真实汇率非线性检验

为了检验人民币真实汇率调整是否存在非线性性，这里按照 Terasvirta

（1994）的做法，对序列是否存在 STAR 非线性性进行检验，在此基础上进一步判断该非线性性是 LSTAR 还是 ESTAR。

1. AR（P）模型构建

滞后阶数 p 根据 PAC 的截尾性确定。从图 1-2 可以看出，三个序列的偏自回归函数均具有显著的截尾特征。序列 q1、q2、q3 的 PACF 分别具有 1 阶、2 阶及 2 阶截尾性，因此，三个序列的 AR 模型分别为 AR（1）、AR（2）、AR（12）。

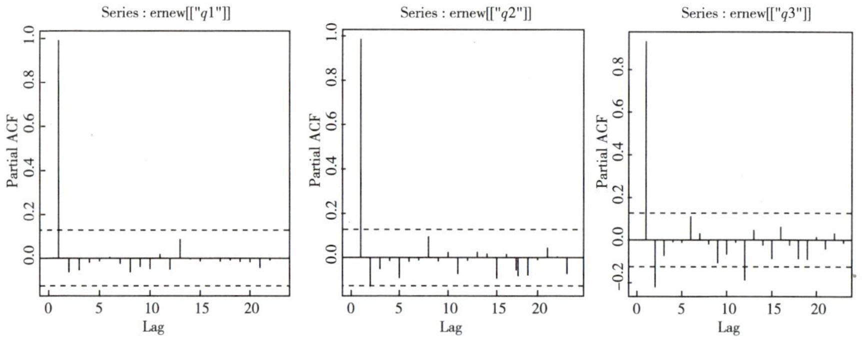

**图 1-2　真实汇率 PACF**

2. 时滞参数 d 的确定

由于采用的是月度数据，且 Taylor（2001）认为汇率调整的半衰期为 3~5 年，故这里选择 $D = 36$。根据模型（5）的估计结果见表 1-5，受篇幅限制，这里仅列出 $d = 1 \sim 16$ 时各序列的检验结果。

表 1-5　　　　　　　　　　**Nonlinearity Test：STAR Nonlinearity**

| $d$ | 变量 q1（$p = 1$） | | 变量 q2（$p = 2$） | | 变量 q3（$p = 12$） | |
|---|---|---|---|---|---|---|
| | $LM - F$ 统计量 | $P$ 值 | $LM - F$ 统计量 | $P$ 值 | $LM - F$ 统计量 | $P$ 值 |
| 1 | 1.2916 | 0.2784 | 2.7768 ** | 0.0130 | 1.4923 | 0.1826 |
| 2 | 10.4395 *** | 0.0000 | 2.5909 ** | 0.0194 | 0.5838 | 0.7430 |
| 3 | 6.4925 *** | 0.0000 | 1.5540 | 0.1317 | 0.8309 | 0.5885 |
| 4 | 5.2300 *** | 0.0001 | 1.1187 | 0.3512 | 0.4764 | 0.8893 |
| 5 | 4.7365 *** | 0.0002 | 1.5167 | 0.1443 | 0.7040 | 0.7048 |
| 6 | 3.9504 *** | 0.0009 | 0.9098 | 0.5177 | 0.8713 | 0.5519 |
| 7 | 3.3364 *** | 0.0038 | 0.8832 | 0.5412 | 1.1173 | 0.3522 |
| 8 | 3.0643 *** | 0.0069 | 1.2037 | 0.2947 | 0.6154 | 0.7831 |
| 9 | 3.1851 *** | 0.0053 | 1.3908 | 0.1945 | 0.9141 | 0.5140 |

续表

| d | 变量 q1（p=1） | | 变量 q2（p=2） | | 变量 q3（p=12） | |
| --- | --- | --- | --- | --- | --- | --- |
| | $LM-F$ 统计量 | P 值 | $LM-F$ 统计量 | P 值 | $LM-F$ 统计量 | P 值 |
| 10 | 2.2846** | 0.0373 | 1.4403 | 0.1732 | 0.4168 | 0.9252 |
| 11 | 1.2291 | 0.2929 | 2.1613** | 0.0264 | 0.6816 | 0.7250 |
| 12 | 1.0009 | 0.4259 | 3.1326*** | 0.0015 | 1.0060 | 0.4366 |
| 13 | 0.7773 | 0.5886 | 3.8630*** | 0.0002 | 1.4683 | 0.1621 |
| 14 | 1.6749 | 0.1289 | 3.2650*** | 0.0010 | 1.8262* | 0.0657 |
| 15 | 2.6683** | 0.0164 | 2.5012*** | 0.0100 | 2.9717*** | 0.0025 |
| 16 | 3.2788*** | 0.0043 | 2.0292** | 0.0380 | 1.1121 | 0.1544 |

注：$H_0$：no smooth threshold nonlinearity. "＊＊＊"、"＊＊"、"＊"分别表示1%、5%、10%显著性水平。

从检验结果可知，序列 q1 在 d 取值为 2~10 及 15~16 时均显著地拒绝原假设"无 STAR 非线性"，其中，当 d=2 时，相伴概率为 0.0000，且 F 值最大（10.4395），因此，对于序列 q1 而言，最优 d 值为 2。序列 q2 在 d 取值为 1~2 及 11~16 时均显著地拒绝原假设，且当 d 值为 13 时，相伴概率为 0.0000，且 F 值最大（3.8630）。序列 q3 只有在 d 值为 15 时显著地拒绝原假设，因此最优 d 值为 15。因此，所有序列均具有 STAR 非线性特征，且时滞参数分别为 2、13、15。

#### 1.2.3.4　STAR 非线性类型判断：ESTAR 还是 LSTAR？

为了检验序列 q1、q2 与 q3 的非线性是 ESTAR 类型还是 LSTAR 类型，这里继续对三个序列按照模型（5）构建辅助回归式，辅助回归式分别如下：

$$q1_t = \alpha_0 + \alpha_1 q1_{t-1} + \beta_{11} q1_{t-1} q1_{t-2} + \beta_{21} q1_{t-1} q1_{t-2}^2 + \beta_{31} q1_{t-1} q1_{t-2}^3 + \varepsilon_t \qquad (7)$$

$$q2_t = \alpha_0 + \alpha_1 q2_{t-1} + \alpha_2 q2_{t-2} + \beta_{11} q2_{t-1} q2_{t-13} + \beta_{12} q2_{t-2} q2_{t-13}$$
$$+ \beta_{21} q2_{t-1} q2_{t-13}^2 + \beta_{22} q2_{t-2} q2_{t-13}^2 + \beta_{31} q2_{t-1} q2_{t-13}^3 + \beta_{32} q2_{t-2} q2_{t-13}^3 + \varepsilon_t \qquad (8)$$

$$q3_t = \alpha_0 + \alpha_1 q3_{t-1} + \alpha_2 q3_{t-2} + \beta_{11} q3_{t-1} q3_{t-15} + \beta_{12} q3_{t-2} q3_{t-15}$$
$$+ \beta_{21} q3_{t-1} q3_{t-15}^2 + \beta_{22} q3_{t-2} q3_{t-15}^2 + \beta_{31} q3_{t-1} q3_{t-15}^3 + \beta_{32} q3_{t-2} q3_{t-15}^3 + \varepsilon_t \qquad (9)$$

按照模型（6）进行一系列的嵌套检验，检验结果见表 1-6。

表 1-6　　　　　　　　　　　STAR 非线性类型判断

| | q1 | | | q2 | | | q3 | | |
| --- | --- | --- | --- | --- | --- | --- | --- | --- | --- |
| | $H_{03}$ | $H_{02}$ | $H_{01}$ | $H_{03}$ | $H_{02}$ | $H_{01}$ | $H_{03}$ | $H_{02}$ | $H_{01}$ |
| P 值 | 0.1093 | 0.0082 | 0.0374 | 0.2938 | 0.1320 | 0.0035 | 0.0635 | 0.4584 | 0.6669 |
| 结论 | | ESTAR | | | LSTAR | | | LATAR | |

从检验结果看，序列 q1 具有 ESTAR 非线性，而序列 q2、q3 则具有 LSTAR 非线性。这表明，人民币汇率非线性的类型对基准货币的选择具有较强的敏感性，研究人民币汇率非线性特征时不能一概而论。对以上 STAR 模型的估计结果如下所示：

$$q1_t = -0.0007 + 1.5868q1_{t-1} - 0.5865q1_{t-2} - (0.0021 + 0.5865q1_{t-1}$$
$$+ 0.0041q1_{t-2}) \cdot G$$
$$G = 1 - \exp[-29.142(q1_{t-2} + 0.181)^2] \tag{10}$$

$$q2_t = 0.001 + 0.899q2_{t-1} + 0.099q2_{t-2} + (-0.2 + 1.408q2_{t-1}$$
$$- 0.334q2_{t-2}) \cdot G$$
$$G = 1/[1 + \exp(-29.794 \cdot (q_{t-13} + 0.17))] \tag{11}$$

$$q3_t = 0.051 + 1.760q3_{t-1} - 0.809q3_{t-2} + (-0.068 + 0.415q3_{t-1}$$
$$+ 0.524q3_{t-2}) \cdot G$$
$$G = 1/[1 + \exp(-36.02 \cdot (q_{t-15} + 0.126))] \tag{12}$$

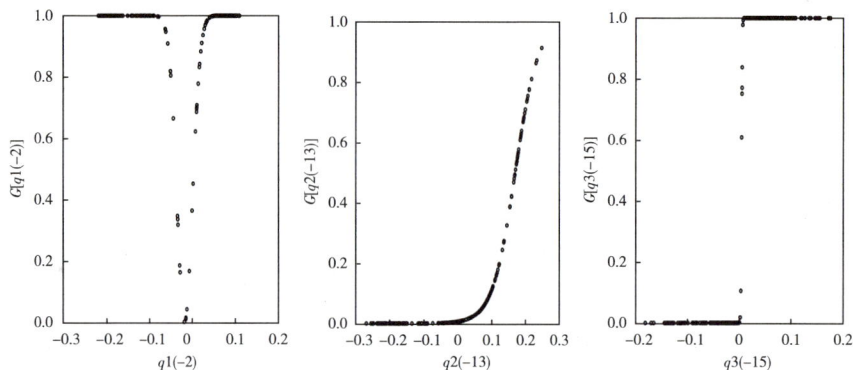

**图 1-3　序列 q1、q2、q3 的平滑转移函数**

从图 1-3 可知，人民币兑美元真实汇率的平滑转移函数具有对称性。从估计结果看，序列 q1 的平滑转移参数为 $\gamma = 29$，门限值为 -0.017。从运算结果看，当门限变量 $q1_{t-2}$ 偏离门限值 -0.017 程度较大时，转移函数取值为 1，汇率调整速度非常快。此时，汇率调整服从 AR（2）过程。具体地，在样本期间内，其偏离程度可用两个区间表示，分别为高估区间及低估区间。高估区间为 [-0.21，-0.11]，低估区间为 [0.08，0.11]，这两个区间构成了人民币兑美元汇率调整的高速度调整区制，该区制在两个区间内的调整速度相同，但是调整方向相反。当门限变量偏离门限值较小时，汇率向长期 PPP 的调整速度呈现出非线性，即渐近时变性。具体地，当汇率失调程度为（－0.11，0.08）时，汇率调整速度下降，且调整速度关于失衡程度正相关，即汇率越是接近均衡水平，其向均衡水平的调整速度越慢。一个重要的原因是，当汇率失衡程度较小时，套利的成本远远高于套利收益，套利动机较弱，汇率向其均衡水平的收敛速度较慢，这就形成了汇率调整的慢速区制。大量研究表明，汇率处于该区间时调整过程服从 random walk 过程，即具有发散性。但是，在该区间外，汇率调整具有平稳性。

与人民币兑美元实际汇率不同，人民币兑英镑实际汇率 $q2$ 的调整具有 LSTAR 非对称性特征。具体地，当实际汇率为负时，即人民币汇率高估时，汇率调整的速度非常慢。但是，当实际汇率为正时，即汇率低估时，汇率调整速度非常快。这就构成了汇率调整的两个区制，即高估慢区制与低估高区制。就 $q2$ 而言，人民币兑英镑汇率自 2009 年 2 月以来持续处于高估状态。此时，汇率调整速度非常慢，但是汇率波动加剧，表明存在"PPP 难题"。

从 $q3$ 的平滑转移函数看，转移函数取值大多为 0 或 1，只有少数在 0~1，转移函数的平滑度非常低。因此，SETAR 模型也许更合适。对 SETAR 模型的估计结果如下：

$$q3_t = \begin{cases} 0.002 + 1.166q3_{t-1} - 0.241q3_{t-2}, q3_{t-15} \leq 0.0903 \\ -0.016 + 1.188q3_{t-1} - 0.229q3_{t-2}, q3_{t-15} > 0.0903 \end{cases} \quad (13)$$

这表明，人民币兑日元实际汇率的调整在两个区制间的调整并不平滑。此外，通过比较当前人民币实际汇率 $q1$、$q2$、$q3$ 与各自的门限值，可以得出一致的结论：当前人民币实际汇率已经达到并超过其均衡水平，处于高估状态。具体地，2014 年 1 月，人民币兑美元实际汇率高估约 10%，人民币兑英镑实际汇率高估约 7%，人民币兑日元实际汇率高估约 12%。

由于序列 $q1$ 具有 ESTAR 非线性特征，这里对其进行 KSS 非线性单位根检验，KSS 检验包括三种形式的检验：原始数据检验、去均值检验、去均值与趋势检验。表 1-7 给出了 KSS 检验的结果[①]。

---

① 由于 KSS 检验原假设为"含有单位根"，备择假设为"ESTAR 非线性平稳"，因此只适用于具有 ESTAR 特征的非线性单位根检验，故这里不对序列 $q2$ 与 $q3$ 进行检验。

表 1 - 7                           KSS 单位根检验

| | 序列 q1 | |
|---|---|---|
| | 模型（8）：$p=0$ | 模型（9）：$p \neq 0$ |
| $t_{NL}^{R}$ | - 3.9533 *** | - 2.1355 ** |
| $t_{NL}^{D}$ | - 1.7762 * | - 2.1359 ** |
| $t_{NL}^{T}$ | - 1.8375 * | - 2.5233 ** |

从检验结果看，序列 q1 满足 KSS 检验的平稳性条件，即在考虑汇率调整非线性行为后，以美元为基准货币的人民币真实汇率是平稳的，具有均值回复特征，长期 PPP 成立。以上检验从侧面表明：第一，人民币真实汇率是否平稳受基准货币选择的影响；第二，由于 q1 平稳，说明中国商品市场与美国商品市场一体化程度较高。伴随着我国成为第二大经济体及第一大贸易体，中美双边贸易额大幅上升，2013 年突破 5000 亿美元，占中国贸易总额（4.16 万亿元）的 12%。如此巨量的贸易量，在很大程度上促使中国、美国商品价格满足一价定律，保证了购买力平价理论的成立。

### 1.2.4　小结

论文采用 1994 年 1 月到 2014 年 1 月的月度数据，对人民币兑美元、英镑及日元三种基准货币实际汇率的非线性调整行为进行了比较研究。结果表明：

第一，人民币实际汇率目前已经达到均衡水平甚至处于高估状态。2014 年 1 月，人民币兑美元实际汇率高估约 10%，人民币兑英镑实际汇率高估约 7%，人民币兑日元实际汇率高估约 12%。

第二，三种基准货币下的人民币实际汇率均具有显著的非线性调整特征，但是不同基准货币下的实际汇率具有不同类型的非线性特征。具体地，人民币兑美元实际汇率的调整过程具有 ESTAR 特征，人民币兑英镑实际汇率的调整过程具有 LSTAR 特征，而人民币兑日元实际汇率的调整具有 SETAR 特征。

第三，ADF 对非线性过程的单位根检验功效下降，需要考虑其他非线性单位根检验方法。例如，以 KSS 为基础的 q1 序列检验结果表明，人民币兑美元实际汇率序列具有非线性平稳性。

以上研究说明，不能对人民币实际汇率的平稳性与非线性一概而论。研究汇率非线性特征时，应当考虑人民币实际汇率非线性类型对基准货币选择的敏感性。这有利于提高人民币汇率的预测精度，为外汇投资机构提供决策依据。

## 1.3 人民币汇率非线性决定实证研究：来自 Markov Switching 的证据①

### 1.3.1 引言与文献综述

维持币值基本稳定是我国货币政策的重要调控目标，而币值稳定包括对内物价稳定与对外汇率稳定。自 1996 年我国确定以货币供给作为货币政策中介目标以来，伴随着我国汇率市场化与利率市场化进程的深入，我国货币政策的执行框架出现了相机抉择与规则并存的混合特征（贾凯威，2010；郑挺国和刘金全，2012）[8-9]。标准的货币模型能够在很大程度上体现我国货币政策相机抉择的调控范式，而开放经济条件下的利率市场化使得我国货币政策操作越来越具有规则的味道（刘斌，2006；卞志村，2006）[10-11]。

但是，标准的货币模型对汇率决定的解释能力一直受到质疑（Messe 和 Rogoff，1983；Flood 和 Rose，1995），其中一个重要的原因在于汇率与各基本面变量间可能存在着非线性关系（Hsieh，1989；Cheung 等，2005）。为了检验汇率与其决定变量间是否存在非线性关系，许多学者采用 Markov 转移模型进行研究。恩格尔和汉密尔顿（Engle 和 Hamilton，1990）采用 MS（Markov Switching）模型证明了美元汇率的决定存在非线性[12]。Sarno 等（2004）利用 MS - VECM 模型对六个工业化国家汇率的非线性决定进行实证研究，再次阐明了经济基本变量及汇率制度对汇率决定的时变性影响[13]。De Grauwe（2010）的研究表明，欧元/美元汇率存在着非线性均值回归。同时，该研究还发现，不同时期的汇率水平所依赖的基本变量存在差异[14]。De Grauwe 和 Vansteenkiste（2002）利用 MS 模型研究了通货膨胀程度与汇率非线性决定间的关系。研究结果表明，货币模型只适合于解释高通货膨胀率国家的汇率决定与调整，而对低通货膨胀国家汇率决定与调整的解释能力较差[15]。Frömmel 等（2005）再次确认了以德国马克、日元及英镑为基准货币的美元汇率与各决定因素间的非线性关系[16]。

最近关于汇率决定的研究将泰勒规则结合进来（Engle 和 West，2006；Engel 等，2008），形成扩展的模型，增强了解释力。在标准的货币模型中，当期通货膨胀率的上升导致汇率贬值，而在扩展的模型中（考虑泰勒规则的货币模型），

---

① 基金项目：辽宁省教育厅科学研究一般项目（W2012047）。

通货膨胀率上升导致汇率升值（Clarida 和 Waldman，2008）。一个重要的解释是：高通货膨胀率会产生未来紧缩货币政策的预期。

国内关于人民币汇率决定的文献非常多，但几乎都是在线性框架下进行的，基于非线性框架的人民币汇率决定研究仍然非常少，对人民币汇率在货币模型区制与泰勒规则区制间的转换研究则更少。这里借鉴 Engle 和韦斯特（West，2006）的研究成果，利用 MS 框架考察人民币汇率在两个区制间的转换：汇率由货币模型决定的区制与汇率由泰勒规则决定的区制[17]。在该模型中，本国泰勒规则中包含汇率，而另一国泰勒规则不包含汇率。Lubik 和 Schorfheide（2007）采用结构模型对澳大利亚、新西兰、加拿大及英国四个 IT（Inflation Targeting）国家进行研究，以判断这些国家是否调整利率以应对汇率的变化。结果表明，英国与加拿大央行会调整利率以应对汇率的变化，而澳大利亚与新西兰则不会通过利率影响汇率[18]。Tingguo Zheng 和 Huiming Guo（2013）基于 MS – DSGE 模型对货币当局是否对人民币汇率变化作出响应进行了实证研究。结果表明，我国名义利率不仅对通货膨胀与产出缺口做出响应，而且也对 RMB 汇率的变化做出响应[19]。结构安排如下：第二部分为理论模型构建；第三部分 Markov Switching 计量模型构建；第四部分为数据说明与估计策略；第五部分为估计结果；第六部分总结全文。

## 1.3.2　汇率决定理论模型构建

### 1.3.2.1　货币模型

汇率决定的货币模型源于以下货币市场均衡条件：

$$m_t - p_t = \varphi y_t - \sigma i_t \tag{1}$$

$$m_t^* - p_t^* = \varphi y_t^* - \sigma i_t^* \tag{2}$$

模型（1）中的 $m, p, y, i$ 分别表示我国货币供给、物价水平、国民收入与利率。除利率外，其余变量均为对数形式。模型（2）中的各变量分别表示美国货币供给、物价水平、国民收入与利率。与其他研究相似，这里假设我国与美国货币需求函数的收入弹性及利率半弹性相等。外汇市场可描述为以下非抛补利率平价 UIP：

$$i_t - i_t^* = \theta(\bar{s}_t - s_t) + \pi_{t+1}^e - \pi_{t+1}^{e*} \tag{3}$$

模型（3）表明，国内外利率差是当期汇率失衡（$\bar{s}_t - s_t$）的函数，其中 $\bar{s}_t, s_t$ 分别表示人民币均衡汇率与即期汇率，定义为单位外币的本币价格。参数 $\theta$ 是对价格灵活性的测度，控制着汇率失衡向均衡调整的速度。如果均衡水平高于即期汇率，市场将预期人民币贬值，此时国内外利差将扩大以弥补持有人民币资产导致的损失。相似地，如果我国期望通货膨胀率 $\pi_{t+1}^{e}$ 高于美国期望通货膨胀率 $\pi_{t+1}^{e*}$ ，此时国内外利率也会扩大以弥补通货膨胀导致的损失。对模型（3）求解，求得即期汇率为：

$$s_t = \bar{s_t} - \frac{1}{\theta}(i_t - i_t^*) + \frac{1}{\theta}(\pi_{t+1}^e - \pi_{t+1}^{e*}) \qquad (4)$$

均衡汇率 $\bar{s_t}$ 由 PPP 决定，即

$$\bar{s_t} = p_t - p_t^* \qquad (5)$$

根据模型（1）模型（2）对价格水平求解，并代入模型（5），得①：

$$\bar{s_t} = m_t - m_t^* - \varphi(y_t - y_t^*) + \sigma(\pi_{t+1}^e - \pi_{t+1}^{e*}) \qquad (6)$$

将模型（6）代入模型（4）得：

$$\bar{s_t} = m_t - m_t^* - \varphi(y_t - y_t^*) + \sigma(\pi_{t+1}^e - \pi_{t+1}^{e*}) + \frac{1}{\theta}\big[(\pi_{t+1}^e - \pi_{t+1}^{e*}) - (i_t - i_t^*)\big] \qquad (7)$$

可以看出，模型（7）与 Frankel（1979）模型非常相似，该模型同时具有弹性价格货币模型与黏性价格货币模型的特征。参数 $\theta$ 趋于无穷大时，模型（7）就演化为标准的弹性价格模型。此时，汇率是本国与外国货币供给、产出水平及通货膨胀预期的函数。当参数 $\theta$ 取有限值时，模型（7）则具有黏性价格特征，从而演化为多恩布什（Dornbush，1976）版本的货币模型。此时，价格水平调整速度较慢，必须依赖于利率的调整以使市场出清。利率调整产生的流动性效应使汇率在短期内可能存在失调，且预期通货膨胀率可能会背离国内外利差。因此，预期通货膨胀与国内外利差成为模型（7）的解释变量。

#### 1.3.2.2 基于泰勒规则的修正模型

货币模型将货币供给视为外生变量，而金融创新等因素使得货币供给存在日益显著的内生性特征（郭杰等，2013）[20]。在此背景下，许多国家逐渐由总量型调控转向价格型调控，大多数央行采取盯住短期利率的泰勒规则，该规则允许货币供给根据流动性需求进行内生性调整。开放经济下的泰勒规则可表示如下：

$$i_t = \gamma_\pi(\pi_{t+1}^e - \bar{\pi_t}) + \gamma_y(y_t - \bar{y_t}) + \gamma_s s_t \qquad (8)$$

$$i_t^* = \gamma_\pi(\pi_{t+1}^{e*} - \bar{\pi_t}) + \gamma_y(y_t^* - \bar{i_t}) \qquad (9)$$

$\gamma_\pi$ ， $\gamma_y$ 分别表示国内外利率对通货膨胀率与经济增长偏离各自盯住目标的

---

① 需要注意的是，长期内 $\bar{s_t} = s_t$ ，从而 $i_t - i_t^* = \pi_{t+1}^e - \pi_{t+1}^{e*}$ 。

响应程度。这里假设国内外的响应系数相同，用模型（8）减去模型（9）得：

$$i_t - i_t^* = \gamma_\pi(\pi_{t+1}^e - \pi_{t+1}^*) + \gamma_y(y_t - y_t^*) + \gamma_s s_t \qquad (10)$$

用非抛补利率平价 UIP［模型（3）］代替模型（10）左侧的利差后移项，得：

$$s_t = \frac{\theta}{\gamma_s + \theta}\bar{s}_t + \frac{\theta}{\gamma_s + \theta}[(1 - \gamma_\pi)(\pi_{t+1}^e - \pi_{t+1}^{e*}) - \gamma_y(y_t - y_t^*)] \qquad (11)$$

从长期来看，汇率收敛于均衡汇率，即 $\bar{s}_t = s_t$，此时模型（11）演化为：

$$\bar{s}_t = \frac{1}{\gamma_s}[(1 - \gamma_\pi)(\pi_{t+1}^e - \pi_{t+1}^{e*}) - \gamma_y(y_t - y_t^*)] \qquad (12)$$

将模型（12）代入模型（11）得到：

$$s_t = \frac{1}{\gamma_s}[(1 - \gamma_\pi)(\pi_{t+1}^e - \pi_{t+1}^{e*}) - \gamma_y(y_t - y_t^*)] \qquad (13)$$

模型（12）与模型（13）完全相同，表明泰勒规则中的汇率总处于均衡水平。这表明，泰勒规则下的央行允许货币供给进行内生性调整以出清市场，而不会受价格黏性或弹性的影响。只要 $\gamma_\pi > 1$，国内外通货膨胀预期差的上升就会导致本币升值（汇率下降）。根据模型（8），当 $\gamma_\pi > 1$ 时，通货膨胀预期上升 1%，央行对名义利率的提高程度要高于 1%，并进而导致实际利率的上升。

比较货币模型（7）与扩展的模型（13），其区别与联系如下：

第一，货币模型中，汇率随着国内外预期通货膨胀差的上升而上升；扩展模型中，在泰勒规则成立的情况下，汇率与国内外预期通货膨胀差的关系为负相关。

第二，货币模型中，无论价格是否具有黏性，国内外相对货币供给的增加导致本币贬值；而在扩展模型中，货币供给不会影响汇率的变化。

第三，两个模型中，汇率与国内外相对产出间的关系均负相关。

第四，利差对汇率的直接、负向影响只存在于具有黏性价格特征的货币模型中，即模型（7）中的参数 $\theta$ 为有限值时。

### 1.3.3　两区制 Markov – Switching 计量模型构建

人民币汇率的决定有可能根据模型（7）决定，也有可能由模型（13）决定，从而形成人民币汇率决定的两种区制。为此，这里采用 MS 模型研究人民币汇率决定机制。考虑如下具有 MS 参数与方差，且包含时变常数项的计量模型：

$$s_t = \mu_{s_t} + \beta_{s_t}(\pi_{t+1}^e - \pi_{t+1}^{e*}) + \delta_{s_t}(m_t - m_t^*) + \gamma_{s_t}(y_t - y_t^*) + \xi_{s_t}(i_t - i_t^*) + \varepsilon_{t,S_t}$$

$$\varepsilon_{t,S_t} \sim N(0, \sigma_{S_t}^2), t = 1, \cdots, T \qquad (14)$$

$S_t$ 为区制变量，考虑高、低两个区制：$\Pr[S_t = L] = p_L$，$\Pr[S_t = H] = p_H$。假设区制变量服从一阶马尔科夫链，两区制的转移概率如下：

$$\Pr[S_t = L | S_{t-1} = L] = p_{LL}, \Pr[S_t = H | S_{t-1} = L] = 1 - p_{LL}$$

$$\Pr[S_t = H | S_{t-1} = H] = p_{HH}, \Pr[S_t = H | S_{t-1} = H] = 1 - p_{HH}$$

此时，t 时期的状态概率依赖于上一时期的状态。

## 1.3.4　数据与估计程序

### 1.3.4.1　数据

根据数据可得性，这里采用 1996 年 1 月到 2014 年 3 月数据[①]。由于我们无法直接获取我国与美国的预期通货膨胀数据，这里采用 CPI 数据的 HP 滤波值作为预期通货膨胀的代理变量。中国 CPI 数据来自国家统计局官方网站，美国 CPI 来自美国劳工统计局；中国货币供给量 $M_2$ 来自中国人民银行官方网站，美国货币供给来自美联储官方网站；用工业生产指数作为总产出的代理变量，来自国家统计局及美国劳工统计局；中国短期利率采用 3 个月国库券利率作为代理变量，数据来自 Wind 数据库，美国短期利率采用 FFR。除利率外的其余变量均采用对数，所有数据进行季节调整。

### 1.3.4.2　估计程序

采用 MCMC 算法估计模型（14）的简化式。MCMC 算法相对于极大估计具有两个优点：第一，Bayesian 方法允许我们忽略数据中可能存在的非平稳性（Uhlig，1994；Sims 和 Uhlig，1991）。第二，MCMC 算法允许我们以现有经验研究为先验知识。

估计分为两个阶段。在第一阶段，根据条件后验密度函数对参数向量与数据进行抽样。为此，这里应用 FFBS 算法（forward - filtering backward - sampling）。在初始化 $S_1$ 后，通过预测步与更新步滤波得到状态向量（$S_2$，…，$S_T$）。在预测步，获得 $S_t$ 处于特定状态的预测概率。在更新步，通过向前迭代以获得 $S_T$ 处于特定状态的条件概率。然后，对状态向后抽样，得到状态向量的条件概率分布。在第二阶段，根据 Gibbs 抽样获得参数向量与方差。在给定方差 $\pi(prm, \sigma^2)$ 条件下根据参数条件分布进行迭代抽样；在给定参数 $\pi(\sigma^2, prm)$ 条件下对方差进行迭代抽样，两个抽样均以给定数据及 FFBS 状态为条件。在抽样

---

① 我国于 1996 年起采用货币供应量 $M_1$ 和 $M_2$ 作为货币政策的调控目标。1998 年中央银行取消贷款规模控制，货币供应量正式成为我国货币政策的中介目标。与此同时，我国开始了利率市场化进程。

达到收敛时停止，最终根据联合分布得到参数与方差的联合分布。迭代次数设为 R + N。在计算后验密度及平均参数估计量前去掉最初 R（1000）次抽样，在 N 次（N = 4000）抽样的基础上得到以下结果（见表 1 – 8）。该结果来自非正式先验分布。参数先验均值的选择来自经济直觉与 Lubik 和 Schorfheide（2007）的研究结果。为了将先验分布赋给两个马氏链区制，这里任选区制 L 与货币模型对应，H 区制与泰勒规则对应。

**表 1 – 8** 马尔科夫模型系数先验分布

| 参数 | 先验分布 | |
| --- | --- | --- |
| | $j$ = L（货币区制） | $j$ = H（泰勒规则区制） |
| $\mu_j$ | N (0, 10) | N (0, 10) |
| $\beta_j$ | N (30, 100) | N (0, 100) |
| $\delta_j$ | N (1, 10) | N (0, 100) |
| $\gamma_j$ | N (−1, 100) | N (−1/0.14, 100) |
| $\xi_j$ | N (0, 100) | N (0, 100) |
| $\sigma_j$ | IG (0.01/2, 0.15/2)① | IG (0.01/2, 0.15/2) |
| $p_{jj}$ | Beta (1, 1) | Beta (1, 1) |

所有参数来自正态分布抽样。常数项 $\mu$ 在货币区制中没有作用，但是在泰勒规则区制中具有显著性影响。通货膨胀系数在两个区制中均具有非常显著的影响。现有文献表明，货币需求的利率半弹性区间为 30 ~ 60（Engle 和 West，2005），因此，设 $\beta_L$ 的先验均值为 30，即现有研究结果的下限。同时，使用扁平先验以解释经验估计中存在的较大偏差。相反，泰勒区制中的通货膨胀系数为负值。由于我们事先无法确定泰勒规则是否成立，我们选择扁平先验并对其施加零均值约束。大量文献假设货币供给与汇率间存在正向关联，因此对 $\delta_L$ 的先验均值设定为 1，意味着货币模型中汇率与货币供给为一一对应关系。根据模型（13），泰勒规则中货币供给与汇率无关，因此，对 $\delta_H$ 设定为零均值。货币区制与泰勒规则区制下的产出系数 $\gamma_j(j = L, H)$ 均为负。在货币区制下，令 $\gamma_{LN}(−1, 100)$，但是泰勒区制中的产出系数 $\gamma_H$ 为模型（13）中的尺度系数 $\gamma_S$。Lubik 和 Schorfheide（2007）认为，该系数均值应当为 0.14，为此本文令 $\gamma_H \sim N(−1/0.14, 100)$。同样，不对泰勒区制施加紧的先验约束，并令其方差为 100。最后，利率系数的先验分布为零均值且扁平先验方差。

---

① Inverse gamma distributionIG (s, v)，其形式为 $f(\sigma \mid s, v) \propto \sigma^{-v-1} e^{-vs^2/\sigma^2}$，v 可解释变自由度。

## 1.3.5　估计结果分析

表 1-9 与图 1-4 给出了 MS 模型［模型（14）］平均系数估计量及其分布特征。由于预期通货膨胀率系数在 L 区制下显著为正，而在区制 H 下显著为负，因此可以将 L 区制称为货币模型区制，将 H 区制称为泰勒规则区制。相对货币供给系数在 L 区制下并不显著，而在 H 区制下显著为正。相对产出系数在 L 区制下显著为负，而在 H 区制下与零无显著差异。最后，利差系数在两个区制下均为负，但是并不显著，表明人民币汇率不存在超调现象。

通过区制转移概率可以看出：1996 年 1 月至 2014 年 3 月存在若干次区制转换，且每次转换均与我国所处的外部经济环境与我国利率、汇率市场化有着密切的关系。1996 年至 2005 年 7 月，我国执行单一盯住美元的汇率制度，基本维持在 8.21RMB/USD 左右，维持这一水平主要依靠相机抉择的货币政策（货币模型），此时人民币汇率决定可以由货币模型得到较好解释。同时，这一时期我国利率市场化程度较低，并不具备执行泰勒规则的条件。2005 年 7 月 21 日，人民币汇率机制由单一盯住美元转向盯住一揽子货币，人民币汇率弹性增强。汇率市场化与利率市场化同步进行，尤其是我国货币市场利率基本实现利率市场化，为泰勒规则的实施具备了初步条件，货币当局对外汇市场的常规性干预逐渐退出。2008—2011 年，美国次贷危机传染至中国，全球经济陷入衰退与萧条，为刺激经济，发达国家利率几乎接近零，通过泰勒规则进一步刺激经济的空间缩小。在此背景下，发达国家逐渐放弃泰勒规则转而采取非常规的量化宽松政策。为保持汇率基本稳定及减小危机对我国的影响，我国相机抉择的货币政策为这一时期的经济治理作出了重要贡献。2012 年以来，我国汇率市场化与利率市场化取得重大进展，"盘活存量，用好增量"成为货币政策调控的主要方向。在此背景下，货币政策总量调控向价格调控转变迹象明显。

从以上分析可知，我国不同时期的汇率解释应当采用不同的模型，汇率决定存在 MS 非线性特征。

表 1-9　　　　　　MS 模型［模型（14）］后验系数估计

| 参数 | 平均系数估计量 | |
| --- | --- | --- |
| | $j=$L（货币区制） | $j=$H（泰勒规则区制） |
| $\mu_j$ | 0.113 | 2.317 |
| | （-0.579，0.81） | （1.871，2.764） |
| $\beta_j$ | 24.771 | -2.409 |
| | （22.912，28.676） | （-3.965，-1.348） |

| 参数 | 平均系数估计量 | |
|:---:|:---:|:---:|
| | $j = \mathrm{L}$（货币区制） | $j = \mathrm{H}$（泰勒规则区制） |
| $\delta_j$ | −0.122 <br> (−0.4756, 0.232) | 1.314 <br> (1.05, 1.55) |
| $\gamma_j$ | −1.446 <br> (−1.70, −1.188) | 0.217 <br> (−0.249, 0.634) |
| $\xi_j$ | −0.014 <br> (−0.031, 0.002) | −0.071 <br> (−0.076, −0.066) |
| $\sigma_j$ | 0.005 <br> (0.004, 0.008) | 0.003 <br> (0.003, 0.004) |
| $p_{jj}$ | 0.987 <br> (0.972, 0.999) | 0.967 <br> (0.944, 0.987) |

注：括号内数字为参数后验分布10%与90%分位数。

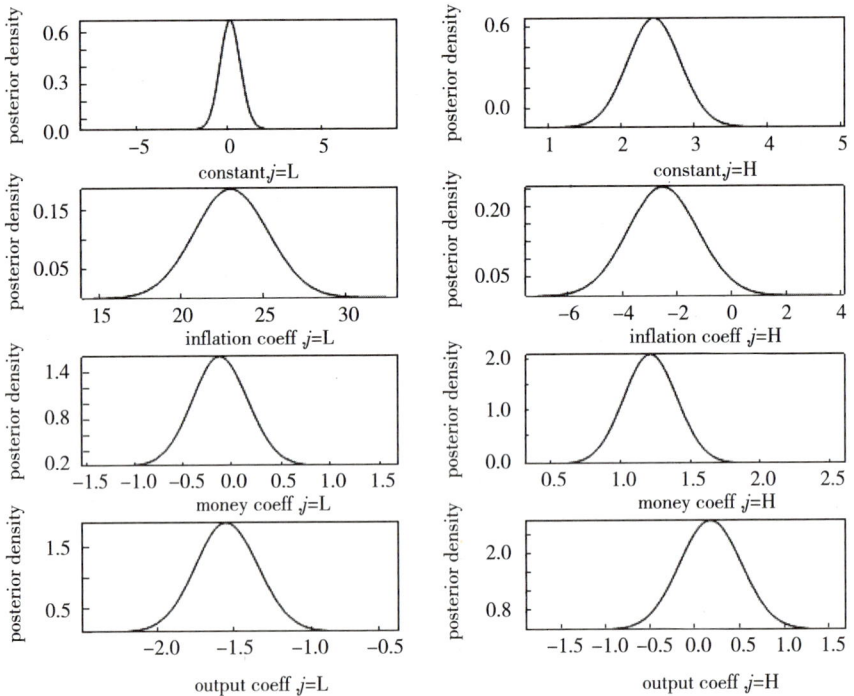

图1−4　参数后验分布图

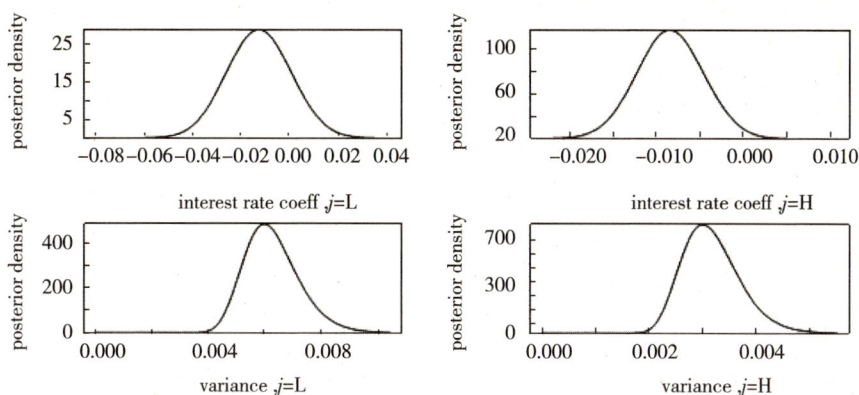

图 1 - 4　参数后验分布图（续）

## 1.3.6　小结

论文在 MS 框架下分析了人民币汇率决定的区制转换特征。与以前文献重在研究汇率与各基本面变量间非线性关系不同，本文重在研究汇率决定在两个不同区制间的转换，分别为货币模型区制（相机抉择区制）与泰勒规则区制（规则区制）。结果表明，Markov - Switching 模型能够很好地识别人民币汇率决定的区制转移非线性特征。1996 年 1 月至 2014 年 3 月存在若干次区制转换，且每次转换均与我国所处的外部经济环境与我国利率、汇率市场化有着密切的关系。

## 1.4　基于状态空间模型的人民币汇率非线性决定实证研究：基于扩展的货币模型

### 1.4.1　计量模型设定与变量选取

我国仍处于持续深入的经济体制改革，利率市场化、汇率形成机制改革仍然在继续，金融创新步伐加快。在此背景下，传统的线性计量模型必然使汇率与各解释变量间的结构关系存在着"卢卡斯批判"，为此，构建具有时变特征的汇率决定计量模型更为合适。本文将利用 Harvey（1989）和 Hamilton（1994）的状态空间模型来构建可变参数模型，就相对通货膨胀、相对利率、相对产出及相对货币供给对人民币汇率的影响进行动态分析，进而刻画不同时期各变量影响人民币汇率的作用机制。基于状态空间模型的可变参数模型构建如下：

量测方程：$s_t = \mu_t + \beta_t(\pi_{t+1}^e - \pi_{t+1}^{e*}) + \delta_t(m_t - m_t^*) + \gamma_t(y_t - y_t^*) + \xi_t(i_t - i_t^*)$
$+ \varepsilon_t$ 　　　　　　　　　　　　　　　　　　　　　　　　　　　（15）

状态方程：$\beta_t = \varphi_1\beta_{t-1} + \mu_{1t}$ 　　　　　　　　　　　　　　　（16）

$$\delta_t = \varphi_2\delta_{t-1} + \mu_{2t} \tag{17}$$

$$\gamma_t = \varphi_3\gamma_{t-1} + \mu_{3t} \tag{18}$$

$$\xi_t = \varphi_4\xi_{t-1} + \mu_{4t} \tag{19}$$

$$(\varepsilon_t, \mu_{it})^T \sim N\left(\begin{pmatrix}0\\0\end{pmatrix}, \begin{pmatrix}R^2 & 0\\0 & R\end{pmatrix}\right) \tag{20}$$

其中，方程（15）量测方程，方程（16）～（19）为状态方程，参数 $\beta_t$，$\delta_t, \gamma_t, \xi_t$ 称为状态变量，反映各个时点上相应变量对汇率的影响系数。状态变量不可观测，必须利用方程（15）中的可观测变量进行估计。与王金明和高铁梅（2001）及王文成（2011）相似，论文假设各状态变量服从 AR（1）过程。此外，为估计基于状态空间的可变参数模型的参数，本文将利用 Kalman 滤波来求解。

各变量走势见图 1-5。为方便标记，这里记 $dm = m - m^*$、$dr = r - r^*$、$d\pi = \pi - \pi^*$、$dy = y - y^*$。其中 $m$、$y$、$\pi$ 分别表示货币供给、工业生产指数、CPI 的对数形式。$r$ 表示利率，$*$ 表示美国对应变量。$\Delta$ 表示差分算子。

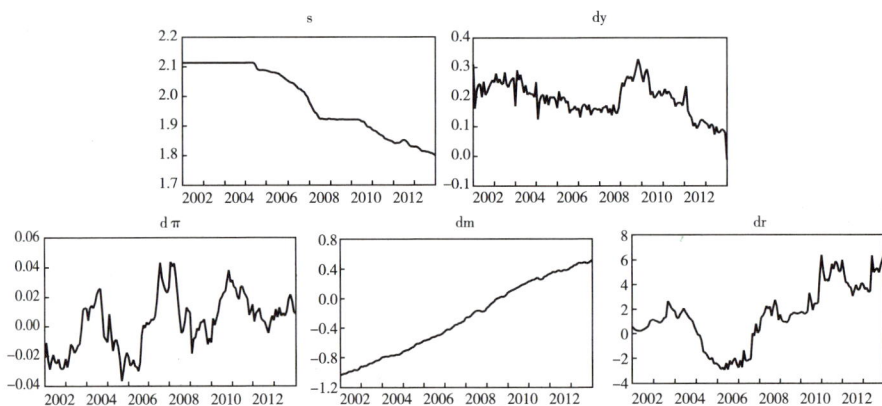

图 1-5　各变量走势图

## 1.4.2　实证分析

### 1.4.2.1　变量平稳性检验

利用状态空间方法进行计量经济分析，要求方程中所出现的各个变量均应是平稳的，或者它们之间存在协整关系，即变量之间存在某种均衡关系，因此，本文在求解状态空间变参数模型之前对各时间序列变量均进行 ADF 平稳性检验，若各时间序列变量为非平稳的，则进一步对变参数模型进行协整检验以判断各变量之间是否存在协整关系。

表 1 - 10　　　　　　　　　　　　ADF 单位根检验

| 变量 | 检验形式 | ADF 统计量 | 临界值 | P 值 | 结论 |
|---|---|---|---|---|---|
| dm | C, T, 0 | - 1.6778 | - 3.1452 * | 0.7592 | 不平稳 |
| Δdm | 0, 0, 0 | - 11.5756 | - 2.5812 *** | 0.0000 | 平稳 |
| dr | C, T, 0 | - 1.8647 | - 3.1452 * | 0.6676 | 不平稳 |
| Δdr | 0, 0, 0 | - 13.4606 | - 2.5812 *** | 0.0000 | 平稳 |
| dπ | C, T, 12 | - 4.0264 | - 4.0290 * | 0.0101 | 不平稳 |
| Δdπ | 0, 0, 11 | - 3.6117 | - 2.5825 *** | 0.0004 | 平稳 |
| dy | C, T, 1 | - 1.7795 | - 3.1432 * | 0.7097 | 不平稳 |
| Δdy | 0, 0, 0 | - 19.6701 | - 2.5812 *** | 0.0000 | 平稳 |
| s | C, T, 2 | - 2.4265 | - 3.1454 * | 0.3643 | |
| Δs | 0, 0, 1 | - 3.6710 | - 2.5813 *** | 0.0003 | |

由表 1 - 10 检验结果可知，所有变量均在 1% 的显著性水平上服从 I（1）过程。

1.4.2.2　变量协整检验

基于 Johansen VAR 协整分析结果见表 1 - 11。从表 1 - 11 检验结果看，无论是迹检验还是秩检验，检验结果表明，在 5% 的显著性水平上，五个变量间存在且仅存在一个协整关系。

表 1 - 11　　　　　　　　　　　　协整检验

| | 迹统计量 | 5% Critical Value | Prob. ** | 秩统计量 | 5% Critical Value | Prob. ** |
|---|---|---|---|---|---|---|
| None * | 80.48146 | 79.34145 | 0.0409 | 38.45290 | 37.16359 | 0.0354 |
| At most 1 | 42.02856 | 55.24578 | 0.4192 | 18.47162 | 30.81507 | 0.6731 |
| At most 2 | 23.55694 | 35.01090 | 0.4727 | 11.41628 | 24.25202 | 0.8109 |
| At most 3 | 12.14066 | 18.39771 | 0.2987 | 8.320404 | 17.14769 | 0.5678 |
| At most 4 | 3.820251 | 3.841466 | 0.0506 | 3.820251 | 3.841466 | 0.0506 |

### 1.4.2.3 变参数模型估计结果与分析

表 1–12 状态空间模型估计结果

| | 参数 | 标准误 | Z 统计量 | 概率 |
|---|---|---|---|---|
| C (1) | 4.863233 | 0.000572 | 8504.647 | 0.0000 |
| C (2) | −192720.5 | 320.7003 | −600.9363 | 0.0000 |
| C (3) | −4.440866 | 0.007412 | −599.1644 | 0.0000 |
| C (4) | 0.020756 | 0.003328 | 6.236769 | 0.0000 |
| C (5) | 0.834662 | 0.003328 | 250.7937 | 0.0000 |
| C (6) | −267.8702 | 0.445951 | −600.6715 | 0.0000 |
| C (7) | −0.010333 | 1.60E−07 | −64784.44 | 0.0000 |
| C (8) | 0.985407 | 0.003328 | 296.0827 | 0.0000 |
| C (9) | −517.9136 | 0.861865 | −600.9217 | 0.0000 |
| C (10) | 0.730123 | 5.27E−08 | 13856516 | 0.0000 |
| | Final State | Root MSE | z − Statistic | Prob. |
| SV1 | −0.074775 | 0.008314 | −8.994206 | 0.0000 |
| SV2 | −2.181688 | 0.742741 | −2.937346 | 0.0033 |
| SV3 | 3.074231 | 0.150760 | 20.39155 | 0.0000 |
| SV4 | 4.55786 | 0.462857 | 9.45220 | 0.0000 |
| Parameters | 10 | Schwarz criterion | | 470.2577 |
| Diffuse priors | 4 | Hannan − Quinn criter. | | 470.1358 |

从模型的估计结果看，所有参数均在 1% 的显著性水平上显著。四个状态变量的最终状态也在 1% 显著性水平上显著。

从估计结果看，通货膨胀缺口（国内物价高出美国物价水平的程度）的上升使人民币趋于贬值，通货膨胀缺口每上升 1%，人民币汇率贬值 0.07%；与通货膨胀缺口相比，货币供给量的上升或货币供给缺口（国内货币供给高出国外货币供给的程度）的上升在更大程度上导致汇率贬值，从估计结果看，货币供给缺口上升 1%，人民币汇率贬值约 2%；与前两个变量相反，实际产出超出美国产出的程度越大，人民币升值压力就越大。从估计结果看，国内产出超出美国产出 1%，人民币升值约 3%。此外，国内外利差或利率缺口的上升意味着国内利率水平高于国外利率水平，在开放经济条件下，这必将导致大规模的国际资本流动及人民币国际需求上升，进而引进人民币升值。通过以上分析不难看出，通货膨胀缺口、货币供给、实际产出及利率水平均对人民币汇率存在着显著性的影响。从最终影响程度看，利率调控、实际产出水平及货币政策走势是影响汇率走势最强的变量，而通货膨胀水平对汇率走势的影响程度较其他三个变量要小。

从各状态变量的时变路径图 1 – 6 可以看出，通货膨胀、实际产出、货币政策及国内外利差等因素对人民币汇率的影响存在着显著的时变性。不难看出，四个状态变量在 2008 年次贷危机期间存在显著的结构性断点，金融危机过后，各状态变量的震荡性较金融危机前明显增强，表明目前的经济结构关系仍然不稳定，经济发展仍然面临着较大的不确定性。值得关注的是：第一，国内外通货膨胀差异对人民币汇率的影响在金融危机前基本上没有时变性，但是金融危机后，这种影响程度相对变小，但是极具震荡性。第二，国内外货币供给差异对汇率的影响也表现出相似的特征。第三，国内外产出差异对汇率的影响最值得引起我们的关注。具体地，金融危机爆发之前，国内外产出缺口对汇率的影响基本为常数，且为负。但是，金融危机后，这种影响突然上升，尽管 2010 年后持续回落，但是仍然显著高于金融危机前，这表明，经济增长对通货膨胀的影响具有显著的时变性及结构性断点。第四，相比较于经济增长对汇率的影响，

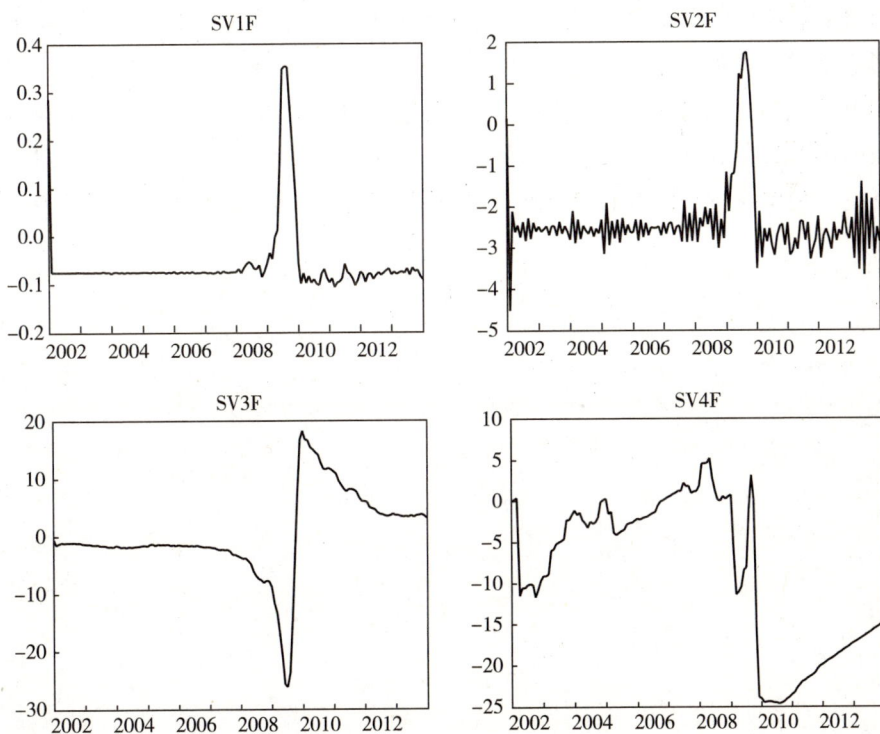

图 1 – 6　各状态变量的时变路径图

利率缺口对汇率的影响在金融危机后突然转向，影响程度大大加深。出现这种情况的原因，可能是因为国际范围内的量化宽松潮导致。美国、日本、欧盟在经济危机时陆续开启了货币对经济的直接干预，即量化宽松。这导致全球范围内的货币流动性充裕甚至泛滥。国际利率水平低至零水平，这使得利率的价格信号功能逐渐失去意义。

### 1.4.3　小结

在构建汇率决定理论模型的基础上，利用状态空间模型与卡尔曼滤波估计了扩展的泰勒规则，结果表明，货币政策、实际产出、通货膨胀与利率水平对人民币汇率的决定具有时变性、非线性影响。金融危机前后，各变量对汇率的影响均发生了变化，各状态变量存在显著的结构性突变。具体地，第一，国内外通货膨胀差异对人民币汇率的影响在金融危机前基本上没有时变性，但是金融危机后，这种影响程度相对变小，但是极具震荡性。第二，国内外货币供给差异对汇率的影响也表现出相似的特征。第三，国内外产出差异对汇率的影响最值得引起我们的关注。具体地，金融危机爆发之前，国内外产出缺口对汇率的影响基本为常数，且为负。但是，金融危机后，这种影响突然上升，尽管2010年后持续回落，但是仍然显著高于金融危机前，这表明，经济增长对通货膨胀的影响具有显著的时变性及结构性断点。第四，相比较于经济增长对汇率的影响，利率缺口对汇率的影响在金融危机后突然转向，影响程度大大加深。

# 2 汇率波动识别与特征计量分析

## 2.1 汇率波动识别研究

### 2.1.1 ARCH 类模型

这里主要选择 AR – ARCH、AR – GARCH、AR – IGARCH、AR – GARCH – M、AR – EGARCH、AR – TARCH、AR – PARCH 模型。其中，AR – EGARCH、AR – TARCH、AR – PARCH 等模型着重刻画了人民币汇率受到利好冲击与利空冲击时的非对称响应。由于多数序列不满足正态性，这里分别对各个模型在序列正态性假设、学生 t 假设、广义误差分布假设 GED 下进行估计。各模型具体设定如下：

2.1.1.1　AR（k）– ARCH（p）模型

$$y_t = \gamma_0 + \gamma_1 y_{t-1} + \cdots + \alpha_k y_{t-p} + \mu_t, \mathrm{var}(\mu_t) = \sigma_t^2$$
$$= \alpha_0 + \alpha_1 \mu_{t-1}^2 + \cdots + \alpha_1 \mu_{t-p}^2 \tag{1}$$

式（1）中，$y$ 表示被解释变量，$\sigma$ 为残差项 $\mu$ 的条件方差。滞后阶数 $k$ 与 $p$ 可根据偏自相关函数的截尾性及 LM 检验确定。

2.1.1.2　AR（k）– GARCH（p，q）模型

$$y_t = \gamma_0 + \gamma_1 y_{t-1} + \cdots + \alpha_k y_{t-p} + \mu_t, \mathrm{var}(\mu_t) = \sigma_t^2$$
$$= \alpha_0 + \alpha_1 \mu_{t-1}^2 + \cdots + \alpha_1 \mu_{t-p}^2 + \beta_1 \sigma_{t-1}^2 + \cdots + \beta_q \sigma_{t-q}^2 \tag{2}$$

式（2）中，$q$ 为 GARCH 项阶数，其余参数与 ARCH 同。

2.1.1.3　AR（k）– IGARCH（p，q）模型

如果限定 GARCH 模型方差方程中的参数和等于 1，并且去掉常数项，模型就转化为单整 GARCH 模型，记为 IGARCH 模型。

$$y_t = \gamma_0 + \gamma_1 y_{t-1} + \cdots + \alpha_k y_{t-p} + \mu_t, \mathrm{var}(\mu_t) = \sigma_t^2$$
$$= \alpha_1 \mu_{t-1}^2 + \cdots + \alpha_1 \mu_{t-p}^2 + \beta_1 \sigma_{t-1}^2 + \cdots + \beta_q \sigma_{t-q}^2$$

$$\sum_{j=1}^{q} \beta_j + \sum_{i=1}^{p} \alpha_i = 1 \tag{3}$$

### 2.1.1.4 AR（k）– GARCH（p, q）– M 模型

金融理论表明，当条件方差越大时，资产可获得更高平均收益，从而符合收益覆盖风险的原则。将条件方差 $\sigma_t^2$ 纳入均值方程后，就得到 AR（k）– GARCH（p, q）– M 模型：

$$\begin{aligned} y_t &= \gamma_0 + \gamma_1 y_{t-1} + \cdots + \alpha_k y_{t-p} + \rho \sigma_t^2 + \mu_t, \; \mathrm{var}(\mu_t) = \sigma_t^2 \\ &= \alpha_0 + \alpha_1 \mu_{t-1}^2 + \cdots + \alpha_1 \mu_{t-p}^2 + \beta_1 \sigma_{t-1}^2 + \cdots + \beta_q \sigma_{t-q}^2 \end{aligned} \tag{4}$$

GARCH – M 模型根据 $\sigma_t^2$ 的引入方式可分为两种：引入 $\sigma_t^2$ 及引入 $\ln \sigma_t^2$。

### 2.1.1.5 AR – TARCH 模型

Glosten, Jagannathan 和 Runkle（1993）提出了门限 ARCH 模型，即 TARCH 模型。其方差为：

$$\sigma_t^2 = \alpha_0 + \alpha_1 \mu_{t-1}^2 + \cdots + \alpha_1 \mu_{t-p}^2 + \beta_1 \sigma_{t-1}^2 + \cdots + \beta_q \sigma_{t-q}^2 + \sum_{k=1}^{r} \lambda_k \mu_{t-k}^2 d_{t-k} \tag{5}$$

$\sum_{k=1}^{r} \lambda_k \mu_{t-k}^2 d_{t-k}$ 为非对称项或 TARCH 项。其中，$d_{t-k} = \begin{cases} 1, \mu_{t-k} < 0 \\ 0, \text{other} \end{cases}$ 为一标志利空与利好消息的虚拟变量。

### 2.1.1.6 AR – EGARCH 模型

$$\ln(\sigma_t^2) = \alpha_0 + \sum_{i=1}^{p} \alpha_i \left| \frac{\mu_{t-i}}{\sigma_{t-i}} - E\left(\frac{\mu_{t-i}}{\sigma_{t-i}}\right) \right| + \cdots + \beta_q \ln(\sigma_{t-q}^2) + \sum_{k=1}^{r} \lambda_k \frac{\mu_{t-k}}{\sigma_{t-k}} \tag{6}$$

### 2.1.1.7 AR – PARCH 模型

Ding 等（1993）提出了 PARCH 模型，设定如下：

$$\sigma_t^\delta = \alpha_0 + \sum_{i=1}^{p} \alpha_i \left( |\mu_{t-i}| - \lambda_i \mu_{t-i} \right)^\delta + \beta_1 \sigma_{t-1}^\delta + \cdots + \beta_q \sigma_{t-q}^\delta \tag{7}$$

式中，$\delta > 0$。当 $i = 1, 2, \cdots, r$ 时，$|\lambda_i| \leq 1$；当 $i > r$ 时，$\lambda_i = 0$。

表 2 – 1　　　　　　　　　　　　ARCH 类模型

| 模型 | 均值方程 | 方差方程 |
|---|---|---|
| ARCH | $r_t = c(0) + c(1)r_{t-1} + \varepsilon_t \; \varepsilon_t \sim N(0, h_t)$ | $\log(h_t) = \omega + \alpha \varepsilon_{t-1}^2$ |
| GARCH | $r_t = c(0) + c(1)r_{t-1} + \varepsilon_t \; \varepsilon_t \sim N(0, h_t)$ | $h_t = \omega + \alpha \varepsilon_{t-1}^2 + \beta h_{t-1}$ |
| EGARCH | $r_t = c(0) + c(1)r_{t-1} + \varepsilon_t \; \varepsilon_t \sim N(0, h_t)$ | $\log(h_t) = \omega + \alpha \left| \varepsilon_{t-1} / \sqrt{h_{t-1}} \right|$ $+ \gamma(\varepsilon_{t-1} / \sqrt{h_{t-1}}) + \beta \log(h_{t-1})$ |

| 模型 | 均值方程 | 方差方程 |
|------|---------|---------|
| PGARCH | $r_t = c(0) + c(1)r_{t-1} + \varepsilon_t \; \varepsilon_t \sim N(0, h_t)$ | $\left(\sqrt{h_t}\right)^\theta = \omega + \alpha\left(\mid \varepsilon_{t-1} \mid - \gamma\varepsilon_{t-1}\right)^\theta$ $+ \beta\left(\sqrt{h_{t-1}}\right)^\theta$ |
| TGARCH | $r_t = c(0) + c(1)r_{t-1} + \varepsilon_t \; \varepsilon_t \sim N(0, h_t)$ | $h_t = \omega + \alpha\varepsilon_{t-1}^2 + \gamma\varepsilon_{t-1}^2 I(\varepsilon_{t-1} < 0) + \beta h_{t-1}$ |

注：ARCH – M 模型、GARCH – M 模型、EGARCH – M 模型、PGARCH – M 模型、TGARCH – M 模型分别在 ARCH 等模型的均值方程中加入条件方差（这里采用条件方差的对数形式 $\log(\sigma_t^2)$）即可。

## 2.1.2　AR 模型识别、估计与检验

### 2.1.2.1　模型识别

这里采用 1994 年 8 月至 2014 年 8 月人民币的真实有效汇率进行研究，数据来自国际清算银行官方网站。从模型识别结果看，人民币实际有效汇率变量的自相关函数 AC 均具有拖尾性，而其偏自相关函数 PAC 为 3 阶截尾，因此，可构建 AR（3）均值模型。

从估计结果看，该模型所有参数均在 1% 的显著性水平上显著，且其拟合优度为 49%。同时，DW 值为 2.01，不存在序列相关性。

在模型估计的基础上，进一步检验模型是否存在 ARCH 效应。这里通过计算各残差平方的 1 ~ 36 阶自相关系数与偏自相关系数，发现所有相关系数均显著低于零。表明模型均存在 ARCH 效应，即人民币波动存在显著的 ARCH 集聚效应。

表 2 – 2　　　　　均值模型识别、估计与 ARCH 效应检验

| | Y1 |
|------|------|
| PAC | 3 阶截尾 |
| AC | 拖尾 |
| 模型识别 | AR（3） |
| $\gamma_0$ | 85.4033 *** (6.3034) |
| $\gamma_1$ | 0.5159 *** (0.0179) |
| $\gamma_2$ | 0.1267 *** (0.0201) |

续表

| | Y1 |
|---|---|
| $\gamma_3$ | 0.1303 *** |
| | (0.0179) |
| $\gamma_4$ | |
| $\gamma_5$ | |
| $\gamma_6$ | |
| $\gamma_7$ | |
| 模型诊断 | |
| Adjusted $- R^2$ | 0.49 |
| DW | 2.01 |
| AC（1） | 0.255 *** |
| AC（3） | 0.029 *** |
| AC（7） | 0.015 *** |
| PAC（1） | 0.255 *** |
| PAC（3） | 0.092 *** |
| PAC（7） | 0.020 *** |

注：参数下方（ ）内表示参数标准误，＊＊＊、＊＊、＊分别表示1%、5%、10%显著性水平。AC（ ）与PAC（ ）分别表示各模型残差平方的自相关系数与偏自相关系数，（ ）内为相关系数阶数。

### 2.1.2.2 ARCH 族模型估计、检验与比较

接下来，我们进一步估计并比较不同的 ARCH 类模型，在此基础上得到汇率波动率。估计结果见表 2－3。

表 2－3 分别给出了 AR（3）－ARCH（1）、AR（3）－GARCH（1，1）、AR（3）－GARCH（p，q）－M、AR（3）－TARCH、AR（3）－TARCH－M、AR（3）－EGARCH、AR（3）－PARCH、非对称 AR（3）－CARCH 等 8 种 ARCH 模型的估计结果。根据估计结果可得到以下结论：

第一，人民币实际有效汇率的均值模型具有明显的 AR（3）特征，且该模型是平稳的，从而为预测未来人民币实际有效汇率变化率提供了依据。以上 8 个模型的自回归系数之和满足小于 1 的必要条件。

表2-3

**ARCH族模型估计结果**

| | | AR(3)-ARCH(1) | | | AR(3)-GARCH(1,1) | | | AR(3)-GARCH(p,q)-M | | | AR(3)-TARCH | | |
|---|---|---|---|---|---|---|---|---|---|---|---|---|---|
| | | Normal | t | GED | Normal | t | GED | Normal | t | GED | Normal | t | GED |
| 均值方程 | $\gamma_0$ | 62.92*** (5.74) | 40.68*** (4.46) | 28.08*** (3.65) | 60.93*** (6.01) | 40.79*** (4.40) | 27.96*** (3.63) | 516.7*** (92.34) | 480.5*** (67.81) | 508*** (60) | 63.43*** (5.73) | 40.59*** (4.28) | 29.58*** (3.62) |
| | $\gamma_1$ | 0.59*** (0.02) | 0.65*** (0.02) | 0.68*** (0.02) | 0.59*** (0.02) | 0.65*** (0.02) | 0.68*** (0.02) | 0.59*** (0.02) | 0.65*** (0.02) | 0.70*** (0.02) | 0.58*** (0.02) | 0.66*** (0.02) | 0.68*** (0.02) |
| | $\gamma_2$ | 0.14*** (0.02) | 0.11*** (0.02) | 0.14*** (0.02) | 0.13*** (0.02) | 0.11*** (0.02) | 0.14*** (0.02) | 0.13*** (0.02) | 0.12*** (0.02) | 0.15*** (0.02) | 0.09*** (0.02) | 0.11*** (0.02) | 0.13*** (0.02) |
| | $\gamma_3$ | 0.10*** (0.01) | 0.11*** (0.01) | 0.09*** (0.01) | 0.12*** (0.02) | 0.12*** (0.02) | 0.09*** (0.01) | 0.14*** (0.02) | 0.12*** (0.02) | 0.10*** (0.01) | 0.15*** (0.02) | 0.11*** (0.02) | 0.10*** (0.01) |
| | $\rho$ | | | | | | | −47*** (9.53) | −45*** (6.98) | −50*** (6.24) | | | |
| 条件方差方程 | $\alpha_0$ | 16563*** (179) | 15299*** (1286) | 13882*** (622) | 10154*** (598) | 9680*** (1126) | 9547*** (933) | 8401*** (546) | 9621*** (1129) | 10161*** (803) | 1031*** (56.67) | 7199*** (868) | 6941*** (754) |
| | $\alpha_1$ | 0.36*** (0.02) | 0.50*** (0.07) | 0.43*** (0.05) | 0.26*** (0.02) | 0.43*** (0.06) | 0.38*** (0.05) | 0.25*** (0.02) | 0.40*** (0.06) | 0.38*** (0.05) | 0.15*** (0.01) | 0.65*** (0.10) | 0.53*** (0.09) |
| | $\lambda_1$ | | | | | | | | | | −0.14*** (0.01) | −0.50*** (0.10) | −0.38*** (0.09) |
| | $\beta_1$ | | | | 0.34*** (0.03) | 0.26*** (0.05) | 0.23*** (0.05) | 0.43*** (0.03) | 0.28*** (0.05) | 0.20*** (0.04) | 0.88*** (0.004) | 0.38*** (0.05) | 0.38*** (0.05) |
| | Adj−R² | 0.4792 | 0.4695 | 0.4607 | 0.4794 | 0.4706 | 0.4609 | 0.4907 | 0.4800 | 0.4701 | 0.4907 | 0.4800 | 0.4701 |
| | DW | 2.1464 | 2.2454 | 2.2640 | 2.1416 | 2.2308 | 2.2579 | 2.0972 | 2.1756 | 2.2238 | 2.0972 | 2.1756 | 2.2238 |

续表

| | AR(3)-TARCH-M (std.ev) | | | AR(3)-EGARCH | | | AR(3)-PARCH | | | 非对称 AR(3)-CARCH | | |
|---|---|---|---|---|---|---|---|---|---|---|---|---|
| | Normal | t | GED | Normal | t | GED | Normal | t | GED | Normal | t | GED |
| 均值方程 $\gamma_0$ | 57.59 (10.39) | 98.15 (10.2) | 91.29 (9.37) | 66.62** (4.97) | 37.95*** (3.56) | 32.77*** (3.26) | 57.51*** (4.30) | 35.86*** (3.38) | 27.13*** (3.08) | 60.41*** (6.22) | 36.36*** (3.68) | 28.82*** (3.32) |
| $\gamma_1$ | 0.58 (0.02) | 0.70 (0.02) | 0.73 (0.02) | 0.60*** (0.02) | 0.67*** (0.02) | 0.67*** (0.01) | 0.59*** (0.02) | 0.67*** (0.02) | 0.68*** (0.02) | 0.57*** (0.02) | 0.65*** (0.02) | 0.65*** (0.02) |
| $\gamma_2$ | 0.09 (0.02) | 0.11 (0.02) | 0.12 (0.02) | 0.09*** (0.01) | 0.10*** (0.02) | 0.12*** (0.02) | 0.12*** (0.02) | 0.11*** (0.02) | 0.13*** (0.02) | 0.13*** (0.02) | 0.11*** (0.02) | 0.12*** (0.02) |
| $\gamma_3$ | 0.15 (0.02) | 0.10 (0.02) | 0.10 (0.01) | 0.13*** (0.01) | 0.11*** (0.02) | 0.10*** (0.01) | 0.14*** (0.02) | 0.11*** (0.02) | 0.10*** (0.01) | 0.15*** (0.02) | 0.13*** (0.02) | 0.13*** (0.02) |
| $\rho$ | -0.06 (0.09) | -0.53 (0.08) | -0.60 (0.08) | | | | | | | | | |
| 条件方差方程 $\alpha_0$ | 972.9*** (60.7) | 8124*** (1001) | 7741 (684) | 9.77*** (0.27) | 0.71*** (0.10) | 0.51*** (0.08) | 9.28*** (2.28) | 5.26** (2.28) | 3.93** (1.69) | 2.69*** (0.11) | 4.25*** (0.85) | 5.80*** (1.19) |
| $\alpha_1$ | 0.15*** (0.01) | 0.58 (0.09) | 0.52 (0.08) | 0.53*** (0.02) | 0.08*** (0.02) | 0.09*** (0.02) | 0.07*** (0.02) | 0.15*** (0.02) | 0.12*** (0.01) | 0.96*** (0.01) | 0.50*** (0.09) | 0.60*** (0.06) |
| $\lambda_1$ | -0.14*** (0.01) | -0.47 (0.10) | -0.39 (0.09) | 0.01 (0.01) | 0.24*** (0.02) | 0.20*** (0.02) | -1.00** (0.42) | -0.99*** (0.04) | -0.99*** (0.02) | 0.06*** (0.01) | 0.26*** (0.05) | 0.38*** (0.05) |
| $\beta_1$ | 0.88*** (0.004) | 0.37 (0.04) | 0.35 (0.04) | -0.02 (0.03) | 0.92*** (0.01) | 0.94*** (0.01) | 0.91*** (0.003) | 0.81*** (0.02) | 0.86*** (0.01) | 0.15*** (0.02) | 0.10*** (0.05) | 0.05*** (0.05) |
| $\delta$ | | | | | | | 1.09*** (0.04) | 0.81*** (0.08) | 0.86*** (0.08) | 0.17*** (0.02) | 0.12*** (0.03) | 0.07*** (0.01) |
| | | | | | | | | | | -0.03 (0.02) | 0.79*** (0.13) | 0.90*** (0.01) |
| Adj-$R^2$ | 0.4778 | 0.4920 | 0.4857 | 0.4798 | 0.4662 | 0.4638 | 0.4781 | 0.4650 | 0.4598 | 0.4796 | 0.4689 | 0.4669 |
| DW | 2.2353 | 2.086 | 2.1100 | 2.1800 | 2.2755 | 2.2657 | 2.1504 | 2.2746 | 2.2686 | 2.0978 | 2.2278 | 0.4651 |

注：模型估计软件为 Eviews8.0。

第二，由 AR（3）－TARCH－M 可知，人民币实际有效汇率量不仅受历史水平的影响，而且受历史波动率的影响。具体地，当人民币汇率波动率上升 1 个单位时，人民币贬值 0.53~0.6 个单位。

第三，人民币实际有效汇率波动存在显著的 GARCH 效应，即汇率的波动具有时变性。具体地，人民币实际有效汇率量的条件方差不仅取决于滞后一期的残差项平方 $\mu_{t-1}^2$，且依赖于上一期的条件方差 $\sigma_{t-1}^2$。以上模型中，参数 $\alpha_1$ 与 $\beta_1$ 均在 1% 显著性水平上显著。

第四，人民币实际有效汇率的条件方差具有显著的非对称时变性。具体地，AR（3）－TARCH、AR（3）－TARCH－M、AR（3）－EGARCH、非对称 AR（3）－CARCH 等四个模型的非对称参数 $\lambda_1$ 均在 1% 显著性水平上显著。其中，AR（3）－TARCH－M 模型的 t 分布估计结果最为理想。各参数均在 1% 显著性水平上显著，且拟合优度最高。AR（3）－TARCH－M 模型的非对称参数为 $\lambda_1 = -0.47$，这表明，外汇市场利空消息对汇率波动的影响要远远小于利好消息对房地产波动的影响。利好消息对汇率波动的影响为 0.58，利空消息对汇率波动的影响为 0.58－0.47＝0.11。

第五，从估计效果看，AR（3）－TARCH－M 的估计结果最理想。因此，门限 ARCH 模型更适合于模拟人民币实际有效汇率的波动。

2.1.2.3　不同模型的预测比较：样本内预测比较与样本外预测比较

1. 样本内预测

为了比较各模型的预测效果，这里采用 RMSE（Root Mean Squared Error）作为比较标准。比较结果见表 2－4。从预测结果看，AR（3）－TARCH－M 的样本内预测效果最理想。其预测值的均方根误差为 155.74。

2. 样本外预测

由于 AR（3）－TARCH－M 的估计效果与样本内预测效果最佳，这里利用该模型进行样本外预测。预测结果见表 2－4。

## 2.1.3　小结

论文利用 1998 年 4 月至 2014 年 8 月的人民币实际有效汇率数据构建并估计了 AR（3）－ARCH（1）、AR（3）－GARCH（1，1）、AR（3）－GARCH（p，q）－M、AR（3）－TARCH、AR（3）－TARCH－M、AR（3）－EGARCH、AR（3）－PARCH、非对称 AR（3）－CARCH 等 8 种模型，每个模型又分为正态分布、t 分布及 GED 分布三种情况。在此基础上，通过统计检验

表 2 - 4　样本外预测结果比较

| | AR (3) - ARCH (1) | | | AR (3) - GARCH (1, 1) | | | AR (3) - GARCH (p, q) - M | | | AR (3) - TARCH | | |
| --- | --- | --- | --- | --- | --- | --- | --- | --- | --- | --- | --- | --- |
| | Normal | t | GED | Normal | t | GED | Normal | t | GED | Normal | t | GED |
| RMSE | 157.79 | 159.23 | 160.57 | 157.74 | 159.05 | 160.50 | 156.00 | 157.59 | 159.06 | 157.83 | 157.47 | 158.62 |
| MAE | 102.43 | 101.69 | 101.88 | 102.37 | 101.67 | 101.88 | 101.09 | 100.29 | 100.33 | 102.91 | 100.01 | 100.01 |
| MAPE | 37.45 | 34.96 | 34.69 | 37.36 | 35.03 | 34.76 | 34.80 | 32.03 | 31.53 | 37.53 | 31.69 | 31.17 |
| TIC | 0.18 | 0.19 | 0.19 | 0.19 | 0.19 | 0.19 | 0.19 | 0.19 | 0.19 | 0.19 | 0.19 | 0.19 |

| | AR (3) - TARCH - M | | | AR (3) - EGARCH | | | AR (3) - PARCH | | | 非对称 AR (3) - CARCH | | |
| --- | --- | --- | --- | --- | --- | --- | --- | --- | --- | --- | --- | --- |
| | Normal | t | GED | Normal | t | GED | Normal | t | GED | Normal | t | GED |
| RMSE | 157.94 | 155.74 | 156.71 | 158.44 | 159.67 | 160.01 | 157.89 | 159.83 | 160.61 | 157.64 | 159.23 | 159.79 |
| MAE | 102.79 | 99.74 | 99.74 | 102.84 | 101.71 | 101.76 | 102.36 | 101.77 | 101.91 | 102.63 | 101.69 | 101.79 |
| MAPE | 37.38 | 30.76 | 30.04 | 37.85 | 34.44 | 34.59 | 37.16 | 34.64 | 34.72 | 37.94 | 34.89 | 34.90 |
| TIC | 0.19 | 0.19 | 0.19 | 0.19 | 0.19 | 0.19 | 0.19 | 0.19 | 0.19 | 0.19 | 0.19 | 0.19 |

与预测检验比较各模型的优劣。结果表明，随机扰动项服从 t 分布时的 AR（3）－TARCH－M 模型的估计与预测效果最优。从而表明，人民币实际有效汇率的波动性具有显著的非对称时变性。当市场受到利好冲击时，波动率要远远大于受到利空冲击时的波动率。

## 2.2　人民币汇率平稳性特征分析

进入 2014 年 2 月以来，人民币双向波动态势明显。受此影响，市场对未来人民币汇率走势的预期逐渐发生变化。2014 年 3 月 17 日，人民币汇率波幅扩大至 2%，汇率机制改革再次迈出实质性步伐。那么，人民币汇率调整的未来走向到底如何？本文旨在对人民币汇率的调整路径进行研究，这对于稳定市场的汇率预期、预测未来汇率走势具有重要的现实意义。

### 2.2.1　文献综述

从统计学角度讲，如果真实汇率序列满足平稳性，则意味着真实汇率在长期内具有常数性质的一阶矩、二阶矩甚至其他高阶矩，此时，PPP 成立。对此，有许多研究利用单位根方法对真实汇率的统计特征进行检验。Taylor（2002）利用 DF－GLS 检验方法对 20 个国家 100 多年的数据进行研究，研究结果表明"16 个国家在 5% 的显著性水平上满足平稳性假设，因此长期 PPP 是成立的"[21]。但是，Lopez 等（2005）认为，Taylor（2002）的研究结论对单位根检验中的滞后阶数的选择具有较强的敏感性[22]。为此，Lopez 等（2005）基于更先进的方法确定单位根检验的滞后阶数。检验结果表明，Taylor（2002）所确定的 16 个国家中，只有 9 个国家的 PPP 是成立的，认为"Taylor（2002）的研究并不足以得出长期 PPP 成立的结论"，因此，仍需要对实际汇率的平稳性特征及其平稳性检验方法作进一步研究。

国外许多研究将 PPP 失效归咎为传统单位根检验如 ADF 法检验功效的下降。Froot 和 Rogoff（1994）认为，如果真实汇率服从 AR（1）过程，且其半误期偏差为 3 年，则需要 72 年的数据才能在 5% 的显著性水平上拒绝单位根假设。Frankel（1990）指出，汇率向长期 PPP 的收敛速度越慢，则拒绝"真实汇率服从随机漫步假设"所需要的时间序列数据跨度就越长，这就是第一个 PPP 难题（First PPP Puzzle）（Taylor 等，2001；Taylor 和 Taylor，2004）。Rogoff（1996）提出了 PPP 检验的第二个难题，即汇率在短期内的剧烈波动与长期内向 PPP 的慢速收敛并存[23]。Rogoff（1996）认为，汇率的年收敛速度为15%，这意味着其半衰期为3~5年。此后，部分经济学家试图通过非线性模型解决汇率难题。Michael 等（1997），Sarantis（1999），Sarno（2000），Baum 等（2001），Taylor 等（2001），Kilian 和 Taylor（2003），Paya 和 Peel（2004）均利用非线性模型对真实汇率进行了检验，结果表明真实汇率存在非线性均值回复特征，即 PPP 在长期内是成立的。

随着亚洲经济在世界经济地位的提升，越来越多的学者关注亚洲主要汇率的调整行为。早期的研究利用传统线性方法对亚洲主要汇率进行了实证检验，大多数研究均没有找到支持 PPP 成立的证据或证据比较脆弱（Hung 和 Jan 2002；Wang，2000；Wu 和 Chen，1999；Montiel，1997；Baharumshah 和 Ariff，1997）。与此同时，也有学者利用非线性框架研究亚洲主要汇率的调整行为，并找到了支持长期 PPP 的证据。Baharumshah 等（2010）利用 1965—2004 年季度数据对东亚六国（印度尼西亚、韩国、马来西亚、新加坡、菲律宾和泰国）的 PPP 进行了检验，发现除马来西亚外的其余 5 国汇率均存在显著的非对称性行为。同时，在引入 STAR 型非线性后，各国真实汇率均为平稳过程[24]。Zhou（2008）利用 1968—2005 年的季度数据对亚太地区主要国家的 PPP 进行了检验，结果表明，当以澳元、新元、美元为基准货币时，各国真实汇率均为平稳过程。但是，当以日元为基准货币时，上述结论不成立，霍姆斯（Holmes，2004）对亚太地区的 PPP 进行了检验，结果表明，印度、新加坡与斯里兰卡关于美元的汇率存在显著的非线性特征，且新加坡与斯里兰卡呈非对称性非线性，而印度则表现为对称性非线性[25]。Liew 等，（2004）在直接假设各国汇率存在非线性特征的情况下，基于 1968—2001 年季度数据利用非线性单位根检验对亚洲主要国家的汇率进行相似的研究，结果表明，即使以日元为基准货币，各国真实汇率与为平稳过程[26]。

在国内，刘青（2013）基于 STAR 的研究结果表明，人民币实际汇率确实存在非线性调整行为[27]。刘柏和赵振全（2008）采用平滑转移自回归模型对中国实际汇率进行分析和预测，认为中国实际汇率走势的非线性表现为非对称性[28]。张卫平（2007）选取带有约束的 ESTAR 模型对人民币实际汇率的渐近非线性行为进行了实证分析，对其均值回复速度进行了估计[29]。谢赤等（2005）认为，以 Logistic 函数作为转移函数的 STAR 模型能很好地描述人民币实际汇率渐近非线性行为[30]。

综上，有些研究直接假设汇率调整存在非线性特征，在此基础上采用非线性单位根检验方法对真实汇率的平稳性进行检验，而没有对汇率调整行为的非线性作出正式地检验；同时，一些研究虽然对汇率调整行为的非线性作出正式检验，但是没有对真实汇率的平稳性进行检验。目前，对真实汇率平稳性及汇率非线性同时进行检验的文献还不多，而对汇率平稳性是否受基准货币选择影响的研究则更少。

为此，论文旨在考察人民币真实汇率的非线性平稳性，判断其非线性类型，并进一步分析汇率平稳性对基准货币选择的敏感性，并对这种敏感性提出一种解释。论文的主要工作包括：检验人民币真实汇率是否存在非线性特征；判断人民币汇率非线性行为的类型；利用非线性单位根检验判断人民币真实汇率的平稳性；分别以美元、日元、英镑为基准货币进行研究，考察基准货币的选择是否影响研究结论的稳健性。

## 2.2.2　理论与方法

### 2.2.2.1　PPP 理论

PPP 理论可表示如下：

$$P_t = (S_t)(P_t^*) \tag{1}$$

模型（1）中，$S$ 表示一国名义汇率，定义为单位外币的本币价格，$P_t$ 与 $P_t^*$ 分别表示本国与外国物价水平。名义汇率去除各国物价水平的影响后就成为真实汇率，可定义如下：

$$q_t = s_t - p_t + p_t^* \tag{2}$$

模型（2）中，$q$ 为真实汇率的对数值，$p$ 与 $p^*$ 为本国与外国物价水平的对数值。一国 PPP 是否成立可以从真实汇率 $q$ 的平稳性作出判断。此时，$q$ 可视为对长期 PPP 的偏离，平稳的 $q$ 具有均值回复特征。

从现有文献看，判断真实汇率稳定与否的主要检验工具为线性模型，如 ADF 检验。该检验方法一个重要假设就是：真实汇率的调整速度 $\rho$ 是不变的、连续的，而没有考虑到汇率偏离 PPP 的程度。即

$$\Delta q_t = \alpha + \rho q_{t-1} + \sum_{j=1}^{p} \lambda_j \Delta q_{t-j} + \varepsilon_t \tag{3}$$

此时，调整速度为参数 $\rho$。可以看出，汇率的调整是连续发生的，且调整速度为一常数。ADF 检验没有考虑到实际汇率偏离 PPP 的程度，其半衰期偏差为 $\ln(0.5)/\ln(1 + \rho)$。

### 2.2.2.2　真实汇率调整非线性理论

真实汇率调整存在非线性特征的原因主要有以下四个：

第一，贸易壁垒因素（如交易成本、运输成本与关税等）的存在使汇率调整存在一个无套利区间带。在该无套利区间带内，汇率的调整速度非常缓慢，调整积极性不高，套利无利可图，成本较高。一般情况下，无套利区间带内的汇率调整具有发散性，而不具有收敛性（Taylor 等，2001）。这意味着，PPP 在长期内也可能不成立，汇率对 PPP 的偏离可能会持续非常长的时间，向均衡的收敛速度非常慢。但是，一旦汇率离开该区间带，套利的可能性大大上升，汇率的调整速度上升。此时，汇率偏离 PPP 的程度越严重，其均值回复速度越快。发展中国家往往具有非常高的运输成本、关税等贸易壁垒因素，从而使不同空间的相似贸易品存在较大的价格缺口，影响了 PPP 的有效性（Bahmani – Oskooee 等，2008）。

第二，官方对外汇市场的干预也可能会导致汇率调整的非线性性。Taylor（2004）构建了真实汇率的 MS 模型，对外汇干预效应进行了分析，结果表明，汇率由非稳定区制转向稳定区制的概率伴随着其失衡程度的上升而增加，而汇率由平稳区制转向非平稳区制的概率则与汇率的失衡程度负向相关，即汇率越接近其均衡值，汇率由平稳区制转向非平稳区制的概率越大。

第三，外汇市场异质性主体的相互作用也会产生汇率的非线性调整（Kilian 和 Taylor，2003）。外汇市场参与者对汇率均衡水平的异质性信念会使真实汇率的调整产生非线性特征。发展中国家信息缺乏及政府干预较为显著，使得市场主体的信念存在严重分歧，从而更容易导致非线性性。

第四，结构性变化也会导致汇率调整的非线性性。Bierens（1997）认为，结构性变化使汇率存在中断性的确定性趋势，主要表现为非线性时间趋势。因此，即使将结构性断点考虑在内的单位根检验也存在功效缺失问题（Bierens，1997）。结构性断点往往与显著的经济与政治事件相关，如汇率机制改革、金融危机、经济泡沫的形成与破裂、金融自由化、石油危机、战争等。

综上，我们有许多理由相信真实汇率的调整具有非线性特征。如果真实汇率调整服从非线性过程，则线性模型［如模型（3）］的设定则具有严重缺陷，其检验功效将大大下降。

2.2.2.3 方法

1. 非线性模型

模型（3）的缺陷主要表现为自回归系数 $\rho$ 为常数。为此，需要考虑具有变异性 $\rho$ 的非线性模型，如 STAR 模型（Granger 和 Terasvirta，1993）。在 STAR 模型中，汇率的调整速度伴随着汇率偏离 PPP 程度的变化而变化。目前，主要有两类 STAR 模型，指数 STAR 模型与逻辑 STAR 模型，其主要区别为模型中的转移函数分别为指数型转移函数与逻辑型转移函数，分别记为 ESTAR 模型与 LSTAR 模型。ESTAR 模型意味着汇率向其均衡水平的调整具有对称性，而不受汇率失调方向的影响。无论是高估还是低估，汇率的调整速度相同，但是方向相反。而 LSTAR 模型的调整行为则具有非对称性。Taylor 等（2001）认为，从先验的角度出发，ESTAR 模型不适合于描述真实汇率的调整行为，该模型忽略了汇率高估及低估时向均衡水平偏离的非对称性。但是，在存在非线性的前提下，建立在不同模型对数据拟合程度基础上的模型选择似乎显得更为合理。为此，对真实汇率 $q$ 构建如下 STAR 模型：

$$\Delta q_t = \alpha' + \rho' q_{t-1} + \sum_{j=1}^{p} \lambda'_j \Delta q_{t-j} + \{ \alpha_0 + \rho_0 q_{t-1}$$
$$+ \sum_{j=1}^{p} \lambda_{0j} \Delta q_{t-j} \} F(\theta; q_{t-d}) + \varepsilon_t \tag{4}$$

$F(\theta; q_{t-d})$ 为转移函数，其值域为 $[0, 1]$，该函数决定着汇率的均值回复程度。指数型转移函数为 $F(\theta; q_{t-d}) = 1 - \exp[-\theta(q_{t-d} - \mu)^2]$，逻辑型转移函数为 $F(\theta; q_{t-d}) = \{1 + \exp[-\theta(q_{t-d} - \mu)]\}^{-1}$，$\mu$ 为真实汇率均衡水平。$\theta > 0$ 为平滑转移参数，决定着汇率平滑转移的速度，该值越小表明汇率在两个区制间的转移速度越慢。$d$ 为时滞参数，表明汇率向其均衡水平的收敛调整具有滞后性。$\varepsilon_t$ 为服从零均值、同方差的白噪音过程。

当平滑系数 $\theta = 0$ 时，模型（4）就简化为模型（3）。当汇率调整确实存在模型（4）所描述的非线性行为时，用线性模型进行研究则存在设定偏误。这时，模型（3）中 $\rho$ 的估计值相当于模型（4）中的待估参数 $\rho_0$ 与 $\rho'$ 之和，此时，模型（3）中 $\rho$ 的估计不满足一致性。因此，$\rho_0$ 与 $\rho'$ 的估计非常关键。如前所述，汇率向其均衡水平的收敛速度与其失衡程度正相关。这意味着，当偏离程度较小时，真实汇率 $q$ 具有单位根特征或发散行为，此时允许 $\rho' > 0$。但是，当汇率偏离程度较大时，真实汇率 $q$ 具有均值回复特征，此时要求 $\rho_0 < 0$，$\rho_0 + \rho' < 0$。

根据 Terasvirta（1994），STAR 模型的识别包括三个步骤：首先，要定义线性自回归模型；其次，对于不同的时滞参数 d，检验模型的非线性性，如果"线性模型"原假设被拒绝，根据 F 值最大原则或 p 最小原则获取时滞参数 d。最后，构建辅助回归式，通过一系列嵌套假设检验在 LSTAR 与 ESTAR 模型间作出选择。

第一阶段的关键是选择自回归模型的滞后阶数 p，可以通过偏相关系数 PAC

或 ACI、SIC 等准则获得。第二阶段，为了检验模型是否存在非线性，需要对转移函数在 $\theta = 0$ 处进行三阶泰勒近似，形成以下辅助回归式：

$$q_t = \alpha_0 + \sum_{j=1}^{p} \alpha_j q_{t-j} + \sum_{j=1}^{p} (\beta_{1j} q_{t-j} q_{t-d} + \beta_{2j} q_{t-j} q_{t-d}^2 + \beta_{3j} q_{t-j} q_{t-d}^3) + \varepsilon_t \qquad (5)$$

据此提出原假设 $H_0$（$\beta_{1j} = \beta_{2j} = \beta_{3j} = 0$，$j = 1, \cdots, p$）与备择假设 $H_1$（至少有一个 $\beta_{ij} \neq 0$，$i = 1, 2, 3$）。拒绝 $H_0$ 意味着真实汇率调整存在 STAR 非线性特征，这可以通过 F 检验得到。为了确定时滞参数 d，基于模型（5）的非线性检验需要尝试不同的 d 值，一般情况下要求 $1 \leqslant d \leqslant D$（Terasvirta 和 Anderson，1992）。如果有一个以上的 d 值使得基于模型（5）的线性检验被拒绝，则选择使相伴概率 P 达到最小时的滞后参数作为 d 的最优值。第三阶段的关键是在 LSTAR 模型与 ESTAR 模型间作出选择。根据 Terasvirta 和 Anderson（1992），可以通过检验以下嵌套假设完成：

$$H_{03} : \beta_{3j} = 0, j = 1, \cdots, p$$
$$H_{02} : \beta_{2j} = 0 \,|\, \beta_{3j} = 0, j = 1, \cdots, p$$
$$H_{01} : \beta_{1j} = 0 \,|\, \beta_{2j} = \beta_{3j} = 0, j = 1, \cdots, p \qquad (6)$$

如果原假设 $H_{03}$ 被拒绝，选择 LSTAR 模型。如果在接受 $H_{03}$ 的条件下，拒绝原假设 $H_{02}$，选择 ESTAR 模型。在接受 $H_{02}$ 的情况下，拒绝 $H_{01}$，则选择 LSTAR 模型。此外，Granger 和 Terasvirta（1993）及 Terasvirta（1994）认为，在构建辅助回归模型（5）时，如果泰勒展开阶数较低，以上检验可能会导致模型选择的错误。为此，他们建议根据 F 检验统计量的相伴概率判断模型类型，即选择最小相伴概率对应的模型。因此，在拒绝线性原假设后，如果原假设 $H_{03}$、$H_{01}$ 的 p 值最小，则选择 LSTAR 模型；如果原假设 $H_{02}$ 的 p 值最小，则选择 ESTAR 模型。

2. 非线性单位根检验

这里采用 Kapetanios，Shin 和 Snell（2003，以下简称 KSS）非线性单位根检验考察人民币真实汇率的均值回复特征。贸易壁垒、外汇干预、异质性信念会产生汇率的无套利区间带。在该区间内，套利成本高于收益，套利几乎不会发生。这意味着，真实汇率在该区间带内不平稳。但是，一旦汇率在区间带外保持足够长的时间，套利活动发生并朝其均衡水平收敛。同时，其均值回复速度与其失衡程度存在正向相关性。Michael 等（1997）认为，时间加总与个体行为使得汇率在区制间的转移具有平滑性。为解释这种可能性，这里采用 KSS 检验对汇率调整过程中的渐近性非线性进行检验，并以此为基础构建平滑转移自回归模型。

KSS 检验的原假设为"变量存在单位根"，其备择假设为"序列为具有 ES-

TAR 非线性特征的平稳过程"，其检验原理基于以下 ESTAR 模型设定形式：

$$\Delta q_t = \lambda q_{t-1}\left[1 - \exp(-\theta q_{t-1}^2)\right] + \varepsilon_t \tag{7}$$

其中，$q_t$ 表示去均值或去趋势后的真实汇率，参数 $\theta$ 决定着其均值回复的速度，随机扰动项 $\varepsilon_t$ 为零均值、同方差且独立同分布白噪音过程。对于包含非零均值或线性确定性趋势项的变量，KSS 检验的前提是将变量转化为零均值及无线性趋势项的变量。根据模型（7），提出原假设（$H_0:\theta = 0$）与备择假设（$H_1:\theta > 0$），拒绝原假设意味着真实汇率为非线性平稳过程。但是，在原假设下，参数 $\lambda$ 未识别，不能直接对原假设作出检验。为克服该问题，KSS 对 ES-TAR 模型进行一阶泰勒展开，构建如下辅助回归：

$$\Delta q_t = \gamma q_{t-1}^3 + \varepsilon_t \tag{8}$$

为减少序列自相关性，将以上辅助回归扩展为以下模型：

$$\Delta q_t = \gamma q_{t-1}^3 + \sum_{j=1}^{p} \beta_j \Delta q_{t-j} + \varepsilon_t \tag{9}$$

其中，$p$ 为滞后阶数。此时，原假设为 $H_0:\gamma = 0$，备择假设为 $H_1:\gamma < 0$。对去均值数据进行检验，如果拒绝原假设，表明真实汇率为水平平稳序列，此时真实汇率回复到均值常数。对去均值且去趋势的数据进行检验，如果拒绝原假设，表明真实汇率为趋势平稳变量，此时真实汇率收敛于常数趋势。若真实汇率具有趋势回复特征，表明存在 BS 效应，即由于国际间生产率差异，使得一国货币产生趋势性贬值或趋势性升值。

### 2.2.3　实证分析

#### 2.2.3.1　数据来源与说明

根据数据可得性，选取 1994 年 1 月至 2014 年 1 月作为研究区间。根据购买力平价理论，选择的变量有人民币兑美元汇率、人民币兑日元汇率、人民币兑英镑汇率、中国 CPI、日本 CPI、美国 CPI 及英国 CPI。

首先，将所有的 CPI 数据转化为以 1993 年 1 月为基期的定基数据；对所有变量取对数，根据模型（2）分别获取人民币兑美元、日元及英镑的真实汇率 $q_t$。人民币兑美元、日元及英镑的真实汇率如图 2-1 所示。

可以看出，以美元、英镑及日元为基准货币的人民币汇率 q1、q2 及 q3 基本上呈现出先贬后升的态势，q1 与 q2 表现得尤其明显。大致可以判断，2005 年 7 月开始的人民币汇率机制改革在很大程度上改变了人民币汇率的调整机制与路径。与 q1、q2 不同的是，q3 在很大程度上表现出水平性波动，没有明显的单边升值与单边贬值趋势，这有可能是日本货币当局对日元汇率的干预导致。

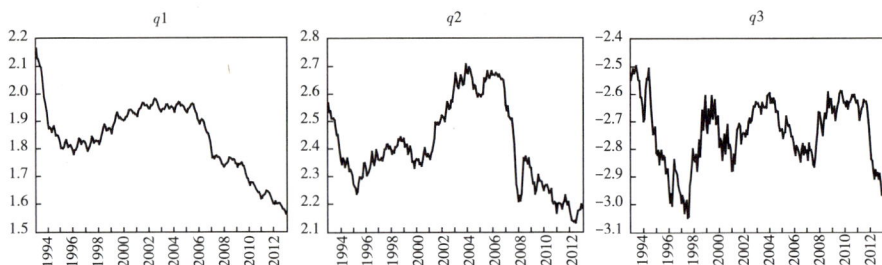

图 2-1　人民币真实汇率走势图

2.2.3.2　线性 ADF 单位根检验

首先进行 ADF 检验，滞后阶数 p 根据 AIC 准则自动选择。从检验结果看，以美元、英镑及日元为基准货币的人民币汇率均为 I（1）过程。这表明，如果仅以 ADF 检验结果为准的话，人民币真实汇率为非平稳过程，人民币对 PPP 的失衡不具有均值回复特征。

表 2-5　　　　　　　　　　　　　　ADF 单位根检验

| | 检验形式（C，T，L） | ADF 统计量 | 5% 临界值 | 相伴概率 |
|---|---|---|---|---|
| $q1$ | C，T，12 | −1.9620 | −3.4296 | 0.6184 |
| D（$q1$） | 0，0，11 | −5.0867 | −1.9422 | 0.0000 |
| $q2$ | C，T，1 | −1.2029 | −3.4287 | 0.9070 |
| D（$q2$） | 0，0，0 | −11.9506 | −1.9421 | 0.0000 |
| $q3$ | C，0，6 | −2.3831 | −2.8737 | 0.1476 |
| D（$q3$） | 0，0，5 | −6.3719 | −1.9421 | 0.0000 |

注：D（ ）表示对括号内变量取一阶差分。

但是，人民币汇率在以上样本期内可能包括由 1997 年东南亚金融危机、2005 年人民币汇率机制改革、2007 年美国次贷危机等事件导致的结构性断点，而 ADF 检验并没有考虑到这些结构性断点对序列平稳性的影响。为了检验是否存在结构性断点，这里采用 Zivot 和 Andrews（1992）单位根检验方法。

2.2.3.3　Zivot 和 Andrews（1992）单位根检验

Zivot 和 Andrews（1992）的单位根检验包括三个模型。模型 A 用于检验均值的结构性断点，模型 B 用于检验斜率或趋势的结构性断点，模型 C 用于检验均值与斜率同时存在结构性断点。

**表 2 - 6    Zivot 和 Andrews（1992）单位根检验（一个结构性断点）**

| | 模型 A：Allowing for Breakin Intercept Only | | 模型 B：Allowing for Break in Trend Only | | 模型 C：Allowing for Break in both Intercept and Trend | |
|---|---|---|---|---|---|---|
| | T 统计量 | Time of Break | T 统计量 | Time of Break | T 统计量 | Time of Break |
| $q1$ | - 3. 3121 | 2005：8 | - 3. 4757 | 2005：9 | - 3. 7966 | 2005：6 |
| $q2$ | - 4. 2333 | 2005：8 | - 3. 7153 | 2005：8 | - 4. 3679 | 2005：5 |
| $q3$ | - 5. 2489 * | 2005：9 | - 5. 1225 ** | 2005：8 | - 5. 3287 * | 2005：7 |

Zivot 和 Andrews（1992）的原假设为"序列含有单位根"，其备择假设为"序列为均值平稳、趋势平均、均值与趋势平稳"。从表 2 - 6 的估计结果看，Zivot 和 Andrews 单位根检验结果并不理想，只有以日元为基准货币的人民币实际汇率序列 $q3$ 拒绝了单位根原假设，而以美元及英镑为基准货币的人民币实际汇率序列仍然为非平稳过程。Zivot 和 Andrews 检验还表明，人民币实际汇率在 2005 年 6~9 月确实存在结构性断点，进一步说明 ADF 单位根检验不适用于检验我国汇率机制改革背景下的人民币实际汇率平稳性。

尽管 Zivot 和 Andrews 检验比 ADF 检验的检验功效有所提高，但是由于 Zivot 和 Andrews 检验只能对一个未知结构性断点进行检验，对于含有多个未知结构性断点的检验仍然存在局限。人民币实际汇率有可能还包含其他多个结构性断点（如 1997 年金融危机、2007 年金融危机等），而 Zivot 和 Andrews 检验只能对一个结构性断点进行判断。Zivot 和 Andrews 检验与 ADF 检验均不能解释真实汇率序列的非线性性。如果序列存在非线性性，那么基于 ADF 或 Zivot 和 Andrews 的单位根检验势必导致错误的结果。为此，需要进一步判断真实汇率是否存在非线性行为。

#### 2. 2. 3. 4    线性检验

为了进行非线性检验，首先建立各序列的 AR（p）模型。这里根据各序列的 PAC 截尾特征判断各序列的滞后阶数 $p$。经判断，$q1$ 的 PAC 具有 1 阶截尾性，$q2$ 的 PAC 也具有 1 阶截尾性，$q3$ 序列的 PAC 具有 4 阶截尾性，因此，可分别建立 AR（1）、AR（1）及 AR（4）模型。在确定各序列自回归阶数后，分别取 d = {1, 2, …, 12}，对模型（5）进行回归估计，并进行非线性检验，结果见表 2 - 7。

表 2 - 7 STAR 非线性及非线性类型检验

| | 序列 q1 | | | 序列 q2 | | | 序列 q3 | | |
|---|---|---|---|---|---|---|---|---|---|
| | p | d | F | p | d | F | p | d | F |
| 线性检验 | 1 | 10 | 5. 8980 *** | 1 | 4 | 6. 1271 *** | 4 | 1 | 10. 1481 *** |
| | $H_{03}$ | $H_{02}$ | $H_{01}$ | style | $H_{03}$ | $H_{02}$ | $H_{01}$ | style | $H_{03}$ | $H_{02}$ | $H_{01}$ | style |

STAR 类型 行:

| STAR 类型 | $H_{03}$ | $H_{02}$ | $H_{01}$ | style | $H_{03}$ | $H_{02}$ | $H_{01}$ | style | $H_{03}$ | $H_{02}$ | $H_{01}$ | style |
|---|---|---|---|---|---|---|---|---|---|---|---|---|
| | 4. 4 *** | 5. 2 *** | 4. 8 *** | E - | 7. 5 *** | 6. 4 *** | 5. 2 *** | E - | 8. 1 *** | 1. 5 | 6. 8 *** | L - |

注： * * * 表示在 1% 显著性水平上显著。

从检验结果看，人民币实际汇率确实存在 STAR 类型的非线性特征。但是，人民币实际汇率的非线性特征对于基准货币的选择具有敏感性。具体地，q1 与 q2 序列具有 ESTAR 类型的非线性特征，而 q3 序列具有 LSTAR 类型的非线性特征。

### 2.2.3.5 非线性单位根检验

KSS 检验包括三种形式的检验：原始数据检验、去均值检验、去均值与趋势检验。检验中的滞后期根据 AIC 准则确定，表 2 - 8 给出了 KSS 检验的结果。

表 2 - 8 KSS 单位根检验

| | 序列 q1 | | 序列 q2 | | 序列 q3 | |
|---|---|---|---|---|---|---|
| | 模型 (8)： $p = 0$ | 模型 (9)： $p \neq 0$ | 模型 (8)： $p = 0$ | 模型 (9)： $p \neq 0$ | 模型 (8)： $p = 0$ | 模型 (9)： $p \neq 0$ |
| $t_{NL}^{R}$ | - 3. 9533 *** | - 2. 1355 ** | - 1. 2606 | - 0. 9759 | - 2. 4311 ** | - 2. 3436 ** |
| $t_{NL}^{D}$ | - 1. 7762 * | - 2. 1359 ** | - 0. 7776 | - 1. 0562 | - 2. 4649 ** | - 2. 3503 ** |
| $t_{NL}^{T}$ | - 1. 8375 * | - 2. 5233 ** | - 0. 8396 | - 1. 1313 | - 2. 4669 ** | - 2. 3624 ** |

从检验结果看，序列 q1 与序列 q3 满足 KSS 检验的平稳性条件，即在考虑汇率调整非线性行为后，以美元及日元为基准货币的人民币真实汇率是平稳的，具有均值回复特征，长期 PPP 成立。值得注意的是，以英镑为基准货币的人民币真实汇率 q2 没有通过平稳性检验。此外，以日元为基准货币的人民币真实汇率序列 q1 在 $p = 0$ 及 $p \neq 0$ 两种情况下均在 5% 的显著性水平上平稳，而以美元为基准货币的 q2 序列在 $p \neq 0$ 时平稳的显著性水平为 5% ，在 $p = 0$ 时平稳的显著性水平为 10% 。以上检验从侧面表明：第一，人民币真实汇率是否平稳受基准货币选择的影响；第二，由于 q1、q3 序列为平稳序列，而 q2 为非平稳序列，说明中国商品市场与美国、日本等国商品市场一体化程度更高，而与英国商品市场

一体化程度则较低。伴随着我国成为第二大经济体及第一大贸易体，中美、中日的双边贸易额大幅上升，2013 年分别突破 5000 亿美元与 3000 亿美元，占中国贸易总额（4.16 万亿美元）的 12% 与 7.2%。如此巨量的贸易量，在很大程度上促使中国、美国、日本各国商品价格满足一价定律，保证了购买力平价理论的成立。

### 2.2.4　小结

论文基于 1994 年 1 月至 2014 年 1 月的月度数据，分别对以美元、英镑及日元为基准货币的人民币实际汇率的非线性调整行为进行了研究，并对长期购买力平价理论在我国是否成立进行了再研究。论文认为，现有研究之所以不支持购买力平价在长期内的有效性，一个重要的原因就是没有考虑到实际汇率序列自身所包含的非线性及结构性断点。同时，真实汇率是否平稳也受到基准货币选择的影响。表现在：利用 Zviot – Anderew 进行含结构性断点的单位根检验要比传统的 ADF 检验更理想，而采用 KSS 非线性单位根检验的结果最理想。但是，在 ADF、Zviot – Anderew 及 KSS 三种检验方法下，以英镑为基准货币的人民币真实汇率均为非平稳序列，这在某种程度上支持了 Zhou（2008）关于真实汇率平稳性与基准货币选择有关的结论。由于购买力平价是两国物价水平的比值，而同一商品在不同国家的价格比较离不开贸易。因此，双边贸易量越大、贸易各类越广，购买力平价就越能反映两国物价水平的相对变化，PPP 成立的可能性就越大。因此，实际汇率平稳性对基准货币选择较为敏感的一个较深层次的解释是双边贸易依存度及商品市场一体化程度。

## 2.3　结构突变与人民币汇率波动杠杆效应

2005 年 7 月 21 日，我国开启了人民币汇率机制改革的进程，市场化程度日益提高，人民币汇率波幅扩大，市场主体与货币当局所面临的不确定性也在增加。2014 年 2 月以来，人民币汇率双向波动特征增强。2014 年 3 月 17 日，汇率波动区间由 1% 扩大为 2%。那么，人民币汇率机制改革、汇率波动区间扩大等是否会影响汇率波动的杠杆效应？杠杆效应是否存在结构性突变？这些问题的解答对于货币当局准确预测汇率走向、保持汇率基本稳定具有重要的意义。

从全球范围看，伴随着 20 世纪 70 年代大多数国家由固定汇率制转向浮动汇率制，外汇市场波动性陡增。汇率波动性上升对国际贸易、股票市场产生了重要影响，并进而影响了经济稳定性（贾凯威和杨洋，2014）[31]。Cushmam（1986），Broll（1994）及沃尔夫（Wolf，1995）等均认为汇率波动不利于国际贸易的增长[32-34]，而 Qian 和 Varangis（1992）等则提出了相反的观点[35]。Alder 和 Dumas（1984）从公司层面研究了汇率波动对国内经济的影响[36]。汇率波动导致的 FDI 变化及其对公司的影响，必然导致对国际贸易乃至一国经济的负面影响（Baak，2004；Égert 和 Morales - Zumaquero，2005），发展中国家更是如此[37-38]。贾凯威和杨洋（2014）对汇率影响国际贸易的机制进行了综述。Chakrebarti 等（2010），Mishra（2004），Bahmanee - Oskooee 和 Sohrabian（1992），Granger（2000）等研究确立了汇率波动与股票市场间的互动机制，认为汇率波动、央行对汇率的干预程度等因素与真实汇率存在正相关关系[39-42]。

论文旨在更深入地探索近年来人民币汇率波动特征，不仅研究人民币汇率波动的时变性，而且研究人民币汇率对好消息与坏消息的非对称响应。在大多数市场主体具有风险厌恶特征的情况下，汇率对利空消息的响应往往大于对利好消息的响应（杠杆效应）。此外，杠杆效应与汇率波动的剧烈程度也有密切关系。在汇率波动剧烈时期的杠杆效应要远远大于汇率平稳时期的杠杆效应。论文主要解决两个问题：第一，人民币外汇市场是否存在杠杆效应？第二，杠杆效应是否存在结构性突变？

论文研究路线如下：第一，首先在不考虑结构突变的情况下，研究杠杆效应是否存在。第二，进一步研究汇率波动是否存在结构突变点，并识别结构突变点。第三，在确定结构突变点日期与子样本的基础上，进一步研究不同子样本期内是否存在杠杆效应，并对不同时期的杠杆效应进行比较。

### 2.3.1　方法与模型

2.3.1.1　外汇市场杠杆效应诊断模型

任何具有时变高阶矩、收益自相关、波动持续性、厚尾与非正态分布特征的金融时间序列均可以借助 GARCH 族模型进行建模（Bollerslev，1986）。

1. GARCH 模型

GARCH（p，q）模型设定形式如下：

$$\sigma_t^2 = \omega + \sum_{i=1}^{q} \alpha_i \varepsilon_{t-i}^2 + \sum_{j=1}^{p} \beta_j \sigma_{t-j}^2 \tag{1}$$

或 $\sigma_t^2 = \omega + \alpha(L)\varepsilon_t^2 + \beta(L)\sigma_t^2$ (2)

其中，$L$ 为滞后算子。上述模型需要满足 $p \geq 0, q > 0, \omega > 0, \alpha_i \geq 0, \beta_j \geq 0$。$t$ 期的条件方差 $\sigma_t^2$ 不仅取决于滞后期的残差平方，还取决于过去的条件方差。

尼尔森（Nelson，1991）认为 GARCH 模型存在以下缺陷：第一，GARCH 模型无法捕捉杠杆效应；第二，参数 $\omega^*$ 与 $\varphi_k$ 的非负约束排除了所有随机振荡，从而限制了条件方差过程的动态特征；第三，GARCH 模型不能很好地解释波动持续性。鉴于此，本文使用非对称 GARCH 模型。

2. 非对称 GARCH 模型：E－GARCH

Nelson（1991）首次提出的 EGARCH 模型能够弥补以上缺陷。EGARCH（1，1）的设定形式如下：

$$\log(\sigma_t^2) = \omega + \alpha(\,|z_{t-1}| - E(\,|z_{t-1}|\,)) + \gamma z_{t-1} + \log(\sigma_{t-1}^2) \tag{3}$$

$$\varepsilon_t = \sigma_t z_t \tag{4}$$

从以上两式可以导出 EGARCH（1，1）模型如下：

$$\log(\sigma_t^2) = \omega + \sum_{j=1}^{p} \log(\sigma_{t-j}^2) + \sum_{i=1}^{q} \alpha_i \left| \frac{\varepsilon_{t-i}}{\sigma_{t-i}} - E\left(\frac{\varepsilon_{t-i}}{\sigma_{t-i}}\right) \right| + \sum_{k=1}^{r} \gamma_k \frac{\varepsilon_{t-k}}{\sigma_{t-k}} \tag{5}$$

此时，解释变量不再是条件方差，而是条件方差的对数。EGARCH 模型把杠杆效应考虑进来，从而克服了 GARCH 模型的不足。在 $\alpha > 0$ 且 $\gamma = 0$ 情况下，当 $z_{t-1}$ 大于（小于）其期望值时，对数条件方差中包含的新息就为正（负）。在 $\alpha = 0$ 且 $\gamma < 0$ 情况下，$z_{t-1}$ 为负（正）时，条件方差中的新息为正（负）。EGARCH 没有 GARCH 模型那样的不等式约束条件，且通过对 $\log(\sigma_t^2)$ 进行参数化，EGARCH 模型可以取负值。此外，EGARCH 模型可以非常有效地捕捉波动持续性。通过检验其稳定性与遍历性条件，可以发现 $\log(\sigma_t^2)$ 的持续性。

杠杆效应的构建要建立在模型正确设定的基础上，本文通过信息准则确定最优拟合模型。

3. 信息准则

AIC、SIC 及 HQC 三种准则被广泛用于模型设定形式的决定。其中，HQC 准则适用大样本情况下（样本容量大于 500），SIC 准则适用于较小样本（样本容量小于 500），大样本情况下 HQC 优于 SIC（Shittu 和 Asemota，2008）。三种准则具体如下：

$$AIC = -2\left(\frac{l}{T}\right) + 2\left(\frac{k}{T}\right) \tag{6}$$

$$SIC = -2\left(\frac{l}{T}\right) + k\left(\frac{\log T}{T}\right) \tag{7}$$

$$SIC = -2\left(\frac{l}{T}\right) + 2k\log(\log(T))/T \tag{8}$$

为确保模型不再含有 ARCH 效应，这里对残差项进行 ARCH－LM 检验，具体如下：

$$e_t^2 = \beta_0 + (\sum_{s=1}^{q} \beta_s e_{t-s}^2) + v_t \tag{9}$$

在无 ARCH 效应原假设下，LM = TR$^2$ ~ $\chi^2$（q），T 为样本容量，R$^2$ 为模型（9）的拟合优度。

#### 2.3.1.2 结构性突变的诊断

我国持续、深入的宏观经济变迁，使得大多数金融时间序列数据可能存在着结构性突变。研究区间跨度越长，观测值包含结构性突变的可能性就越大。考虑以下 AR（1）过程：

$$y_t = \alpha + \rho y_{t-1} + \varepsilon_t \tag{10}$$

$$E(\varepsilon_t^2) = \sigma^2 \tag{11}$$

对于稳定的时间序列，参数 $\alpha$、$\beta$ 及 $\sigma^2$ 不具有时变性。如果其中一个参数在某点发生永久性变化，这意味着该序列具有结构性突变［汉森（Hansen），2001］。发生结构性突变的日期称为突变期，并且结构性突变在本质上是不可逆的布鲁克斯［（Brooks），2001］。发生结构性突变的原因有多个：子样本期内的经济政策变化、利率变化、货币政策态势改变及贸易政策的变化等均有可能导致结构性突变。这些政策与变量的变化具有一次性特征，而不是周期性出现。资产价格泡沫破裂、股票市场发展等事件的发展也会导致结构性突变。当序列中存在的结构性突变被忽略时，会导致预测精度下降、单位根检验结果的错误（Zivot 和 Andrews，1992）、ARCH 或 GARCH 模型中波动持续性的夸大（Hwang 和 Pereira，2008）以及虚假长记忆特征等。

这里对汇率是否存在结构性突变进行诊断，在此基础上把全样本按照突变期划分为若干子样本，再研究各个子样本期内汇率波动的杠杆效应。由于论文侧重于条件方差或波动，这里只对波动的突变进行识别与研究，均值突变不在本文的研究范围。

方差多重结构性突变识别：ICSS 检验

迭代累计平方和算法（Iterative Cumulative Sum of Squares，ICSS）由 Inclan 和 Tiao（1994）提出[43]，可以诊断非条件方差中的多重突变。该算法假设时间序列在初始期呈现出平稳的方差。系统受到冲击时，方差发生变化，然后再次趋于平稳，直到新的冲击到来。该诊断过程一直持续到所有的突变点被识别出来。

（1）ICSS 初始模型：非条件方差中的突变

令 $C_k = \sum_{t=1}^{k} a_t^2, k = 1,2,\cdots,T$ 表示独立序列 $a_t$ 的累计平方和，$a_t \sim$ $i.i.d. N(0,\sigma^2)$，$\sigma^2$ 为非条件方差。

$$\sigma^2 = \begin{cases} \tau_0, 1 < t < \kappa_1 \\ \tau_1, \kappa_1 < t < \kappa_2 \\ \cdots \\ \tau_{N_T}, \kappa_{N_T} < t < T \end{cases} \tag{12}$$

其中，$1 < \kappa_1 < \kappa_2 < \cdots < \kappa_{N_T} < T$ 表示结构性突变点。在每一个区间内，方差为 $\tau_j^2, j = 1,\cdots,N_t$，令标准化的累计平方和为 $D_k$：

$$D_k = \frac{c_k}{c_T} - \frac{k}{T}, D_0 = D_T = 0 \tag{13}$$

$C_T$ 表示全样本期内残差平方和。如果方差在整个样本期内不发生变化或不发生波动迁移，$D_k$ 将在零附近震荡，此时 $D_k$ 与 $k$ 的散点图是一条直线。当方差发生变化时，该散点图会发生向上或向下的漂移，并在很大概率上超出某个边界（基于 $D_k$ 分布的临界值）。如果在某个点 $k$，$D_k$ 的最大绝对值 $\max_k \left| \sqrt{T/2D} \right|$ 大于其临界值，不变方差原假设则被拒绝，此时 $k$ 可视为一个结构性突变点。在同方差假设下，$\max_k \left| \sqrt{T/2D} \right|$ 的行为与布朗桥渐近一致。

但是，对于多重结构性突变，"掩弊效应"的存在使得 $D_k$ 函数受到质疑。因此，Inclan 和 Tiao 设计以下迭代算法依次识别序列中可能存在的所有突变点。

（2）ICSS 检验修正：条件异方差中的突变

Sansó，Aragó 和 Carríon（2004）发现，当 DGP 存在条件异方差时，ICSS 检验具有明显的水平扭曲问题，从而导致非条件方差检验的失真。而大多数金融时间序列数据往往具有厚尾及条件异方差特征，使得标准的 ICSS 检验在金融时序分析中的应用受到限制。为此，Sansó，Aragó 和 Carríon（2004）采用两个新检验，研究了扰动项与条件异方差的四阶矩特征[44]。

$$\kappa_1 = \sup_k \left| T^{-1/2} B_k \right|, k = 1,\cdots,T \tag{14}$$

其中，$B_k = \dfrac{c_k - \frac{k}{T} C_T}{\sqrt{\hat{\eta}_4 - \hat{\sigma}_4}}, \hat{\eta}_4 = T^{-1} \sum_{t=1}^{T} \varepsilon_t^4, \hat{\sigma}_4 = T^{-1} C_T$，该统计量不受多余参数的影响，且以下第二个检验能够有效解决厚尾与持续性波动问题：

$$\kappa_2 = \sup_k \left| T^{-1/2} G_k \right|, k = 1,\cdots,T \tag{15}$$

其中，$G_k = \hat{\omega}_4^{-\frac{1}{2}} \left( C_k - \dfrac{k}{T} C_T \right)$，$\hat{\omega}_4$ 是 $\omega_4$ 的非参数估计量：

$$\hat{\omega}_4 = \frac{1}{T} \sum_{t=1}^{T} (\varepsilon_t^2 - \hat{\sigma}^2) + \frac{2}{T} \sum_{l=1}^{m} \omega(l, m) \sum_{t=1}^{T} (\varepsilon_t^2 - \hat{\sigma}^2)(\varepsilon_{t-1}^2 - \hat{\sigma}^2) \qquad (16)$$

其中，$\omega(l, m)$ 为滞后窗口，如 Bartlett 窗口，定义为 $\omega(l, m) = [1 - l/(m + 1)]$，带宽 $m$ 根据 Newey – West（1994）技术确定。

由于 $\kappa_2$ 将厚尾因素与条件异方差因素考虑了进来，其检验功效要比初始的 ICSS 检验与 $\kappa_1$ 检验提高很多。

## 2.3.2 实证分析

### 2.3.2.1 数据

论文考虑人民币关于五个国家或地区货币汇率的波动特征，五个国家分别为美国、欧盟、日元、新加坡与中国香港。根据 $R_t = \ln(e_t/e_{t-1})$ 计算各汇率序列的收益率，其中 $e_t$ 与 $e_{t-1}$ 分别为本期与上一期汇率。根据数据可得性，论文采用 1994 年 1 月 3 日至 2014 年 3 月 28 日的日度数据。具体包括人民币兑美元、欧元、日元、新加坡元、港元名义汇率数据。数据来源为 Pacific Exchange Rate Service。各收益率序列描述性统计如下：

表 2 – 9        人民币兑美元、加元、欧元、日元汇率收益率描述性统计

|  | RUSD | REUR | RJPY | RHKD | RSGD |
|---|---|---|---|---|---|
| Mean | – 0.0001 | 0.0000 | 0.0000 | – 0.0001 | 0.0000 |
| Std. | 0.0009 | 0.0062 | 0.0071 | 0.0010 | 0.0038 |
| Skew | – 2.5241 | 0.1565 | 0.4024 | – 2.0665 | 0.5143 |
| Kurt | 171.2229 | 5.1171 | 7.0456 | 139.8909 | 14.6314 |
| J – B | 5963470 | 964 | 3582 | 3948959 | 28706 |
| P | 0.0000 | 0.0000 | 0.0000 | 0.0000 | 0.0000 |

RUSD、REUR、RJPY、RHKD、RSGD 等分别表示以美元、加拿大元、日元、港元、新加坡元为基准货币的人民币汇率收益率序列。从描述性统计分析结果看，以上 5 个收益率序列中，2 个序列的偏度为负，表明左侧存在更长的尾巴，左侧具有拖尾性。所有序列的峰度均大于 3，表明所有序列均呈尖峰态。此外，所有 5 个序列的 J – B 统计量 P 值均为 0，表明可以拒绝"正态分布"原假设，即所有序列均不满足正态分布。以上特征表明，序列需借助 GARCH 族模型进行拟合。

#### 2.3.2.2 不考虑结构性突变时的分析结果

1. 单位根检验

采用 ADF 单位根检验方法,对以上 5 个序列的平稳性进行检验。检验结果表明,所有序列均满足平稳性。

**表 2 - 10　　　　　　　　全样本 ADF 检验(不考虑结构突变)**

| 变量 | ADF 值 | 1% 临界值 | P 值 | 结论 | 变量 | ADF 值 | 1% 临界值 | P 值 | 结论 |
|------|--------|-----------|------|------|------|--------|-----------|------|------|
| RUSD | − 87.4894 | − 2.5654 | 0.0001 | 平稳 | REUR | − 72.7236 | − 2.5654 | 0.0001 | 平稳 |
| RJPY | − 72.6559 | − 2.5654 | 0.0001 | 平稳 | RSGD | − 77.0988 | − 2.5654 | 0.0001 | 平稳 |
| RHKD | − 30.2736 | − 2.5654 | 0.0000 | 平稳 | | | | | |

注:以上各变量的 ADF 检验中,均采用无截距项、无趋势项 ADF 表达式。RHKD 滞后阶数为 4,其余各变量的 ADF 表达式滞后阶数为 0。滞后阶数根据 SIC 准则确定。

2. 各序列的 EGARCH (1, 1) 估计结果

**表 2 - 11　　　　　　　全样本下 EGARCH 模型杠杆效应估计**

| 方程 | $\alpha$ | prob | $\gamma$ | prob |
|------|----------|------|----------|------|
| RUSD 波动率 | 0.3956 | 0.0000 | − 0.0585 | 0.0000 |
| REUR 波动率 | 0.0717 | 0.0000 | − 0.0034 | 0.3580 |
| RJPY 波动率 | 0.1316 | 0.0000 | − 0.0444 | 0.0443 |
| RHKD 波动率 | 0.2687 | 0.0000 | − 0.0730 | 0.0000 |
| RSGD 波动率 | 0.1280 | 0.0000 | − 0.0119 | 0.0043 |

**表 2 - 12　　　　　　　全样本下 EGARCH 模型 ARCH - LM 检验**

| | | RUSD 波动率 | REUR 波动率 | RJPY 波动率 | RHKD 波动率 | RSGD 波动率 |
|------|------|------------|------------|------------|------------|------------|
| Lag1 | P (F) | 0.9545 | 0.3193 | 0.3861 | 0.9291 | 0.1081 |
| | P ($\chi^2$) | 0.9545 | 0.3193 | 0.3860 | 0.9291 | 0.1081 |
| Lag2 | P (F) | 0.9962 | 0.5208 | 0.0533 | 0.9920 | 0.0693 |
| | P ($\chi^2$) | 0.9662 | 0.5208 | 0.0533 | 0.9920 | 0.0693 |
| Lag3 | P (F) | 0.9995 | 0.5865 | 0.1096 | 0.9989 | 0.1521 |
| | TR$^2$ | 0.9995 | 0.5865 | 0.1096 | 0.9989 | 0.1521 |
| Lag4 | P (F) | 0.9999 | 0.6753 | 0.1949 | 0.9998 | 0.1662 |
| | P ($\chi^2$) | 0.9999 | 0.6753 | 0.1949 | 0.9998 | 0.1662 |
| Lag5 | P (F) | 1.0000 | 0.7971 | 0.2709 | 1.0000 | 0.2714 |
| | P ($\chi^2$) | 1.0000 | 0.7969 | 0.2709 | 1.0000 | 0.2413 |

从以上模型估计结果看，除人民币兑欧元汇率收益率不存在杠杆效应外，其余收益率序列均存在显著的杠杆效应。收益率的波动对坏消息的响应大于对利好消息的响应。表2－12检验结果表明，所有模型均不存在 ARCH－LM 效应。

2.3.2.3　突变期识别

基于修正的 ICSS 检验结果见表2－13。可以看出，各序列均存在多重突变点。

表2－13　　　　　　　　　　基于修正 ICSS 的突变点识别

| 突变日期 | RUSD 波动率 | REUR 波动率 | RJPY 波动率 | RHKD 波动率 | RSGD 波动率 |
|---|---|---|---|---|---|
| 1 | 2005 年 7 月 15 日 | 2008 年 9 月 12 日 | 1997 年 4 月 29 日 | 2005 年 7 月 21 日 | 1997 年 12 月 11 日 |
| 2 | 2008 年 11 月 27 日 | 2009 年 3 月 20 日 | 1999 年 2 月 3 日 | 2007 年 10 月 25 日 | 1998 年 10 月 20 日 |
| 3 | 2010 年 6 月 21 日 | 2011 年 9 月 8 日 | 2005 年 7 月 21 日 | 2011 年 1 月 31 日 | 2005 年 7 月 22 日 |
| 4 | 2012 年 4 月 16 日 | 2011 年 11 月 28 日 | 2007 年 3 月 12 日 | 2012 年 4 月 16 日 | 2011 年 9 月 21 日 |
| 5 | 2014 年 3 月 17 日 | 2012 年 4 月 16 日 | 2008 年 10 月 1 日 | 2014 年 3 月 17 日 | 2011 年 11 月 24 日 |
| 6 | | 2014 年 3 月 17 日 | 2009 年 3 月 23 日 | | 2012 年 4 月 16 日 |
| 7 | | | 2010 年 9 月 8 日 | | 2014 年 3 月 17 日 |

根据表2－13检验结果可得出以下结论：第一，2005 年 7 月 21 日汇率机制改革，使得汇率波动发生结构性突变。以 2005 年 7 月为突变时间点的序列有人民币兑美元、日元、港元及新加坡元的汇率，具体突变日期分别为 7 月 15 日、7 月 21 日、7 月 21 日、7 月 22 日。第二，1997 年亚洲金融危机中，人民币兑日元与新加坡元的汇率波动发生结构性突变，而兑美元、欧元、港元的汇率波动则没有结构性突变。这是因为，1997 年东南亚金融危机爆发后，除中国外的其他东南亚国家与地区的货币均出现大幅度贬值，我国承诺人民币不贬值，这使得其他国家货币兑人民币汇率的波动存在结构性突变。但是，美国与欧盟受东南亚金融危机的影响较小，汇率波动并没有发生结构性突变。第三，人民币汇率波动区间的扩大使汇率波动具有突变性。例如，2012 年 4 月 16 日，人民币汇率波动区间由 5‰上升至 1%，以及 2014 年 3 月 17 日人民币汇率波动区间由 1%上升至 2%等均使人民币汇率波动产生结构性突变。第四，2008 年美国次贷危机的爆发使得人民币汇率波动发生结构性突变。综上，经济危机、汇率机制改革、汇率波动区间的变化都是导致汇率波动发生结构性突变的重要因素。为此，

这里以人民币兑美元汇率为例①，将全样本划分为 1994 年 1 月 3 日至 2005 年 7 月 20 日、2005 年 7 月 21 日至 2008 年 11 月 27 日、2008 年 11 月 28 日至 2010 年 6 月 21 日、2010 年 6 月 22 日至 2012 年 4 月 13 日、2012 年 4 月 16 日至 2014 年 3 月 14 日、2014 年 3 月 17 日至 2014 年 3 月 28 日 6 个子样本。6 个子样本分别表示单一盯住美元汇率时期、次贷危机前的汇率机制改革时期、美国次贷危机时期、人民币汇率机制改革重启时期、人民币汇率波动区间为 1% 的时期、人民币汇率波动区间为 2% 的时期。6 个子样本时期的 EGARCH 模型估计结果如表 2 – 14 所示。

表 2 – 14　　　　　　　　人民币兑美元汇率不同样本期杠杆效应

| 子样本 | $\alpha$ | $\gamma$ | $\beta$ |
|---|---|---|---|
| 子样本 1：1994 年 01 月 03 日至 2005 年 07 月 20 日 | 0.0664 *** | – 0.0416 *** | 1.0047 *** |
| 子样本 2：2005 年 07 月 21 日至 2008 年 11 月 27 日 | 0.3011 *** | 0.0016 | 0.9130 *** |
| 子样本 3：2008 年 11 月 28 日至 2010 年 06 月 21 日 | 0.3800 *** | – 0.2616 *** | 0.9153 *** |
| 子样本 4：2010 年 06 月 22 日至 2012 年 04 月 13 日 | 0.2770 *** | – 0.1963 *** | 0.3313 * |
| 子样本 5：2012 年 04 月 16 日至 2014 年 03 月 14 日 | 0.3857 *** | 0.0953 ** | 0.1839 *** |
| 子样本 6：2014 年 03 月 17 日至 2014 年 03 月 28 日 | 0.4412 *** | – 0.1147 *** | 0.1513 *** |

注："＊＊＊""＊＊""＊"分别表示在 1%、5%、10% 显著性水平上显著。

根据表 2 – 14 估计结果，可以得出以下结论：第一，从总体上看，各子样本期内的杠杆效应存在异质性。子样本 2 不存在显著的非对称杠杆效应，即利好与利空消息对汇率波动的影响没有显著差异；子样本 1、3、4、6 的利空消息对汇率波动的影响显著大于利好消息对汇率波动的影响；子样本 5 的利空消息对汇率波动的影响小于利好消息的影响。具体地，子样本 1 利好消息与利空消息对汇率波动的影响分别为 0.0228、0.1060；子样本 2 的杠杆效应具有对称性，均为 0.3011；子样本 3 的利好与利空杠杆效应分别为 0.1184、0.6416；子样本 4 的利好与利空杠杆效应分别为 0.0807、0.4733；子样本 5 的利好消息与利空消息的杠杆效应分别为 0.4810、0.2904；子样本 6 的利好消息与利空消息的杠杆效应分别为 0.3265、0.5559。第二，人民币兑美元汇率波动具有显著的记忆性与持续性，但记忆性或持续性在逐渐减弱。具体地，子样本期 1 ~ 6 内，汇率波动持续性系数分别为 1.0047、0.9130、0.9153、0.3313、0.1839、0.1513。第三，次贷危机期间，人民币竞美元汇率波动的杠杆效应最大，此时的 $\gamma$ =

_____

① 由于篇幅所限，这里没有对其他汇率序列进行分阶段性估计。

−0.2616，且在 1% 显著性水平上显著。表明汇率波动的杠杆效应与汇率波动程度有着密切的关系。

### 2.3.3 小结

这里以 1994 年 1 月至 2014 年 3 月为研究区间，采用修正的 ICSS 检验对人民币汇率可能存在的结构性突变进行了检验，并通过突变点将样本划分为若干子样本。在此基础上，以人民币兑美元汇率为例，估计了该汇率序列在各子样本及全样本下的 EGARCH 模型，得出了以下结论：第一，汇率机制改革、汇率波动区间变化、金融危机等是导致汇率波动发生结构性突变的重要原因；第二；全样本估计结果表明，人民币兑美元、日元、港元与新加坡元汇率确定存在非对称杠杆效应，且利空消息对汇率波动的影响程度显著大于利好消息的影响程度；第三，基于人民币兑美元汇率的子样本估计结果表明，各子样本期内的杠杆效应存在异质性，人民币兑美元汇率波动具有显著的记忆性与持续性，但记忆性或持续性在逐渐减弱。

## 2.4 基于自举神经网络的面板单位根检验：方法及应用[①]

### 2.4.1 引言

基于线性自回归式的面板单位根检验是现代计量经济学发展的重要进展，在经济与金融领域的应用非常广泛。但是，越来越多的研究表明，传统的线性自回归单位根检验功效在存在非线性、非对称行为及截面异质性的情况下，检验功效下降。在此背景下，修正现有单位根检验方法，发展适宜的单位根检验方法意义重大。

伊姆（Im 等，2003）通过对个体截面平均值进行单位根检验，提出了面板单位根检验，即 IPS 检验[45]。Blake 和 Kapetanios（2003）利用人工神经网络方法对 Caner 和 Hansen（2000）、Kapetanios 和 Shin（2000）的单位根检验进行了扩展[46-48]。De Peretti 等（2009）在 Blake 和 Kapetanios（2003）的基础上，通过对 Blake 和 Kapetanios（2003）的个体统计量进行平均，提出了一种新的面板单

① 基金项目：辽宁省教育厅 2012 科学研究一般项目（W2012047）。

位根检验，即 PSC 检验。但是，以上检验均存在水平扭曲问题（size distortion）。

论文旨在利用自举技术扩展 PSC 检验，以解决水平扭曲问题。论文第二部分为自举检验过程，第三部分通过 Monte Carlo 实验对自举神经网络检验的结果与 IPS 的检验结果进行比较；第四部分将自举神经网络检验法应用于购买力平价的检验；第五部分总结全文。

## 2.4.2 自举检验

De Peretti 等（2009）在其 PSC 检验中，根据样本期 T（或截面个数 N）是否足够大及不同截面隐性神经网络节点数目的异质性程度，提出了若干面板单位根检验统计量[49]。令 $\tau$ 表示这些检验统计量。

### 2.4.2.1 自举数据生成过程（DGP）

考虑以下面板单位根检验式：

$$y_{it} = y_{i,t-1} + \varepsilon_{it}, i = 1, \cdots, N; t = 1, \cdots, T \tag{1}$$

常数项或趋势项等确定性回归元也可以包括在上式中。在扰动项 $\varepsilon_{it}$ 存在自回归的情况下，$\varepsilon_{it}$ 具有以下形式：

$$\varepsilon_{it} = \rho_{i1}\varepsilon_{i,t-1} + \cdots + \rho_{i,pi}\varepsilon_{i,t-pi} + \xi_{it} \tag{2}$$

$$\xi_{it} \sim N(0, \sigma_i^2) \tag{3}$$

利用极大似然估计法估计参数 $(\rho_{ij})_{j=1}^{pi}$ 及 $\sigma_i^2$，其估计量分别记为 $(\hat{\rho}_{ij})_{j=1}^{pi}$ 及 $\hat{\sigma}_i^2$。扰动项自回归式（2）中的滞后阶数 $p_i$ 根据 AIC 准则判定，记为 $\hat{p}_i$。

### 2.4.2.2 模拟自举样本

模拟生成 B 个样本，记为 $(y_{it}^b)_{i=1,\cdots,N; t=1,\cdots,T}, b = 1, \cdots, B$：

$$y_{it}^b = y_{i,t-1}^b + \varepsilon_{it}^b, i = 1, \cdots, N; t = 2, \cdots, T \tag{4}$$

$$y_{i1}^b = y_{i1}, i = 1, \cdots, N \tag{5}$$

$$\varepsilon_{it}^b = \hat{\rho}_{i1}\varepsilon_{i,t-1}^b + \cdots + \hat{\rho}_{i,pi}\varepsilon_{i,t-pi}^b + \xi_{it}^b, i = 1, \cdots, N; t = -\infty, \cdots, T \tag{6}$$

由于我们不能生成 $t = -\infty, \cdots, T$ 序列，执行以下程度：

1. 定义较小的负整数 M（实际上 $-25$ 就可以）

2. $\varepsilon_{iM}^b = \xi_{iM}^b$

3. $\varepsilon_{i,M+1}^b = \hat{\rho}_{i1}\varepsilon_{iM}^b + \xi_{i,M+1}^b$

4. $\varepsilon_{i,M+2}^b = \hat{\rho}_{i1}\varepsilon_{i,M+1}^b + \hat{\rho}_{i2}\varepsilon_{i,M}^b + \xi_{i,M+2}^b$

5. ⋯

6. $\varepsilon_{i,M+pi}^{b} = \hat{\rho}_{i1}\varepsilon_{i,M+pi-1}^{b} + \cdots + \hat{\rho}_{i,pi}\varepsilon_{i,M}^{b} + \xi_{i,M+pi}^{b}$

7. 以下的 $\varepsilon_{it}^{b}$ 根据方程（6）产生。

M 必须足够小，从而确保 $\varepsilon_{it}^{b}$ 服从稳定概率分布，否则会造成原假设的弃真错误。这里我们采用四种方法生成残差序列 $\xi_{it}^{b}$：一种为参数自举法，其余三种为非参数自举法 [详见 Davidson（1988）]。

### 2.4.2.3　自举 P 值

对每个模拟生成的样本 b（b = 1，…，B），计算其检验统计量 $\tau_b$。需要注意的是，对于每个样本 b（b = 1，…，B），以上计算步骤均会利用 AIC 准则对最优隐性节点数进行重新估计。其自举 P 值的计算为：$pv = \dfrac{1}{B}\sum_{b=1}^{B}I(\tau_b > \tau)$。其中，$\tau$ 为初始样本面板数据产生的统计量。在显著性水平 $\alpha$ 下，面板单位根检验的原假设在 $\hat{pv} < \alpha$ 时被拒绝。

## 2.4.3　Monte Carlo 实验

这里通过 Monte Carlo 实验比较渐近自举神经网络检验与 IPS 检验的效果。为使检验基准一致，这里也对 IPS 统计量采用自举法产生。蒙特卡洛实验的具体过程参考 De Peretti 等（2010），利用 Davidson 和 MacKinnon（1988）的图形法研究假设检验的水平与解释力。

通过以下计算生成模拟样本：

$$y_{it} = y_{i,t-1} + \varepsilon_{it}$$
$$\varepsilon_{it} = \rho_i \varepsilon_{i,t-1} + e_{it}$$
$$e_{it} \sim i.i.d. N(0,\sigma_i^2)$$
$$\sigma_i \sim i.i.d. u[0.5,1.5]$$

表 2 - 15 给出了 5% 显著性水平下 IPS 检验与基于自举神经检验的比较结果，结果表明，自举检验几乎不存在水平扭曲。

表 2 - 15　　　　　　　　　5% 显著性水平下的水平扭曲比较

| 数据生成过程 DGP | $\rho_i$ | T | N | 检验类型（统计量） | | | |
|---|---|---|---|---|---|---|---|
| | | | | 渐近统计量 | | 自举统计量 | |
| | | | | IPS | 神经网络 | IPS | 神经网络 |
| Null | 0 | 20 | 7 | 0.0481 | 0.0466 | 0.0529 | 0.0499 |
| Null | 0 | 20 | 20 | 0.0499 | 0.0353 | 0.0589 | 0.0549 |

| 数据生成过程 DGP | $\rho_i$ | T | N | 检验类型（统计量） | | | |
|---|---|---|---|---|---|---|---|
| | | | | 渐近统计量 | | 自举统计量 | |
| | | | | IPS | 神经网络 | IPS | 神经网络 |
| Null | 0 | 100 | 7 | 0.0475 | 0.0660 | 0.0499 | 0.0499 |
| Null | 0 | 100 | 20 | 0.0477 | 0.0636 | 0.0499 | 0.0499 |
| Null | $i.i.d.u[0.2,0.4]$ | 20 | 7 | 0.1015 | 0.0853 | 0.0489 | 0.0529 |
| Null | $i.i.d.u[0.2,0.4]$ | 50 | 7 | 0.0631 | 0.0759 | 0.0369 | 0.0479 |
| Null | $i.i.d.u[-0.4,-0.2]$ | 20 | 7 | 0.0923 | 0.0571 | 0.0409 | 0.0359 |
| Null | $i.i.d.u[-0.4,-0.2]$ | 50 | 7 | 0.0536 | 0.0553 | 0.0559 | 0.0579 |

### 2.4.4　一个简单应用：购买力平价理论的检验

选择 1973 年第一季度至 2013 年第二季度 G7 国关于美元的真实双边汇率构建面板数据集，分别采用自举 IPS 方法及神经面板单位根检验方法对该数据集进行平稳性检验。检验结果见表 2-16。从表 2-16 可以看出，两种面板单位根检验间的差异非常明显。IPS 检验在所有的显著性水平下没有拒绝"存在单位根"原假设，IPS 统计量的渐近 P 值及自举 P 值均超过 10%，意味着整个面板不存在均值回归现象或否定了购买力平价假说。与此相对比，自举神经检验在 1% 的显著性水平上拒绝了"存在单位根"原假设，意味着 G7 国家的真实汇率支持长期购买力平价理论。这也表明，以前大量研究得出"G7 各国汇率不存在均值回归现象或购买力平价理论不成立"的结论很可能是由于采用线性单位根检验方法导致。

表 2-16　　　　　G7 集团双边实际汇率面板单位根检验结果

| 检验方法 | 渐近统计量检验 | 自举统计量检验 |
|---|---|---|
| 线性 IPS 检验 | 0.1557 | 0.1141 |
| 非线性神经网络 NN 检验 | 0.0124 ** | 0.0000 **** |

### 2.4.5　小结

这里基于自举神经网络法修正异质性面板数据检验中存在的水平扭曲问题，并研究了该方法的小样本性质（渐近性质）。结果表明，自举神经网络检验法即使在 T=20 的小样本情况下仍然表现良好。对 G7 国双边实际汇率的面板单位根检验结果表明，自举神经网络检验法的检验结果显著异于 IPS 检验，前者支持长期购买力平价假说，而 IPS 检验则否定了购买力平价假说。

# 3 汇率波动的物价传递效应

## 3.1 汇率传递影响物价水平的理论模型

### 3.1.1 基于 Devereux 和 Yetman（2008）的修正模型：一个简单的进口商模型

与德弗鲁和耶特曼（Devereux 和 Yetman，2008）相同，本文假设进口商为连续型，每个进口商从国外市场进口差异化的中间品，然后在国内市场以垄断竞争者身份出售其产品。具有代表性的国内最终产品生产商从进口商那里购买所有的进口中间品，并将之加工成最终品，最终产品加工商并不控制其产出价格。为了描述国内进口商的定价行为，这里对 Taylor（1980）的交错定价模型进行修正，在该模型中，进口厂商与最终生产商合同期限为 $N$ 期（$N \geqslant 2$），且每一期有 $1/N$ 的进口商确定其协议。在 $t-j$（$j=1, \cdots, N-1$）时期确定定价合同并在 $t$ 时期进口商品 $i$ 的厂商所面临的需求为：

$$C_t(i, t-j) = \left( \frac{P_t(i, t-j)}{P_t(t-j)} \right)^{-\theta} C_t(t-j) \tag{1}$$

其中，$\theta > 1$ 为不变动替代弹性，$P_t(i, t-j)$ 为进口商根据 $t-j$ 时期合同确定的进口商品 $i$ 的价格。$P_t(t-j) = (\int_0^1 P_t(i, t-j)^{1-\theta} di)^{1/(1-\theta)}$ 为复合中间品的价格指数。$C_t(t-j)$ 为对应的复合品需求。所有差异化中间品均以相同的外币定价 $P_t^*$，进口商无法选择。则 $t$ 时刻进口商以本币计价的利润为：

$$\prod_t(i, t-j) = P_t(i, t-j)C_t(i, t-j) - (1+\tau)S_t P_t^* C_t(i, t-j) \tag{2}$$

其中，$\tau$ 为进口商必须承担的冰川运输成本。则利润最大化的价格为：

$$\hat{P}_t(i, t-j) = \frac{\theta}{\theta - 1}(1+\tau)S_t P_t^* \tag{3}$$

其中，$\frac{\theta}{\theta - 1}$ 与 $(1+\tau)S_t P_t^*$ 分别表示加成与边际成本。对式（3）取对数

（对所有的进口商而言，$\hat{P}_t = \hat{P}_t(i, t-j)$）得：

$$\hat{p} = s_t + p_t^* + \mu \tag{4}$$

其中，$s_t = \ln S_t$，$\mu = \ln(\theta/(\theta-1)) + \ln(1+\tau)$ [①]。本文假设 $s_t$ 及 $p_t^*$ 服从随机游走过程（两者可能相关），$\Delta(s_t + p_t^*)$ 的方差为 $\sigma^2$。进一步假设每 $1/N$ 进口商间复合进口品的替代弹性为 1，因此 $t$ 时刻的总价格指数为 $p_t = N^{-1} \sum_{j=0}^{N-1} p_t(t-j)$，其中 $p_t(t-j) = \ln P_t(i-j)$。我们的兴趣在于边际成本变化 $\Delta(s_t + p_t^*)$ 对通货膨胀率 $\pi_t = p_t - p_{t-1}$ 的影响 [②]。

在特殊情况下，进口商与最终产品生产商间的协议可能面临着重新谈判与修改。因此，Ball 和 Mankiw（1994）及 Devereux 和 Siu（2007）将厂商在合同后半期退出合同并重新定价的可能性加入两时期 Taylor 模型中，当然厂商需为此支付一固定的成本（菜单成本）。本文将 $N$ 个时期划分为两个子时期，并引入以上定价机制。假设第一子时期为 $N_1$，在该期间厂商遵循原合同中的价格规则；第二子时期为 $N_2 = N - N_1$，在该期间厂商退出合同或执行新的价格准则。在合同期内，假设厂商根据初始通货膨胀率确定其价格。厂商在确定其合同价格后，各厂商确定其固定成本，假设各厂商固定成本独立同分布。因此，第二子时期的定价依赖于所有厂商在第二子时期所面临的相同的退出概率 [③]。假设厂商在合同期无法观测到总体通货膨胀率，因此要求厂商依次独立决策。由于边际成本服从随机游走过程且厂商退出合同的概率未知，因此，记 $t$ 时期执行新合同厂商的定价为 $\hat{p}_t$。决定在 $t+N_1$ 时期退出合同的厂商在第二子时期的任意时刻采取灵活价格，其完整的价格路径为：

$$\{\hat{p}_t, \hat{p}_t + \pi_t, \cdots, \hat{p}_t + (N_1-1)\pi_t, \hat{p}_t + N_1, \cdots, \hat{p}_t + (N-1)\} \tag{5}$$

本文遵循 Ball，Mankiw 和 Romer（1988），Romer（1990）和 Devereux 和 Yetman（2002，2008）的做法，重新表示厂商的最优化行为，从而使厂商将其价格修正为最优价格的概率具有内生性。令 $\kappa^{(t)}$ 为执行合同价的厂商在下一期仍然保持该合同价的概率。这里，上标 $t$ 表示该概率适用于在 $t$ 时期签订该合同的厂商，但不适用于在其他时刻签订合同的厂商。在 $t$ 时刻制定新合同价格后，厂商

---

① 在实证研究中，不仅对 μ 进行研究，还对其时变性进行研究。

② 这里隐含着一个假设，即名义汇率对进口价格的影响为完全传递，大量的实证研究已经证明，如贾凯威（2014）。

③ Devereux 和 Siu（2007）称为时间与状态混合定价原则。

根据通货膨胀 $\pi_t$ 选择使其利润最大化的概率 $\kappa^{(t)}$。利用真实价格偏离其意愿价格的离差平方的期望，可以重新表示跨期优化条件。通过最小化以下期望损失函数，可得到 $\kappa^{(t)}$ 的最优值：

$$L_t = E_t \Big[ \sum_{j=1}^{N-1} (\beta\kappa^{(t)})^j (\hat{p}_t + j\pi_t - \hat{p}_{t-j})^2 \Big] + \frac{1-\kappa^{(t)}}{\kappa^{(t)}} \sum_{j=1}^{N-1} (\beta\kappa^{(t)})^j \Big( \sum_{l=1}^{N-j} \beta^{l-1} \Big) F$$

(6)

其中，$\beta$ 为折旧因子，$F$ 为固定成本。式（6）意味着损失函数是通货膨胀率平方 $\pi_t^2$ 的增函数。随着通货膨胀率的上升，厂商可通过避免通货膨胀指数化以最小化其损失。该策略将导致更低的 $\kappa^{(t)}$ 或更短的 $N_1$ 平均长度。在通货膨胀率非常高的极端情况下，$\kappa^{(t)} = 0$ 或 $N_1 = 1$，此时，价格路径为 $\{\hat{p}_t, \hat{p}_{t+1}, \cdots, \hat{p}_{t+(N+1)}\}$。在另一个极端情况下，$\kappa^{(t)} = 1$（或 $N_1 = N$）时，价格路径为 $\{\hat{p}_t, \hat{p}_t + \pi_t, \hat{p}_t + 2\pi_t, \cdots, \hat{p}_t + (N+1)\pi_t\}$。

尽管本文模型与 Devereux 和 Yetman（2008）相似，但是本文模型与其存在两点不同：第一，Devereux 和 Yetman（2008）模型中，进口厂商所面对的问题是在 Calvo（1983）类型黏性价格模型下选择不变的概率 $\kappa$（不进行价格调整以最大化无限期限内利润的概率），而本文模型中进口商面对的问题是在 Taylor（1980）交错定价模型下的有限期限内选择概率 $\kappa^{(t)}$（继续保持合同价格的概率）。由于执行新合同的厂商需要求解优化问题以选择 $\kappa^{(t)}$，因此，每个厂商的 $\kappa^{(t)}$ 一般情况下不同。第二，本文中的进口厂商在合同有效期内采取通货膨胀指数化规则，即价格按照通货膨胀进行修正。而 Devereux 和 Yetman（2008）（以下简称 DY）模型中的进口商在合同期内保持价格不变。此时，价格水平偏离其意愿价格的平方和依赖于初始合同期的通货膨胀水平。因此，$\kappa^{(t)}$ 成为通货膨胀率的函数。由于存在这种机制，此时 ERPT 成为滞后通货膨胀率的函数。而在 DY（2008）模型中，ERPT 依赖于稳定状态通货膨胀水平。

### 3.1.2　汇率传递与通货膨胀函数关系推导

为了推导汇率传递 ERPT 与通货膨胀率之间的关系，先从两时期推导开始，然后三时期，再到 $N$ 时期为止。

#### 3.1.2.1　两时期合同情形

在两时期情况下，损失函数（6）变为：

$$L_t = E_t \big[ \beta\kappa^{(t)} (\hat{p}_t + \pi_t - \hat{p}_{t+1})^2 \big] + \beta(1-\kappa^{(t)})F$$

$$= \beta F - \beta (F - \sigma^2 - \pi_t^2) \kappa^{(t)} \tag{7}$$

$L$ 最小的一阶必要条件 FOC 为 $F - \sigma^2 - \pi_t^2 = 0$，可见 $F = \sigma^2 + \pi_t^2$，此时，$F > \sigma^2$。在 $F > \sigma^2$ 的情况下，如果 $\pi_t^2 \leqslant F - \sigma^2$，进口商对 $\kappa^{(t)}$ 的选择为 1；如果 $\pi_t^2 > F - \sigma^2$，此时 $\kappa^{(t)} = 0$。因此，在给定 $F$ 及 $\sigma^2$ 的情况下，$\kappa^{(t)}$ 是通货膨胀 $\pi_t$ 的函数。利用相同的推断，对于在 $t - j$ 时期签订合同的厂商而言，$\kappa^{(t-j)}$ 就是 $\pi_{t-j}$ 的函数：

$$\kappa(\pi_{t-j}) = \begin{cases} 1, & -\sqrt{F - \sigma^2} \leqslant \pi_{t-j} \leqslant \sqrt{F - \sigma^2} \\ 0, \text{其他} \end{cases} \tag{8}$$

利用加总价格指数的定义，有：

$$p_t = \frac{1}{2}(p_t(t) + p_t(t-1))$$

$$= (s_t + p_t^* + \mu) - \frac{\kappa(\pi_t - 1)}{2}\Delta(s_t + p_t^*) + \frac{\kappa(\pi_t - 1)}{2}\pi_{t-1} \tag{9}$$

由于执行新合同的厂商会将其价格 $\hat{p}_t$ 设定为其意愿的价格，因此，$\hat{p}_t = s_t + p_t^* + \mu$。而执行上期合同的厂商将价格 $p_{t-1}$ 设定为：$(1 - \kappa(\pi_{t-1}))\hat{p}_t + \kappa(\pi_{t-1})(\hat{p}_{t-1} + \pi_{t-1})$。则通货膨胀的动态方程可写为：

$$\pi_t = \left(1 - \frac{\kappa(\pi_{t-1})}{2}\right)\Delta(s_t + p_t^*) + \frac{\kappa(\pi_{t-2})}{2}\Delta(s_{t-1} + p_{t-1}^*)$$

$$+ \frac{\kappa(\pi_{t-1})}{2}\pi_{t-1} - \frac{\kappa(\pi_{t-2})}{2}\pi_{t-2} \tag{10}$$

则短期汇率传递为通货膨胀关于 $\Delta(s_t + p_t^*)$ 的一阶导数 $1 - \frac{\kappa(\pi_{t-1})}{2}$，可见，汇率传递 ERPT 依赖于滞后通货膨胀 $\pi_{t-1}$，是滞后通货膨胀率 $\pi_{t-1}$ 的函数。当 $-\sqrt{F - \sigma^2} \leqslant \pi_{t-j} \leqslant \sqrt{F - \sigma^2}$ 时，$\kappa(\pi_{t-1})$ 取值为 1，此时汇率传递为 0.5。相反，当 $|\pi_{t-1}| > \sqrt{F - \sigma^2}$ 时，汇率传递 ERPT = 1。

综上，当期限为两期时，汇率传递程度的转移具有跳跃性，具体依赖于门限变量 $|\pi_{t-1}|$ 与门限值 $\sqrt{F - \sigma^2}$ 的相对大小。这表明，汇率传递与通货膨胀之间的关系可采用与 STR 模型进行模拟。

3.1.2.2 三时期合同情形

当 $N = 3$ 时，损失函数（6）变为 $\kappa^{(t)}$ 的二次函数：

$$L_t = E_t[\beta\kappa^{(t)}(\hat{p}_t + \pi_t - \hat{p}_{t+1})^2 + (\beta\kappa^{(t)})^2(\hat{p}_t + 2\pi_t - \hat{p}_{t+2})^2]$$

$$+ \beta(1 - \kappa^{(t)})(1 + \beta)F + \beta^2 \kappa^{(t)}(1 - \kappa^{(t)})F$$

$$= \beta(1 + \beta)F - \beta(F - \sigma^2 - \pi_t^2)\kappa^{(t)} - \beta^2(F - 2\sigma^2 - 4\pi_t^2)(\kappa^{(t)})^2 \quad (11)$$

式（10）关于 $\kappa^{(t)}$ 的一阶必要条件为 $\kappa^{(t)} = \dfrac{-(F - \sigma^2 - \pi_t^2)}{2\beta(F - 2\sigma^2 - 4\pi_t^2)}$。在 $F - \sigma^2 - \pi_t^2 > 0$，且 $(F - \sigma^2 - \pi_t^2) + 2\beta(F - 2\sigma^2 - 4\pi_t^2) < 0$ 的情况下，$\kappa^{(t)}$ 为通货膨胀率 $\pi_t$ 的平滑函数。在其他情况下，$\kappa^{(t)}$ 为取值 0 或 1 的角解。总物价水平为：

$$p_t = \frac{1}{3}(p_t(t) + p_t(t-1) + p_t(t-2))$$

$$= (s_t + p_t^*) - \frac{\kappa(\pi_{t-1}) + \kappa(\pi_{t-2})^2}{3}\Delta(s_t + p_t^*)$$

$$+ \frac{\kappa(\pi_{t-2})^2}{3}\Delta(s_{t-1} + p_{t-1}^*) + \frac{\kappa(\pi_{t-1})}{3}\pi_{t-1} + \frac{2\kappa(\pi_{t-2})^2}{3}\pi_{t-2} \quad (12)$$

其中，$p_t(t-1) = (1 - \kappa(\pi_{t-1}))\hat{p}_t + \kappa(\pi_{t-1})(\hat{p}_{t-1} + \pi_{t-1})$，$p_t(t-2) = (1 - \kappa(\pi_{t-2})^2)\hat{p}_t + \kappa(\pi_{t-2})^2(\hat{p}_{t-2} + \pi_{t-2})$。此时，通货膨胀的动态方程为：

$$\pi_t = \left[1 - \frac{\kappa(\pi_{t-1}) + \kappa(\pi_{t-2})^2}{3}\right]\Delta(s_t + p_t^*)$$

$$+ \frac{[\kappa(\pi_{t-2})^2 - \kappa(\pi_{t-2}) - \kappa(\pi_{t-3})^2]}{3}$$

$$\Delta(s_{t-1} + p_{t-1}^*) + \frac{\kappa(\pi_{t-3})^2}{2}\Delta(s_{t-2} + p_{t-2}^*) + \frac{\kappa(\pi_{t-1})}{3}\pi_{t-1}$$

$$+ \frac{[2\kappa(\pi_{t-2})^2 - \kappa(\pi_{t-2})]}{3}\pi_{t-2}$$

$$- \frac{2\kappa(\pi_{t-3})^2}{3}\pi_{t-3} \quad (13)$$

此时，汇率传递 ERPT 为 $1 - \dfrac{\kappa(\pi_{t-1}) + \kappa(\pi_{t-2})^2}{3}$，其依赖于 $\pi_{t-1}$ 及 $\pi_{t-2}$。当 $\kappa(\pi_{t-1})$ 及 $(\pi_{t-2})$ 取值为 1 时，汇率传递为最小值 1/3。通货膨胀与汇率传递之间呈现出平滑非线性关系。

3.1.2.3　N 期合同情形

在 N 期合同的情形下，汇率传递为 $1 - \dfrac{\sum\limits_{j=1}^{N-1}\kappa(\pi_{t-j})^j}{N}$，$\kappa(\pi_{t-j})$ 为 $\pi_{t-j}$ 的非线

性函数，$\dfrac{\sum\limits_{j=1}^{N-1}\kappa\,(\pi_{t-j})^j}{N}$——表示改变指数化规则的厂商的比例，此时 ERPT 的取值为

$[1/N, 1]$。同样，ERPT 是通货膨胀的平滑非线性函数，并且该函数为 U 型，其转移变量为滞后通货膨胀率。当期通货膨胀率为滞后通货膨胀率 $\pi_{t-j}$（$j=1, \cdots, N$）及 $\Delta(s_{t-j}+p_{t-j}^*)$，$j=0, \cdots, N-1$ 的函数。

## 3.2 基于递归 VAR 模型的研究

### 3.2.1 问题的提出

随着我国经济开放的深入及汇率变动的加剧，汇率变动对国内价格水平的影响（汇率传递）受到广泛关注。无论是贸易品还是非贸易品，无论是生产者价格还是消费者价格都会不同程度地受到汇率变动的影响。因此，理解汇率变动对不同物价指数的影响具有重要的意义。第一，准确地预测通货膨胀或者针对通货膨胀采取有效的货币政策要求货币当局必须知道国内物价受汇率变动影响的程度；第二，为了维持宏观经济的稳定，宏观经济政策的设计与调整必须考虑到汇率传递的程度及速度。论文目的在于检验 2005 年 7 月汇率改革后人民币汇率变动的传递效应，主要解决以下三个问题：第一，人民币汇率对国内物价等经济变量的传递程度；第二，人民币汇率变动对国内不同物价指数的传递速度；第三，当前我国通货膨胀的主要影响机制。基于此，论文首先使用协整技术分阶段研究汇率对不同物价指数的影响程度，进而采用递归 VAR 方法解释汇率变动对生产者价格指数及消费者价格指数的传递效应，并借助脉冲响应与方差分解揭示当前我国通货膨胀的主要影响机制。

### 3.2.2 文献综述

目前，国外对汇率传递的物价效应研究主要有两个观点：第一，发达国家或工业化国家的汇率传递效应要远远小于发展中国家的汇率传递效应。梅农（Menon，1995）对 43 个工业化国家的研究结果表明，汇率传递的程度伴随着国家经济规模的变大及国家开放度的降低而减小，即工业化国家汇率传递全过程与经济规模反向变化，与经济开放程度正向变化[50]。Goldfajn 和 Werlang（2000）对 71 个发达国家及新兴市场的汇率传递进行了研究，结果表明，新兴经济体的汇率传递效应要远远大于发达国家的汇率传递效应[51]。

第二，汇率变动对消费者价格指数的影响相对于其他价格指数而言更为平和。Murgasova（1996）对西班牙1992—1993年比塞塔（peseta）的贬值效应进行了研究，研究结果表明，peseta的贬值对进口价格的影响系数为1，但是其对国内CPI的影响仅为10%[52]。罗兰（Rowland，2003）进口价格对汇率变动的响应非常及时，并且汇率变动对进口价格的影响程度在12个月内达80%，而对生产者价格指数的影响较为缓和，对消费者价格的影响非常有限[53]。麦卡锡（McCarthy，1999）借助"分配链"模型对工业化国家的汇率传递效应进行综合研究。递归VAR模型的分析结果表明，汇率变动对消费者价格指数的影响非常平和，对于规模更大的经济体而言更是如此。Ito等（2005），Choudhri和Hakura（2006），McCarthy（2007）及Lian An和Jian Wang（2012）都得出了相似的结论。其中，Li anAn和Jian Wang（2012）利用VAR模型对OECD国家汇率变动对进口价格与CPI的影响进行了研究，结果表明，汇率变动对进口价格的影响远远大于对国内总体物价水平的影响。另外，汇率变动对生产者价格指数及进口价格指数的影响尽管不完全但是很显著[54]。Gueorguiev（2003）研究结果表明，罗马尼亚的汇率变动对国内物价指数的影响程度非常大、影响速度非常快[55]。

国内也对汇率变动的物价传递效应进行了大量的研究。徐奇渊（2012）运用面板数据模型对汇率变动的CPI传递效应进行了研究，结果表明，汇率传递在东、中、西部具有显著的地区效应和非对称性。具体地，经济越发达的地区，汇率变动对物价的影响越小，甚至出现反方向变化，而对中部与西部等地区的影响则较大。这与汇率传递对发达国家的影响远远小于对发展中国家的影响具有相似性[56]。朱建平和刘璐（2012）利用ARDL模型对汇率变动的物价传递效应进行了研究，结果表明，长期内，人民币升值不能有效地抑制通货膨胀，反而会助推通货膨胀的上升[57]。

从以上分析可以看出，国内外对汇率变动的物价传递效应观点并不一致，尤其是大量的研究缺少统一的理论框架，从而使得模型的构建具有很大的随意性。为此，本文采用McCarthy（1999）的做法，根据一般均衡理论构建具有递归性质的VAR模型，实现结构式建模与非结构式建模的统一，以期得到有益的结论。

### 3.2.3 模型设计及估计方法——协整、误差修正及递归VAR

为了考察汇率变动对我国商品进口价格的影响及对我国其他价格指数的影

响，这里借助协整技术考察物价变化的汇率弹性或传递程度。协整技术考察的是目标变量与控制变量之间的长期均衡关系，而误差修正模型考察的是变量之间的短期动态调整关系。

协整与误差修正技术分别对汇率变动的传递效应进行长期与短期研究，但是并无法刻画汇率变动对各种物价水平影响的速度与过程，无法揭示当前我国主要的通货膨胀形成机制，因此需要借助 VAR 方法做进一步的研究。论文采用 McCarthy（1999）的做法[58]，在一般均衡框架内构建递归 VAR 模型，对汇率传递的物价效应进行研究。根据汇率传递两阶段理论，该模型必须包括汇率、进口价格指数、消费者价格指数，同时，为了捕捉我国通货膨胀的形成机制，模型中还必须包括供给冲击与需求冲击。这里构建包含 5 个变量的递归 VAR 系统，包括商品价格 $ComP_t$、产出缺口 $Gap_t$、汇率变动 $\Delta e_t$、生产者价格通货膨胀 $\pi_t^p$ 及消费者价格通货膨胀 $\pi_t^c$。模型如下：

供给冲击：$ComP_t = E_{t-1}(ComP_t) + \varepsilon_t^s$

需求冲击：$Gap_t = E_{t-1}(Gap_t) + a_1\varepsilon_t^s + \varepsilon_t^d$

汇率冲击：$\Delta e_t = E_{t-1}(\Delta e_t) + b_1\varepsilon_t^s + b_2\varepsilon_t^d + \varepsilon_t^e$

生产者价格冲击：$\pi_t^p = E_{t-1}(\pi_t^p) + \beta_1\varepsilon_t^s + \beta_2\varepsilon_t^d + \beta_3\varepsilon_t^e + \varepsilon_t^p$

消费者价格冲击：$\pi_t^c = E_{t-1}(\pi_t^c) + \gamma_1\varepsilon_t^s + \gamma_2\varepsilon_t^d + \lambda_3\varepsilon_t^e + \gamma_4\varepsilon_t^p + \varepsilon_t^c$

其中，$\varepsilon_t^s$、$\varepsilon_t^d$ 和 $\varepsilon_t^e$ 分别为供给冲击、需求冲击及汇率冲击；$\varepsilon_t^p$ 和 $\varepsilon_t^c$ 分别为生产者价格冲击与消费者价格冲击；$E_{t-1}$ 基于 $t-1$ 时期信息集的条件期望。

McCarthy（1999）将供给冲击近似为原油价格的变化。本文认为，用大宗商品价格作为供给冲击的代理变量比原油价格更合适，这是因为大宗商品价格不仅包括原油，还包括其他重要的非能源产品价格。伴随着我国经济实力的增强及经济开放度的加深，对能源及非能源产品的进口依赖越来越强。同时，大宗商品价格的上涨使本国家庭、厂商及政府支出面临的压力越来越大。与其他研究一致（Gueorguiev，2003；刘斌和张怀清，2001；赵昕东，2008），论文用产出缺口来模拟需求冲击①。本文认为，用产出缺口表示需求冲击具有合理性。原因在于，产出缺口是指经济体的实际产出与潜在产出的差额。实际产出大于潜在产出为正缺口。正缺口表示市场需求旺盛，供不应求，需要进一步扩大产能，随着正缺口的扩大，经济出现过热的状况。实际产出小于潜在产出为负缺口。产出负缺口表示市场需求不足，超额的生产能力将导致产品价格的进一步

---

① 见 Gueorguiev（2003）。

下跌，随着负缺口的扩大，经济将进入衰退。最后，在考虑供给冲击及需求冲击的基础上，用名义有效汇率（NEER）反映外部冲击。

本文假设通货膨胀存在两个阶段：生产者通货膨胀及消费者通货膨胀。一般而言，$t$ 时期任意一个阶段的通货膨胀为 $t-1$ 时期对 $T$ 时期通货膨胀率的预期值与 $t$ 时期生产者价格冲击、消费者价格冲击、汇率冲击自身冲击之和[1]。之所以将模型构建为递归形式，原因在于：初始商品价格冲击首先传递到产出缺口，然后传递到汇率，最后传递到生产者价格及消费者价格中。

### 3.2.4　实证研究

#### 3.2.4.1　研究区间、变量选择及数据来源

考虑到我国 2005 年 7 月 21 日的汇率改革以及数据的可得性，本文采用 2006 年 6 月至 2011 年 12 月之间的月度数据进行研究。模型估计所用变量有：

1. 大宗商品价格指数。中国大宗商品价格指数（China Commodity Price Index，CCPI），是依托"中国流通产业网"大宗商品现货价格周度数据库，以 2006 年 6 月为基期利用加权平均法计算的定基指数。CCPI 涵盖了能源、钢铁、矿产品、有色金属、橡胶、农产品、牲畜、油料油脂、食糖等 9 大类别 26 种商品。由于我国处于工业化阶段，经济开放度逐渐提高，因此，汇率冲击的对象十分广泛，故采用具有代表性的大宗商品价格指数。该数据来自中商物流生产力促进中心的官方网站[2]。

2. 产出缺口。由于我们采用的是月度数据，而我国目前并无现成的月度 GDP 数据，因此，这里采用月度工业增加值作为月度 GDP 的代理变量，而月度工业增加值缺口由实际观测值减去其趋势值得到，变量的趋势值通过 HP（Hodrick – Prescott）滤波得到。工业增加值数据来自国家统计局官方网站。

3. 汇率。本文用名义有效汇率 NEER 作为汇率的代理变量，名义有效汇率是我国与各主要贸易对象的名义汇率经过贸易权重加权处理后的汇率。名义有效汇率来自国际清算银行官方网站。我国采用的直接标价法，因此人民币升值表现为人民币汇率的下降，人民币贬值表现为汇率的上升。

4. 生产者价格指数 PPI。数据来自国家统计局官方网站。

5. 消费者价格指数。数据来自国家统计局官方网站。

---

① 模型假设冲击不具有即时性，该假设可能并不总是成立。如 PPI 与 CPI 两者之间的冲击可能会同时发生。但是，这并不影响对汇率传递的估计与评价。

② http：//www.chncpi.com/。

6. 中国进口商品贸易价格指数 IPI。数据来源为海关信息网。根据中国进口商品价格指数的计算方法，该指数按照 BEC 分类可划分为食品与饮料价格指数、未列名工业供应品进口价格指数及燃料和润滑油进口价格指数。为了使该变量更具有代表性，我们将三个类别的进口价格指数求平均值，得到最终的进口商品贸易价格指数 IPI。

**表 3 – 1**                    **数据来源**

| 数据 | 数据来源 |
| --- | --- |
| 大宗商品价格指数 | 中商物流生产力促进中心官方网站 |
| 产出增加值 | 国家统计局 |
| 汇率 | 国际清算银行 |
| 生产者价格指数 | 国家统计局 |
| 消费者价格指数 | 国家统计局 |
| 中国进口商品价格指数 | 海关信息网 |

注：以上变量均进行自然对数处理。

### 3.2.4.2　汇率变动对进口品价格的影响：汇率传递第一阶段

1. 汇率变动与进口价格指数的单整与协整检验

**表 3 – 2**         **汇率变动与进口品价格指数的平稳性及协整检验**

| 变量 | 检验形式 | ADF 值 | 临界值 | 相伴概率 |
| --- | --- | --- | --- | --- |
| Panel A 基于 ADF 的平稳性检验 | | | | |
| $\Delta e_t$ | (0, 0, 0) | – 4.950567 | – 1.945903 | 0.0000 |
| $LIPI_t$ | (C, 0, 2) | – 3.048253 | – 2.913549 | 0.0364 |
| Panel B 基于恩格尔两步法的协整检验 | | | | |
| $u_t$ | (0, 0, 0) | – 2.810068 | – 1.946654 | 0.0000 |

注：检验形式（C, T, L）分别表示 ADF 方程中是否包含截距项 C、趋势项 T 及滞后项 L。

表 3 – 2 的 Panel A 为单位根检验结果，Panel B 为协整检验结果。从表 3 – 2 的检验结果看，汇率变动 $\Delta e_t$ 在 1% 的显著性水平上显著，而进口贸易价格指数 LIPI 也在 5% 的显著性水平上显著，两者均为平稳序列，存在着协整的可能性。同时，协整方程残差项 $u_t$ 也在 1% 的显著性水平上显著。因此，残差序列具有平稳性，即汇率变动与进口价格指数之间存在着协整关系。

2. 汇率变动与进口价格协整及误差修正模型

采用 OLS 方法进行估计，协整方程估计结果如下：

$$LIPI_t = \underset{\substack{(0.19) \\ [24.04]}}{4.73} + \underset{\substack{(0.01) \\ [6.81]}}{0.068\Delta e_t} + \underset{\substack{(0.04) \\ [22.78]}}{0.95 AR(1)} \tag{1}$$

$$DW = 1.088, R^2 = 0.91, F = 282.40, P = 0.0000$$

误差修正模型 ECM 构建如下：

$$\Delta LIPI_t = \underset{(0.13)}{-0.45}(LIPI_{t-1} - 4.73 - \underset{[-3.43]}{0.068}\Delta e_t) + \underset{(0.004)}{0.01}\Delta(\Delta e_t) \qquad (2)$$

$$DW = 2.14, R^2 = 0.20, F = 8.35, P = 0.0000$$

协整模型的整体拟合优度为 91%，模型线性联合检验相伴概率为 0，因此模型整体估计效果较好。从参数显著性看，所有的参数均在 1% 的显著性水平上显著。参数下方圆括号表示参数的标准误，方括号表示参数的 t 值。误差修正模型的 DW 统计量为 2.14，一阶自相关性不显著，同时模型的参数均在 5% 的显著性水平上显著，模型线性联合检验的相伴概率为 0，模型整体估计效果较好。

从协整方程看，协整参数为 6.8%，表明我国汇率变动对进口价格的传递程度大约为 6.8%，汇率变动对进口价格的传递程度较小。这是因为，我国作为世界第二大经济体，进口需求规模大，而且我国进口贸易的结构也由原来的初级产品进口向高新技术产品及基础能源转型，从而在国际市场上处于买方垄断的地位。由于出口商采取的是市场定价策略（pricing to market），出口商会通过调整其利润或成本加成以消化或抵消因汇率变化导致的潜在损失。从误差修正模型的估计结果看，由于调整系数为 −0.45，表明当进口价格与汇率发生偏离时，从失衡状态向均衡状态调整的速度为 45%，大约 2.5 个月。

3.2.4.3　进口价格变化对国内生产者价格及消费者价格的影响：汇率传递第二阶段

汇率传递的第一阶段表现为汇率变化对进口价格的影响，进口价格对国内消费者价格与生产者价格的则为汇率传递的第二阶段。

表 3 − 3　　　进口价格、消费者价格与生产者价格平稳性与协整检验

| Panel A 基于 ADF 的平稳性检验 | | | | |
|---|---|---|---|---|
| 变量 | 检验形式 | ADF 值 | 临界值 | 相伴概率 |
| $LCPI_t$ | （C，0，3） | − 2.892426 | − 1.945903 | 0.0000 |
| $LPPI_t$ | （0，0，0） | − 3.00793 | − 2.908420 | 0.0519 |
| Panel B 基于恩格尔两步法的协整检验 | | | | |
| $\mu_t$ | （0，0，0） | − 4.450050 | − 1.95903 | 0.0000 |
| $\varepsilon_t$ | （0，0，0） | − 3.410329 | − 1.946654 | 0.0010 |

注：检验形式（C，T，L）分别表示 ADF 方程中是否包含截距项 C、趋势项 T 及滞后项 L。

表 3 − 3 中 $\mu_t$ 与 $\varepsilon_t$ 分别为 CPI、PPI 与进口价格协整方程的残差项。从回归结果看，进口价格的变化对工业品价格的传递程度为 14.5%，而对消费者价格

的传递程度达到6.24%，消费者价格相对于工业品价格更具有稳定性，汇率变动对消费者价格的影响更为平缓，这与Murgasova（1996）、McCarthy（1999）、Rowland（2004）等的研究结果一致。从图3-1中各曲线的变化态势也可以看出这一点，LIPI、LPPI、LCPI的变陡峭程度逐渐减小，平缓性逐渐增强。出现这种情况的原因有三个，一是消费者价格是对所有消费品价格的测度，消费者在面临进口品价格变化时，会根据国内消费品与进口消费品的相对价格调整其消费组合，那么当进口消费品价格相对变化较大时，消费者的理性选择会产生替代效应，从而降低了进口品价格对整体消费者价格的影响程度，这称为支出转移效应。二是消费者价格受进口品价格的影响程度比较平缓，与国内进口商所处的市场竞争状况有着密切的关系。尽管进口商在国际贸易市场上处于买方垄断的地位，但是对于国内而言，进口商可能又处于卖方竞争地位，其定价策略并不是简单的成本转嫁，而是采取盯住市场份额的策略，即为了保持其市场份额不受影响采取了内部消化成本的策略，如降低利润等措施。三是随着我国金融市场的开放以及金融衍生工具的增加，许多企业越来越多地借助期货、期权等工具规避风险，从而减少了进口商所面临的亏损，进而降低了汇率变化对消费者价格的影响程度。

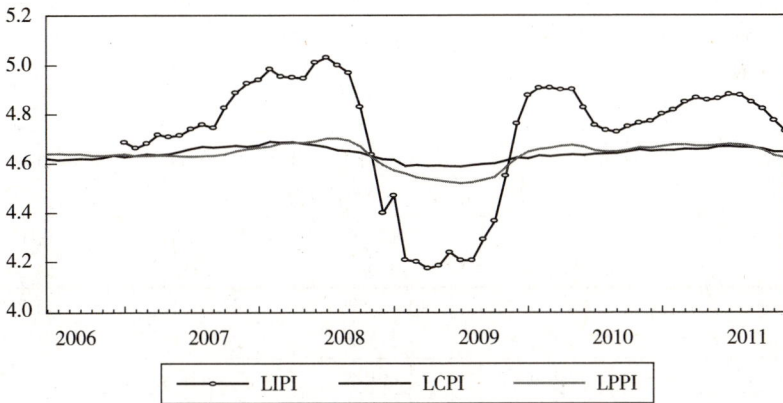

图3-1 不同价格指数的变化趋势（对数）

生产者价格与消费者价格相对于进口价格的协整方程分别如式（3）、式（4）所示：

$$LPPI_t = \underset{(0.069)}{3.94} + \underset{(0.014)}{0.145}LIPI_t + \underset{(0.059)}{0.90}AR(1) \qquad (3)$$
$$\phantom{LPPI_t = }{}_{[57.18]}\phantom{3.94 + }{}_{[10.09]}\phantom{0.145LIPI_t + }{}_{[15.17]}$$

$$DW = 2.175, R^2 = 0.97, F = 1017.28, P = 0.0000$$

$$LCPI_t = 4.351 + 0.062LIPI_t + 0.936AR(1) \tag{4}$$
$$\underset{[90.66]}{\underset{(0.048)}{}} \quad \underset{[60404]}{\underset{(0.009)}{}} \quad \underset{[20.49]}{\underset{(0.046)}{}}$$

$$DW = 1.551, R^2 = 0.959, F = 679.86, P = 0.0000$$

#### 3.2.4.4 汇率传递过程及动态机制研究——基于递归 VAR 的实证检验

前文已经构造了基于 5 个变量的递归 VAR 模型，该模型具有如下假设条件：供给冲击、需求冲击、汇率冲击、生产者价格冲击会影响消费者价格，而消费者价格不影响以上变量；需求冲击会影响汇率变动而汇率变动不会立刻引起需求的变化；汇率冲击会影响生产者价格立即变化，而生产者价格变化不会引起汇率的变化；生产者价格的变化对消费者价格有即时影响，而消费者价格变化不会立即影响生产者价格；汇率冲击对生产者价格与消费者价格具有即时效应。递归 VAR 模型的假设条件遵循以下规则：前一个方程的被解释变量的新息会立即影响后面所有方程解释变量的变化，而后面方程被解释变量新息则不会对其前面方程造成即期影响。

1. 平稳性、协整性

表 3 - 4　　　　　　　　　　　单位根及协整检验

| Panel A 基于 ADF 的平稳性检验 | | | | |
|---|---|---|---|---|
| 变量 | 检验形式 | ADF 值 | 临界值 | 相伴概率 |
| $LCPI_t$ | （C，0，3） | - 2.892426 | - 1.945903 | 0.0000 |
| $LPPI_t$ | （0，0，0） | - 3.00793 | - 2.908420 | 0.0519 |
| $\Delta LComP_t$ | （0，0，0） | - 3.727974 | - 3.480463 | 0.0273 |
| $\Delta e_t$ | （0，0，0） | - 4.950567 | - 1.945903 | 0.0000 |
| $GAP_t$ | （0，0，0） | - 3.440120 | - 1.945823 | 0.0008 |
| Panel B 基于 Johansen （1999） 的协整迹检验 | | | | |
| 原假设：协整数量 | 特征值 | 迹统计量 | 5% 临界值 | 相伴概率 |
| None* | 0.476931 | 81.20016 | 69.81889 | 0.0047 |
| At most 1 | 0.239616 | 40.37350 | 47.85613 | 0.2094 |
| At most 2 | 0.160939 | 23.11582 | 29.79707 | 0.2404 |
| At most 3 | 0.143014 | 12.06109 | 15.49471 | 0.1540 |
| At most 4 | 0.036432 | 2.338065 | 3.841466 | 0.1262 |
| Panel C 基于 Johansen （1999） 的协整极大特征值检验 | | | | |
| 原假设：协整数量 | 特征值 | 极大特征根统计量 | 5% 临界值 | 相伴概率 |
| None* | 0.476931 | 40.82665 | 33.87687 | 0.0063 |
| At most 1 | 0.239616 | 17.25768 | 27.58434 | 0.5579 |
| At most 2 | 0.160939 | 11.05474 | 21.13162 | 0.6419 |
| At most 3 | 0.143014 | 9.723021 | 12.26460 | 0.2308 |
| At most 4 | 0.036432 | 2.338065 | 3.841466 | 0.1262 |

平稳性检验表明，所有的变量均在5%显著性水平上平稳，不含单位根；而协整迹检验与最大特征根检验的结果表明，5个变量存在且只存在一个协整关系。

2. VAR 模型的估计与检验

VAR 模型的估计涉及两个问题：一是 VAR 模型的变量排序问题；二是 VAR 模型的滞后阶数选择问题。关于第一个问题，我们遵循递归 VAR 模型的设计原则，采取大宗商品价格指数 $\Delta LComP_t$、产出缺口 $Gap_t$、汇率变动 $\Delta e_t$、生产者价格指数 $LPPI_t$、消费者价格指数 $LCPI_t$ 的顺序。关于 VAR 模型滞后阶数的选择，依照 AIC 准则及 SC 准则，选择 VAR（2）模型进行估计。

所有的变量均采用 X-12 方法进行季节调整。由于本文研究的重点在于各变量关于冲击的响应机制，需要对 VAR 残差的简化式进行正交化，这里采用 Cholesky 分解对各内生变量的残差序列进行正交化。同时，受篇幅限制，这里省略了 VAR 模型的估计结果。从估计结果看，各个方程的拟合优度分别为97%、51%、34%、98%及94%，模型整体拟合优度较好。检验结果表明（见图3-2），所有的根均在单位圆内，没有异常根，因此模型估计是平稳的，脉冲响应函数有效。

Inverse Roots of AR Characteristic Polynomial

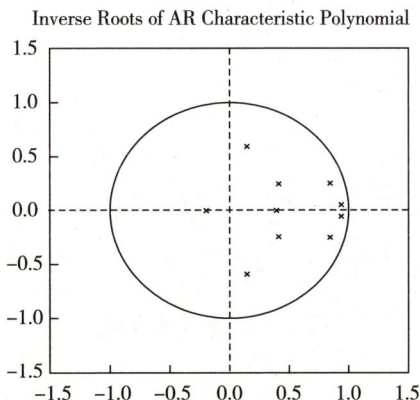

图 3-2 VAR 估计平稳性检验

3. 脉冲响应

使用脉冲响应与方差分解技术评估汇率变动对不同价格的传递机制，并揭示当前我国通货膨胀的主要形成机制。论文在50个月（约4年）的窗口内估计了不同变量对汇率冲击的脉冲响应，通过对消费者价格及生产者价格的方差分解来评估汇率变动在多大程度上影响着这些价格水平，并揭示当前我国通货膨

Response to Cholesky One S.D. Innovations ± 2 S.E.

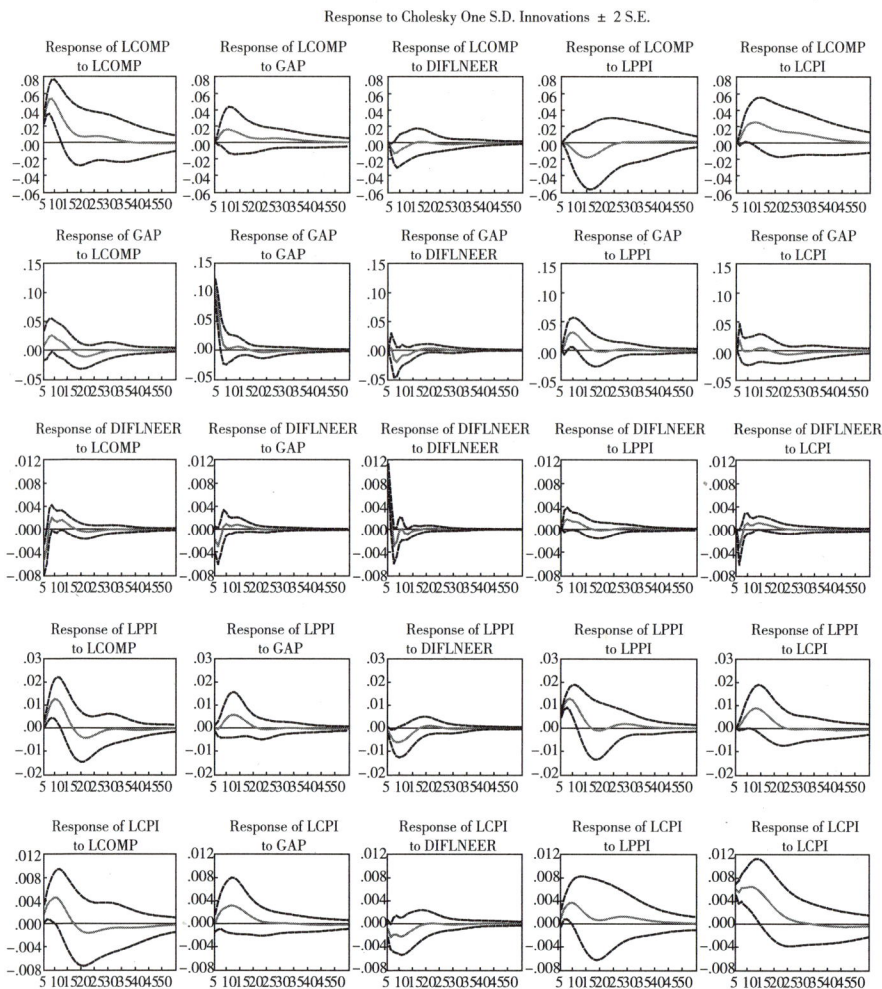

图 3-3 脉冲响应图

胀的主要形成机制。

从大宗商品价格对 1 个单位的人民币汇率升值冲击响应图 3-3 看，人民币升值虽然不会立即引起大宗商品价格的变化，但是从第 2 个月开始，大宗商品价格呈现出下降趋势，这种下降趋势在第 4 个月达到最大值 17%，从第 5 个月开始，大宗商品的价格指数的下降趋势逐渐减弱，并在第 10 个月停止下降。从大宗商品价格的累积脉冲响应函数看，汇率变动对大宗商品价格指数的传递程度约为 9%。

从生产者价格对 1% 人民币升值的脉冲响应图 3-3 看，当人民币汇率发生升值冲击时，生产者价格指数在当月就会作出反应，反应非常迅速。国内生产者价格指数呈现出下降的趋势，并在第 4 个月达到波谷，波谷值为 0.5%，从第 5 个月开始，国内 PPI 的下降趋势逐渐减缓，并在第 13 个月后呈现出小幅上升，但是从第 20 个月开始，这种影响收敛于零。

从消费者价格对一个单位的人民币升值冲击的响应图 3 - 3 看，汇率变动对消费者价格的传递具有平和、漫长的特点。到第 7 个月，消费者价格的响应才达到最大程度，即波谷 0.3%。从第 8 个月开始，这种下降趋势逐渐减弱，并收敛于 0。这与前文的分析结果一致。前文研究结果表明，人民币升值对进口价格的传递效应小（6.8%），这使得进口消费品的价格有所下降（但是下降程度较小），进口消费品相对更便宜，消费者会更多地选择进口消费品，使国内所产的消费品不得不降低价格以保持其市场份额，从而使得整体消费价格水平出现下降趋势。但是，由于进口品价格下降幅度较小，使得整体 CPI 的变化也较平和，且持续的时间较长。

4. 方差分解

从 $LPPI_t$ 方差分解的结果看，生产者价格指数 $LPPI_t$ 一开始主要受自身变动的影响，但是从第 5 个月开始，大宗商品价格的变化 $\Delta LComP_t$ 对生产者价格具有非常强大的预测作用。这表明，$\Delta LComP_t$ 通过对 $LPPI_t$ 的影响进而影响 CPI 的影响机制是我国当前通货膨胀的主要形成机制。$\Delta LComP_t$ 及 $LPPI_t$ 对 CPI 具有不可忽视的影响。CPI 的方差分解表明，CPI 的大部分变化主要受 VAR 系统中其他变量的影响，从第 5 个月开始，$\Delta LComP_t$ 及 $LPPI_t$ 冲击成为 CPI 的主要预测因子。国内产出缺口对 CPI 变化的解释作用则显得较为温和，表明需求因素目前并不是我国通货膨胀的主要形成原因，这与生产价格指数的方差分解结果不谋而合。一个可能的解释是：对于我国当前时期而言，通货膨胀压力大与内部有效需求严重不足并存的现状表明我国通货膨胀不能完全由需求因素来解释，而更应该着重对供给层面及外部冲击的分析。从前文 LPPI 的方差分解可以看出，$\Delta e_t \to \Delta LComP_t \to LPPI \to LCPI$ 是我国当前通货膨胀形成的主要渠道之一。这是由于我国当前的 CPI 变化不仅受到总需求的影响，在很大程度上是由于总供给因素、结构性失衡及外部冲击等因素所导致。研究结果还表明产出缺口对生产者价格指数的变化具有重要影响。

## 3.2.5  小结

从汇率传递第一阶段看，我国汇率变动对进口品价格的传递程度较小，表明我国进口商之间的竞争较为激烈。为了不损失现有的市场占有率，进口商就必须最小限度地抬高价格，而自己则承担物价上涨导致的损失，从而压低了利润空间。从汇率传递第二阶段看，消费者价格相对于工业品价格更具有稳定性，汇率变动对消费者价格的影响更为平缓，这与 Murgasova（1996）、McCarthy（1999）、Rowland（2004）等的研究结果一致。脉冲响应与方差分解表明，我国当前的 CPI 变化受需求冲击影响程度较小，在很大程度上是由于总供给因素、结构性失衡及外部冲击等因素所导致。国际大宗商品价格与汇率的变动对物价的冲击受汇率变动程度的影响，经济危机背景下更是如此。

因此，在制定与执行需求管理政策时，采取其他配套措施显得尤其重要，如理顺国内价格形成机制，增强我国对大宗商品的定价权，优化贸易结构、建立健全进口型商贸企业监管机制、提高商贸企业的竞争力等，这对于形成稳定的国内物价环境具有重要意义。

## 3.3 经济周期视角下人民币汇率传递非对称性计量研究

### 3.3.1 引言

汇率传递分两个阶段：第一阶段，名义汇率的变化导致以本币标价的进口品价格的变化；第二阶段，进口品本币价格的变化全部或部分传递到消费者身上，从而影响消费者的消费决策。文章对人民币汇率波动的传递效应进行估计，在此基础上判断是否存在关于经济周期的非对称效应。这对于货币当局在不同的经济周期阶段准确预测汇率变化对物价水平的影响，灵活把握政策力度及方向，促进经济的稳定与发展具有重要意义。

结构如下：第二部分文献综述。第三部分及第四部分分别对汇率传递的第一阶段及第二阶段进行实证研究，并对汇率传递在不同周期阶段的非对称性进行实证检验。第五部分对两阶段的汇率传递进行合并，并对汇率传递进行模拟。第六部分总结全文。

### 3.3.2 文献综述

研究汇率传递的文献特别多，大量的文献侧重于汇率与进口价格之间的关系，即汇率传递的第一阶段，而第二阶段的研究很少被关注。对汇率传递在不同经济周期阶段的非对称性研究则显得更少，本文试图弥补这一空白。

德怀尔（Dwyer）等的研究结果认为，澳大利亚存在着完全的第一阶段传递效应，MAS 对新加坡的研究也得出了相似的结论[59-60]。Campa 和 Goldberg 对布雷顿森林体系瓦解后的 23 个 OECD 国家的汇率传递进行了研究，结果发现汇率的长期平均传递弹性大约为 64%[61]。Campa 等对欧元区的研究也得出了相似的结论[62]。从 20 世纪 90 年代开始，工业化国家的汇率传递存在着下降的趋势。Marazzi 和 Sheets 的研究发现，20 世纪 90 年代美元每贬值 1% 会使美国进口价格上升 0.2%，而在 20 世纪七八十年代，美元每贬值 1%，进口价格上升幅度为 0.5%[63]。Bailliu 和 Fujii 对包括美国、英国及澳大利亚在内的 11 个工业国家的汇率传递进行了研究，结果表明汇率传递的第一阶段自 90 年代开始出现下降的趋势[64]。

很多研究分别提出不同的假设条件来解释汇率传递效应的下降趋势。Taylor 认为，通货膨胀盯住策略提供了一个稳定、低通货膨胀的环境，从而使汇率波动所带来的成本上升幅度出现了下降趋势[65]。Devereux 和 Yetman 认为，当经济体处于高通货膨胀阶段时，保持价格不变所支付的成本往往大于调整价格所导致的菜单成本，这意味着汇率传递效应与通货膨胀呈同向变化趋势。而进入 90 年代以来，大多数工业化国家均处于一个低通货膨胀、稳定的经济环境中，因此汇率传递伴随着通货膨胀水平的下降而出现下降趋势[66]。Dornbusch 则认为，汇率传递的下降趋势主要源于市场竞争条件的完善[67]。Marazzi 和 Sheets 认为，中国在贸易市场中的直接竞争或者其带来的潜在威胁使得其他国家的出口商在改变其产品价格（美元标价）上的积极性越来越低，或者说越来越犹豫。Oliver 认为多边公司的大量出现（如跨国公司）使得许多商品定价采用公司内部转让策略，公司内部转让定价对汇率变动的敏感性非常低，并最终使得汇率传递效应逐渐下降[68]。Campa 和 Goldberg 认为，汇率第一阶段传递效应的下降主要是因为进口贸易结构发生了变化，由于很多国家的进口由原来的能源与原材料进口逐渐向更具差异化的制造品进口过渡，而后者相对于前者对汇率变动的敏感性更低，因此，汇率波动的传递效应呈现出下降的趋势。贸易品生产要素的投入组合也可以解释汇率传递的下降现象。Engle（2002）通过研究发现，贸易品成本组成部分（例如非贸易服务的劳动力成本）也是导致汇率变化不能完全传递到消费者价格的原因之一。进口品在本国的售价包括来自本国服务业的增加值，主要有运输、批发与零售环节。这些非贸易服务价格的刚性使得汇率波动对国内消费价格的影响有所减缓[69]。

### 3.3.3 汇率传递效应研究：第一阶段

#### 3.3.3.1 分析框架

本文使用以下标准模型来评价汇率传递的程度：

$$IPI_t = \frac{(FWPI)^\alpha}{(EXR)^\beta}, \alpha \geq 0, \beta \leq 1 \tag{1}$$

方程（1）中的 IPI 表示进口品的国内价格指数，FWPI 表示外国批发价格指数，EXR 表示人民币名义有效汇率。在此设定下，当 $\beta = 1$ 时，表明存在完整的第一阶段传递效应。

为了估计参数 $\beta$，需要将方程（1）进行对数线性化，对数转化的结果为：

$$ipi_t = \varphi + \alpha fwpi_t + \lambda exr_t, \ -1 \leq \lambda = -\beta \leq 0, 0 \leq \alpha \leq 1 \tag{2}$$

方程（2）中，$\alpha$ 和 $\lambda$ 分别为国内进口价格关于外国进口价格及汇率的弹性。对于小型开放经济而言，我们预期第一阶段的传递是完全的，即 $\lambda = -1$。

#### 3.3.3.2 估计结果分析

ADF 检验结果表明，方程（2）中所有变量均为一阶单整过程。基于残差的 EG 协整检验及基于特征根方法的 Johansen 协整检验表明，方程（2）中各变量之间存在着协整关系。

基于以上检验，方程（2）可以使用基于协整框架的向量误差修正模型进行估计。以 1980 年第三季度至 2010 年第三季度为研究区间，采用滞后两期的 VECM 模型进行无约束估计及约束估计（施加 $\lambda = -1$ 约束的估计），参数估计结果见表 1。第一阶段长期传递程度为 0.97，并且不能拒绝长期传递为 1 的原假设。与此相比，外国商品价格的变化对进口价格的影响明显小于 1，外国价格变化 1% 导致国内进口价格上涨 0.79%，这可能是由于我国多样化、分散化的进口渠道造成的（外国生产商会担心将市场份额丢失，而被其竞争者夺取）。

将受约束的方程（2）嵌套进误差修正模型中进行回归，以解释进口价格的短期特征，即[①]：

$$\Delta ipi_t = \underset{\substack{0.0222 \\ (0.2883)}}{0.0064} - \underset{\substack{0.0414 \\ (-8.0120)}}{0.3317} (ipi_{t-1} - 0.7723 fwpi_{t-1} + exr_{t-1})$$

$$+ \sum_{i=0}^{k} \beta_{2i} \Delta exr_{t-i} + \sum_{i=0}^{j} \beta_{3i} \Delta fwpi_{t-i} + \sum_{i=0}^{l} \beta_{4i} \Delta ipi_{t-i} + \varepsilon_t \tag{3}$$

误差修正参数估计值为 -0.33（系数下方圆括号内数字为标准差，方括号

---

① 由于这里仅关注短期误差修正系数，故其余解释变量的估计结果省略。

内数字为 T 统计量），这表明汇率变化的第一阶段完全传递需要 3 个季度的时间长度。

表 3 - 5　　　　　　　　　　　　　　　长期系数估计

| 无约束回归 | | | | 约束回归 λ = - 1 | | | |
|---|---|---|---|---|---|---|---|
| 变量 | 系数 | 标准差 | T 统计量 | 变量 | 系数 | 标准差 | T 统计量 |
| $fwpi_t$ | $\alpha = 0.7919$ | 0.0787 | 10.062 | $fwpi_t$ | $\alpha = 0.7723$ | 0.023 | 33.404 |
| $exr_t$ | $\lambda = -0.9694$ | 0.0820 | -11.822 | $exr_t$ | $\lambda = -1$ | — | — |

### 3.3.3.3　经济周期对汇率传递的影响

经济周期不同阶段对汇率传递效应的非对称影响可以通过变量的经济周期成分及以下回归方程进行评估与检验：

$$c_l^h(IPI_t) = \delta_1 c_l^h(exr_t) + \delta_2 c_l^h(fwpi_t) + \varepsilon_t \tag{4}$$

其中，运算符 $c_l^h(\quad)$ 表示变量周期性成分的高低频率区间。方程（4）是对长期协整方程的带通谱回归表达式，其估计结果为：

$$\hat{c}_l^h(IPI_t) = \underset{(0.2250)}{1.1223} c_l^h(exr_t) - \underset{(0.1123)}{0.3847} c_l^h(fwpi_t) \tag{5}$$
$$\underset{[4.9880]}{} \qquad \underset{[-3.4256]}{}$$

估计结果表明，汇率传递存在着关于经济周期的结构性变化：经济周期视角下的汇率传递仅为 0.38，远远小于长期的汇率传递 0.97。此外，与经济零波动相比，经济周期中的外国批发价格的变化对国内价格的影响更大。这意味着名义汇率需要进行更大的调整，以抵消外国批发价格指数的变化。

那么，汇率传递程度是否依赖于经济周期呢？为了研究该问题，这里引入哑变量 $gap_t^+$。当前一季度的产出缺口大于 1% 时，$gap_t^+ = 1$，否则 $gap_t^+$ 等于 0。同样，当前一季度的产出缺口小于等于 - 1% 时，$gap_t^- = 1$，否则 $gap_t^- = 0$。因此，只有当产出缺口的绝对值超过 1% 时，汇率的非对称传递效应才能被检测出来，回归方程如下。参数 $\delta_1$、$\beta_1$ 及 $\beta_2$ 的大小及统计显著性是对汇率传递经济周期非对称性的测度。

$$c_l^h(IPI_t) = \delta_1 c_l^h(EXR_t) + \delta_2 c_l^h(FWPI) + \beta_1 c_l^h(EXR) gap_{t-1}^+$$
$$+ \beta_2 c_l^h(EXR) gap_{t-1}^- + \varepsilon_t \tag{6}$$

方程（6）的估计结果如下：

$$\hat{c}_l^h(IPI_t) = \underset{(0.1542)}{-0.7556} c_l^h(EXR_t) + \underset{(0..2235)}{1.3351} c_l^h(FWPI) + \underset{(0.2214)}{0.4417} c_l^h(EXR) gap_{t-1}^+$$
$$\underset{[-4.900]}{} \qquad \underset{[5.9736]}{} \qquad \underset{[1.9950]}{}$$
$$R^2 = 0.8725, P = 0.0000, DW = 1.8925 \tag{7}$$

以上估计结果表明，汇率传递在经济周期的不同阶段确实存在着非对称性①。特别地，当真实 GDP 超过潜在 GDP 至少 1% 时，本币升值 1% 则会导致国内进口品价格下降 $|\delta_1 + \beta_1| = |-0.7556 + 0.4417| = 0.31\%$，而当真实 GDP 接近潜在 GDP 水平时，汇率升值 1% 则会导致国内进口品价格下降 0.75%。尽管强劲的汇率降低了进口商的进口成本，进口商在强劲扩展阶段对成本节省的传递则相对较小。

### 3.3.4 汇率传递第二阶段研究

#### 3.3.4.1 分析框架

汇率传递的第二阶段是指进口品价格（以本国货币标识）的变化对零售价格乃至消费者价格及通货膨胀的影响。用以下长期模型将我国的消费者价格指数 CPI 表示成本国单位劳动成本与 IPI 的加成形式，即

$$CPI_t = \alpha (ULC_t)^\beta (IPI_t)^\gamma \tag{8}$$

对方程（8）取对数得到

$$cpi_t = \lambda + \beta ulc_t + \gamma ipi_t \tag{9}$$

其中，$\lambda = \log(\alpha)$，$e^\lambda - 1$ 为零售成本加成，$\beta$ 及 $\gamma$ 分别为 CPI 关于单位劳动成本及进口价格指数 IPI 的弹性。

在高度竞争的市场中，过度的盈利与过度的亏损都不会在长期内得到维持，因此加成在长期内稍微为正。正因为如此，商品及服务的消费者价格与成本保持着同比例的变化，从而使得价格在长期内均衡，这就是单位齐次性约束 $\beta + \gamma = 1$。

#### 3.3.4.2 实证结果

与第一阶段的估计相似，对 ULC 及 CPI 时间序列进行单位根检验，结果表明两个序列均为一阶单整过程，均具有一个单位根。Johansen 协整检验的结果表明，ULC、CPI、IPI 之间存在长期的稳定关系，即协整关系（见表 3 - 6）。弹性参数 $\beta$ 及 $\gamma$ 的符号与预期相符，并且其 $T$ 值均大于 1.96，均在 5% 的显著性水平上显著。此外，似然比检验表明，不能拒绝 $\beta + \gamma = 1$ 的原假设，因此，模型设定合理有效。在 $\beta + \gamma = 1$ 的假设条件下再次估计模型，估计结果见表 3 - 6。

---

① 由于参数不满足显著性，方程式（7）中省略了式（6）右侧第四项的参数，这表明，我国存在着向下的价格刚性。

表 3 - 6　　　　　　　　　汇率影响消费者价格的第二阶段

| 解释变量 | 系数 | 标准差 | T 值 |
|---|---|---|---|
| $ulc_t$ | 0.761 | 0.221 | 3.163 |
| $ipi_t$ | 0.547 | 0.164 | 3.128 |
| 常数项 | -1.314 | 1.758 | 0.793 |
| 约束 $\beta + \gamma = 1$ 估计结果 | | | |
| $ulc_t$ | 0.625 | 0.066 | 9.470 |
| $ipi_t$ | 0.375 | 0.074 | 5.068 |
| 常数项 | 0.004 | 0.012 | 0.333 |

本文通过标准的误差修正模型来拟合第二阶段传递的短期动态特征。消费者价格指数的对数差分值受 $ulc_t$、$cpi_t$、$ipi_t$ 变化影响的同时，还会受到 $cpi_t$ 误差项的影响。产出缺口水平及其变化也被纳入到模型的解释变量中，以捕捉经济周期的状态。误差修正模型如下：

$$\Delta cpi_t = \alpha_0 + \alpha_1(cpi_{t-1} - 0.625ulc_{t-1} - 0.375ipi_{t-1}) + \sum_{i=0}^{k}\alpha_{2i}\Delta ulc_{t-i}$$

$$+ \sum_{i=0}^{l}\alpha_{3i}\Delta ipi_{t-i} + \sum_{i=0}^{l}\alpha_{4i}\Delta cpi_{t-1-i} + \sum_{i=0}^{m}\alpha_{5i}gap_{t-i} + \sum_{i=0}^{n}\alpha_{6i}\Delta gap_{t-i}$$

$$(10)$$

采用标准的"一般到具体"方法确定模型中各滞后项的阶数，最优模型估计结果如下：

$$\Delta cpi_t = \underset{\substack{(0.007)\\[-3.286]}}{-0.023}(cpi_{t-1} - 0.625ulc_{t-1} - 0.375ipi_{t-1}) + \underset{\substack{(0.016)\\[2.188]}}{0.035}\Delta ulc_{t-3}$$

$$+ \underset{\substack{(0.015)\\[1.533]}}{0.023}\Delta ulc_{t-5} + \underset{\substack{(0.021)\\[2.573]}}{0.05}\Delta ipi_t + \underset{\substack{(0.018)\\[1.723]}}{0.025}\Delta ipi_{t-1} + \underset{\substack{(0.000)\\[5.962]}}{0.001}gap_{t-1}$$

$$+ \underset{\substack{(0.000)\\[5.514]}}{0.001}\Delta gap_t$$

$$(11)$$

$$\overline{R}^2 = 0.77$$

采用固定的 8 年时间窗口对模型进行滚动估计，以检验模型的稳健性。递归 Chow 检验表明 2000 年第三季度存在突变点。因此，有必要对 2000 年第三季度至 2010 年第三季度进行回归估计，估计结果如下：

$$\Delta cpi_t = \underset{\substack{(0.024)\\[-2.167]}}{-0.052}(cpi_{t-1} - 0.625ulc_{t-1} - 0.375ipi_{t-1}) + \underset{\substack{(0.027)\\[2.111]}}{0.057}\Delta ulc_t$$

$$+ \underset{\substack{(0.033)\\[4.394]}}{0.145}\Delta ipi_{t-1} + \underset{\substack{(0.001)\\[4.648]}}{0.004}gap_t + \underset{\substack{(0.000)\\[1.707]}}{0.001}\Delta gap_{t-3}$$

$$\overline{R}^2 = 0.801 \tag{12}$$

从表 3 - 6、方程（11）及方程（12）的估计结果分析得到我国价格机制的两个特征。第一，由于成本加成系数的估计值在统计上并不显著，从统计的角度看成本加成系数为零。同时，$\beta + \gamma = 1$ 成立，因此，我国的零售市场具有较高的竞争性。第二，单位劳动成本上升 1% 导致 CPI 上升 0.63%，而 IPI 增加 1% 导致 CPI 上升 0.37%。这表明我国 CPI 的 ULC 弹性大于进口品价格弹性，这与我国消费者价格指数中服务项目所占份额上升是一致的。与商品相比，服务成本上升主要来自于劳动力成本的上升。因此，当劳动力成本上升时，服务业受影响最大，而服务业项目在消费品中不断上升的比例提高了 CPI 的劳动力成本弹性。因此，我们得出结论，那就是近年来进口品价格对国内总体物价水平的影响呈现出下降的趋势，从而增加了贸易部门进口品的增加值。

### 3.3.4.3 经济周期中的汇率非对称传递效应

与第一阶段的研究一致，这里我们进一步考察经济周期的不同阶段对汇率传递第二阶段是否存在着非对称性。建立如下回归模型：

$$
\begin{aligned}
c_l^h(CPI_t) = &\delta_0 + \delta_1 c_l^h(ULC_t) + \delta_2 c_l^h(IPI_t) + \delta_3 c_l^h(IPI_t) \times sign_1 \times gap_{t-1}^+ \\
&+ \delta_4 c_l^h(IPI_t) \times sign_2 \times gap_{t-1}^- + \varepsilon_t
\end{aligned} \tag{13}
$$

其中，$c_l^h$ 表示变量的周期成分。$sign_1$ 为哑变量，其取值方式为：当本季度的进口价格上升时取 1，否则取 0；$sign_2$ 也为哑变量，其取值方式为：当本季度进口价格下降或不变时取 1，否则取 0。其他两个哑变量 $gap_{t-1}^+$ 与 $gap_{t-1}^-$ 的定义与前文一致。

根据以上模型设定，进口品价格变化时会产生四种不同的非对称性结果。当进口品需求价格弹性较低且需求条件畅通的情况下，处在经济复苏与繁荣阶段的零售商会将进口品价格上涨的大部传递到消费者价格中去（$sign_1 = 1$，$gap_{t-1}^+ > 1\%$，对 CPI 的影为 $\delta_2 + \delta_3$）；相反，当衰退到来时，零售商会将大部分的成本上升进行内部消化，以保持其销售量及市场占有率（$sign_1 = -1$，$gap_{t-1}^+ < 1\%$，对 CPI 的影为 $\delta_2$）。当进口品价格下降时，处于经济衰退阶段的零售商则会大幅度降低其售价，以保持销售及市场占有率的相对稳定（$sign_2 = 1$，$gap_{t-1}^- < -1\%$，对 CPI 的影为 $-\delta_2 - \delta_3$）。相反，当经济处于上升阶段，零售商降低售价的积极性则会大大降低（$sign_2 = -1$，$gap_{t-1}^- > -1\%$，对 CPI 的影为 $-\delta_2$）。

方程（13）的参数估计值见方程（14）。

$$
\hat{c}_l^h(CPI_t) = \underset{\substack{(0.018) \\ [2.11]}}{0.038} c_l^h(ULC_t) + \underset{\substack{(0.022) \\ [3.682]}}{0.081} c_l^h(IPI_t) + \underset{\substack{(0.077) \\ [2.312]}}{0.178} c_l^h(IPI_t) \times sign_1 \times gap_{t-1}^+
$$

$$\bar{R}^2 = 0.885, DW = 2.019, P = 0.0000 \qquad (14)$$

哑变量 $c_l^h(IPI_t) \times sign_2 \times gap_{t-1}^-$ 的参数 $\delta_4$ 估计值无法通过显著性检验，因此，回归方程式中将此项略去。这表明，进口价格 1% 的下降在经济周期的不同阶段对消费者价格指数的影响并无显著不同，这或许是由零售价格黏性不断下降造成的。当然还有一种解释，那就是经济衰退期间，经济发展的不确定性增强，消费者面临的收入不确定性也在增强，在此背景下，消费者会采取收紧消费支出措施，从而使得价格下降也无法刺激消费者的需求，从而使得进口品价格对消费者价格的传递效应大打折扣。

在经济处于强劲阶段时，进口价格的上升导致消费者价格 0.259%（0.081 + 0.178），也就是在本季度达到了长期影响（0.375%）的 69%。而在经济周期的其他阶段，消费者价格上升大约仅为 0.081%。这些结果意味着零售商在经济强劲阶段会将进口成本的上升大幅度地转嫁给消费者，价格传递的速度也明显快于其他时期的传递速度。

### 3.3.5　两个阶段的累积影响

现在，分别将第一阶段与第二阶段传递效应进行合并，进一步得到汇率变化的总效应。模型的两个 ECM 表达式如下：

$$\Delta ipi_t = \hat{\beta}_0 - 0.3317(ipi_{t-1} - 0.7723fwpi_{t-1} + exr_{t-1})$$
$$\Delta cpi_t = \hat{\alpha}_0 - 0.052(cpi_{t-1} - 0.625fwpi_{t-1} - 0.375ipi_{t-1}) \qquad (15)$$

对以上系统进行两次模拟以估计价格的传递效应。首先模拟汇率传递对 $\Delta cpi$ 的累积效应，模拟结果表明，人民币汇率升值 1% 在第 1.5 个季度开始出现对物价水平的影响，在第四个季度使国内通货膨胀水平下降 0.1%，到第 8 个季度末，汇率变化对国内通货膨胀的累积影响达到 0.22%。

将外币价格 1% 的增长引入合并模型中，结果表明，1% 的外币价格增长导致进口商进口成本增长 0.76%。这意味着人民币需要再升值 0.76% 就可以抵消输入型通货膨胀。为了验证汇率作为输入型通货膨胀滤波器的有效性，进行第二次模拟。结果表明，外国价格冲击对 IPI 的影响明显下降。同时，国内消费者价格指数 CPI 受国外价格的变化的影响也非常小，在第 8 个季度才达到峰值（仅为 0.1%）。这表明，国外价格的变化对本国通货膨胀水平的影响几乎完全被汇率升值所抵消。汇率传递的第二阶段使国内消费者价格指数受汇率变化的影响变得更为缓和。

### 3.3.6　小结

本文详细研究了人民币汇率的传递效应，结果表明：人民币汇率的变化会在第一阶段迅速传递到进口品价格中，并且这种传递几乎达到完全传递。相比之下，在第二阶段，进口品价格的变化对国内消费者价格指数的影响显得较为拖沓。

文章对汇率传递关于经济周期的非对称性进行了研究。汇率在第一阶段的传递受经济周期态势的影响。在经济强劲和繁荣阶段，人民币趋于强劲并导致进口商进口成本下降，进口商为巩固或扩大市场份额将采取让利措施，从而降低国内通货膨胀压力；而在经济脆弱和萧条时期，人民币趋于疲软从而增加了进口商的进口成本，进口商为保持其利润边际而将成本转嫁给消费者。但是，进口商在繁荣时期对消费者的让利程度远远小于其在经济衰退时期对消费者的成本转嫁程度。在汇率传递的第二阶段，零售商在经济繁荣时期相对于经济萧条时期会把增加的进口成本更多地转嫁给消费者。

综上所述，人民币名义汇率目前仍然是缓和与削减外部通货膨胀压力的有效工具，汇率传递在不同经济周期阶段具有非对称性。鉴于汇率传递具有关于经济周期的非对称性，货币政策的相机抉择操作要注意"冷热"有别，增强政策的灵活性与前瞻性。

## 3.4　基于边限协整检验的汇率传递非对称性研究

### 3.4.1　引言

对于货币当局来说，理解汇率传递的形式与程度对于形成合理的物价稳定目标及制定合理的通货膨胀调控举措具有重要的意义。从国际视角看，汇率传递决定着真实汇率水平，进而影响着国际收支平衡的调整模式。早期的汇率传递研究文献曾一度假设物价水平与汇率之间存在着对称性的长期关系，即贬值与升值对物价水平的影响程度相同，只存在方向上的差异。但是，由于市场摩擦因素的存在（如价格向下调整刚性、市场不完全竞争等），宏观经济变量之间的关系多数呈现出非对称性关系，汇率传递的对称性假设可能过于严格，不尽合理，忽略汇率对物价水平影响的非对称性可能会严重影响货币政策的执行效果。在此背景下，相关研究已经陆续放宽了"汇率传递对称性"假设。大量的研究表明，消费者价格与汇率之间存在着非对称协整关系①，且汇率传递的非对称性非常普遍、显著、持久②。那么，人民币汇率变化对我国的物价水平的影响是否也具有上述特征？这种非对称性对我国货币政策的制定与实施会带来哪些影响？论文采用非对称自回归分布滞后模型及边限协整技术研究人民币汇率传递的非对称性。

论文的创新之处在于利用非对称自回归分布滞后模型及边限协整技术对汇率与物价水平之间的非对称协整、汇率传递的长期非对称性与短期非对称性同时进行研究，从而丰富了现有的研究成果。结构安排如下：第二部分为理论争论与文献综述；第三部分为模型构建；第四部分为实证研究；第五部分为总结全文。

## 3.4.2　非对称汇率传递：理论争论与文献简析

### 3.4.2.1　理论争论

1. 市场竞争结构理论

Krugman 等已经证明，不完全的汇率传递是由不完全竞争市场下厂商之间的策略性博弈导致的[70]。迪克西特和斯蒂格利茨（Dixit 和 Stiglitz）认为，在不完全竞争条件下，供给者具有一定的市场力量，在确定其价格时会将消费者的需求因素考虑进来，从而具有一定的定价与议价能力。进口厂商对本币升值的吸收会降低进口品价格下降的程度（完全吸收时，进口品的最高价格会保持不变），从而对加成具有正向影响，提高了厂商的利润所得。相反，本币贬值后，保持进口品在本国售价的不变则会减少进口商的加成，降低其利润[71]。一般而言，厂商对本币贬值的传递积极性要高于升值时的传递程度。

2. 经济周期理论

汇率传递也存在着关于经济周期的非对称性。如果货币贬值发生在衰退期间，则价格上涨的程度小于在此期间货币升值所导致的价格下降程度。此外，在经济繁荣阶段，本币贬值会带来进口品价格的快速、大幅上涨，市场的旺盛需求使进口商敢于将进口价格的上涨完全转嫁给消费者；而在经济萧条阶段，本币贬值虽然也使进口价格上升，但是进口厂商在需求不旺的情况下，只能通

---

① Mishkin, F. Exchange rate pass – through and monetary policy [Z]. Conference on Monetary Policy Jarle Bergo Colloquium: Globalisation and Mon – etary Policy, Oslo, 2008.

② Peltzman, S. Prices rise faster than they fall [J]. Journal of Political Economy, 2008, Vol. , 108, pp. 包括 466 – 502.

过削减利润来减少价格转嫁，甚至不提价，从而保持其市场份额不变。

以上理论研究从不同的角度给出了汇率升值与贬值时国内物价水平对汇率非对称变化的可能原因。但是，只有少量的文献对汇率传递的非对称性进行实证研究，下面对少数实证文献及其模型设定进行简析。

### 3.4.2.2 实证结论

目前，对汇率传递的实证研究主要分为两类：一是着眼于微观经济，从市场竞争结构的角度对不同产业、不同产品价格汇率传递的非对称性进行实证研究。Campa 和 Sebastiá – Barriel 利用欧盟国家的月度产业数据对进口品价格的非对称反应进行实证研究，在分析进口价格与汇率之间的长期关系时，借助非对称误差修正模型考察价格在短期内的非对称调整行为[72]。研究结果表明，制造业进口价格在本币升值时的调整速度要快于贬值时的调整速度，这是由外国出口商试图保持其市场份额所导致的。相反，汇率升值与贬值对第一产业同质产品价格的传递具有对称性。Yang 构建了包含标志升值与贬值虚拟变量的计量模型，利用美国 98 个制造行业的进口价格、所有商品的进口价格及汇率数据，采用普通最小二乘估计方法对汇率传递进行了实证研究[73]。结果表明，几乎不存在汇率传递非对称性的证据。但是，汇率传递的方向具有部门异质性。为了研究汇率变化的方向与大小是否影响汇率传递，Pollard 和 Coughlin 构建以进口价格增长率为被解释变量，以汇率变化的决定因素为解释变量的计量模型，同时将标志美元升值与贬值的虚拟变量及标志美元大幅波动与小幅波动的虚拟变量引入模型中，对美国 30 个产业进口价格的汇率传递进行研究[74]。结果表明，美国 15 个行业的汇率传递存在着非对称性，而制造业的汇率传递具有对称性；同时，汇率传递非对称性的方向存在行业异质性。Wickremasinghe 和 Silvapulle 将累计升值、累计贬值纳入到长期汇率传递模型中，利用非对称单位根检验、协整检验及非对称模型研究日本制造业进口品的汇率传递[75]。结果表明，日本制造业进口品价格存在着汇率传递非对称性。具体地，日元升值对进口品价格的传递程度要大于贬值对进口品价格的传递程度。

二是从宏观角度着重研究汇率变化对总体物价水平的影响，这方面的实证文献也非常少。Webber 对 8 个亚洲国家总体进口价格的汇率传递进行研究。结果表明，有 5 个国家的汇率与进口价格存在着均衡关系，并且本币升值对价格下降的影响程度不会超过本币贬值对进口价格上涨的影响程度[76]。Bussière 构建进出口价格增长率为被解释变量，以外国价格、生产者价格指数、标志汇率升值或贬值的哑变量为解释变量的简态线性模型，并在线性动态模型中加入非线性项，对 G7 国家的汇率传递进行实证研究[77]。结果表明，汇率传递的非对称性与传递程度因国而异。Nogueira 和 Leon – Ledesma 利用平滑转移模型对通货膨胀目标制下的汇率传递进行了实证研究[78]。结果表明，不同国家汇率传递的非对称存在着非常大的差异。

综上，关于汇率传递的非对称性研究目前尚无定论，而所有的研究要么对长期非对称性进行研究，要么对短期非对称性进行研究，而同时研究长期非对称性与短期非对称性的文献仍然处于空白。这里以非对称协整 ARDL 模型为基础，放宽短期对称性与长期对称性假设，对人民币汇率传递的非对称性进行实证研究。

### 3.4.3　模型设计

#### 3.4.3.1　理论框架

论文采用布劳沃和埃里克森（Brouwer 和 Ericsson）提出的加成模型作为实证研究的理论框架。Brouwer 和 Ericsson 认为，在不完全竞争市场环境下，国内物价水平在长期内是对总单位成本的加成，总单位成本包括单位劳动成本 ULC、进口价格 IP 及能源价格 PET[80]。在线性齐次条件下，物价水平与其决定因素可表示为：

$$P = B_0(IP^{\beta_1})(PET^{\beta_2})(ULC^{\beta_3})E \tag{1}$$

其中，$B_0$ 表示对不同成本的加成，E 表示除进口价格、劳动成本及能源价格等确定性因素之外的影响国内物价水平的随机因素。需要指出的是，进口价格 IP 是指国外产品在国内的价格，如果将货币看做特殊商品的话，就是国外货币的本币价格，即汇率。因此，可以将进口价格替换为汇率变量 S。此外，与美国等发达国家不同，由于我国并未形成有效的成品油价格形成机制，我国成品油价格与原油价格之间的关系尚未理顺，因此，国际原油价格并不能真正代表我国的能源价格，这里的 PET 表示煤油电价格指数。模型（1）可表示为：

$$P = B_0(S^{\beta_1})(PET^{\beta_2})(ULC^{\beta_3})E \tag{2}$$

两侧同时取对数得：

$$p = \beta_0 + \beta_1 s + \beta_2 pet + \beta_3 ulc + \varepsilon \tag{3}$$

其中，以小写字母表示的变量分别为对应变量的对数形式。从模型（3）可以看出，汇率传递是指汇率 $s$ 的变化对物价水平 $p$ 的直接影响 $\beta_1$。令 $\nu = \Delta s$，$\eta = \Delta pet$，$\omega = \Delta ulc$，且 $\varepsilon$、$\nu$、$\eta$ 及 $\omega$ 为零均值、有限方差的独立同分布变量，且两两不相关。

### 3.4.3.2 实证模型设计

模型（3）可以写成误差修正模型 ECM 的形式，其中变量 $\Delta p_t$ 的变化可分为两部分，一是其他解释变量的变化，二是上一时期对均衡值的偏差，误差修正模型可以表述如下：

$$\Delta p_t = \mu + \rho_1 p_{t-1} + \rho_2 s_{t-1} + \rho_3 pet_{t-1} + \rho_4 ulc_{t-1}$$
$$+ \sum_{i=1}^{p-1} \Psi'_i \Delta p_{t-i} + \sum_{i=0}^{p} \left( \varphi'_i \Delta s_{t-i} + \theta'_i \Delta pet_{t-i} + \chi'_i \Delta ulc_{t-i} + \gamma'_i gap_{t-i} \right) + \nu_t \quad (4)$$

其中，$\rho_2 = -\rho_1 \beta_1$ 是我们最关注的参数，$\nu_t$ 为 iid 过程。为遵循菲律普斯曲线的动态特征，这里将产出缺口 gap 纳入到模型（3）作为通货膨胀的短期决定因子。模型（4）的构建允许我们在一个单方程动态框架内对物价水平及通货膨胀的动态特征进行研究。

以上误差修正模型的实质是对相应的 ARDL（$p$，$q$，$q$，$q$）模型的等价变换，其中 $q = p + 1$。该模型同时囊括了变量间的长期与短期关系。其主要特征有：标准的 ECM 模型来自于 EG 两步法，其有效性低于我们的一步求解结果；在小样本情况下，下文的协整检验过程要比传统的多变量协整检验方法表现更优异；这里提出的协整检验并不要求所有变量服从相同阶数的单整过程。如果模型（4）中的部分变量为 I（1）过程，部分变量为 I（0）过程，此时运用 Johansen 协整检验将会导致错误的结果①。由于 ARDL 模型同时包括一阶单整过程与平稳过程，这里采用边限检验方法进行协整检验。上述 ARDL 模型的特点决定了其比常规的协整检验方法更有优势，适用范围更广，增强了模型构建与检验的灵活性与合理性。

协整边限检验分为两步。第一，如果 $\rho_1 = 0$，模型（4）中的水平变量之间也就不存在长期关系。因此，第一个检验 $t_{BDM}$ 可表述如下：

$$t_{BDM} : H_0 : \rho_1 = 0 \quad H_1 : \rho_1 \neq 0$$

第二，对所有水平变量的系数进行联合假设检验 $F_{PSS}$，可表示如下：

$$F_{PSS} : H_0 : \rho_1 = \rho_2 = \rho_3 = \rho_4 = 0 \quad H_1 : \rho_1 \neq 0, \rho_2 \neq 0, \rho_3 \neq 0, \rho_4 \neq 0$$

模型（4）并没有体现出汇率变化对通货膨胀或物价水平影响的非对称性，这里进一步构造非对称协整 ARDL 模型。将汇率 $s_t$ 分解为不同时点上的正差分累计 $s_t^+$ 与负差分累计 $s_t^-$，分别对应着累计贬值与累计升值：

---

① Pesaran 和 Shin（1995）已证明，当 I（0）过程与 I（1）过程同时存在于一个系统时，传统的 Johansen 协整检验会使长期均衡关系出现偏差。

$$s_t^+ = \sum_{j=1}^t \Delta s_j^+ = \sum_{j=1}^t \max(\Delta s_j, 0), s_t^- = \sum_{j=1}^t \Delta s_j^- = \sum_{j=1}^t \min(\Delta s_j, 0) \tag{5}$$

对模型（4）进行修正，得到如下模型：

$$\Delta p_t = \mu + \rho_1 p_{t-1} + \rho_2^+ s_{t-1}^+ + \rho_2^- s_{t-1}^- + \rho_3 pet_{t-1} + \rho_4 ulc_{t-1} + \sum_{i=1}^{p-1} \Psi'_i \Delta p_{t-i}$$

$$+ \sum_{i=0}^p (\varphi_i^{+'} \Delta s_{t-i}^+ + \varphi_i^{-'} \Delta s_{t-i}^- + \theta'_i \Delta pet_{t-i} + \chi'_i \Delta ulc_{t-i} + \gamma'_i gap_{t-i}) + \nu_t \tag{6}$$

模型（6）在控制其余变量不变的情况下，着重考虑了通货膨胀与汇率升值与贬值之间的协整关系。此外，模型（6）同时考察了汇率升值与贬值对通货膨胀分别在长期与短期内的非对称性。其中，模型（6）的第一行是对长期非对称协整关系的描述，可以用边限检验法进行长期非对称性分析，第二行是对各变量差分形式的组合，可以进行短期非对称性分析。

在模型（6）中，如果 $\rho_1 = 0$，则不存在物价水平与其他水平变量之间的协整关系，模型中只包括物价水平的差分变量，此时 $p_t$、$s_t^+$、$s_t^-$、$pet_t$ 及 $ulc_t$ 之间的长期非对称性关系。在对称性情况下，可以通过 $t_{BDM}$ 统计量对 $\rho_1 = 0$ 进行检验，也可以通过 $F_{PSS}$ 对 $H_0: \rho_1 = \rho_2^+ = \rho_2^- = \rho_3 = \rho_4 = 0$ 进行检验。

在估计模型（6）的基础上，可以计算汇率关于通货膨胀的乘数：$L_s^+ = \rho_+^s / (-\rho_1)$，$L_s^- = \rho_+^- / (-\rho_1)$，可以对 $L_s^+ = L_s^-$ 进行 Wald 检验，以检验汇率传递是否存在着长期非对称性。最后，短期非对称性检验可以通过两个标准的 Wald 检验来实现：第一，对于任意的 $i = 0, \cdots, p$，$\varphi_i^{+'} = \varphi_i^{-'}$；第二，$\sum_{i=1}^{q-1} \varphi_i^{+'} = \sum_{i=1}^{q-1} \varphi_i^{-'}$，即升值乘数之和等于贬值乘数之和。如果通货膨胀与汇率之间存在着短期非对称关系，则以 ARDL 为基础的非对称性分别与 $s_t^+$、$s_t^-$ 变化时的动态因子密切相关：

$$m_h^+ = \sum_{j=0}^h \frac{\partial p_{t+j}}{\partial s_t^+}, m_h^- = \sum_{j=0}^h \frac{\partial p_{t+j}}{\partial s_t^-}, h = 0, 1, 2, \cdots \tag{7}$$

其中，$\lim_{h \to \infty} m_h^+ = L_s^+$，$\lim_{h \to \infty} m_h^- = L_s^-$，$m_h^+$ 与 $m_h^-$ 分别为正负非对称乘数，有助于我们观察通货膨胀的调整路径或调整过程。

### 3.4.4 实证研究

#### 3.4.4.1 数据描述

根据数据的可得性，以我国 1999 年第一季度至 2013 年第二季度为研究区间。在模型（4）与模型（6）中，以消费者价格指数 CPI 为被解释变量，以名义有效汇率作为汇率的代理变量，以人均可支配收入作为单位劳动成本的代理变量，以我国煤油电价格指数作为能源价格的代理变量，产出缺口来自于季度 GDP 与其 HP 滤波值的差额。除名义有效汇率来自于国际清算银行外，其余变量均来自于国家统计局官方网站。

#### 3.4.4.2 边限协整检验

采用一般到具体的估计策略，对具有对称性质的基准线性模型［模型（4）］及其他不同形式非对称性模型进行 $t_{BDM}$ 及 $F_{PSS}$ 边限检验。具体地，令 max $\{p\}$ = max $\{q\}$ =4，通过估计 ARDL $(p, q, q, q)$ 模型的所有可能形式，通过删除不显著的变量来确定最终的模型设定形式①。

表3 –7 边限协整检验

| 对称性检验 | | 非对称性检验 | |
|---|---|---|---|
| $t_{BDM}$ | $F_{PSS}$ | $t_{BDM}$ | $F_{PSS}$ |
| 7. 854 *** | 13. 412 *** | 7. 864 *** | 15. 533 *** |

注：$t_{BDM}$ 的原假设为 $\rho_1 = 0$；$F_{PSS}$ 的对称性原假设为 $\rho_1 = \rho_2 = \rho_3 = \rho_4 = 0$，$F_{PSS}$ 的非对称性原假设为 $\rho_1 = \rho_2^+ = \rho_2^- = \rho_3 = \rho_4 = 0$；"＊＊＊"表示在 1% 的显著性水平上显著，即拒绝原假设。

表3 –7 给出了边限检验的结果。结果表明：无论是对称性模型还是非对称性模型，$t_{BDM}$ 及 $F_{PSS}$ 检验统计量均大于其上临界值，我国物价水平与汇率等变量之间存在协整关系。

#### 3.4.4.3 ARDL 模型估计与长、短期对称性检验

从表3 –8 可以看出，我国物价水平与汇率之间的关系为正相关（$\rho_2 = 0.05$），即人民币有效汇率上升（对应着人民币贬值）会抬高我国的物价水平。此时，我们可以计算汇率的长期通货膨胀系数 $L_s = -\dfrac{\rho_2}{\rho_1} = 0.05/0.31 = 0.16$，表明在对称性模型下，我国物价水平对汇率的变化较为敏感。人民币贬值（升值）10%，消费者价格上升（下降）1.61%。

为了检验对称性模型的合理性，这里进一步对长期非对称与短期非对称性假设作 Wald 检验，结果见表3 –9。结果表明，我国汇率传递无论是在短期内还是在长期内，均存在着关于升值与贬值的非对称性，这也说明了上述对称性模型存在着设定偏差，需要进一步估计短期与长期同时非对称的 ARDL 模型［模型（6）］，见表3 –10。根据估计结果，计算长期非对称传递估计值。人民币贬值时的长期传递系数 $L_s^+ = -\dfrac{\rho_2^+}{\rho_1} = 0.12$，人民币升值时的长期传递系数 $L_s^- = -$

---

① 由于这里采用季度数据进行实证研究，故令最大的 $p$ 与最大的 $q$ 取值均为4。

$\dfrac{\overline{\rho_2}}{\rho_1} = -0.05$。即人民币贬值 10%，消费者价格上涨约 1.20%，人民币升值 10%，消费者价格下降 0.50%。可见，人民贬值时的物价上涨程度远远大于人民币升值时的物价下降程度。从表 3 - 10 短期参数看，人民币升值与贬值对物价的短期影响同样有很强的非对称性。这里通过计算短期汇率传递非对称性的动态因子（$M_+$ 与 $M_-$）来捕捉通货膨胀或物价水平受汇率影响的路径及调整过程（见图 3 - 4）。图 3 - 4 中 M（+s）与 M（-s）分别对应着汇率贬值与升值时物价的短期调整路径。可以看出，汇率波动时，消费者价格均会在短期内迅速作出响应。在受到汇率失调冲击时，消费者价格向新均衡水平的调整过程在前 8 个季度中显得复杂多变，整个调整过程持续时间较长。

表 3 - 8  对称性 ARDL 模型估计——模型（4）

| 变量 | 参数 | 参数估计值 | $t$ 值 | $P$ 值 | 变量 | 参数 | 参数估计值 | $t$ 值 | $P$ 值 |
|---|---|---|---|---|---|---|---|---|---|
| 1 | $\mu$ | 0.21 | 4.21 | 0.0000 | $\Delta pet_{t-1}$ | $\theta_1'$ | — | — | — |
| $p_{t-1}$ | $\rho_1$ | -0.31 | -7.09 | 0.0000 | $\Delta pet_{t-2}$ | $\theta_2'$ | -0.01 | -3.66 | 0.0000 |
| $s_{t-1}$ | $\rho_2$ | 0.05 | 3.27 | 0.0000 | $\Delta pet_{t-3}$ | $\theta_3'$ | — | — | — |
| $pet_{t-1}$ | $\rho_3$ | 0.10 | 6.12 | 0.0000 | $\Delta pet_{t-4}$ | $\theta_4'$ | -0.01 | -3.67 | 0.0000 |
| $ulc_{t-1}$ | $\rho_4$ | 0.04 | 4.04 | 0.0000 | $\Delta ulc_t$ | $\chi_0'$ | -0.16 | -4.88 | 0.0000 |
| $\Delta p_{t-1}$ | $\Psi_1'$ | -0.24 | -4.15 | 0.0000 | $\Delta ulc_{t-1}$ | $\chi_1'$ | — | — | — |
| $\Delta p_{t-2}$ | $\Psi_2'$ | -0.18 | -1.92 | 0.0614 | $\Delta ulc_{t-2}$ | $\chi_2'$ | -0.19 | -3.77 | 0.0000 |
| $\Delta p_{t-3}$ | $\Psi_3'$ | -0.28 | -4.66 | 0.0000 | $\Delta ulc_{t-3}$ | $\chi_3'$ | — | — | — |
| $\Delta p_{t-4}$ | $\Psi_4'$ | 0.34 | 5.11 | 0.0000 | $\Delta ulc_{t-4}$ | $\chi_4'$ | -0.18 | -4.17 | 0.0000 |
| $\Delta s_t$ | $\phi_0'$ | 0.05 | 2.15 | 0.0241 | $gap_t$ | $\gamma_0'$ | | | |
| $\Delta s_{t-1}$ | $\phi_1'$ | — | — | — | $gap_{t-1}$ | $\gamma_1'$ | — | — | — |
| $\Delta s_{t-2}$ | $\phi_2'$ | -0.21 | -4.89 | 0.0000 | $gap_{t-2}$ | $\gamma_2'$ | — | — | — |
| $\Delta s_{t-3}$ | $\phi_3'$ | — | — | — | $gap_{t-3}$ | $\gamma_3'$ | — | — | — |
| $\Delta s_{t-4}$ | $\phi_4'$ | -0.03 | -1.86 | 0.0657 | $gap_{t-4}$ | $\gamma_4'$ | 0.01 | 5.73 | 0.0000 |
| $\Delta pet_t$ | $\theta_0'$ | 0.10 | 7.27 | 0.0000 | $R^2 = 0.87$ | | DW = 2.01 | | |

表 3 - 9  长期与短期非对称性检验

| | 短期非对称性检验 | 长期非对称性检验 |
|---|---|---|
| Wald 统计量 | 2.2168 | 12.4416 |
| 相伴概率 | 0.0321 | 0.0000 |
| 结论 | 拒绝原假设，即短期非对称 | 拒绝原假设，即长期非对称 |

表 3 – 10　　　　　　　　非对称 ARDL 模型估计——模型（6）

| 变量 | 参数 | 参数估计值 | $t$ 值 | $P$ 值 | 变量 | 参数 | 参数估计值 | $t$ 值 | $P$ 值 |
|---|---|---|---|---|---|---|---|---|---|
| 1 | $\mu$ | 0.74 | 5.38 | 0.0000 | $\Delta s_{t-4}^{+}$ | $\phi_4'^{+}$ | — | — | — |
| $p_{t-1}$ | $\rho_1$ | -0.42 | -6.25 | 0.0000 | $\Delta s_{t-4}^{-}$ | $\phi_4'^{-}$ | -0.32 | -2.67 | 0.0211 |
| $s_{t-1}^{+}$ | $\rho_2^{+}$ | 0.05 | 0.33 | 0.6412 | $\Delta pet_t$ | $\theta_0'$ | 0.09 | 7.93 | 0.0000 |
| $s_{t-1}^{-}$ | $\rho_2^{-}$ | -0.02 | 3.98 | 0.0000 | $\Delta pet_{t-1}$ | $\theta_1'$ | — | — | — |
| $pet_{t-1}$ | $\rho_3$ | 0.03 | 8.17 | 0.0000 | $\Delta pet_{t-2}$ | $\theta_2'$ | -0.02 | -7.05 | 0.0000 |
| $ulc_{t-1}$ | $\rho_4$ | 0.05 | 3.72 | 0.0000 | $\Delta pet_{t-3}$ | $\theta_3'$ | — | — | — |
| $\Delta p_{t-1}$ | $\Psi_1'$ | -0.31 | -6.56 | 0.0000 | $\Delta pet_{t-4}$ | $\theta_4'$ | -0.02 | -4.38 | 0.0000 |
| $\Delta p_{t-2}$ | $\Psi_2'$ | -0.39 | -5.44 | 0.0000 | $\Delta ulc_t$ | $\chi_0'$ | — | — | — |
| $\Delta p_{t-3}$ | $\Psi_3'$ | -0.75 | -7.67 | 0.0000 | $\Delta ulc_{t-1}$ | $\chi_1'$ | -0.29 | -7.12 | 0.0000 |
| $\Delta p_{t-4}$ | $\Psi_4'$ | 0.63 | 4.33 | 0.0000 | $\Delta ulc_{t-2}$ | $\chi_2'$ | — | — | — |
| $\Delta s_t^{+}$ | $\phi_0'^{+}$ | — | — | — | $\Delta ulc_{t-3}$ | $\chi_3'$ | -0.41 | | |
| $\Delta s_t^{-}$ | $\phi_0'^{-}$ | 0.32 | 3.96 | 0.0000 | $\Delta ulc_{t-4}$ | $\chi_4'$ | — | — | — |
| $\Delta s_{t-1}^{+}$ | $\phi_1'^{+}$ | -0.27 | -3.41 | -0.0000 | $gap_t$ | $\gamma_0'$ | 0.01 | -3.67 | 0.0000 |
| $\Delta s_{t-1}^{-}$ | $\phi_1'^{-}$ | — | — | — | $gap_{t-1}$ | $\gamma_1'$ | 0.01 | -3.33 | 0.0000 |
| $\Delta s_{t-2}^{+}$ | $\phi_2'^{+}$ | -0.26 | -4.03 | 0.0000 | $gap_{t-2}$ | $\gamma_2'$ | — | — | — |
| $\Delta s_{t-2}^{-}$ | $\phi_2'^{-}$ | | | | $gap_{t-3}$ | $\gamma_3'$ | — | — | — |
| $\Delta s_{t-3}^{+}$ | $\phi_3'^{+}$ | | | | $gap_{t-4}$ | $\gamma_4'$ | 0.01 | 6.17 | 0.0000 |
| $\Delta s_{t-3}^{-}$ | $\phi_3'^{-}$ | -0.25 | -3.71 | 0.0000 | $R^2=0.92$ | | $DW=2.03$ | | |

## 3.4.5　小结

论文采用 1991—2013 年的季度数据，以加成模型为理论框架，分别构建了对称 ARDL 模型与非对称 ARDL 模型，通过边限检验及非对称性 Wald 检验进行实证研究。结论如下：

第一，汇率变化在长期内对消费者价格有着显著的非对称性影响。具体地，人民币贬值导致的消费者价格上涨幅度远远大于同等程度的升值导致的消费者价格下降幅度。根据前文的理论分析，我们将这一现象归咎于不完全市场竞争及向下的价格刚性等市场摩擦因素。

第二，汇率变化在短期内对消费者价格也存在显著但不稳定的非对称性影响。消费者价格在短期内的调整路径复杂多变，且向新均衡水平的调整过程较为冗长。因此，建立在长期非对称性基础上的通货膨胀预测更可靠、更稳定，同时也说明短期通货膨胀的预测更困难。

第三，人民币汇率变化对消费者价格的非对称性影响在为货币当局预测未来通货膨胀提供可靠依据的同时，也使货币当局面临两难境地。一方面，维持并扩大现有的贸易优势使货币当局存在着币值低估的激励；另一方面，币值低估对消费者价格的提高程度远远大于币值高估时消费者价格下降的程度。在相机抉择货币政策框架下，货币当局以经济增长为目标的逆风而行使得汇率出现交错性的升值与贬值波动。假设每次的升值与贬值程度相同，如此交错下去，尽管汇率仍然处于均衡水平，但是由于贬值带来的物价上涨程度高于升值导致的物价下降程度，因此，长期内通货膨胀将面临着上涨的压力。而要维持物价水平的长期稳定，那就要货币升值程度高于货币贬值程度，而这又会导致人民币在长期内现出更大的升值压力，市场主体升值预期增强，不利于贸易优势的维持及经济持续、稳定增长。

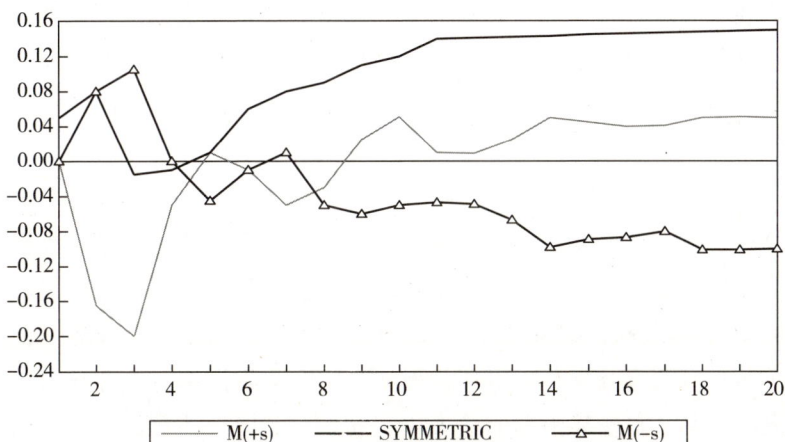

**图 3 - 4　消费者价格对汇率贬值与升值的动态调整乘数**

第四，尽管对称性 ARDL 模型中的汇率与消费者价格也存在着显著的协整关系，但是，由于没有注意到汇率传递的非对称性，对称性 ARDL 模型存在设定偏误，从而高估了汇率传递。具体地，在货币升值 10% 时，对称性 ARDL 模型的汇率传递为 -1.61%，而非对称性 ARDL 汇率传递为 -0.50%。在人民币贬值 10% 时，对称性 ARDL 模型的汇率传递为 1.61%，而非对称性 ARDL 汇率传递为1.20%，可见，非对称性汇率传递的绝对值均小于对称性汇率传递的绝对值。可见，对称性ARDL模型严重高估了汇率传递。这也使得建立在对称性ARDL模型基础上的通货膨胀预测存在严重偏误，并进而影响了货币政策制定与执行的强度。

## 3.5 新兴经济体汇率传递计量分析——基于金砖五国（BRICS）的面板及VAR分析

### 3.5.1 引言

金融一体化在增强各国经济基本面质量的同时，也增大了各国经济的脆弱性。金融一体化使得生产要素在国际市场内得到优化配置，提高了配置效率，为各国的经济管理提供了更大的操作空间；同时，金融一体化也使得金融危机的传染更加迅速，各国经济的同质性与关联性增强，经济发展脆弱性增加，各经济体之间的传染机制日益复杂多变。在影响经济发展的传染机制中，汇率传递充当着重要角色；各国政府及货币当局在预测及控制本国通货膨胀时，也越来越重视汇率的影响。作为发展中国家的金砖五国，其经济发展引起了全球的重视，而汇率传递对这些国家的影响也自然成为人们研究的热点问题之一。

### 3.5.2 文献综述

国外学者对汇率传递的研究更多地以发达经济体为研究对象，主要有两个方面：一是汇率传递机制研究；二是汇率传递经验研究。

在机制研究方面，Obstfeld和Rogoff（1995）、Krugman（1987）、Choi和Cook（2008）等的研究具有一定的代表性。厂商会将汇率的变化全部传递或转嫁到销售价格中以实现其预期的最大化利润。当本国经济接近于垄断或不完全竞争时，这种情况很有可能发生，Obstfeld和Rogoff（1995）称为"生产者货币定价"[80]。但是，在极具竞争性的市场中，厂商会牺牲部分或全部利润以保持其市场份额不变，从而减轻汇率传递的程度，Krugman（1987）称为"市场定价"[81]。非完全竞争、行政管制往往会导致价格黏性或刚性，此时而可能存在"本币定价"现象。同样，当国内消费者的效用并不是通过产品质量获得时，国内消费品对进口消费品则形成完全替代，从而使得汇率传递几乎不存在。从宏观层面看，大量的研究应用新凯恩斯模型来建立汇率传递对通货膨胀的影响机制[82]。

在经验研究方面，几乎大量的实证研究一致认为发达国家的汇率传递较低且 1990 年以来存在着下降的趋势。Choudhri（2002）认为除美国之外的 G7 成员的国内价格在受到 1% 的汇率冲击后响应微弱且持续时间较长，这种影响在 10 个季度后达到 0.2%[83]。Taylor（2000）认为美国汇率传递自 1990 年开始的下降是由于低通货膨胀环境导致的。Takhtamanova（2008）针对 OECD 集团 14 国的研究支持了 Taylor 的假设[84]。但是，Campa 和 Goldberg（2002）对 OECD25 国的微观层面的进口品价格进行了研究，结果表明，较高的通货膨胀与较大的汇率传递之间并没有较大的联系，而产品类型及产品在进口中的比例是制约汇率传递的重要因素[85]。

进入 21 世纪以来，新兴市场逐渐成为汇率传递研究新的前沿阵地，对发展中国家的研究也在日益增加。Frankel（2005）的跨国分析表明，发展中国家的汇率传递自 20 世纪 90 年代以来呈现出快速下降的趋势，且下降速度与趋势要远大于高收入国家。汇率传递的影响因素包括收入、贸易开放度、通货膨胀环境及汇率波动性[86]。Zorzi（2007）认为，新兴市场（宏观经济稳定的情况下）汇率传递的弹性与发达国家的汇率传递弹性并无显著差异。但是，当新兴国家的宏观经济波动剧烈时，汇率传递的程度要大得多[87]。Choudhri 和 Hakura（2001）对包括新兴国家及发展中国家在内的 71 个国家进行了研究，结果表明，汇率传递与通货膨胀环境之间存在着强相关性[88]。

国内关于汇率传递的研究主要集中在汇率传递对国内物价水平的影响方面。向后军和许磊（2011）基于非线性计量的研究表明，汇率变化对国内物价的传递方向在不同的通货膨胀环境下具有不同的反应机制[89]。王永茂（2012）基于日本月度数据进行实证分析，在借鉴前人研究基础上建立理论模型与实证模型。结果表明，汇率传递效应在量化货币政策期内大大降低，汇率传递系数仅为 −0.03[90]。刘思跃和叶苹（2011）采用向量误差修正模型及脉冲响应函数，选取中国、日本、巴西和阿根廷作为样本，运用 1996—2009 年的季度数据，分别对五国的汇率传递时滞进行实证分析。研究表明：不同汇率制度下，汇率变动对国内物价水平的影响存在差异，汇率传递均存在时滞。固定汇率制度下，汇率传递效应的时滞更长；在相对浮动的汇率制度下，汇率传递的时滞相对较短[91]。

文章主要贡献在于对金砖五国汇率传递的异质性与时滞性行定量、比较研究。文章结构安排如下：第一部分，引言；第二部分，文献综述及贡献；第三部分，研究方案设计与模型构建；第四部分，实证研究；第五部分，总结全文。

### 3.5.3　研究方案设计与模型构建

#### 3.5.3.1　研究方案设计

假设1：汇率传递既不是完全传递，也不是零传递，而是不完全传递（部分传递）。汇率的传递往往与国内物价水平的变化有着密切的关系，经常项目下的商品贸易与服务贸易规模与结构、资本项目的下资本流动均会对一国的汇率传递造成不同程度的影响。关于汇率传递的程度，由于数据可得性的限制与约束，这里只对汇率的总传递进行研究，即对汇率波动与国内物价水平的影响进行检验与估计。采用面板单位根与面板协整方法对有效汇率NEER、国内 CPI 的平稳性及其协整关系进行检验，在此基础上构建面板协整模型及面板误差修正模型，对汇率传递程度及速度进行定量研究，对假设1作出回答。

假设2：金砖五国通货膨胀是否存在截面效应或时点效应的假设。通货膨胀的截面效应与时点效应不仅对汇率传递程度有影响，而且还对汇率传递的速度造成很大影响；同时，模型中设置截面效应与时点效应还有利于纠正模型的设定偏误，从而有利于提高模型参数估计的性质。

假设3：关于贬值的传递效应与升值的传递效应是否对称的假设。尽管汇率受国内外购买力平价、利率平价、国内外经济基本面等因素的制约与影响，但是，由于经济冲击的多样性及不可预测性，汇率大多时候处于失衡状态。而一国货币的高估或低估对本国汇率传递的影响也必然有所不同，因此这就要求货币当局充分了解汇率传递的非对称性，从而为宏观调控制订合适政策提供参考。这里在模型1的基础上加入虚拟变量，进一步估计模型。

假设4：固定汇率制下的通货膨胀是否高于浮动汇率制下的通货膨胀。从 IMF 公布的相关数据看①，金砖五国中实行浮动汇率制度的有巴西与印度，而中国与俄罗斯则实行软盯住汇率制度。浮动汇率制是否有利于降低国内的通货膨胀水平一直受到人们的关注。有必要借助模型的构建进行检验。

假设5：国内物价水平对汇率传递是否存在超调整效应。通过 VAR 模型中的脉冲响应路径判断哪些国家存在物价水平的超调现象，从而能够为通货膨胀

---

① 《Annual Report on Exchange Arrangements and Exchange Restrictions 2011》.

水平的预测与控制奠定定量依据。

### 3.5.3.2 模型构建

由于我们考虑的是四个国家在一段时间内的汇率传递问题，汇率传递既表现出截面上的差异，又表现为时间上的差异，因此，为了综合考虑汇率传递在时间（纵向）与空间（横向）的异质性，面板数据模型就成为一个理想的模型。

基于假设 1 与假设 2，构建如下一般形式的面板数据模型：

$$y_{it} = \lambda_i + \gamma_t + \sum_{k=1}^{K} \beta_k x_{kit} + \mu_{it}, i = 1,2,\cdots,N; t = 1,2,\cdots,T(1) \text{ 或}$$

$$y_{it} = \beta_1 + \sum_{k=2}^{K} \beta_k x_{kit} + \mu_i + \nu_t + \omega_{it} \ i = 1,2,\cdots,N; t = 1,2,\cdots,T^{①} \qquad (2)$$

首先采用 Hausman 检验对固定效应模型与随机效应模型作出选择，从而决定是对截距项进行分解还是对误差项进行分解。若采用固定效应模型，则需要对模型的常数项进行分解，若采用随机效应模型，则需要对模型的误差项进行分解。其次，在选定固定效应或随机效应模型的基础上，进一步采用 Hendry F 检验或 Breusch&Pagan（1980）的 Lagrange 乘数检验确定对截面或是误差项进行截面分解、时点分解还是截面与时点同时分解。

根据假设 3，在模型中加入哑变量，用于标识当前汇率是高估状态还是低估状态；根据假设 4 及假设 5，分别建立以个别国家为研究对象的 VAR 模型。

## 3.5.4 实证分析

### 3.5.4.1 变量选择与数据来源

本文选择各国 CPI 作为物价水平的衡量变量，选取名义有效汇率作为汇率的代理变量，选取 IMF 的事实分类作为汇率形成机制的代理变量。根据 NEER 与 100 的比较来判断当前币值处于高估还是低估状态。采用 2000 年至 2011 年的年度数据作为研究样本，其中，CPI 来自各国统计局，名义有效汇率 NEER 来自 BIS 的 Broad Index，汇率形成机制的分类数据来自脚注 1。采用国际货币基金组织的事实分类法②（defacto classification）对各国汇率制度进行分类。印度与巴西均为自由浮动汇率国家，其中巴西为通货膨胀目标制框架下的自由浮动汇率制度；印度并没有明确宣布其明确锚，而是在货币政策的执行中采取盯住多种指标的做法。俄罗斯为有管理的浮动汇率制度，但是俄罗斯也没

---

① 具体采用固定效应［式(1)］还是随机效应模型［式(2)］，要根据 Hausman 检验的实证结果具体确定。
② 同上。

有明确宣布其名义锚，而是采取盯住多种指数的做法，中国采取的是爬行盯住汇率制。

这里对各国 CPI 及名义有效汇率均取自然对数，形成的新变量记为 logcpi 及 logneer（见图 3 - 5 和图 3 - 6）。从左到右，从下到上，依次表示巴西、中国、印度、俄罗斯和南非。

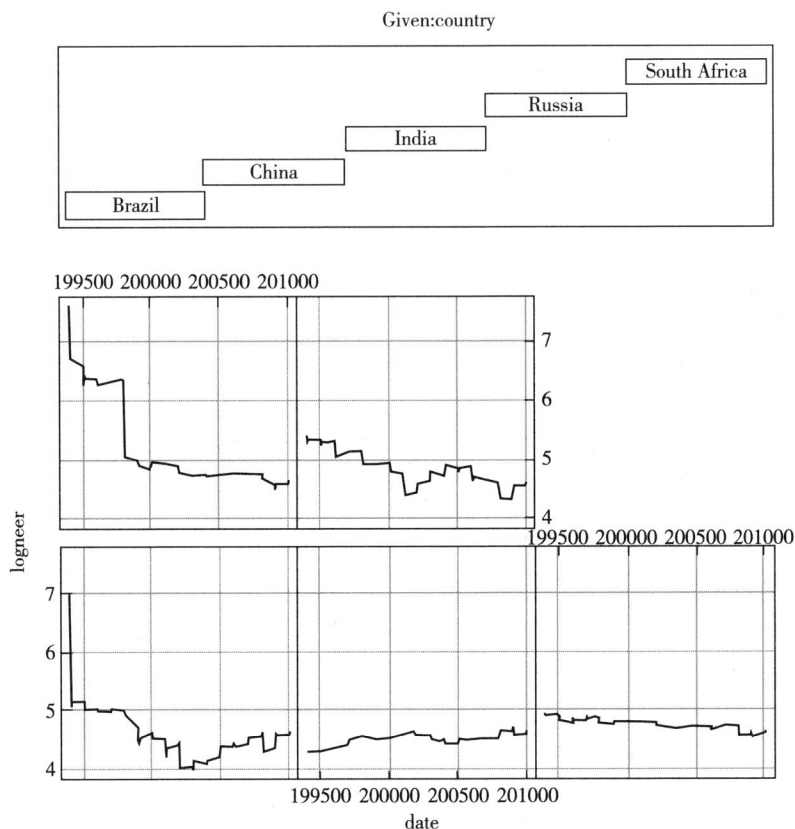

数据来源：Bank of International Settlement。

**图 3 - 5　金砖五国名义有效汇率（对数）走势图**

3.5.4.2　logcpi 及 logneer 的面板单位根、面板协整检验及 Hausman 检验

本文采用了多种形式的单整与协整检验，检验结果均表明，logcpi 及 logneer 的水平变量均不平稳，而所有的一阶差分变量均满足平稳性，因此 logcpi 与 logneer 均为一阶单整时间序列数据，存在着协整的可能性。表 3 - 12 的检验结果表明，logcpi 与 logneer 存在着协整关系。

Given:country

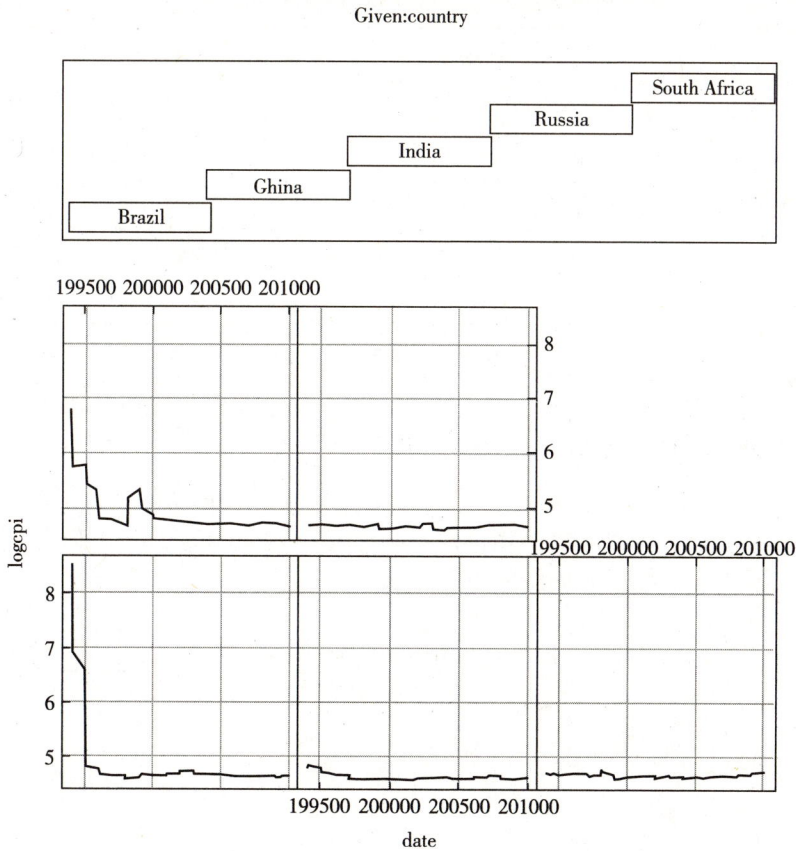

数据来源：International Finance Statistics。

**图 3 - 6　金砖五国 CPI（对数）走势图**

表 3 - 11　　　　　　面板单位根检验（Panel Unit Root Test）

| 变量名 | 检验形式 | Levin，Lin&Chu | Im，Pesaran，Shin | Dickey Fuller | Phillips Perron |
|---|---|---|---|---|---|
| logcpi | Constant Trend | - 6. 565 *** | 0. 285 | 99. 85 | 197. 36 *** |
| | | - 8. 55 *** | - 2. 65 *** | 135. 25 *** | 129. 65 *** |
| logneer | Constant Trend | - 8. 75 *** | - 2. 98 *** | 148. 65 *** | 245. 12 *** |
| | | - 7. 79 *** | - 0. 77 | 116. 25 *** | 87. 97 |
| D（logcpi） | Constant Trend | - 10. 25 *** | - 8. 10 *** | 229. 12 *** | 312. 25 *** |
| | | - 7. 82 *** | - 6. 57 *** | 172. 62 *** | 654. 1$^2$ *** |
| D（logneer） | Constant Trend | - 12. 70 *** | - 10. 25 *** | 265. 21 *** | 358. 8 ** |
| | | - 13. 54 *** | - 9. 33 *** | 254. 12 *** | 512. 6 *** |

数据来源：R 的计算结果；＊＊＊表示1%的显著性水平；＊＊表示5%的显著性水平。

**表 3 - 12**                            **面板协整检验（Panel Cointegration Test）**

| 检验方式 | 无趋势项的面板检验 | | 具有趋势项的面板检验 | |
|---|---|---|---|---|
| | 统计量值 | 概率 P | 统计量值 | 概率 P |
| 面板 V 检验 | 2.30 *** | 0.01 | 7.52 *** | 0.00 |
| 面板 rho 检验 | 3.67 ** | 0.02 | - 4.25 *** | 0.00 |
| 面板 PP 检验 | - 5.49 *** | 0.00 | - 11.25 *** | 0.00 |
| 面板 ADF 检验 | 5.55 *** | 0.00 | - 4.58 *** | 0.00 |

数据来源：R 的计算结果；＊＊＊表示 1% 的显著性水平；＊＊表示 5% 的显著性水平。

分别绘制物价水平 logcpi、名义有效汇率 logneer 关于时间与截面的均值图，即两个变量关于时间与截面（个体）的异质图（见图 3 - 7、图 3 - 8、图 3 - 9、图 3 - 10），其中阴影部分的上下外轮廓分别为 95% 置信区间，置信区间越宽，表明波动越剧烈。可以看到，物价水平与名义有效汇率的变化对于时间与截面两个维度均存在着明显的异质性。

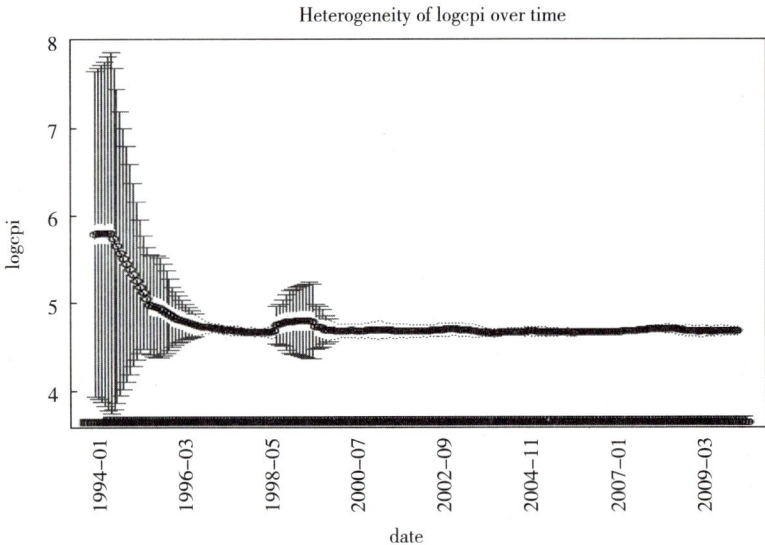

注：阴影部分的上下轮廓分别为 logcpi 不同时期均值 95% 置信区间。

数据来源：作者基于 R 软件的计算。

**图 3 - 7   金砖五国物价水平不同时点均值异质性**

Hausmam 的检验结果如表 3 - 13 所示，固定效应模型要优于随机效应模型，以下使用固定效应模型进行分析。

Heterogeneity of logneer over time

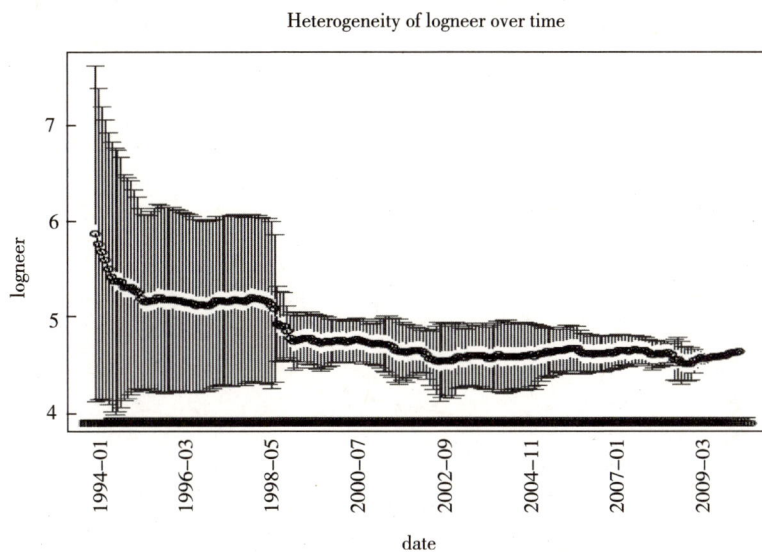

注：阴影部分的上下轮廓分别为 logneer 不同时期均值 95% 置信区间。

数据来源：作者基于 R 软件的计算。

**图 3-8　金砖五国名义有效汇率不同时点均值异质性**

Heterogeneity of logneer across Countries

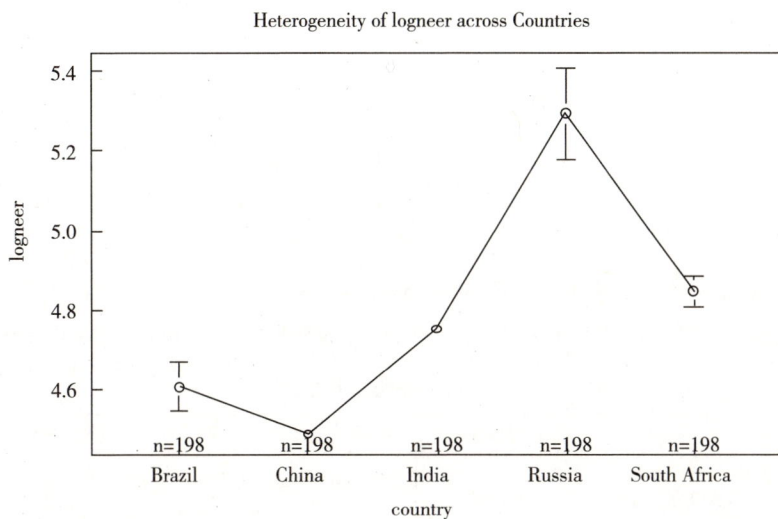

注：上下轮廓分别为不同截面的 95% 置信区间。

数据来源：作者基于 R 软件的计算。

**图 3-9　汇率均值截面异质性**

Heterogeneity of logcpi across Countries

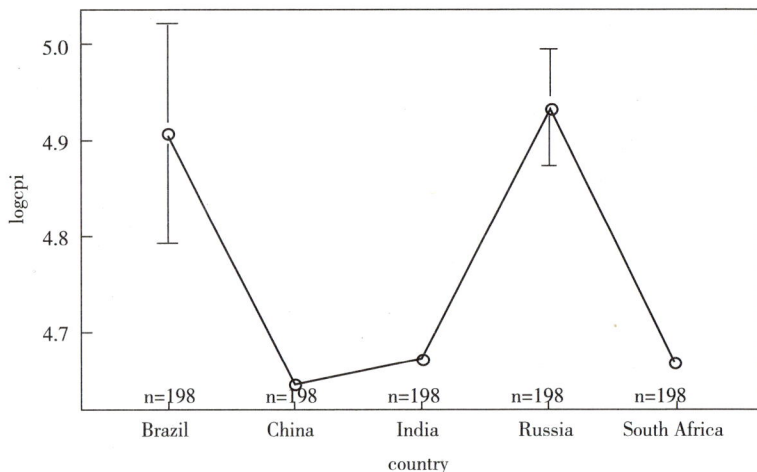

注：上下轮廓分别为不同截面的95%置信区间。

数据来源：作者基于 R 软件的计算。

**图 3 – 10　物价水平均值截面异质性**

表 3 – 13　　　　随机效应模型、固定效应模型与 POOL 模型检验

| Hausmam Test | p – F Test |
|---|---|
| logcpi ~ logneer | logcpi ~ logneer |
| Chisp = 4.954，df = 1，p – value = 0.00 | F = 30.2579，df1 = 4，df2 = 984，p – value < 2.2e – 16 |
| Null：random effects model is better relative to fixed effects model | Null：OLS better than fixed |

注：来自 R 的估计结果。

### 3.5.4.3　基于个体时间固定效应模型的实证分析

1. 金砖五国的汇率传递既不是零传递，也不是完全传递，而是部分传递

表 3 – 14　　　　　　　　动态面板协整回归结果

| 估计方法 解释变量 | OLS 估计 模型 1 | LSDV 估计 | | ANCOVA 估计 | |
|---|---|---|---|---|---|
| | | AR（0）模型 2 | AR（1）模型 3 | AR（0）模型 4 | AR（1）模型 5 |
| 截距 intercept | 2.75 *** (0.11) | | | | |
| logneer | 0.42 *** (0.02) | 0.49 *** (0.03) | 0.034 *** (0.006) | 0.49 *** (0.025693) | 0.03216 *** (0.0063) |

续表

| 估计方法<br>解释变量 | OLS 估计 | LSDV 估计 | | ANCOVA 估计 | |
|---|---|---|---|---|---|
| | 模型 1 | AR（0）<br>模型 2 | AR（1）<br>模型 3 | AR（0）<br>模型 4 | AR（1）<br>模型 5 |
| logcpi （-1） | | | 0.936 ***<br>(0.007) | | 0.9385 ***<br>(0.0066) |
| factor （country） Brazil | | 2.64 ***<br>(0.12) | 0.138 ***<br>(0.033) | 2.64 ***<br>(0.12) | 0.1380 ***<br>(0.033) |
| factor （country） China | | 2.44 ***<br>(0.12) | 0.141 ***<br>(0.031) | 2.44 ***<br>(0.12) | 0.1411 ***<br>(0.031) |
| factor （country） India | | 2.34 ***<br>(0.12) | 0.135 ***<br>(0.032) | 2.34 ***<br>(0.12) | 0.1353 ***<br>(0.032) |
| factor （country） Russia | | 2.33 ***<br>(0.14) | 0.132 ***<br>(0.035) | 2.33 ***<br>(0.14) | 0.1332 ***<br>(0.035) |
| factor （country） South Africa | | 2.29 ***<br>(0.13) | 0.131 ***<br>(0.032) | 2.29 ***<br>(0.13) | 0.1311 ***<br>(0.032) |
| factor （date） 199401 ~ factor （date） 201006 | — | 省略① | 省略② | 省略③ | 省略④ |
| adjR^2 | 0.3500 | 0.9801 | 0.9997 | 0.9800 | 0.9623 |
| B - G （Wooldridge） test⑤ | — | 0.0011 | 0.7632 | 0.0011 | 0.6632 |
| B - P （LM） test⑥ | — | 0.0012 | 0.2365 | 0.0012 | 0.2365 |
| B - P heteroskedasticity⑦ | — | 0.0022 | 0.3210 | 0.0030 | 0.3220 |
| Resid. sd | 0.3732 | 0.3512 | 0.07591 | 0.3602 | 0.0761 |

注：来自 R 的估计结果，＊＊＊表示在1%显著性水平上显著。

① 由于篇幅所限，时间固定效应模型的估计结果较为冗长（1994年1月至2010年6月不同时点均有其异质性），这里略去其结果。读者可向作者索要。
② 由于篇幅所限，时间固定效应模型的估计结果较为冗长（1994年2月至2010年6月不同时点均有其异质性），这里略去其结果。读者可向作者索要。
③ 与①相同。
④ 与②相同。
⑤ 原假设：无序列相关性。
⑥ 原假设：不存在截面相关性。
⑦ 原假设：不存在异方差。

截面固定效应动态面板数据模型估计结果见表 3 – 14①。估计结果表明 LSDV 及 ANCOVA 方法的估计结果高度相似，远远优于 OLS 估计结果。其中，当模型加入 AR（1）项时（见模型 3 及模型 5），模型的估计结果更为有效准确。

模型 3 及模型 5 表明，金砖五国的物价水平具有极强的持续性，持续程度达 94%，金砖五国的物价水平从长期看具有较长的记忆性。汇率变动对物价水平的影响弹性为 3.4% 左右，影响较小。金砖五国的汇率传递存在着显著的截面差异性。对汇率传递系数施加 $\beta = 0$ 及 $\beta = 1$ 的约束，并进行假设检验，判断是否存在零传递或完全传递，检验结果见表 3 – 15。

表 3 – 15　　　　　　　　　零传递与完全传递假设检验

| 原假设 | 模型 3 | | 模型 5 | |
|---|---|---|---|---|
| $\beta = 0$ | Chi – square | prob | Chi – square | prob |
| | 308.583 | 0.00 | 438.609 | 0.00 |
| $\beta = 1$ | Chi – square | prob | Chi – square | prob |
| | 701.613 | 0.00 | 504.262 | 0.00 |

从检验结果看，金砖五国汇率波动对物价水平的传递效应既不是零效应，也不是完全效应，而是部分效应。

2. 金砖五国的物价水平变化具有显著的截面效应与时点固定效应（见模型 5）②

由图 3 – 11 及模型 5（见表 3 – 14）估计结果可知，巴西、中国、印度、俄罗斯及南非的回归直线均有自己的截距项，且截距项具有显著的差异性，这是截面效应的体现；图 3 – 12 表明，金砖五国（BRICS）的物价水平呈现出总体下降的趋势。对物价水平的时间效应序列进行模拟，计算并绘制其自相关系数图与偏自相关系数图（见图 3 – 13），发现 ACF 存在着严重的拖尾性，而 PACF 具有明显的截尾性。因此，可以构建 AR（1）模型③。模型估计结果见表 3 – 16。

由于 $\varphi_1^i + \varphi_2^i < 1$，$|\varphi_2^i| < 0$，$\varphi_2^i - \varphi_1^i < 1$，$i = 1,2,3$ 表示第 $i$ 种估计方法。因此，所建立的 AR（2）模型平稳。利用 LME 估计结果对未来两年物价水平的

---

① 由于篇幅所限，这里仅对 OLS 估计、截面 LSDV 估计及截面 ANCOVA 估计进行比较，由于时间固定效应模型与时间个体固定效应模型的估计结果较为冗长（1994 年 1 月至 2010 年 6 月不同时点均有其异质性），这里略去其结果。读者可向作者索要。

② 限于篇幅，这里没有给出不同时点的效应取值。

③ 该序列的 ADF 检验结果表明，序列在 1% 的显著性水平上拒绝"原序列存在单位根"的原假设，即为平稳序列。

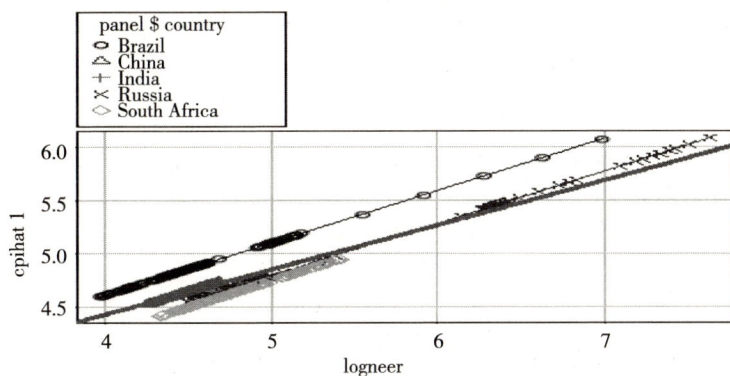

图 3 - 11　金砖五国截距示意图

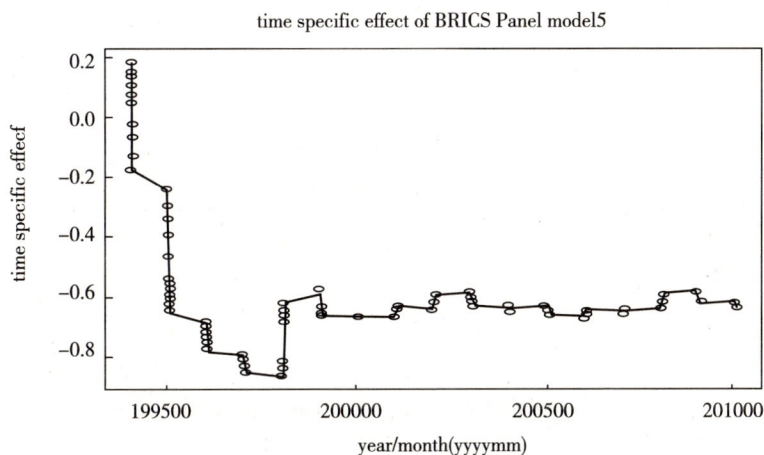

图 3 - 12　金砖五国通货膨胀时点效应示意图

变化进行样本外预测，预测结果见图 3 - 14。

表 3 - 16　　　　　　　　　　　AR（2）估计结果

| 参数 | Yule - Walker | MLE | OLS |
|------|---------------|-----|-----|
| $C$ | | | - 0. 0016 |
| $\varphi_1$ | 1. 1286 | 1. 6887 | 1. 5700 |
| $\varphi_2$ | - 0. 1757 | - 0. 6955 | - 0. 5993 |
| $\hat{\sigma}^2$ | 0. 0225 | 0. 0002 | 0. 0002 |
| $R^2$ | 0. 97 | 0. 98 | 0. 96 |

Series as.ts(time.specific.effect)

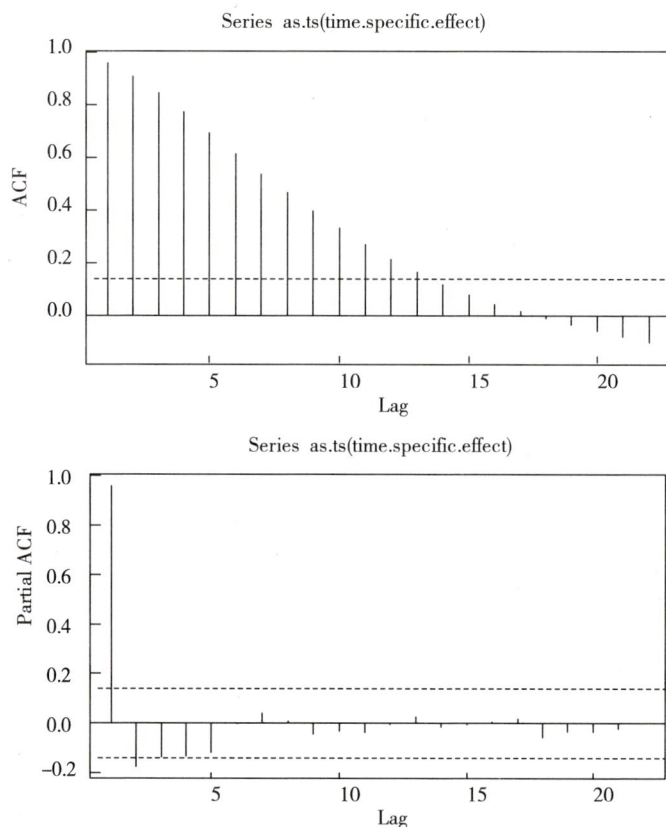

图 3 – 13　面板模型 5 的时点效应自相关与偏自相关图

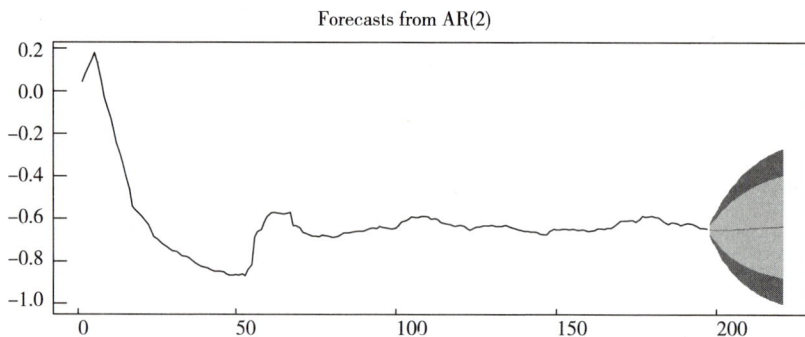

Forecasts from AR(2)

注：图中阴影分别为 80% 与 95% 置信区间。

图 3 – 14　AR（2）预测结果

3. 高估和低估状态下的汇率波动对国内物价水平的影响具有非对称性

估计面板误差修正模型，结果表明：金砖五国汇率波动的传递速度（误差修正速度）为每月 0.2715 左右（见模型 7），汇率影响物价水平的时间周期平均为 4 个月的时间。

表 3 - 17　　　　　　　　　动态面板误差修正模型估计结果

| | AR - LAG2<br>模型 6 | EC - LAG2<br>模型 7 | DUM - EC - LAG2<br>模型 8 |
|---|---|---|---|
| Dlogneer | - 0.2265 ***<br>(0.01879) | - 0.224 ***<br>(0.0191) | - 0.3243 ***<br>(0.0217) |
| Dlogneer ∗DUM | | | 0.4056 ***<br>(0.0720) |
| Dlogneer （- 1） | 0.1589 ***<br>(0.0221) | 0.2201 ***<br>(0.0218) | 0.0731 ***<br>(0.0229) |
| Dlogneer （- 1）∗DUM | | | - 0.2965 ***<br>(0.0424) |
| Dlogneer （- 2） | 0.0509 ***<br>(0.0194) | | 0.2054 ***<br>(0.0181) |
| Dlogcpi （- 1） | 0.7251 ***<br>(0.0320) | 0.9936 ***<br>(0.0915) | 0.7036 ***<br>(0.0314) |
| Dlogcpi （- 2） | 0.1094 ***<br>(0.0318) | - 0.1101<br>(0.0732) | |
| EC （- 1） | — | - 0.2715 ***<br>(0.0970) | - 0.2647 ***<br>(0.0314) |
| factor （country） Brazil | | - 0.0035 | - 0.0045 |
| factor （country） China | | 0.00090 | 0.0009 |
| factor （country） India | | 0.0011 | 0.0010 |
| factor （country） Russia | | - 0.0010 | - 0.0011 |
| factor （country） South Africa | | 0.00059 | 0.0006 |
| AdjR^2 | 0.6861 | 0.6932 | 0.7045 |

在模型 7 中加入标示汇率贬值与升值的虚拟变量并重新估计。结果（见模型 8）表明：汇率升值有利于降低国内物价水平，对国内通货膨胀的治理具有正效应。同时，与处于低估状态相比，高估状态下的汇率变动对国内物价水平的影响更为强烈，具有明显的不对称性，金砖五国的物价水平对汇率升值的反应

强度远远大于其对汇率贬值的反应强度。

4. BRICS 汇率传递弹性的估计

弹性是指一个变量变化率对另一个变量变化率的影响程度，可以近似为一个变量的标准新息（1% 冲击）对另一个变量的影响程度，而这正好与脉冲响应函数的含义一致。这里分别构建关于巴西、俄罗斯、印度、中国及南非的 VAR 模型，在此基础上估计面板向量自回归模型，分别考察其汇率传递弹性的速度与程度。依据 SC 准则，采用 BRICS 的月度 LOGCPI 与 LOGNEER 建立滞后阶数为 2 的 VAR 模型。使用 Cholesky 方法对残差项进行分析，并计算各国 LOGCPI 在单位 LOGNEER 冲击下的累计脉冲响应（见表 3 – 18）。

表 3 – 18　　　　　　　　动态传递弹性（累计脉冲响应）

| | Month6 | Month12 | Month25 | Month48 | Month100 | Max Time | Steady State Time |
|---|---|---|---|---|---|---|---|
| 软盯住 | | | | | | | |
| 俄罗斯 | – 0. 193 | – 0. 328 | – 0. 419 | – 0. 378 | – 0. 270 | – 0. 421 28th month | – 0. 230 202nd month |
| 南非 | – 0. 013 | – 0. 026 | – 0. 035 | – 0. 035 | – 0. 032 | – 0. 035441 33rd month | – 0. 030 135th month |
| 中国 | – 0. 007 | – 0. 015 | – 0. 027 | – 0. 036 | – 0. 040 | – 0. 040 101st month | – 0. 040 101st month |
| 浮动 | | | | | | | |
| 印度 | – 0. 008 | – 0. 017 | – 0. 030 | – 0. 041 | – 0. 049 | – 0. 051 138th month | – 0. 051 138th month |
| 巴西 | – 0. 172 | – 0. 385 | – 0. 443 | – 0. 421 | – 0. 424 | – 0. 468 19th month | – 0. 424 87th month |
| 总均值 | – 0. 0786 | – 0. 2328 | – 0. 345 | – 0. 373 | – 0. 3452 | – 0. 36609 | – 0. 35809 |
| 中位数 | – 0. 013 | – 0. 026 | – 0. 035 | – 0. 041 | – 0. 049 | – 0. 051 | – 0. 051 |

BRICS 的平均总汇率弹性大约为 – 0. 358，汇率波动对物价水平的总效应达到一个稳定值（Steady State）。表 3 – 18 给出了各国累计脉冲响应函数在第 6 个月、第 12 个月、第 25 个月、第 48 个月及第 100 个月上的累计脉冲响应数值。在第 12 个月，平均脉冲响应达到 0. 23，超过总响应值的 67%。前半年汇率波动的平均总效应为 0. 07，达到总效应的 20%。

### 3.5.5　小结

通过对 BRICS 汇率传递的实证研究，可以得到以下结论：

1. 金砖五国的汇率传递具有不完全性，且在币值高估与低估状态下的汇率传递具有不对称效应，高估状态下的汇率变动对国内物价水平的影响更为强烈，这就给货币当局在不同时期预测和调控通货膨胀带来了挑战。

2. 金砖五国的通货膨胀水平具有非常强的自持续性、截面异质性与时点异质性，且时点异质性服从 AR（2）过程，从而为通货膨胀的预测进一步提供了定量依据。

3. 金砖五国的汇率传递弹性平均达到35.8%，这与 Ivohasina（2012）的研究结论相一致。但是，各国汇率传递弹性存在着较大差异性，这种差异不仅存在于不同汇率形成机制下，相同汇率形成机制的各国也存在着较大的差异。

4. 国内物价水平对汇率传递的响应存在超调整与严重的时滞性，从而能够为通货膨胀水平的预测与控制奠定定量依据。

# 4 汇率波动的贸易效应研究

## 4.1 汇率与国际贸易（经济增长）：国外文献综述

美国次贷危机及欧洲主权债务危机的爆发与蔓延使各国认识到经济发展内外均衡的必要性，全球经济再平衡成为各国学术界及政界关注的焦点问题。经济再平衡离不开国际贸易的再平衡。在影响国际贸易的众多因素中，汇率是争议最大、最激烈的主要变量之一。世贸组织总干事帕斯卡尔·拉米认为："汇率一直是世界贸易中的敏感话题。"这种敏感关系主要来源于三个方面：第一，汇率是各国宏观经济、金融及贸易等因素交互作用的结果，具有极强的内生性。但对于市场主体而言，汇率变动又具有极强的外生性。因此，汇率波动的不确定性及由此导致的成本是市场主体厌恶汇率波动的主要原因。第二，汇率波动以及汇率长期失衡产生的成本在不同行业与国家之间具有很大的不对称性。这种不对称性造成国际竞争的紊乱，降低了资源在国际市场的配置效率。第三，国际贸易与货币联系密切。美国次贷危机后，汇率已经成为金融冲击在国家之间相互传染的传送带，并成为"货币倾销"的载体。因此，重新思考汇率对贸易的影响对于决策者摒弃偏见，避免错误的政策响应（贸易保护），实施正确的全球再平衡战略具有重要的理论与现实意义。

### 4.1.1 汇率波动与贸易

20 世纪 70 年代初期，布雷顿森林体系瓦解，汇率波动日益频繁，引起了学术界及政界对汇率波动影响实体经济的关注与争论。

4.1.1.1 理论分析：汇率风险与贸易

克拉克（Clark，1973）提出了汇率风险与贸易关系的基准模型。后续研究陆续放宽该基准模型的假设条件，相继演绎出五种不同的研究文献。

1. 基准模型

Clark（1973）奠定了汇率波动影响厂商的理论基础，该研究假设厂商在完全竞争环境下只生产一种产品，不需要进口中间品，产品全部出口，货款以外币支付。因此，出口额的本币数量依赖于汇率水平[93]。在该模型中，假设厂商规模较小且风险规避，货币对冲能力有限。此外，鉴于厂商调整其产出水平的成本非常高，当汇率变化影响其利润时，厂商的产出水平不变。由于汇率的不确定性直接加剧货款（本币）的不确定性，厂商必须确定一个能吸收该不确定性的产出水平。如果厂商追求利润最大化，那么厂商必然选择边际收益大于其边际成本的产量水平（小于边际收益等于边际成本的产量），以弥补汇率风险可能造成的损失。因此，在厂商利润仅取决于汇率的情况下，汇率的剧烈波动必然导致产出及出口下降。可见，该模型在汇率波动与国际贸易之间建立了理论上的负相关关系。但是这些研究的假设过于严格，如完全竞争、结算货币的选择、无进口中间品、风险规避、缺少金融对冲工具等。随着假设条件的逐步放开，产生了更为复杂的模型，汇率及贸易之间的关系变得模糊，影响了汇率波动与贸易关系的稳健性。

2. 风险偏好假设对汇率波动与贸易关系的影响

风险中性的贸易商不太可能受汇率波动的影响，即使受影响，其受影响的程度也会不同。当汇率波动加剧时，为了弥补单位出口预期收益的下降，风险规避型交易者出口更多的产品应当是一个合理的反应。当大多数出口商由于汇率的波动而普遍减少出口时，个别出口商则认为出口更多会更有利（Broll 和 Eckwert，1999）。在此特殊情况下，当收入效应大于替代效应时，汇率波动与贸易量之间呈现出正相关关系，且汇率波动对产出及出口的净效应依赖于厂商的相对风险规避程度[94]。

3. 汇率风险对冲能力对汇率波动与贸易关系的影响

相当一部分文献进一步放宽了汇率风险对冲假设。金融对冲工具如远期外汇市场有助于降低汇率波动带来的不确定性。但是，厂商获得对冲工具的机会不对等，并且在对冲头寸的选择上也会现出不同的行为特征。而巴伦（Baron，1976）则认为，当不确定性仅是由汇率波动导致时，完美的远期外汇市场操作使得汇率波动不会对贸易量产生影响。Viaene 和 de Vries（1992）的研究与该结论存在差异，远期外汇市场交易的结果必然使处于交易对立面的进口者与出口者一方为赢家，另一方为输家，从而使贸易受到影响。此外，IMF（1984）指出，并不是所有国家、所有类型的贸易商都能获得外汇对冲合约。合约的交易面额大、到期日短、费用高。此外，远期合约在到期日前只能在一定限度内弥补汇率波动导致的损失，当汇率波动幅度过大时，仍然会导致贸易商的严重损失[95]。因此，学术界形成的较为一致的观点是：规模较大的贸易商相对于规模较小的贸易商在汇率对冲操作中处于优势地位。

4. 调整成本与风险偏好对汇率波动与贸易关系的影响

Clark（1973）中的模型假设厂商在面临汇率波动时，不能自由调整其产量及要素投入。后来的研究也对这一假设进行了修正。De Grauwe（1992）认为，如果厂商能够根据世界价格水平增加或减少生产要素的投入，则当国际价格（以本币表示）上升时，厂商能够销售更多的产品，反之则减少销售量。但是，这又取决于厂商面临汇率波动时的风险偏好。厂商的风险厌恶程度越深，则当厂商面临的利润方差越大时，厂商越不可能出口更多的商品。另外，当厂商的风险厌恶程度越低时，即使面临很大的利润不确定性也会增加其出口量，因为厂商相信价格变动带来的潜在收益会抵消潜在利润损失。

5. 沉淀成本对汇率波动与贸易结构关系的影响

有些文献更侧重分析汇率波动对贸易构成的影响，同时，更侧重于研究集约式贸易边际（贸易品的交易额）而不是粗放式贸易边际（贸易品的数量）。具体地，全球贸易迟滞模型表明，在存在"沉淀"成本的情况下[96]，汇率波动及带来的不确定性会影响某商品是否进入外国市场的决策（Krugman，1986）。这里的"沉淀"成本是指构建产品出口网络、营销工具及流通环节基础设施所发生的固定成本，巨额沉淀成本是现代贸易模式的新特征。在存在巨额沉淀成本的情况下，厂商并不会因为汇率的短期波动而采取保守的观望态度或减少出口。但是，当汇率波动非常剧烈且持续时间较长时，未进入国际市场的出口商会选择远离市场，而已经进入市场的出口商由于沉淀成本的存在会选择继续留在国际市场中。汇率波动对产业间及产业内贸易的影响也是学者研究的重点领域。Kumar（1992）认为，尽管汇率波动与贸易总水平之间的关系并不明晰，但是汇率波动对产业内贸易具有积极的影响。这是因为汇率风险是对出口部门相对于国内生产部门比较优势的一种征税。当汇率波动削弱了出口贸易部门的比较优势时，产业内贸易将会增加，而产业间贸易则会下降。模型的最终结果表明，汇率风险减少了净贸易（总贸易额—产业内贸易额）。

6. 一般均衡框架下的汇率波动与贸易关系研究

在局部均衡框架下，只能检验汇率波动对贸易水平的直接影响，从而忽略了汇率波动通过影响其他变量进而影响贸易水平的间接效应。Bacchetta 和 Van Wincoop（2000）在固定汇率制度与浮动汇率制度两种环境下，利用一般均衡框架研究了财政政策与货币政策所导致的汇率波动对贸易水平及社会福利的影响[97]。结果表明,一项货币激励所导致的货币贬值可能不会影响贸易水平。虽然本币贬值的直接效应是减少了进口,但是由于扩张性的货币激励增加了国内需求,增加的国内需求又间接导致了进口的增加,使得直接效应与间接效应相抵消。研究进一步指出,直接效应与间接效应抵减后的净效应取决于国内对进口品的需求弹性、国内供给水平等一系列的变量。可见,汇率波动对贸易的影响是相当复杂的。

### 4.1.1.2　实证研究:汇率波动影响贸易吗?

理论模型关于汇率波动对贸易影响的结论并不一致,大量实证研究的结果同样如此。Taglioni(2002)指出"一般情况下,汇率波动对贸易的负效应并不大"。Coric 和 Pugh(2010)概括道:"平均来说,汇率波动对贸易会产生负效应,但是该结论具有高度的条件性。这个结论不足以概括所有国家的情况。"总的来说,他们发现33篇文献的结论支持汇率波动对贸易的负效应,而其他25篇研究则得出了相反的结论。

IMF(2004)对各研究结论的差异性进行一定的解释。该研究从不同的角度入手研究了汇率波动对贸易的影响,如汇率波动的类型(长期波动与短期波动、真实波动与名义波动)、国家分组与类型(按照区域或收入水平的分组)及贸易类型(使用不同类型商品的分解数据)等[98]。IMF(2004)首先研究了汇率波动与贸易的时间路径,发现并不存在明显的负相关关系。1970—2000年,世界贸易量稳步增加,而汇率波动路径的平滑度逐渐下降。但是,IMF(2004)并没有找到任何证据来支持"汇率变动对差异化的产品具有差异化的影响"。最后,IMF(2004)也没有证据表明汇率波动对贸易的影响因国家类型(如发达国家与发展中国家)的不同而存在差异。

最近的研究虽然在研究的国家与研究的时间区间上有所差异,但得出了与IMF(2004)相似的结论,即汇率波动抑制了贸易活动(尽管影响较小且结果并不完全稳健)。Rahman 和 Serletis(2009)的研究结果表明,汇率波动对美国的出口具有普遍且显著的负效应,但是汇率的正向冲击与负向冲击对出口的影响存在非对称性。Chit 等(2010)利用25年的月度数据及协整技术,采用引力模型研究了汇率变动对东亚5个新兴经济体及13个工业化国家贸易的影响。结果表明,东亚5个新兴经济体的汇率波动对贸易具有显著的负效应[99]。

一部分学者否定了汇率波动与贸易两者之间的负相关关系。Hondroyiannis等(2008)对12个工业化国家进行了研究,并未发现显著的负效应,并将负效应结论归咎于模型的设定偏误。Boug 和 Fagereng(2010)的研究结果表明,挪威出口商的出口业绩并未受到汇率波动的显著影响。Baum 和 Caglayan（2010）的研究结果也表明汇率波动并不影响贸易水平，但是汇率波动与双边贸易的波动之间存在着稳健的正相关关系。

4.1.1.3 最近的争论与前沿：部门效应与货币联盟

近年来，研究主要围绕着两个问题展开。第一个问题是汇率波动的部门效应，将部门效应纳入分析范畴中，以期消除使用总量出口数据时出现的加总偏差。第二个问题是货币联盟。货币联盟文献认为，承诺并坚持固定汇率制度以降低汇率不确定性会对贸易产生非常大的影响。

1. 汇率波动的部门效应

一般情况下，使用加总数据研究汇率波动对贸易的影响，会得到更稳健的负向影响关系。但是，这一结论并不是适用于所有部门及国家，结论不具有全局性与系统性。Peridy（2003）认为，由于加总数据中存在着关于部门加总与人口加总方面的偏差，G7 集团各个国家汇率波动对贸易的影响存在很大的异质性，并且不同的产业也会得出不同的结论。研究结果表明，大多数国家及部门的汇率波动对贸易会产生显著的负效应，但是若干国家及部门的实证结果并不显著[100]。Bryne 等（2008）利用部门数据研究了汇率波动对美国进口贸易及出口贸易的影响。结果表明，将贸易划分为差异化商品与同质化商品会形成非常合理的部门划分。因此，汇率波动对不同部门的出口具有非常稳健的、显著的负向效应。Bahmani－Oskooee 和 Hegerty（2008）对 1973 年以来汇率剧烈波动对美日双边贸易的影响进行了研究。基于日本 117 个行业分解数据的实证结果表明，短期内个别行业的贸易受到汇率波动的影响较为明显；长期内，大多数行业的贸易并未受到汇率波动的影响。Bahmani－Oskooee 和 Hanafiah（2011）对美国所有较大的贸易伙伴进行了类似的分析，得出了相似的结论。

2. 货币联盟

关于货币联盟效应，较早的研究认为，采用单一货币对贸易具有很强的正向效应。Dell Ariccia（1999）的研究结果表明，汇率波动与贸易存在着显著的负向关联，若汇率波动性降为零时，贸易将上升 3% ~ 13%。Rose（2000）的研究结果表明，单一货币使双边贸易总量上升了约 200%。Rose（2000）及其后续的研究工作进行了深入、大量的敏感性分析，包括引力模型的不同设定形式、样本数据的变化以及为了控制反向因果关系采用的工具变量。但是，正如 Rose 和 van Wincoop（2001）所指出的那样，尽管货币联盟对贸易的影响程度小于初始研究结果，但是货币联盟对贸易的影响仍然较大，且非常显著。这表明，货币联盟所带来的贸易强化效果已经远远超过了汇率波动所导致的贸易下降程度。

还有一部分研究对货币联盟进行了定性分析。Broda 和 Romalis（2010）认为，忽视贸易对汇率波动的因果关系会造成高估汇率波动对贸易的影响。这表明，深入发展的贸易关系抑制了真实汇率的波动，并很可能使贸易伙伴国走向货币联盟。控制了反向因果关系后的研究结果表明，货币联盟使贸易总量上升了 10%~25%。Broda 和 Romalis（2010）的研究结果表明，真实汇率波动与贸易伙伴之间的距离存在正相关关系。由于各国之间的距离并不会受汇率波动的影响，以上正相关关系表明国家之间的距离越远，两国真实汇率的波动性就越强（通过距离对两国商业关系密度的影响）[101]。Santos Silva 和 Tenreyro（2010）对该关系持悲观态度，即欧元区单一货币对贸易的影响几乎为零。Santos Silva 和 Tenreyro（2010）也承认，对于规模较小的发展中国家而言，加入欧元区对贸易的扩大具有较大的正向作用。结论之所以出现差异是因为存在着一个事实：欧元区的成员国之间在形成货币联盟之前就有着密集的相互贸易，而在加入欧元区后成员国之间的贸易与欧元区外发达国家的贸易没有明显区别。

## 4.1.2 汇率失调与贸易

全球经济失衡的持续扩大及美国次贷危机的爆发，使汇率失调对贸易的影响再次成为焦点。那么，货币失调如何影响国际贸易呢？

### 4.1.2.1 理论研究：短暂性效应还是持久性效应？

汇率失调的学术争论及政策争论主要包括两点。第一，货币当局能否影响真实汇率（Eichengreen，2007）。理论上一致认为，实际汇率是非贸易品的相对价格，不受决策者的直接控制。但是，实际汇率的真实水平在中、短期内会受政策的影响。Eichengreen（2007）通过韩国 20 世纪 60 年代的历史经验阐明了这一点。20 世纪 60 年代，韩国为了维持较低水平的真实汇率，通过财政整顿促使名义汇率低估，促进了经济的发展。第二，均衡真实汇率的测度。汇率是一个内生变量，受一系列复杂宏观经济变量、金融及贸易因素的影响。对汇率失调的评估方法不同、所采用的指标体系不同，都会导致评估结果的显著差异。基于此，以下将围绕汇率失调影响贸易的长、短期效应进行深入分析[102]。

传统的经济理论将"长期"定义为价格可以完全灵活调整的时间段。长期内，价格有足够的时间进行调整以适应各种政策变化或冲击。在这种情况下，各国价格可以灵活调整，相对价格没有发生变化。但是，短期内的汇率失调改变了生产要素在贸易部门与非贸易部门的配置，相对价格的变化必然导致商品替代效应的出现，进而影响了国际贸易。

开放经济条件下的宏观经济模型对汇率失调的短期效应（Feenstra 和 Taylor，2008）进行了研究。具体地，当价格具有刚性时，本币的名义贬值导致汇率的真实贬值，使得外国商品相对于本国商品更加昂贵。本币贬值在短期内对贸易的影响称为支出转换（expenditure switching）：由于本国商品相对于外国商品更为便宜，本国居民将大量的支出由外国进口商品转向本国生产的商品，因此减少了进口；同时，由于外国商品更加昂贵，外国居民将支出由消费本国商品转向进口品，因此增加了出口。这表明，在标准的宏观经济模型中，贸易余额（出口减进口）在短期内是汇率的增函数（这里的汇率是单位外币的本币价格，汇率上升时表示本币贬值）。

该函数的成立有两个假设：第一，名义汇率贬值导致实际汇率贬值，从而提高了外国商品相对于本国产品的相对价格。Staiger 和 Sykes（2010）的研究结果表明，本币贬值在短期内对贸易的影响取决于国内生产商是否采用本币结算。这是因为，货币币种影响着名义汇率影响实际汇率的程度。如果生产商以本币对产品进行定价，那么从名义汇率的变化到实际汇率的变化存在着完全传递，并且未预期到的货币贬值降低了本国商品相对于外国商品的相对价格。反之则不同。该理论表明，当本国厂商采用国际流通货币（如美元）定价时，本币贬值并不会影响以美元定价的本国商品与美国商品（以美元定价）的相对价格，因此不会影响美国对本国商品的进口需求，本币贬值的出口贸易效应此时为零。但是，本币贬值还是会降低本国的进口需求，从而在一定程度上使贸易余额上升，只是上升的幅度远远小于以本币作计价货币的情况。以外币定价时，本币贬值对贸易余额的改善并非来自出口改善，而是来自进口下降。第二，相对价格的变化能够立即影响进口与出口，进而影响到贸易余额。标准宏观经济学模型中关于相对价格变化立即导致出口及进口变化的论断仍存争议。理解汇率贬值对贸易及贸易余额在短、中期内的影响是比较困难的。

两个假设是否成立要依据实际环境确定，因此现实中汇率失调对贸易的短期效应要比理论推断更为复杂。同时，以上讨论忽略了国内市场失效或厂商进入外国市场的成本问题。在信息不对称的情况下（如外国居民不了解本国出口到外国产品的质量），出口水平可能非常低。高质量的出口商需要向出口市场释放质量信号，而这是要付出成本的。厂商也可能普遍存在出口利润不确定性问题，这些不确定性表明协调的必要性（Freund 和 Pierola，2010）。在进入外国市场的成本成为沉淀成本的情况下，Baldwin 和 Krugman（1989）对货币失调对贸易的影响进行了研究。由于市场失效及进入成本问题对于发展中国家的影响远远大于对发达国家的影响，因此，货币贬值对贸易的影响对于发达国家而言则比较弱。

#### 4.1.2.2　实证研究：币值低估、出口增长与贸易余额

汇率水平与出口、贸易余额等宏观变量之间的关系一直是 2005 年以来学术界争论的热点领域。

一部分研究将重点放在汇率贬值与出口增长的关系（被定义为出口增长加速器）上，大多数研究以具体国家或地区为研究个案。Fang 等（2006）研究了汇率贬值对 8 个亚洲国家的出口影响。结果表明，汇率贬值刺激了大多数国家的出口贸易，但是影响效果并不大，且存在国际差异。他们进一步指出，汇率贬值对出口有两种效应：一是汇率贬值对出口的刺激效应，二是汇率风险增加对贸易出口的抑制效应，两种效应抵消是造成亚洲各国汇率贬值效应低下的主要原因。

还有一部分研究进行了跨国分析。Freund 和 Pierola（2008）首先对出口急剧攀升进行了定义，将制造业出口连续 7 个月或以上的时间里出口贸易增长 6% 以上作为一次出口急剧攀升时段。根据该定义方法，共定义了 92 个出口急剧攀升时段。他们发现，真实汇率的大幅贬值是发展中国家出口急剧攀升的主要决定因素。具体地，汇率的低估有利于新的出口品及出口商的进入，而新的出口品及出口商所带来的出口量约占出口总增量的 25%[103]。Haddad 和 Pancaro（2010）进一步丰富了汇率与出口之间的关系。结果表明，短期内真实汇率贬值与出口贸易增长之间的正相关关系仅适用于人均收入较低的国家。长期内，任何收入水平下的汇率贬值对出口贸易的影响并不满足统计上的显著性，这一点与长期的理论分析吻合。Nicita（2012）利用 100 个国家 2000—2009 年的面板数据对固定效应模型进行了估计。结果表明，货币贬值促进了出口并抑制了进口。

关于汇率失调与经济增长关系的文献是将研究的重点放在了币值变化的贸易效应上。最近的若干研究均表明，汇率贬值促进了出口贸易的增长，改善了贸易余额，并进一步促进了经济增长；相反，汇率升值将导致经济增长下降（Berg 和 Miao，2010；Di Nino 等，2011）。研究进一步指出，发展中国家的市场失灵是货币贬值促进出口与收入大幅增长的主要原因。

最近研究汇率失调影响贸易余额的文献有两篇。OECD（2011a）以世界前三大经济体（美国、欧盟与中国）为研究对象，对汇率失调与贸易余额之间的关系进行了研究。从加总数据的实证结果看，汇率短期变化对贸易有显著的影

响，但是也存在行业差异。具体地，汇率变化对农业出口品的影响要远远大于对制造业出口品的影响[104]。OECD（2011b）着重研究了两个小型开放经济体的汇率变动与贸易之间的关系。研究结果表明，小型经济体的贸易相对于大经济体更容易受汇率波动的影响，该结论与早期的理论及实证研究文献相符。以上研究均表明，汇率只是影响贸易余额的因素之一。以贸易平衡为核心的全球经济再平衡不能只依靠汇率的变化来实现[105]。

4.1.2.3 最近的争论：异质性公司、全球化生产及贸易政策

近来，汇率失调对贸易影响争论主要集中在三个方面：第一，部门及厂商如何应对汇率的低估或高估。第二，在生产链同时分布在多个国家的情况下，汇率失调如何影响世界贸易。第三，汇率失调引致的政策响应如何进一步影响贸易。

1. 异质性公司及数据加总

2005 年以前，大量的文献主要侧重于利用总量数据估计汇率变动对出口贸易与进口贸易的影响。这些估计是存在问题的，因为总量贸易数据对汇率存在反馈效应，从而导致汇率与贸易的反向因果关系。以厂商为研究对象是解决解释变量内生性的有效方法之一。这是因为，单个厂商的出口贸易在很大程度上受汇率变化的影响，而其出口几乎不直接影响汇率的变化，从而增强了汇率的外生性。因此，该方法能够更好地识别汇率失调对贸易的影响。此外，厂商层面的分析还具有将汇率变化对贸易的影响分解为对多个不同厂商影响的优点。采用该方法，Berman 等（2012）研究了厂商应对汇率变化的贸易行为。当面临着汇率变化时，出口商或潜在出口商存在着不同的应对方式：第一，他们可以改变出口贸易量，而不改变出口价格，此时为完全传递。当汇率发生变化而出口价格保持不变时，必然引起进口价格的一一对应变化。第二种情况是，出口量不变，而出口价格变化。根据出口价格的变化幅度，此时对进口国而言的汇率传递为［0，100%），出口价格变化越小，汇率传递则越大。以上两种情况及其中间情况（出口价格与出口量均有所变化）主要侧重于集约的贸易边际。第三，汇率变化的影响会改变扩张的贸易边际。具体地，贬值能够使厂商开始从事贸易活动或扩大出口商品的范围，而升值则会引起相反的变化。在这种情况下，随着汇率的贬值，业绩越好的出口公司越有可能利用其加成率（全部或部分）吸收汇率的变化（改变出口价格），而不是增加其出口量；业绩较差的出口公司则倾向于采用相反的策略，即不改变出口价格，改变出口量。由于业绩最好的出口公司也往往是最大的出口商，因此作者认为，贸易品出口价格对汇率

的变化更为敏感,从而导致进口国的进口价格受汇率传递的影响非常小[106]。此后,Chatterjee 等(2012)及 Tang 和 Zhang(2012)对中国及巴西出口商进行了相似的研究。研究结果表明,规模大、生产率高的出口公司采用提高加成率应对汇率的贬值,而规模小且生产率低的出口商通过改变进口国的进口价格应对汇率的变化。因此汇率变化时,大出口商贸易受汇率变化的影响并不明显,与理论相符。

2. 全球化生产

全球供应链背景下汇率升值对贸易的影响研究较少。Zhao 和 Xing(2006)首先作出了尝试,着重分析了汇率变化对跨国企业外包决策的影响。他们认为,在生产国际化背景下,汇率贬值具有不同寻常的效应。具体地,汇率升值有两个后果:第一,汇率升值可能会收窄工资缺口从而导致跨国公司回归本国;第二,跨国公司的生产成本上升。因此,发展中国家(低成本)的货币升值可能会对发达国家的贸易产生负影响,这取决于全球供应链的结构。国际货币基金组织关于中国的溢出报告(IMF,2011)分析了中国汇率冲击对一系列国家的影响及其决定因素。其中的一个问题就是人民币潜在升值对世界经济的影响。该报告表明,在缺少结构性改革的情况下,人民币升值会降低中国的经济增长,并降低中国对亚洲其他国家中间品的需求,达到一种次优均衡。结果是,人民币升值会使日本及韩国等最终产品生产者受益,但是,这会损害亚洲中间品生产者。Arunachalaramanan 和 Golait(2011)检验了人民币币值重估对印度关于中国贸易余额的影响。研究发现,人民币关于卢比的升值不会改善印度贸易余额情况。这是因为,第一,中国对印度产品的进口需求价格弹性低于印度对中国产品进口需求价格弹性。第二,中国的电子及机械设备对于印度的国内生产至关重要,并且占印度从中国进口的40%以上,当人民币升值时,增加了印度的进口成本。

3. 贸易政策

汇率失调可能不直接影响贸易,而是通过触击贸易伙伴国的贸易保护政策(关税或其他应对措施)进而对贸易产生间接影响。该问题的实质是一国汇率政策的紧张是否会导致贸易伙伴国贸易政策的报复性响应(如增加关税等)。那么,贸易政策是否会对汇率变化作出响应呢?

一部分文献从历史视角对该问题进行了研究。欧文(Irwin,2012)对20世纪30年代的贸易政策选择进行了研究[107]。他们的研究以开放经济下的"三元悖论"为基础,即稳定的汇率、稳定的国内价格及开放的贸易不可能同时实现。

研究发现，大萧条期间保持金本位制的国家利用贸易限制政策的程度要远远大于放弃金本位制的国家，并且后者可以放任货币的价格自由波动。但是，Irwin（2012）认为，进口附加税的征收能否成功迫使各主要国家对币值进行重估在很大程度上存在着争议性。

也有大量关于贸易政策研究的文献关注保护性贸易政策如何随着经济周期的变化而变化。鲍恩和克蒂利（Bown 和 Crowley，2012）的研究结果表明，一个能够触发政府采用贸易保护政策的宏观经济冲击就是本币升值。尽管发达国家使用的进口关税肯定低于 WTO 规定，但是当他们受到宏观经济冲击时，他们会相机采用贸易保护措施（如反倾销关税、反补贴税及其他保护措施）以实施新的贸易壁垒。Bown 和 Crowley（2012）利用 1980—2010 年美国、欧盟及其他三个工业化国家季度数据的研究结果表明，双边汇率的真实升值将导致相机性贸易保护措施的显著增加。Nicita（2012）利用 2000—2009 年 100 个国家的面板数据也对汇率失调与贸易政策的关系进行了研究。结果表明，币值高估的国家往往并不追求贸易自由化，反倾销调查的数量与汇率升值的时期存在正相关关系，表明相机性贸易保护措施是一国应对汇率升值的主要贸易政策手段。总之，以上研究均表明发达国家往往倾向于利用保护性贸易政策应对本国货币的升值。

### 4.1.3　小结

总之，在关于汇率波动对贸易的影响上，大量的理论与实证研究结论仍然不统一。正如塔廖尼（Taglioni，2002）所说的那样，经济学家经常假设汇率波动对贸易具有负向影响，但是，即使这种负效应存在，也会非常小。Coric 和 Pugh（2010）概括道："平均来说，汇率波动对国际贸易具有不利的影响。但是，该结论具有很强的条件性，并不绝对，不稳健。该结论在不同的国家、不同的行业存在着差异性，甚至是相反的结论。"

关于汇率失调对贸易乃至经济增长的影响，理论与实证研究均的结论都是多方面的、复杂的，很难形成一致的观点。当市场没有市场失效，汇率失调对贸易在长期内没有影响，但是，当市场不完美时（如信息问题与产品市场失灵问题），汇率失调在长期内会影响到贸易状况。在短期内，由于价格存在一定程度的刚性，名义汇率的变化改变了商品的相对价格，从而对贸易具有显著的影响。但是，短期的贸易效应并不直接明了，因为短期内影响短期效应的因素特别多，包括国内出口商出口商品的结算货币、贸易结构（全球生产网络的显著性、厂商的规模与行业特征等）等。

此外，汇率影响贸易也可能存在一个间接渠道，即贸易伙伴在面对汇率失调时，可能会启用相机性的贸易保护措施如附加性关税、反倾销关税等，从而间接影响了国际贸易。从实证角度看，汇率失调与贸易之间的关系也非常复杂。因此，汇率只是影响贸易的因素之一，以贸易平衡为核心的全球经济再平衡不能只依靠汇率的变化来实现。

## 4.2　汇率与贸易：国内文献综述

我国学者对汇率与贸易之间的关系也进行了大量的研究工作，积累了丰富的研究成果，这为我们的研究提供了较好的研究基础。当前，从研究内容上看，我国学者对汇率与贸易关系的研究可归为三类：第一类，人民币汇率与我国进出口贸易关系的研究；第二类，人民币汇率与主要贸易伙伴间进出口贸易关系的研究，如日本、美国、欧盟、东盟等；第三类，人民币汇率波动对不同产业、产品进出口贸易的影响研究。

### 4.2.1　全国层面的研究

何娟文（2014）运用边界检验方法和无约束误差修正对我国汇率与进口、出口贸易间的关系进行了实证研究[108]。结果表明，人民币名义汇率对我国进口与出口的影响并不显著，且在短期与长期内均不显著，而物价水平的变化则是我国贸易的重要因素之一。沙文兵（2014）利用我国2004—2012年月度数据研究了人民币汇率、贸易地位间的关系，结果表明，人民币汇率、中国贸易地位及人民币境外存量间存在长期的协整关系，且人民币汇率变化对我国贸易地位的影响十分显著[109]。谷家奎等（2014）利用时变参数与面板数据模型实证检验了汇率变化的贸易溢出效应。结果表明，汇率制度改革与次贷危机对我国贸易具有显著的结构性影响，而我国的双边贸易对汇率变化的反应具有国别异质性，具体地，低收入国家或地区的贸易对汇率变化的反应更为强烈、更敏感[110]。邓小华和李占风（2014）利用VAR模型实证检验了汇率变动的贸易收支结构效应。结果表明，实际汇率变动是贸易收支变动的Granger原因，而贸易收支变动不是我国汇率变动的Granger原因[111]。丁正良和纪成君（2014）利用向量自回归模型研究了人民币实际汇率、中国贸易进出口及经济增长间的内在影响关系，结果表明，实际汇率的贬值对出口贸易有较大的促进作用，对进口贸易影响较弱[112]。王君斌和郭新强（2014）在构建结构向量自回归模型的基础上，研究了人民币汇率、经济账户及货币政策冲击间的关系。结果表明，人民币实际汇率存在汇率超调现象，经常账户存在 J 曲线效应，而贸易条件效应是开放条件下中国货币政策的主要传导机制之一[113]。印梅（2013）利用多元线性回归模型重新审视了人民币汇率变动与出口贸易间的关系。结果表明，人民币实际有效汇率升值没有导致出口的下降[114]。杨凯文和藏日宏（2014）对我国汇改以来的贸易与汇率关系进行了实证检验。结果表明，人民币汇率机制改革及人民币升值不会影响我国的国际贸易，这是因为经济增长能够在很大程度上抵消因汇率变化导致的贸易下降，而我国国际贸易的短期震荡主要来自其自身的波动[115]。范祚军和陆晓琴（2013）以企业最优出口定价模型及行业出口定价模型为基础，构建了汇率变动影响中国—东盟贸易效应的理论模型，并在此基础上进行了实证检验。结果表明，人民币汇率变动对文莱等 7 国的贸易影响满足 M－L 条件，仅对柬埔寨等 3 国的贸易影响满足 J 曲线效应[116]。吕淑芳（2015）认为，金融危机之后，人民币汇率变化和出口贸易呈正向关联，人民币持续快速升值将对劳动密集型产业造成较为严重的冲击与影响[117]。曹伟和左杨（2014）在进行区域有效汇率测度的基础上，利用省际面板数据研究了汇率水平、汇率波动幅度等因素对我国进口贸易的影响。在进行广义矩估计及面板门限回归的基础上，得到了有价值的结论：实际汇率对进口贸易存在即期负向影响，而在滞后期内存在积极影响；此外，汇率波动对东部地区的贸易影响最大，对中部影响最小[118]。郭维（2014）运用计量方法考察了人民币汇率变化对我国贸易平衡的影响，结果表明，汇改后人民币汇率的价格信号作用显著增强，人民币升值并不能显著减少我国的顺差，并有利于改善与不同国家间的贸易平衡关系[119]。鲁晓东和张晋（2013）从贸易总量和双边贸易两个角度研究了汇率波动与国际收支间的关系，并对 S 假说实行验证。结果表明，总量数据并不支持 S 假说，而双边贸易数据的实证分析结果则支持 S 假说[120]。冯永琦和裴祥宇（2014）采用面板数据固定效应模型的研究结果表明，汇率升值有助于进口贸易转型，增加对最终消费的进口，降低对中间品的进口。但是，汇率波动并不利于产品进口及贸易转型[121]。殷功利（2014）对我国 2005—2012 年贸易收支、汇率等变量间的长短期关系进行了研究。结果表明，汇率低估并不是导致美国贸易逆差的根本原因[122]。

### 4.2.2　关于主要贸易伙伴的研究

张伯伟和田朔（2014）在构建非线性面板数据模型的基础上，运用2000—

2011 年 147 个国家的面板数据研究了汇率波动对我国出口贸易的影响。结果表明，汇率波动风险对贸易的影响存在着关于汇率改革前后及不发达程度国家两个维度的异质性[123]。此外，人民币大幅升值不利于出口增长，而适当、小幅、渐近升值有利于出口增长。韩斌和刘园（2013）采用边限检验法和 ECM 模型对中国与 13 个主要贸易伙伴国间的 J 曲线效应进行了实证检验，发现只有中国与日本间存在 J 曲线效应[124]。苏海峰和陈浪南（2014）采用函数化系数参数模型实证研究了人民币汇率变动对出口贸易的时变性、非线性影响。结果表明，汇率变动对我国贸易收支的影响存在两次明显的转折，一是 2002 年加入世贸组织，二是 2005 年我国汇率机制改革开始。2002 年以前，汇率升值对我国出口的负向影响逐渐增强，2002—2005 年，这种负向影响达到最大，2005 年以后，人民币单边升值及国际资本的逐利动机能够解释我国 2005 年后贸易顺差持续扩大及汇率升值并存的现象[125]。郑玉（2014）以 2005 年 7 月至 2014 年 1 月为研究区间，实证分析了人民币汇率变化对中美贸易的影响，结果表明，人民币升值对我国对美国的进出口贸易具有显著的促进作用，汇率与出口之间互为因果关系[126]。毕玉江（2013）选取中国与美国、欧盟、日本、东盟及韩国的贸易为研究对象，分析了人民币汇率水平的变化及波动率的变化对双边贸易差额的影响。结果表明，世贸组织的加入及 2005 年汇改使汇率对各国贸易的影响存在着显著的调整效应。同时，汇率水平的变化并不显著影响双边贸易，而汇率波动率对双边贸易差额存在显著的影响[127]。熊焰等（2013）利用 VAR 模型及 VEC 模型实证检验了人民币汇率对我国同欧盟进出口贸易的影响并进行了实证分析，结果表明，我国进出口的汇率弹性为负且较小时，出口的汇率弹性不显著。国内收入因素对国进出口影响远远大于汇率变化导致的影响[128]。马威和杨胜刚（2013）利用协整检验及误差修正模型对人民币实际汇率影响中国与美国贸易关联性进行了实证研究，研究结果表明，人民币升值对美国出口有一定程度的积极作用，人民币应采取渐近升值方式[129]。张明龙和万方（2014）在进行 VAR 分析与 ECM 实证检验的基础上，得出了人民币汇率变动对中国进口的影响要远大于对中国出口影响的结论，同时人民币实际汇率是中国对美国出口的 Granger 原因，而不是中国对美国进口的 Granger 原因，人民币实际汇率不存在人为操纵[130]。柳向东和陈天然（2014）以 1999—2013 年为研究区间，通过构建 VAR 模型研究了汇率变动对中美贸易的影响。结果表明，美国长期的贸易逆差主要是由其经济增长导致，人民币汇率低估不是导致其贸易逆差的主要原因[131]。李富有和孙敏（2013）在对人民币兑日元汇率进行波动测度的基础上，利用 VAR

模型实证分析了人民币汇率波动对中日进出口贸易的影响。结果表明，人民币贬值在短期内不会改善中日贸易逆差现状，中日贸易问题的根本症结不在于人民币汇率，而取决于两国经济结构与贸易结构[132]。高伟刚和蓝天（2013）对中美贸易的研究也得出了类似的结论。高伟刚和蓝天（2013）的研究结果表明，人民币升值在短期内对进口有较大的促进作用，长期内有利于中国出口美国。中美两国的贸易总量在很大程度上取决于两国的经济与贸易结构，汇率问题并不是根本原因[133]。于燕（2014）构建了中国与 42 个贸易伙伴国在制造业 16 个行业的双边进口贸易引力模型，计量分析结果表明，人民币实际有效汇率是进口贸易增长的影响因素，但是与国际分工水平、经济发展规模和收入水平等变量相比，汇率的影响程度较小且影响系数并不稳定[134]。

### 4.2.3　关于产业或产品层面的研究

邓小华和李占风（2014）研究了汇率变动对我国商品贸易结构的影响，结果表明，汇率变动对制成品较初级产品的影响更为显著，作用也更大；人民币升值不利于我国制成品比率的上升，以机械与交通设备为代表的资本与技术密集型产品是我国出口贸易中受汇率负向影响最为显著的商品[135]。田东文等（2015）利用 2000—2010 年中国制造业对多个经济体的出口贸易数据，依托 Hummel 和 Klenow（2005）分解法，提示了汇率影响经济增长的微观机理[136]。刘荣茂和黄丽（2014）在利用 GARCH 模型测度欧元汇率波动的基础上，借助 ARDL – ECM 模型研究了欧元汇率、欧元汇率波动性对我国农产品出口贸易的长、短期影响。研究结果表明，欧元汇率水平的变化并不显著影响我国农产品对欧洲市场的出口，而欧元汇率的波动程度或欧元风险成为影响我国农产品出口贸易的显著性因素。此外，欧元汇率风险在短期与长期内对我国农产品出口贸易具有非对称性影响[137]。陈浪南和苏海峰（2014）采用 HS 二位分类数据构建并估计了异质面板共同因子模型以研究人民币汇率变动对出口贸易的非对称性影响。结果表明，人民币汇率对出口贸易的影响在很大程度上取决于出口品中加工贸易品金额，存在关于加工贸易品金额的非对称性[138]。马飒（2014）研究了人民币汇率变动对我国出口企业绩效的影响。结果表明，人民币汇率对出口企业的偿债能力及营运能力存在显著的抑制作用，而对盈利能力的影响则不绝对[139]。杨凯文和臧日宏（2015）在利用 GARCH 模型测度人民币汇率波动的基础上，实证分析了汇率波动对我国与 11 个主要贸易伙伴的进出口贸易的影响。结果表明，人民币汇率波动对我国贸易存在显著的负向影响，贸易伙伴国家的经济发展有利于我国贸易的发展，此外，进出口产品相对价格的变化对我国贸易的影响并不显著[140]。周华和雷支芳（2013）构建了含有金融危机虚拟变量的拆线模型，采用1995—2010年的季度数据研究了汇率波动对中日贸易的影响。结果表明，汇率波动对中日贸易没有影响，而汇率水平的变化及金融危机的爆发对中日贸易存在显著的影响。周东明和蒋义文（2013）以中国与11个主要贸易伙伴为研究对象，研究了汇率变动对11个制造业出口国的影响。结果表明，出口国汇率升值会降低该国出口对汇率变动的敏感性，中国制造业升级可通过完善国内企业技术的研究体系、加强技术交流等途径实现[141]。

### 4.2.4　小结

可以看出，以上研究更多地侧重于汇率水平的变化对我国贸易的影响，而对于汇率波动率或汇率风险对进出口影响的研究仍然不多见，仅有若干研究也没有得到一致的结论，有必要进行进一步深入研究。

## 4.3　人民币汇率波动对进出口贸易的影响分析：全国视角

### 4.3.1　基于人民币实际有效汇率的汇率波动测度

根据数据可得性，这里选择1994年8月至2014年8月为研究区间，采用国际清算银行公布的人民币实际有效汇率作为人民币汇率水平的代理变量。根据BIS关于实际有效汇率的编制原理，该值越大时，表明人民币趋于升值，反之则相反。人民币实际有效汇率的走势如图4-1所示。

从图4-1可以看出，人民币实际有效汇率在1998年之前处于低估状态，1998年至2002年处于基本均衡状态，2002年至2008年处于低估状态，2008年至2011年处于基本均衡状态，2012年至2014年，人民币实际有效汇率处于高估状态。

在进行汇率波动测度之前，这里将实际有效汇率 reer 取自然对数，并计算 $r = 100 \times \log(reer_t / reer_{t-1})$ 作为汇率变化率以得到平稳变量，在此基础上计算人民币实际有效汇率的波动率。这里借鉴刘荣茂和黄丽（2014）、杨凯文和藏日宏（2015）等的做法，利用 GARCH 模型测度人民币实际有效汇率的波动率，即汇率风险。图4-2给出了人民币实际有效汇率的对数收益率走势图。

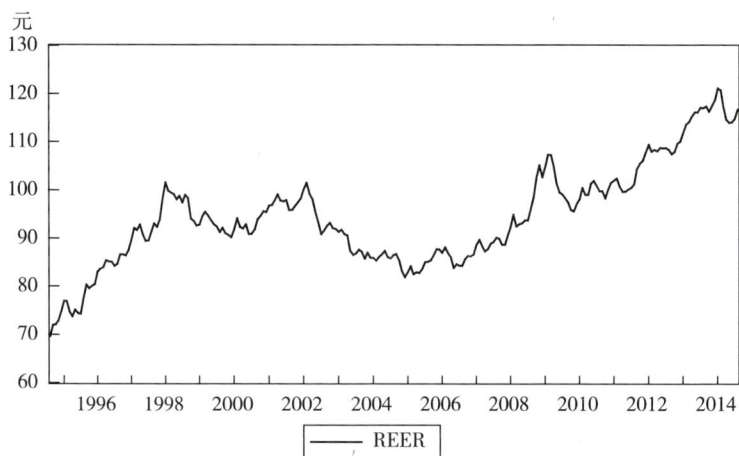

图 4 - 1　人民币实际有效汇率走势图

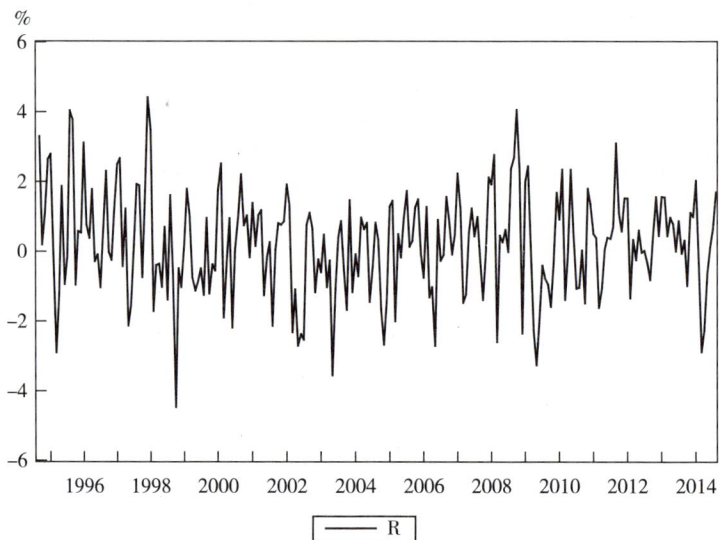

图 4 - 2　人民币汇率收益率

采用 GARCH 模型对人民币实际汇率的波动进行测度，GARCH（1，1）－ M 模型估计如下：

$$r_t = \underset{\substack{(0.16)\\[2.34]}}{0.38} + \underset{\substack{(0.05)\\[8.36]}}{0.39}r_{t-1} - \underset{\substack{(0.27)\\[-2.15]}}{0.58}\log(\sigma_t^2); \sigma_t^2 = \underset{\substack{(0.79)\\[3.65]}}{2.89} - \underset{\substack{(0.01)\\[-8.82]}}{0.12}\varepsilon_{t-1}^2 - \underset{\substack{(0.14)\\[-1.97]}}{0.28}\sigma_{t-1}^2$$

$$DW = 2.03, R^2 = 0.76, F = 3.83$$

利用 Eviews 5.0 计算得到如下汇率波动率 vol：

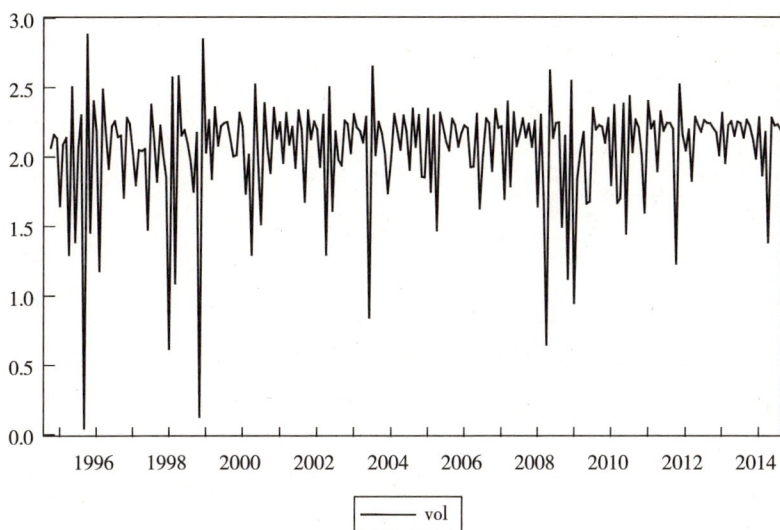

图 4 - 3  人民币汇率波动示意图

## 4.3.2  汇率波动对我国进出口贸易影响的计量分析

### 4.3.2.1  计量模型构建

根据现有研究,我们构建如下模型研究汇率波动对我国进出口贸易的影响:

$$\ln EX_t = \beta_0 + \beta_1 \ln REER_t + \beta_2 \ln REER_{t-12} + \beta_3 VOL_t + \beta_4 VOL_{t-1} + \beta_5 \ln EX_{t-1} + \mu_t$$

$$\ln IM_t = \beta_0 + \beta_1 \ln REER_t + \beta_2 \ln REER_{t-12} + \beta_3 VOL_t + \beta_4 VOL_{t-1} + \beta_5 \ln IM_{t-1} + \mu_t$$

其中,$EX$、$IM$ 分别表示我国月度进口额、月度出口额;$REER$ 及 $VOL$ 分别表示实际汇率水平值与实际汇率的波动值。模型考虑到了经济变量的惯性对模型设定的影响,因此,这里构建了 ARDL(1,1)模型。

### 4.3.2.2  模型估计与检验

模型估计结果如下:

表 4 - 1  汇率水平、汇率波动影响出口的模型估计

| Variable | Coeffi | Std. Error | $t$ - Statistic | Prob. |
|---|---|---|---|---|
| C | 0.1075 | 0.1935 | 0.5557 | 0.5789 |
| LOG (REER) | - 1.2965 | 0.2988 | - 4.3377 | 0.0000 |
| LOG (REER (-1)) | - 1.2913 | 0.2952 | - 4.3732 | 0.0000 |
| VOL | 0.0104 | 0.0125 | 0.8368 | 0.4035 |
| VOL (-1) | - 0.0055 | 0.0012 | - 4.4041 | 0.6600 |

续表

| Variable | Coeffi | Std. Error | t – Statistic | Prob. |
|---|---|---|---|---|
| EX（－1） | 0.9887 | 0.0128 | 77.161 | 0.0000 |
| R – squared | 0.9759 | Mean dependent var | | 7.6815 |
| Adjusted R – squared | 0.9754 | S. D. dependent var | | 0.4282 |
| S. E. of regression | 0.0671 | Akaike info criterion | | － 2.5387 |
| Sum squared resid | 1.0463 | Schwarz criterion | | － 2.4511 |
| Log likelihood | 308.10 | F – statistic | | 1881.3 |
| Durbin – Watson stat | 2.5750 | Prob（F – statistic） | | 0.0000 |

表4－2　　　　　　　汇率水平、汇率波动影响进口的模型估计

| Variable | Coeff | Std. Error | t – Statistic | Prob. |
|---|---|---|---|---|
| C | 0.0780 | 0.2231 | 0.3497 | 0.7269 |
| LOG（REER） | 1.3085 | 0.3440 | 3.8036 | 0.0002 |
| LOG（REER（－1）） | 1.3212 | 0.3401 | 3.8840 | 0.0001 |
| VOL | － 0.0207 | 0.0042 | － 14.358 | 0.0000 |
| VOL（－1） | － 0.0133 | 0.0144 | － 0.9231 | 0.3569 |
| IM（－1） | 0.9812 | 0.0146 | 66.895 | 0.0000 |
| R – squared | 0.9683 | Mean dependent var | | 7.6187 |
| Adjusted R – squared | 0.9676 | S. D. dependent var | | 0.4300 |
| S. E. of regression | 0.0773 | Akaike info criterion | | － 2.2554 |
| Sum squared resid | 1.3889 | Schwarz criterion | | － 2.1678 |
| Log likelihood | 274.39 | F – statistic | | 1417.8 |
| Durbin – Watson stat | 2.6521 | Prob（F – statistic） | | 0.0000 |

　　从估计结果看，人民币实际有效汇率的升值对我国出口具有显著的负向影响，且我国出口贸易具有显著的持续性；人民币实际有效汇率的波动率在当期并不能显著影响我国的出口贸易，但是滞后一期的汇率波动率能够显著降低我国的出口。从进口贸易方程估计结果看，人民币升值确实能够显著地带来进口的增长，但是汇率波动率的上升对贸易进口额具有显著的负向影响，此外，进口额也具有较大的惯性。总之，人民币汇率的变动对国际贸易的影响符合经济学意义，且汇率波动率的上升并不利于贸易的持续、稳定发展。

# 5 汇率机制改革的区域经济
# 增长及通货膨胀效应研究

## 5.1 全国视角

### 5.1.1 引言及文献综述

发展中国家币值变动对产出及物价的影响一直备受争议。争议的焦点集中在汇率受到内、外部冲击时的变动程度及由此引起的经济效应（如对物价及产出的影响）。因此，为了判断汇率波动的适度性，有必要研究不同程度的汇率波动对产出及物价的长、短期效应。

本币贬值在很大程度上会刺激出口，抑制进口，改善国际收支。伴随本国行业国际竞争力的增强，本币贬值将使本国居民支出由向进口品支出转向本地品支出。多恩布什认为，一国通过贬值来促进贸易发展是否能成功，在很大程度上取决于消费者在不同产地产品选择上的转变方向、转变数量，以及本国经济满足额外需求的能力。

尽管传统的观点认为，货币贬值具有扩张性效应，但是新结构主义学派则提出了相反看法。米德（Meade，1951）认为，当马歇尔—勒纳条件无法满足时，货币贬值不但不会产生扩张效应，而且会恶化一国国际收支[142]。赫希曼（Hirschman，1949）指出，处于贸易赤字状态的国家如果采取贬值措施则会减少真实国民收入并导致总需求的下降。原因在于，一国货币贬值在降低出口价格的同时，增加了进口价格，当一国进口依存度远远大于出口依存度时，一国的货币贬值不仅无法改善国际收支，还会进一步恶化国际收支。当一国贸易处于平衡而贸易条件不变时，货币币值的进口效应与出口效应相互抵消，净效应为零[143]。库珀（Cooper，1971）利用一般均衡模型验证了以上观点[144]。Alejanro（1963）对货币贬值引致收支恶化及需求下降提出了新的解释。他们认为，货币贬值可能会提高出口与进口竞争性行业的利润，使其获得暴利。如果货币工资滞后于价格的增长，并且利润的边际储蓄倾向高于工资的边际储蓄倾向，则国民总储蓄趋于上升而实际产出则下降[145]。Krugman 和 Taylor（1979）也得出了类似的结论[146]。供给学派对货币贬值的经济效应得出了更为复杂的观点。Bruno（1979）和 Wijinbergen（1989）认为，在典型的半工业化（欠发达）国家，制造业投入要素大部分来自进口，因此，货币贬值势必增加了企业的生产成本，从而迫使企业转向生产相对价格较低的国内需求产品[147]。Gylfason 及 Schmid（1983）证明，货币贬值的最终效应取决于供给曲线与需求曲线的移动幅度[148]。总之，货币贬值增加净出口的同时增加了生产成本，而货币升值在减少净出口的同时也降低了本国的生产成本。而汇率波动对真实产出及价格的综合效应则取决于一国需求曲线与供给曲线的变化方向及程度。

本文从供给与需求角度对我国汇率变化的产出效应及物价效应进行研究，研究的创新之处在于将理性预期理论引入汇率的变化，将汇率的变化分为可预期到的汇率变化及未预期到的汇率变化。与此相对应，汇率波动对产出及物价的影响也被分为预期到的效应与未被预期到的效应。假设预期到的汇率变化（汇率的趋势性变化或系统性变化成分）取决于市场主体对宏观经济基本面的观测，将汇率预期到的变化成分从汇率中去除就得到了汇率未预期到的变化（汇率冲击）。论文共分五部分，第二部分为理论建模，第三部分为计量建模，第四部分为实证分析，第五部分为总结全文。

## 5.1.2　汇率变化影响产出及物价水平的理论模型构建

根据理性预期理论，经济波动取决于未预期到的供给冲击及未预期到的需求冲击。这里将理性预期引入到总需求—总供给模型中，分析预期到的汇率变化与未预期到的汇率变化对产出及物价的影响机制。

### 5.1.2.1　总需求

这里对标准的 IS – LM 模型进行修正以得到总需求曲线。以下表达式对产品市场及货币市场的均衡进行了描述。所有的参数均为正，小写字母表示相应变量的对数值。IS – LM 模型具体描述如下：

$$c_t = c_0 + c_1 y_{dt}, 0 < c_1 < 1 \tag{1}$$

$$y_{dt} = y_t - t_t \tag{2}$$

$$t_t = t_0 + t_1 y_t, t_1 > 0 \tag{3}$$

$$i_t = i_0 - i_1 r_t, i_1 > 0 \tag{4}$$

$$RE_t = \frac{S_t P_t}{P_t^*} \tag{5}$$

$$x_t = x_0 - x_1 \log(RE_t), x_1 > 0 \tag{6}$$

$$im_t = m_0 + m_1 y_t + m_2 \log(RE_t), m_1, m_2 > 0 \tag{7}$$

$$y_t = c_t + i_t + g_t + x_t - im_t \tag{8}$$

$$m_t - p_t = -\lambda [r_t + (E_t p_{t+1} - p_t)] + \varphi y_t + \theta(E_t s_{t+1} - s_t), \lambda, \varphi, \theta > 0 \tag{9}$$

方程（1）~（8）描述了商品市场的均衡条件。方程（1）中，真实消费支出 $c$ 取决于可支配收入 $y_d$。方程（2）将可支配收入定义为真实收入与税收 $t$ 之差。方程（3）将税收定义为收入的线性函数。方程（4）中，真实投资与真实利率反方向变化。方程（5）将本币真实汇率定义为名义汇率与双边相对价格的乘积，其中 $P$ 表示本国物价水平，而 $P^*$ 表示外国物价水平，$S$ 表示名义汇率，表示单位本币的外币价格，RE 为真实汇率。当 RE 上升时，表示本币升值。方程（6）将出口定义为真实汇率的线性函数，当本币升值时，出口下降。方程（7）中，进口取决于本国收入及真实汇率，并与本国收入呈正相关关系，与汇率也呈正相关关系。方程（8）为商品市场的均衡条件。政府支出 $g$ 为外生变量。将所有方程代入到方程（9）中，得到真实收入的表达式。

方程（9）为货币市场均衡条件，左侧为实际货币供给，右侧为实际货币需求余额。实际货币需求余额与真实收入同向变动，与名义利率负向变动。名义利率定义为真实利率 $r_t$ 与通货膨胀预期 $(E_t p_{t+1} - p_t)$ 之和。$E_t s_{t+1}$ 为 $t$ 时刻对未来汇率的期望值，伴随着我国利率市场化及汇率机制的深化，居民对外币资产的投机动机增强，外汇买卖已逐渐成为一种理财方式，因此汇率的变化必然会影响货币需求。$t$ 时刻未预期到本币短期升值将导致投资者对 $t+1$ 时刻的贬值预期，从而使汇率回复到稳定状态。因此，$(E_t s_{t+1} - s_t) < 0$。以上分析表明，市场主体投机性需求与真实利率反向变化，与真实收入正向变化，与真实汇率未来变动正向变动。

LM 曲线表示货币市场的均衡，从 LM 曲线中对真实利率 $r$ 求解，并代入 IS 曲线中，就得到了总需求曲线。

### 5.1.2.2　总供给曲线

供给离不开劳动、资本、能源及其他进口中间品。当货币贬值时，进口成本上升，进而使生产成本上升。为了将能源价格的变化与汇率变化分离，这里用美元作为能源价格的计价单位。

国内总产出 $Q$ 由柯布—道格拉斯生产函数决定，生产要素除了劳动 $L$、资本 $K$ 等生产要素外，还包括进口中间品 $U$。此外，假设生产函数依赖于能源价格

$Z$，在进一步假设资本存量固定的情况下[①]，供给曲线可由以下方程描述：

$$Q_t = L_t^{\delta} U_t^{1-\delta} e^{-z_t} \tag{10}$$

$$Y_t = Q_t - RE_t U_t \tag{11}$$

$$l_t^d = u_t - \eta \{ w_t - p_t + z_t - \log\delta \}, \eta = \frac{1}{1-\delta} > 0 \tag{12}$$

$$u_t = l_t^d + \frac{1}{\delta} \{ \log(1-\delta) - z_t + \log(RE_t) \} \tag{13}$$

$$l_t^s = \eta\log\delta + \omega \{ w_t - E_{t-1} p_t \}, \omega > 0 \tag{14}$$

假设劳动投入与进口中间品为互补，方程（10）将产出定义为劳动 $L$ 与中间品 $U$ 的柯布－道格拉斯生产函数。方程（11）将国内增加值定义为总产出与中间品之差[②]。

为了得到各要素的需求曲线，计算劳动 $L$ 与中间品 $U$ 的边际产出，并令 MPL 与 MPU 分别等于真实劳动工资 $w$ 及中间品的真实国内价格。对一阶条件取自然对数并进行整理，得到劳动需求方程（12）及中间品需求方程（13）。劳动需求与真实工资成反比，与进口品成正比，进口品需求也与劳动投入成正相关关系。货币升值降低了进口品的价格，从而增加了国内厂商对中间品的需求。此外，能源价格的上升减少了对劳动及进口中间品的需求。

方程（14）假设劳动供给与期望真实工资之间存在着正向对数线性关系。当 $t$ 期的名义工资 $w_t$ 大于工人在 $t-1$ 期对第 $t$ 期的期望价格 $E_{t-1} p_t$ 时，劳动供给增加。

令方程（12）等于方程（13），可解出名义工资，将名义工资代入劳动需求方程中，得到均衡劳动数量及进口中间品。将 $l$ 与 $u$ 代入方程（10）的对数转化式，就得到了国内总产出的方程式。将国内总产出代入方程（11）就得到了国内增加值。

总供给与价格的奇异性变动存在正相关关系。工人根据其预期的工资或价格水平决定其供给量。当物价水平上升程度高于工人的预期时，劳动需求上升，因此，名义工资上升。预期真实工资的增加导致就业增加，并增加了总供给。此外，总供给与外币价格呈正向变动关系。货币升值降低进口品成本并增加了产出供给，而能源价格上升降低了经济体的总供给水平。

### 5.1.2.3 市场均衡

内部均衡要求充分就业下的总需求必须等于总供给。模型假设供给与需求

---

① 假设固定资本存在保持不变，排除了货币贬值通过刺激资本积累从而提高劳动生产率的可能性。

② AGENOR（1991）提出了该定义，他认为，进口中间品对于生产过程是必不可少的。

的移动主要有两种成分构成：预期到的成分（稳定状态）及未预期到的成分（随机）。综合考虑需求与供给发现，真实产出依赖于汇率的未预期到的成分、货币供给、政府支出及能源价格。此外，供给曲线表明，当预期到的汇率及能源价格变化时，总产出也会发生变化。

总需求曲线伴随着未预期到的政府支出增加、货币供给的增加而增加。无论是预期到的还是未预期到的能源价格变化，均提高了生产成本，从而降低了产出，提高了价格。

供给与需求交互作用的复杂性决定着汇率波动的效应：

第一，在商品市场，未预期到的本币升值（正向冲击）会提高出口成本，降低进口成本，从而增加了本国对外部的需求，减少了外国对本国的需求。

第二，在货币市场，未预期到的本币升值（短暂的正向冲击）促使市场主体持有更少的本币，使利率下降。这在某种程度上舒缓了因货币升值导致的总需求的紧缩，包括产出及价格的下降。

第三，从需求角度看，未预期到的货币升值减少了进口成本，增加了国内产出并降低了生产成本，最终使物价水平下降。

### 5.1.3 计量经济模型的构建

通过上文的理论模型构建可知，当受到总需求、能源价格及汇率等变量的冲击时，经济增长与汇率均会作出响应，各个变量的冲击均为随机分布。假设汇率冲击（未预期到的汇率变化）围绕着可预期到的稳态趋势上下波动，市场主体根据经济基本面信息形成对可预期到的汇率变化趋势的理性预期。因此，正向冲击表示本币未预期到的升值，而负向冲击表示未预期到的贬值。这里进一步假设正向冲击与负向冲击发生的概率是相同的。模型设定如下：

$$
\begin{aligned}
\Delta y_t = {} & \alpha_0 + \alpha_1 E_{t-1}\Delta z_t + \alpha_2(\Delta z_t - E_{t-1}\Delta z_t) + \alpha_3 E_{t-1}\Delta m_t \\
& + \alpha_4(\Delta m_t - E_{t-1}\Delta m_t) + \alpha_5 E_{t-1}\Delta g_t + \alpha_6(\Delta g_t - E_{t-1}\Delta g_t) \quad (15) \\
& + \alpha_7 E_{t-1}\Delta rs_t + \alpha_8(\Delta re_t - E_{t-1}\Delta rs_t) + \alpha_9 ECM_{t-1} + \mu_t^y
\end{aligned}
$$

由于各变量很可能具有一阶单整的性质，因此，需要将各变量转化为平稳形式进入回归式。因此，各变量均以一阶差分形式出现，解释变量包括预期到的能源价格变化 $E_{t-1}\Delta z_t$、预期到的货币供给变化 $E_{t-1}\Delta m_t$、预期到的政府支出变化 $E_{t-1}\Delta g_t$、未预期到的汇率变化 $E_{t-1}\Delta re_t$、未预期到的能源价格变化（$\Delta z_t - E_{t-1}\Delta z_t$）、未预期到的货币供给变化（$\Delta m_t - E_{t-1}\Delta m_t$）、预期到的政府支出变化（$\Delta g_t - E_{t-1}\Delta g_t$）、未预期到的汇率变化（$\Delta re_t - E_{t-1}\Delta re_t$）。$ECM$ 表示误差修正项，当各变更之间存在协整关系时，引入误差修正项可以对模型的短期调整特征进行深入分析。

在预期总需求扩张的情况下，市场主体会预期较高的工资，因此总需求的移动对产出的直接影响是中性的。但是，预期到的总需求变动可能会通过其对预期到的汇率变动进一步影响真实产出。从而使得预期到的总需求增加导致产出的增加。

令 $z_t$ 为能源价格对数值。$E_{t-1}$ 表示市场主体基于 $t-1$ 时刻的信息对 $t$ 时刻的变量进行的理性预期。由前文分析可知，$t-1$ 时刻能源价格的上升［无论是预期到的能源价格变动（$E_{t-1}\Delta z_t$）还是未预期到的能源价格上升（$\Delta z_t - E_{t-1}\Delta z_t$）］导致产出的下降。因此，$\alpha_1, \alpha_2 < 0$。财政政策与货币政策的变化将影响政府支出及货币供给，从而影响总需求的变化。预期到的货币供给的增加 $E_{t-1}\Delta m_t$ 及政府支出的增加 $E_{t-1}\Delta g_t$ 将导致总需求的增加，未预期到的货币供给（$\Delta m_t - E_{t-1}\Delta m_t$）及未预期到的政府支出的增加（$\Delta g_t - E_{t-1}\Delta g_t$）也将导致产出的增加。因此，$\alpha_3$，$\alpha_4, \alpha_5, \alpha_6 > 0$。预期到的本币升值 $E_{t-1}\Delta re_t$ 决定着产出的供给成本。根据 BIS 实际有效汇率的测度，汇率上升表示货币的升值。在本币升值时，生产者预期到更低的进口成本时，从而有利于增加产出，因此 $\alpha_7 > 0$。但是，未预期到的汇率变化同时影响着总需求与总供给，从而使得汇率冲击的效应最终难以确定。

为了研究汇率变化对物价水平的影响，模型设定如下：

$$\begin{aligned}
\Delta p_t = {} & \theta_0 + \theta_1 E_{t-1}\Delta z_t + \theta_2(\Delta z_t - E_{t-1}\Delta z_t) + \theta_3 E_{t-1}\Delta m_t \\
& + \theta_4(\Delta m_t - E_{t-1}\Delta m_t) + \theta_5 E_{t-1}\Delta g_t + \theta_6(\Delta g_t - E_{t-1}\Delta g_t) \\
& + \theta_7 E_{t-1}\Delta rs_t + \theta_8(\Delta re_t - E_{t-1}\Delta rs_t) + \theta_9 ECM_{t-1} + \mu_t^p \\
& \theta_1, \cdots, \theta_6 > 0, \theta_7 < 0
\end{aligned} \tag{16}$$

### 5.1.4　实证分析

#### 5.1.4.1　数据说明

根据数据的可得性，这里以 1999 年 1 月至 2013 年 12 月为研究区间。模型估计所涉的数据包括月度工业增加值、月度 $M_2$、月度政府支出 G、月度真实汇率、月度能源价格等。关于数据来源，月度工业增加值、CPI 数据来自国家统计局官方网站；月度真实有效汇率来自 BIS 数据库；名义货币供给数据来自和讯宏观数据库；能源价格采用 EIA 的欧洲布伦特原油现货价格离岸价（europe brent spot price FOB）。在进行模型估计之前，需要进行的数据处理包括：第一，数据平减，将名义变量转化为实际变量，从而去除物价因素的影响；第二，对数化。一方面为减少数据的非线性性，增加其线性性，另一方面缩小不同指标间的尺度差异，从而有利于降低异方差。经过以上处理后的各变量依次为物价

$p$、政府支出 $g$、货币供给 $m$、能源价格 $z$、人均可支配收入 $n$、实际有效汇率 $re$、产出 $y$。

ADF 检验结果表明，所有的变量均不平稳，而所有的变量均在 5% 的显著性水平上拒绝"至少含有一个单位根"的原假设，从而表明所有的变量均为一阶单整过程。从前文计量模型的设定看，变量之间必须满足协整关系，才能在模型中加入误差修正项。检验结果表明，模型中各变量间满足协整关系。

### 5.1.4.2 变量分解

从模型（15）~（16）可以看出，模型中包含着各个变量的预期变化成分及未预期变化成分，因此将所有的变量分解为预期到的变化成分（系统性变化成分）及未预期到的变化成分（冲击成分）。那么，如何将变量的系统性变化成分（预期到的变化成分）与冲击成分（不可预期到的成分）进行分离呢？根据理性预期原则，市场主体均根据其在 $t-1$ 时刻获得的信息来预测未来的变量值。据此，本文利用 VAR 模型分离变量的预期成分与非预期成分。这就要求每个变量对其自身的滞后值及与其他变量的滞后值进行回归，在估计的基础上，残差即为冲击成分，而拟合值则为系统性变化成分。为保证变量分解的正交性，需要对残差进行正态性检验及序列自相关性检验。在满足正态性及非自相关的基础上，才能判断分解的合理性与正确性。鉴于数据为月度数据，这里在最大滞后期为 12 的情况下根据 AIC 准则确定并估计 VAR（8）。之所以选择 VAR 模型，原因有三：第一，VAR 模型将所有的变量视为内生变量，从而克服了经典线性模型内生解释变量问题；第二，VAR 模型的每个表达式均是被解释变量滞后值、其他解释变量滞后值及残差的线性函数，符合理性预期规则；第三，考虑到政策的时滞性及月度数据的使用，这里假设各变量之间不存在即期关系，即向量自回归模型的结构因子为单位阵。模型估计结果表明[①]，由 $\Delta g$、$\Delta m$、$\Delta z$、$\Delta re$、$\Delta n$ 构成的 VAR（8）模型的各方程拟合优度分别为 0.90、0.78、0.84、0.97、0.95，模型参数共 205 个，在 5% 显著性水平上显著为 126 个，占总个数的 61%，满足 1/3 的要求。VAR 稳定性条件检验结果表明，5 个变量的 VAR（8）模型共计有 40 个特征根（4 个实根，36 个虚根），所有特征根的倒数均在单位圆内，即特征根均在单位圆外，满足稳定性要求。滞后期为 1~12 的 LM 自相关检验结果表明，所有的 LM 检验 P 值均大于 0.05，表明不能拒绝原假设（无 h 阶自相关）。多元正态分布 J-B 检验结果表明，检验 P 值为 0.2315，因此接受

---

① 限于篇幅，这里没有给出详细的估计结果。

"序列服从正态分布"的原假设。综上，模型的设定、估计与检验均表明以 VAR 模型分解变量具有合理性及可行性。具体地分离结果如图 5 - 1 所示①。

### 5.1.4.3 模型估计

1. $y$、$p$ 与 $g$、$m$、$re$、$z$ 的协整估计

$$y = -0.0082^{**} + 0.1328^{***}g + 2.0778^{***}m$$
$$- 1.6740^{**}re - 0.1610^{**}z \qquad (17)$$
$$\overline{R}^2 = 0.74, DW = 2.06, P = 0.0038$$

$$p = 0.0033^{***} + 0.0122^{***}g + 0.2577^{***}m$$
$$+ 0.0546^{**}re + 0.0092^{**}z \qquad (18)$$
$$\overline{R}^2 = 0.62, DW = 2.12, P = 0.0000$$

各变量的参数符号与理论预期相符，各参数均在 5% 的显著性水平上显著，模型拟合优度较好，不存在自相关，模型 P 值接近于 0，因此协整回归效果较好。模型（17）的残差单位根 ADF 检验统计量为 - 5.270872，其 1% 临界值为 - 2.580264，因此应拒绝"含有单位根"假设，故残差为平稳序列，模型（17）满足协整关系。同理，模型（17）也满足协整关系。

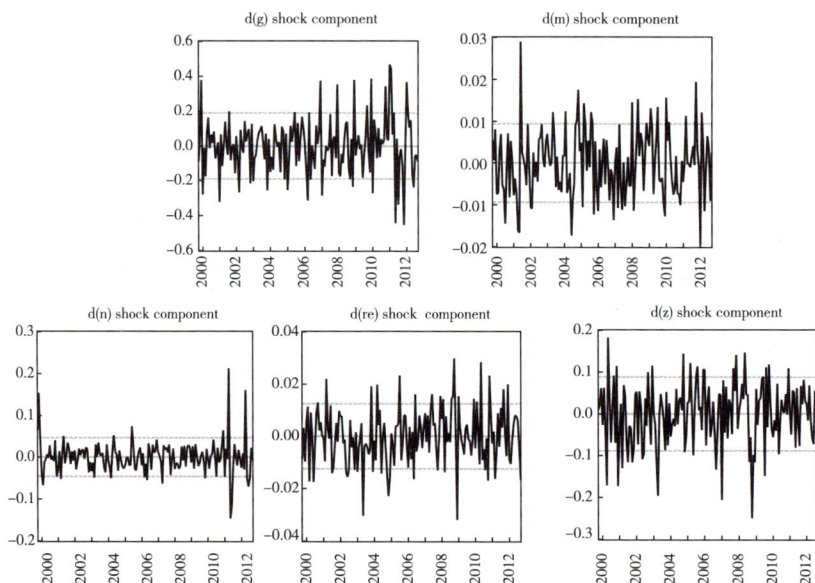

图 5 - 1　基于 VAR 模型的变量成分分解

① 由于冲击成分的估计采用 VAR（8）模型，所以建立在该模型基础上的残差序列样本将损失 8 个观测值，相应的变量预期变化成分也减少 8 个观测样本。

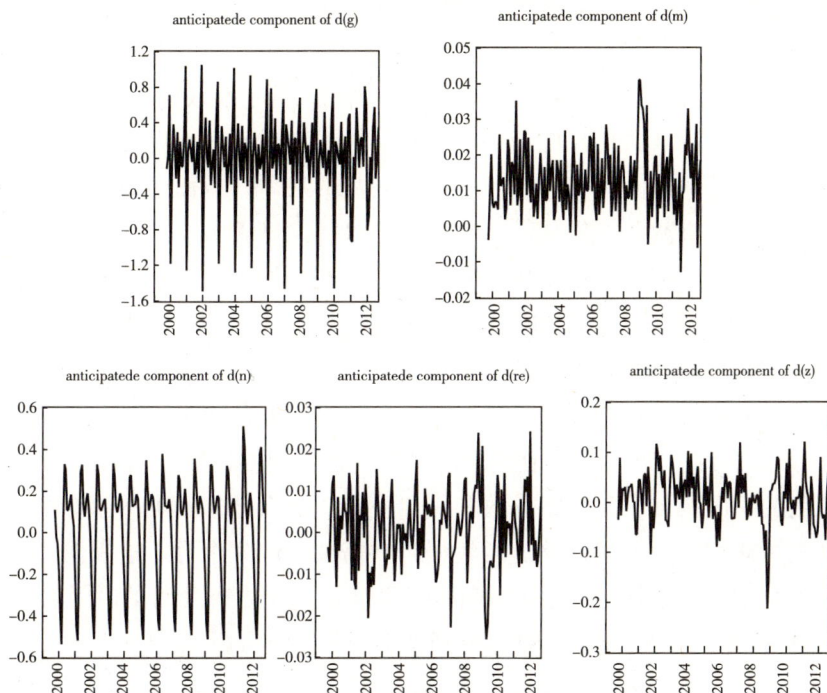

图 5 - 1  基于 VAR 模型的变量成分分解（续）

2. 汇率预期成分、非预期成分对产出的影响分析

在以上数据准备及处理的基础上，对模型（15）进行估计，结果如表 5 - 1 所示。

表 5 - 1  汇率预期成分、非预期成分对产出的影响

| 变量 | 参数 | 参数值 | 标准误 | T 值 | P 值 |
|---|---|---|---|---|---|
| 1 | $\alpha_0$ | -0.016824 | 0.0012 | 14.0214 | 0.0000 |
| $E_{t-1}\Delta z_t$ | $\alpha_1$ | -0.213004 | 0.0009 | -236.6711 | 0.0000 |
| $(\Delta z_t - E_{t-1}\Delta z_t)$ | $\alpha_2$ | 0.0000 | 0.0400 | -0.0000 | 1.0000 |
| $E_{t-1}\Delta m_t$ | $\alpha_3$ | 2.441256 | 0.0008 | 3051.5700 | 0.0000 |
| $(\Delta m_t - E_{t-1}\Delta m_t)$ | $\alpha_4$ | 0.0000 | 0.0107 | 0.0000 | 1.0000 |
| $E_{t-1}\Delta g_t$ | $\alpha_5$ | 0.143533 | 0.0239 | 6.006 | 0.0000 |
| $(\Delta g_t - E_{t-1}\Delta g_t)$ | $\alpha_6$ | 4.8900 | 0.4680 | 10.4487 | 0.0000 |
| $E_{t-1}\Delta re_t$ | $\alpha_7$ | 1.474558 | 0.0641 | 23.0040 | 0.0000 |
| $(\Delta re_t - E_{t-1}\Delta re_t)$ | $\alpha_8$ | $2.05 \times e^{-15}$ | $1.1 \times e^{-15}$ | 0.185890 | 0.8528 |
| ECM | $\alpha_9$ | -0.061421 | 0.0019 | 32.3268 | 0.0000 |
| $R^2 = 0.99$ | | | $DW = 1.9059$ | $P = 0.0000$ | |

模型整体拟合优度高达 0.99，DW 统计量为 1.9059，不存在自相关性，模型 P 值为 0.0000，模型整体拟合效果非常好。模型中除了能源价格冲击与货币供给冲击对总供给的影响（$\alpha_2$ 与 $\alpha_4$）不显著外，其余参数均在 1% 的显著性水平上显著。值得注意的是，市场主体预期到的汇率升值大大提高了市场的供给能力，这表明汇率升值大大降低了进口中间品的成本，从而在短期内增加了其供给能力。而汇率冲击成分对厂商的供给能力并无显著影响。结合式（17）的估计结果可得到以下结论：预期到的汇率升值在短期内有利于提高总供给能力（$\alpha_7 > 0$），但是升值在长期抑制了经济体的生产［式（17）协整方程中 re 的系数为负］。这是因为短期内预期到的汇率升值在很大程度上降低了企业进口中间品的成本，从而使其生产成本下降，在需求价格刚性的情况下，利润上升的预期增强，从而提高产出。但是在长期内，汇率预期到的升值会削弱国内外需求，造成厂商的积压增加，并最终导致其供给下降。从误差修正项的系数看，国内生产从失衡向均衡水平的调整速度较慢，共需要 16.28 个月，这表明当经济体的产能不足或产能过剩时，向均衡产能的调整过程需要 16 个月的时间。

3. 汇率预期成分、非预期成分对通货膨胀的影响分析

表 5 - 2　　　　　　　　汇率预期成分、非预期成分对通货膨胀的影响

| 变量 | 参数 | 参数值 | 标准误 | T 值 | P 值 |
|---|---|---|---|---|---|
| 1 | $\theta_0$ | 0.003312 | 0.0004 | 8.2800 | 0.0000 |
| $E_{t-1}\Delta z_t$ | $\theta_1$ | 0.009167 | 0.0001 | 91.6700 | 0.0000 |
| $(\Delta z_t - E_{t-1}\Delta z_t)$ | $\theta_2$ | 0.000216 | 0.0001 | 2.1600 | 0.0281 |
| $E_{t-1}\Delta m_t$ | $\theta_3$ | 0.252164 | 0.0081 | 31.1314 | 0.0000 |
| $(\Delta m_t - E_{t-1}\Delta m_t)$ | $\theta_4$ | 0.002735 | 0.0001 | 27.3500 | 0.0000 |
| $E_{t-1}\Delta g_t$ | $\theta_5$ | 0.001056 | 0.0001 | 10.5600 | 0.0000 |
| $(\Delta g_t - E_{t-1}\Delta g_t)$ | $\theta_6$ | 0.013521 | 0.0171 | 0.789181 | 0.4313 |
| $E_{t-1}\Delta re_t$ | $\theta_7$ | − 0.054637 | 0.0001 | − 548.17 | 0.0000 |
| $(\Delta re_t - E_{t-1}\Delta re_t)$ | $\theta_8$ | 0.021541 | 0.042826 | 0.502992 | 0.6157 |
| ECM | $\theta_9$ | − 0.142107 | 0.011318 | − 12.5554 | 0.0000 |
| $R^2 = 0.97$ | | $DW = 2.095244$ | | $P = 0.0000$ | |

模型整体拟合优度高达 0.97，DW 统计量为 2.09，不存在自相关性，模型整体 P 值为 0.0000，模型整体估计效果较好。参数符号与理论预期完全相符，除了政府支出冲击及汇率冲击参数不显著外（$\theta_6$ 和 $\theta_8$），其余变量的参数估计值均在 1% 的显著性水平上显著（能源价格冲击系数 $\theta_2$ 在 5% 显著性水平上显

著）。从估计结果看，预期到的升值在短期内能够显著地降低我国通货膨胀压力（ $\theta_7 < 0$ ），这是因为汇率升值在短期内有利于降低依赖于中间进口品企业的生产成本，企业的降价空间更大。而汇率冲击成分对我国物价水平的影响则较小且不显著。结合模型（18）的估计结果可得以下结论：汇率升值在长期内会助推我国的物价水平，带来输入型的通货膨胀［模型（18）协整方程中汇率 re 的系数大于零］，而在短期内能够有效地缓解通货膨胀压力。这是因为，人民币长期升值将导致大量热钱流入，国际游资进入中国迫使中国外汇占款攀升；货币市场参与者也会加强对人民币的需求，从而提高了利率上升的压力，货币当局为了维持利率的稳定，必然增大人民币投放力度，额外的货币需求最终导致通货膨胀压力的上升。误差修正项系数表明，我国物价水平从失衡调整到均衡的过程大约要持续 7.04 个月。

### 5.1.5 小结

论文将汇率与理性预期纳入到总需求及总供给模型中，利用 VAR 模型为将各变量分解为系统性变化成分与冲击成分，利用协整及误差修正技术分析了汇率波动对产出及物价水平的长短期效应，结论如下：第一，从长期来看，人民币升值不利于我国总产出的增加，同时还会发生输入型的通货膨胀。第二，从短期来看，汇率升值大大降低了进口中间品的成本，从而在短期内增加了其供给能力，同时，预期到的升值在短期内能够显著地降低我国通货膨胀压力。第三，具体地，预期到的汇率升值在长期内不利于我们产出的增加，但在短期内有利于产出的增加，产出从均衡到失衡的调整需要持续约 16 个月。预期到的汇率升值在长期内会加剧通货膨胀的压力，而在短期内有利于缓解通货膨胀压力，物价水平从失衡向均衡的调整过程持续约 7 个月的时间。在宏观经济稳定的情况下，与市场主体理性预期相吻合的汇率政策设计显得格外重要。货币政策应当致力于提高汇率的稳定性，汇率大幅波动会导致大规模国际资本流动，进而降低货币需求函数的稳定性。为此，汇率政策应当在灵活性与稳定性之间寻找一种权衡，从而使得实体经济的发展能够与汇率的实际走势在长期内相吻合。

## 5.2 省域视角

汇率是开放经济体中最重要的变量之一，汇率水平的变化及汇率波动率的加剧势必影响一国经济的内外部均衡[149]（郑长德和张高明，2009）。就内部均衡而言，区域经济均衡与协调发展成为各界关注的课题之一。由于区域经济存在着资源禀赋、经济增长方式的异质性，不同区域在受到汇率冲击时的响应具有不对称性[150]。中国于 2005 年 7 月开启人民币汇率机制改革，2010 年 6 月进一步深化改革。汇率机制改革的直接表现有两个：一是人民币步入持续渐近升值通道，截至 2012 年 11 月 23 日，人民币兑美元汇率中间价已经累计升值 23.93%①；二是人民币汇率的波动率上升，波动更为频繁，并出现波动率的集聚现象。由此引出的问题是：人民币汇率水平的变化及汇率波动率的加剧对我国区域经济的影响如何？区域经济发展的差距与人民币汇率变化之间是否存在显著的相关关系？如果存在，区域经济差距是扩大了还是缩小了？汇率波动是否对区域价格水平具有明显的传递效应？这对于研究制定区域经济协调发展政策，进一步推动汇率机制改革具有重要的现实意义。

本文的贡献在于：采用几何加权平均法测算区域实际有效汇率指数；在此基础上采用 AR（1）－GARCH（1，1）模型测算汇率波动率；在采用省际面板模型研究汇率水平对产出与通货膨胀影响的同时，重点研究汇率波动率对物价水平及产出的影响；对汇率波动率影响经济增长及通货膨胀提出了新的解释。

论文第一部分对区域实际有效汇率指数进行测度；第二部分估计区域实际有效汇率的波动率；第三部分构建汇率及汇率波动率影响经济增长及通货膨胀的理论模型；第四部分根据理论模型构建省际面板计量模型，并进行实证研究；第五部分总结全文。

### 5.2.1 人民币区域实际有效汇率指数的构建

#### 5.2.1.1 有效汇率指数

有效汇率是一种以某个变量为权重计算的加权平均汇率指数。有效汇率是一个非常重要的经济指标，以贸易为权重变量计算的有效汇率反映的是一国货币汇率在国际贸易中的总体竞争力和总体波动幅度。

国外很多机构与学者对人民币实际有效汇率指数进行了测算，如 IMF 的 REER 及 BIS 的 REER。在这两种指数的测算中，所选择的权重变量均为我国与世界各国的贸易量占我国总贸易量的比重，并且采用我国整体物价水平进行平减。我国区域经济在贸易结构、物价水平、经济增长方式上存在着很大的差异性，人民币汇率变化一个单位，对各地区经济的影响必然不同。因此，直接采

---

① 数据来源：国家外汇管理局官方网站，http：//www.safe.gov.cn/。

用这些指数无法兼顾区域经济异质性。这里，借鉴巴曙松等（2007）的做法，采用区域有效汇率指数研究汇率波动对区域经济增长及通货膨胀的影响。

5.2.1.2  区域实际有效汇率测算涉及的若干问题

1. 样本货币的选择

样本货币的选择取决于货币发行国与中国双边贸易的重要程度（权重），这些国家对本国的影响具有充分的代表性，样本国应该是对本国国际贸易影响最大的若干国家，且样本国与我国贸易额之和应占我国贸易总量的2/3以上[151]；样本国应当具有贸易的互补性，能代表全球不同区域的国家（巴曙松等，2007）。根据《中国统计年鉴》贸易数据资料，分别计算历年（2003—2010①共计8年）各贸易伙伴国或地区的对华贸易总量占中国贸易总量的比率，然后将该比率降序排列，从高比率依次向下累计求和，当总比率达到或超过70%时，记录下此时的主要贸易伙伴，重复此过程至2010年。则2003—2010年的排序中，出现次数均为8次的国家货币作为货币样本，各国出现的频次见表5-3。根据计算，这里选择日元、新台币、韩元、美元、德国马克、马来西亚元、新加坡元、泰铢、澳大利亚元、俄罗斯卢布等10种货币作为样本货币。

表5-3  2003—2010年中国重要贸易伙伴国出现频数

| 国家（地区） | 日本 | 中国台湾 | 韩国 | 美国 | 德国 |
|---|---|---|---|---|---|
| 频数 | 8次 | 8次 | 8次 | 8次 | 8次 |
| 国家（地区） | 马来西亚 | 新加坡 | 泰国 | 俄罗斯 | 澳大利亚 |
| 频数 | 8次 | 8次 | 8次 | 8次 | 8次 |
| 国家（地区） | 中国香港 | 巴西 | 印度 | 法国 | 沙特阿拉伯 |
| 频数 | 6次 | 6次 | 5次 | 5次 | 4次 |

注：重要贸易伙伴国的界定方法：分别计算每年中国与各国进出口额占当年中国总贸易额的比重并进行降序排列，从高到低依次向下累计，当该比重达到70%时所包含在内的贸易伙伴即为该年的重要贸易伙伴。

表5-4  中国主要贸易伙伴的双边贸易权重

| 年份 | 日本 | 中国台湾 | 韩国 | 美国 | 德国 | 马来西亚 | 新加坡 | 俄罗斯② | 泰国 | 澳大利亚 |
|---|---|---|---|---|---|---|---|---|---|---|
| 1994 | 0.2025 | 0.0690 | 0.0495 | 0.1494 | 0.0503 | 0.0116 | 0.0213 | 0.0215 | 0.0086 | 0.0166 |
| 1995 | 0.2040 | 0.0637 | 0.0605 | 0.1453 | 0.0484 | 0.0119 | 0.0244 | 0.0195 | 0.0120 | 0.0149 |
| 1996 | 0.2074 | 0.0655 | 0.0689 | 0.1474 | 0.0454 | 0.0125 | 0.0254 | 0.0236 | 0.0108 | 0.0179 |

---

① 区间的选择完全取决于数据的可得性。

② 1999年数据缺失，这里根据1998年与2000年数据的平均值计算得到。

| 年份 | 日本 | 中国台湾 | 韩国 | 美国 | 德国 | 马来西亚 | 新加坡 | 俄罗斯[①] | 泰国 | 澳大利亚 |
|---|---|---|---|---|---|---|---|---|---|---|
| 1997 | 0.1874 | 0.0610 | 0.0740 | 0.1508 | 0.0390 | 0.0136 | 0.0268 | 0.0188 | 0.0108 | 0.0163 |
| 1998 | 0.1788 | 0.0633 | 0.0656 | 0.1690 | 0.0440 | 0.0132 | 0.0250 | 0.0169 | 0.0113 | 0.0155 |
| 1999 | 0.1835 | 0.0651 | 0.0694 | 0.1706 | 0.0449 | 0.0146 | 0.0239 | 0.0169 | 0.0117 | 0.0175 |
| 2000 | 0.1753 | 0.0644 | 0.0727 | 0.1570 | 0.0417 | 0.0170 | 0.0228 | 0.0169 | 0.0140 | 0.0180 |
| 2001 | 0.1726 | 0.0635 | 0.0714 | 0.1576 | 0.0459 | 0.0185 | 0.0215 | 0.0209 | 0.0138 | 0.0176 |
| 2002 | 0.1644 | 0.0719 | 0.0710 | 0.1563 | 0.0448 | 0.0230 | 0.0225 | 0.0192 | 0.0138 | 0.0169 |
| 2003 | 0.1575 | 0.1196 | 0.1045 | 0.1485 | 0.0491 | 0.0339 | 0.0227 | 0.0236 | 0.0214 | 0.0159 |
| 2004 | 0.1458 | 0.1154 | 0.1109 | 0.1469 | 0.0469 | 0.0324 | 0.0231 | 0.0216 | 0.0216 | 0.0176 |
| 2005 | 0.1303 | 0.1131 | 0.1163 | 0.1488 | 0.0445 | 0.0304 | 0.0234 | 0.0241 | 0.0212 | 0.0191 |
| 2006 | 0.1462 | 0.1100 | 0.1134 | 0.0748 | 0.0479 | 0.0298 | 0.0223 | 0.0222 | 0.0227 | 0.0244 |
| 2007 | 0.1085 | 0.0573 | 0.0735 | 0.1390 | 0.0433 | 0.0213 | 0.0217 | 0.0222 | 0.0159 | 0.0202 |
| 2008 | 0.1041 | 0.0504 | 0.0726 | 0.1302 | 0.0449 | 0.0209 | 0.0205 | 0.0222 | 0.0161 | 0.0202 |
| 2009 | 0.1301 | 0.0852 | 0.1019 | 0.0770 | 0.0554 | 0.0321 | 0.0177 | 0.0211 | 0.0248 | 0.0393 |
| 2010 | 0.1266 | 0.0829 | 0.0991 | 0.0731 | 0.0532 | 0.0361 | 0.0177 | 0.0186 | 0.0238 | 0.0418 |
| 均值 | 0.1603 | 0.0777 | 0.0821 | 0.1377 | 0.0464 | 0.0219 | 0.0225 | 0.0206 | 0.0161 | 0.0206 |
| 标准差 | 0.0327 | 0.0226 | 0.0207 | 0.0315 | 0.0040 | 0.0088 | 0.0024 | 0.0024 | 0.0053 | 0.0079 |

注：表中数据根据历年《中国统计年鉴》相关数据计算得到。

2. 贸易权重的确定

表5-4列出1994—2010年10个国家和地区与中国的贸易权重，这里的贸易权重为双边贸易总额与中国贸易总额之比。从计算结果可以看到，日本与美国在中国的双边贸易中具有举足轻重的地位，两国1994—2010年的对中国贸易权重平均值分别为16%、14%，占中国贸易总量的30%。同时，两国对中国贸易的标准差仅为3.27%、3.15%，在众多国家和地区中属于较大者。这表明，所选择的样本对中国的贸易具有很好的稳定性与代表性，样本选择合理。

3. 地区的选择与研究区间的确定

按照我国的行政区划，选择29个省、自治区、直辖市作为研究对象[①]（郑长德和张高明，2009）。我国汇率制度的改革历史较长，最早的汇率机制改革要追溯到1985年的双轨制，1994年初人民币汇率由双轨制变为单轨制，并开始向

① 由于重庆市1997年成为直辖市，因此这里暂不考虑重庆市（郑长德和张高明，2009），西藏缺少1994—1999年的CPI，因此无法测算实际有效汇率。

有管理的浮动汇率制度过渡。1994 年至 2005 年，我国官方宣布的是有管理的浮动汇率制度，但其实质是盯住美元的固定汇率制度。2005 年 7 月 21 日，中国开始汇率机制改革，由单一盯住美元转变为盯住一揽子货币，增加汇率弹性。2010 年 6 月，央行进一步深化汇率机制改革。要准确地研究我国汇率波动对经济增长及通货膨胀的影响应该从 1985 年开始，但数据可得性限制，本文以1994—2010 年为研究区间，并以 1994 年为基期。

### 5.2.1.3 区域实际有效汇率指数的构建

构建人民币区域实际有效汇率指数要考虑我国不同地区与贸易伙伴国物价水平的相对变化，因为国内物价与国外物价水平的变化会通过贸易品价格的变化影响一国的进出口，而名义有效汇率没有考虑到物价水平的变化，因此这里采用实际有效汇率指数。实际有效汇率指数的计算一般有两种方法，一种是算术加权平均法，另一种是几何加权平均法。由于在几何加权平均法下，一种货币相同比例的升值或贬值，对有效汇率指数有方向相反但数值大小相同的影响，而算术加权平均法则会导致指数的向上偏移[152]（巴曙松，2009；Tony Makin，1999）。这里采用几何加权平均法计算各地区的实际有效汇率指数，计算公式如下①：

$$e_{it} = E_0 \prod_{j=1}^{n} \left[ \frac{E_{jt} P_t^i}{P_{jt}} \bigg/ \frac{E_{j0} P_0^i}{P_{j0}} \right]^{W_{ij}} \tag{1}$$

模型（1）中 $e_{it}$ 表示 $t$ 时期 $i$ 地区的实际有效汇率指数；$E_0$ 为基期实际有效汇率指数，取值为 100；$E_{jt}$ 为 $t$ 时期 $j$ 国货币与人民币双边名义汇率；$P_t^i$ 为 $t$ 时期 $i$ 地区的物价水平；$P_{jt}$ 为 $t$ 时期 $j$ 国的消费物价指数；$E_{j0}$ 表示基期 $j$ 国货币与人民币双边名义汇率；$P_0^i$ 为基期 $i$ 地区的物价水平；$P_{j0}$ 为基期 $j$ 国的物价水平；$W_{ij}$ 表示贸易权重：

$$W_{ij} = \frac{M_{jt} + X_{jt}}{\sum (M_t + X_t)} \tag{2}$$

模型（2）中 $M_{jt} + X_{jt}$ 表示中国在 $t$ 时期与 $j$ 国的贸易额，分母表示中国不同时期的进出口贸易总额。

计算方法采用直接标价法，在直接标价法下，若一定单位的外币折合的本币数额多于前期，则说明外币币值上升或本币币值下跌，指数上升代表人民币对外贬值，指数下降代表人民币对外升值。

---

① 郑长德和张高明（2009）的计算采用了算术加权平均法。

5.2.1.4 人民币地区实际有效汇率指数的测算与比较

1. 数据来源与选择

10 个主要贸易伙伴的 CPI 来自于《世界经济展望（WEO）》[153]，各地区的 CPI 数据来自于《中国统计年鉴》，测算中应用到的各样本货币兑人民币汇率中间价数据来自于 Werner Antweiler 教授在 UBC Sauder 商学院的研究网站①。

表 5-5　　　　各地区实际有效汇率指数描述性统计（1994—2010）

| | 均值 | 标准差 | 最大值 | 最小值 | | 均值 | 标准差 | 最大值 | 最小值 |
|---|---|---|---|---|---|---|---|---|---|
| 北京 | 99.19 | 12.87 | 116.37 | 91.64 | 河南 | 99.14 | 12.88 | 117.06 | 91.77 |
| 天津 | 99.07 | 12.77 | 117.10 | 91.32 | 湖北 | 99.13 | 12.52 | 115.72 | 92.09 |
| 河北 | 99.04 | 12.75 | 115.09 | 91.36 | 湖南 | 99.12 | 12.42 | 115.36 | 91.83 |
| 山西 | 99.19 | 13.00 | 114.78 | 91.46 | 广东 | 99.01 | 12.91 | 116.38 | 91.57 |
| 内蒙古 | 99.02 | 12.67 | 116.51 | 91.88 | 广西 | 99.20 | 12.80 | 116.47 | 91.96 |
| 辽宁 | 99.09 | 12.56 | 115.52 | 91.38 | 海南 | 99.22 | 13.52 | 118.26 | 91.25 |
| 吉林 | 98.89 | 12.63 | 116.82 | 91.38 | 四川 | 99.13 | 12.80 | 116.48 | 90.40 |
| 黑龙江 | 98.98 | 12.90 | 116.87 | 60.84 | 贵州 | 99.04 | 12.56 | 116.15 | 90.87 |
| 上海 | 99.12 | 12.96 | 119.29 | 91.14 | 云南 | 98.79 | 12.39 | 117.10 | 91.03 |
| 江苏 | 99.00 | 12.56 | 116.64 | 91.59 | 西藏 | 96.15 | 14.83 | 118.23 | 90.96 |
| 浙江 | 99.09 | 12.72 | 115.56 | 91.45 | 陕西 | 99.33 | 14.17 | 127.13 | 91.11 |
| 安徽 | 99.24 | 12.82 | 117.10 | 91.37 | 甘肃 | 99.05 | 13.02 | 121.05 | 91.58 |
| 福建 | 99.14 | 12.79 | 117.19 | 92.15 | 青海 | 98.86 | 12.60 | 116.91 | 90.79 |
| 江西 | 99.24 | 12.86 | 117.98 | 91.63 | 宁夏 | 99.08 | 13.45 | 122.45 | 91.03 |
| 山东 | 99.04 | 12.45 | 116.64 | 91.70 | 新疆 | 99.21 | 13.15 | 119.00 | 90.94 |

2. 地区实际有效汇率指数的差异性

以表 5-4 数据为贸易权重，采用几何平均法求得实际有效汇率指数。各地实际有效汇率指数的描述性统计结果见表 5-5。从表 5-5 可以看出，我国各地的实际有效汇率指数的平均值相差并不大，均在 99~100，这表明我国地区实际有效汇率指数的总体趋势与我国的汇率指数保持一致；但是，从汇率的稳定性上看，各地区实际有效汇率指数的标准差在 12~15，有显著差异。从 1994—2010 年各地的实际有效汇率指数的变化趋势看②，1995—1996 年各地区实际有效汇率指数出现较大幅度贬值，最高贬值幅度高达 12%；1997 年略有升值，

————————

① http：//fx.sauder.ubc.ca/data.html.

② 由于篇幅所限，这里没有列出各地区实际有效汇率指数的测算结果，读者可向作者索取。

平均升值 4% 左右；1998—1999 年出现较大贬值，最大贬值幅度达 11%；2000 年出现较大升值，升值程度为 13%，2001—2004 年大多数地区则又呈现出贬值态势，2005—2010 年各地区则出现渐近升值态势。从各地区的波动趋势看，各地区汇率指数的波动具有双向性，但是由于 1994—2004 年的汇率制度为有管理的浮动汇率制度，汇率的调节主要依靠外汇市场干预，汇率波动性较大。2005 年汇率改革启动之后，汇率逐渐向均衡水平靠拢，同时汇率波动的幅度也大大降低，汇率稳定性增强。

## 5.2.2　区域实际有效汇率波动率的估计

在某种程度上，汇率波动是不可直接观测的。汇率波动的影响由于受样本数据、样本国及测度方法等因素的影响，目前国内外对该领域的研究比较少，而且结论不一致。传统的汇率波动测度均采用对数汇率移动平均值的样本标准差作为汇率波动的代理变量。这种方法的缺陷在于：第一，这种度量方法是建立在样本数据服从正态分布假设基础上的，过于牵强；第二，该方法并不能反映出汇率极端值的潜在影响（Dimitrios Serenisa & Nicholas Tsounis，2012）。鉴于以上缺陷，这里采用 AR（1）–GARCH（1，1）模型估计汇率波动 $vol$ [①]。

## 5.2.3　汇率、汇率波动率影响经济发展与通货膨胀的理论模型构建：机制与原理

### 5.2.3.1　汇率、汇率波动率与区域经济发展

各地区在地理位置、基础设施、投资环境、经济发展水平、资源禀赋等方面的差异使得人民币汇率变动对各地区贸易、外商直接投资等变量的影响具有异质性，进一步对地区经济增长导致较大差异，而乘数效应进一步放大了这种差异。这种差异的形成有两个渠道：一个渠道是汇率变化导致经常项目的变化，而经常项目的变化主要受贸易因素的影响，这种影响直接影响了地区经济增长的水平；另一个渠道则是通过资本账户及投资环境的影响实现，例如香港离岸市场的建立使得人民币在岸价与离岸价之间存在着套汇与套利机会，从而影响了短期资本的流动 [154]，这无疑是对资本管制一种有限松动（张斌和徐奇渊，2012）。

汇率水平的变化 $\Delta e$ 是对经济发展内外均衡的反映与调控，而汇率波动率 $vol$

---

① 由于篇幅所限，这里没有列出 29 个省、市、自治区的汇率波动率，读者可向作者索取。

的大小与持续时间的长短则是对经济内外均衡调整的速度、幅度的反映。汇率波动率是对汇率稳定性的度量，汇率波动的集聚效应预示着汇率风险及不确定性的增加。这种不确定性一方面会延迟国际贸易的交易，降低贸易速度及贸易量，另一方面，汇率风险的上升会助长投机而减少实体贸易活动，从而使经济增长受到抑制。

综合以上，汇率变化对地区经济增长的影响可以概括为以下传递机制：

$$\Delta(e,vol) \Rightarrow \left\{ \begin{array}{c} \Delta X \\ \Delta M \\ \Delta FDI \end{array} \right\} \Rightarrow \Delta Y \tag{3}$$

根据凯恩斯宏观经济理论可以推导出汇率 $e$、汇率波动率 $vol$ 与经济增长的理论模型[①]：

$$\begin{aligned} \Delta M &= \Delta M(e,vol) \\ \Delta X &= \Delta X(e,vol) \\ \Delta FDI &= \Delta FDI(e,vol) \\ \frac{\Delta Y}{Y} &= (1/(1-b+m))\left\{ \frac{\Delta FDI}{FDI} \times \frac{FDI}{Y} + \frac{\Delta X}{X} \times \frac{X}{Y} - \frac{\Delta M}{M} \times \frac{M}{Y} \right\} \end{aligned} \tag{4}$$

其中，$\dfrac{\Delta Y}{Y}$、$\dfrac{\Delta FDI}{FDI}$、$\dfrac{\Delta X}{X}$、$\dfrac{\Delta M}{M}$ 分别为 GDP、外商直接投资、出口及进口的增长率。模型（4）建立了进出口、外商直接投资与经济增长之间的关系，而汇率的变化对进出口贸易及外商直接投资有些直接的影响。

5.2.3.2　汇率、汇率波动率与区域通货膨胀

与经济增长差异性相似，各地区由于贸易结构、产业结构、供需因素上的差异也决定了汇率波动对通货膨胀的影响也具有异质性。根据汇率传递的定义，其对国内通货膨胀的影响要经历两个阶段：第一阶段为汇率变化对国内进口品价格 $IP$ 的影响；第二阶段，通过进口品与本地产品之间的互补效应与替代效应，进而影响整体物价水平。影响机制可概括为：

$$\Delta e \Rightarrow IP \Rightarrow CPI$$

而汇率波动率对通货膨胀的影响机制目前仍不明了，国内外也没有达成一致的看法。本文提出的影响机制（假设）是：汇率波动的加剧导致资产价格波动加剧，并进一步导致市场主体对货币投机需求与预防需求的上升，从而使得利率上调压力增大，中央银行为稳定市场预期必然加大货币投放力度，在货币

---

[①] 这里借鉴了郑长德和张高明（2009）的理论分析结果，与其不同的是，在此基础上进一步分析了汇率波动率（稳定性）对区域经济增长及通货膨胀的影响机制。

供给内生性及货币乘数增大的作用下，中央银行的实际货币创造远远大于目标投入量，从而导致通货膨胀压力的上升。可表示如下：

汇率波动率 $vol\uparrow\rightarrow$货币投机需求与预防性需求$\uparrow\rightarrow$货币总需求$\uparrow\rightarrow$利率$\uparrow\rightarrow$货币当局适度宽松的货币政策$\rightarrow$货币供给的内生性及乘数效应的扩大使得实际货币供给大于目标货币供给$\rightarrow$物价上涨，即

$$vol\uparrow\rightarrow CPI\uparrow$$

综合为：

$$\Delta(e, vol)\Rightarrow CPI \qquad (5)$$

## 5.2.4 区域实际有效汇率、区域经济增长及区域通货膨胀率：基于省际面板的实证分析

### 5.2.4.1 模型设定

根据以上理论分析，考虑到区域固定资产投资、地方财政支出等因素对地区经济及物价的影响①，构建如下固定截距变系数面板模型：

$$\ln GDP_{it} = \alpha_{it} + \beta_{it}\ln e_{it} + \gamma_{it}\ln vol_{it} + \eta_{it}\ln I_{it} + \kappa_{it}\ln G_{it} + \varepsilon_{it} \qquad (6)$$

$$\ln CPI_{it} = \alpha_{it} + \beta_{it}\ln e_{it} + \gamma_{it}\ln vol_{it} + \mu_{it} \qquad (7)$$

在具体的计量方法上，本文采取了 PLS（Pooled Least Squares）计量方法。固定截距变系数模型中，每个地区增长模型中人民币地区实际有效汇率指数的系数都不相同。

### 5.2.4.2 指标与数据选择

我们使用 29 个地区 1995—2010 年共计 16 年的年度数据进行面板分析。地区生产总值（$GDP_{it}$）表示 $i$ 地区在 $t$ 年的地区生产总值，数据来源于国家统计局网站；用 $e_{it}$ 表示 $i$ 地区在 $t$ 年的实际有效汇率指数；固定资产投资及地区财政支出也均来自于历年《国家统计年鉴》，汇率波动 $vol_{it}$ 来源于 AR（1）－MARCH（1，1）模型的估计。为了增强模型的线性及减少模型的异方差性，对各个变量取自然对数。

### 5.2.4.3 面板单位根检验及协整检验

在模型估计之前，首先检验数据的平稳性及变量之间的协整性，从而避免伪回归现象。为了确保检验结果的稳健性，这里分别采用 Levin，Lin 和 Chu、

---

① 这里借鉴了郑长德和张高明（2009）的相关成果，但是郑长德和张高明（2009）仅仅考虑了汇率变化的影响，并没有考虑汇率波动对经济增长及区域通货膨胀水平的影响，实证结果表明原模型的设定存在偏误。

Lm，Pearan 和 Shi 、ADF Fisher Chi – Square 及 PP Fisher Chi – Square 四种方法进行检验。表 5 – 6 分别列出了所有变量的检验方法、检验形式、统计量及相伴概率。从表 5 – 6 可以看出，所有的变量均为一阶单整序列。

**表 5 – 6**　　　　　　　　　　　面板单位根检验结果

| 变量 | 检验方法 | 检验形式 | 统计量 | 相伴概率 | 结论 |
|---|---|---|---|---|---|
| $\ln GDP_{it}$ | Levin，Lin&Chu | C，T，2 | 5. 8749 | 0. 9812 | 不平稳 |
| | Lm，Pearan&Shi | C，T，2 | 11. 1751 | 1. 0000 | 不平稳 |
| | ADF Fisher Chi – Square | C，T，2 | 1. 7698 | 1. 0000 | 不平稳 |
| | PP Fisher Chi – Square | C，T，2 | 1. 6404 | 0. 9458 | 不平稳 |
| $\Delta\ln GDP_{it}$ | Levin，Lin&Chu | C，0，1 | – 22. 476 | 0. 0000 | 平稳 |
| | Lm，Pearan&Shi | C，0，1 | – 16. 538 | 0. 0000 | 平稳 |
| | ADF Fisher Chi – Square | C，0，1 | 302. 138 | 0. 0000 | 平稳 |
| | PP Fisher Chi – Square | C，0，1 | 334. 021 | 0. 0000 | 平稳 |
| $\ln CPI_{it}$ | Levin，Lin&Chu | 0，0，3 | 2. 8671 | 0. 9979 | 不平稳 |
| | Lm，Pearan&Shi | | | | |
| | ADF Fisher Chi – Square | 0，0，3 | 29. 9842 | 0. 9939 | 不平稳 |
| | PP Fisher Chi – Square | 0，0，3 | 58. 6292 | 0. 2454 | 不平稳 |
| $\Delta\ln CPI_{it}$ | Levin，Lin&Chu | 0，0，2 | – 21. 493 | 0. 0000 | 平稳 |
| | Lm，Pearan&Shi | | | | |
| | ADF Fisher Chi – Square | 0，0，2 | 394. 091 | 0. 0000 | 平稳 |
| | PP Fisher Chi – Square | 0，0，2 | 475. 327 | 0. 0000 | 平稳 |
| $\ln e_{it}$ | Levin，Lin&Chu | 0，0，1 | – 1. 5854 | 0. 0564 | 不平稳 |
| | Lm，Pearan&Shi | | | | |
| | ADF Fisher Chi – Square | 0，0，1 | 30. 2598 | 0. 9931 | 不平稳 |
| | PP Fisher Chi – Square | 0，0，1 | 30. 3954 | 0. 9928 | 不平稳 |
| $\Delta\ln e_{it}$ | Levin，Lin&Chu | 0，0，0 | – 41. 277 | 0. 0000 | 平稳 |
| | Lm，Pearan&Shi | | | | |
| | ADF Fisher Chi – Square | 0，0，0 | 647. 295 | 0. 0000 | 平稳 |
| | PP Fisher Chi – Square | 0，0，0 | 478. 938 | 0. 0000 | 平稳 |
| $\ln vol_{it}$ | Levin，Lin&Chu | 0，0，3 | 5. 02014 | 1. 0000 | 不平稳 |
| | Lm，Pearan&Shi | | | | |
| | ADF Fisher Chi – Square | 0，0，3 | 8. 21249 | 1. 0000 | 不平稳 |
| | PP Fisher Chi – Square | 0，0，3 | 39. 6555 | 0. 8527 | 不平稳 |

续表

| 变量 | 检验方法 | 检验形式 | 统计量 | 相伴概率 | 结论 |
|------|---------|---------|--------|---------|------|
| $\Delta lnvol_{it}$ | Levin，Lin&Chu | 0，0，0 | −31.133 | 0.0000 | 平稳 |
| | Lm，Pearan&Shi | | | | |
| | ADF Fisher Chi − Square | 0，0，0 | 566.599 | 0.0000 | 平稳 |
| | PP Fisher Chi − Square | 0，0，0 | 460.517 | 0.0000 | 平稳 |
| $lnI_{it}$ | Levin，Lin&Chu | C，T，2 | −1.5449 | 0.0612 | 不平稳 |
| | Lm，Pearan&Shi | C，T，2 | 2.00696 | 0.9776 | 不平稳 |
| | ADF Fisher Chi − Square | C，T，2 | 49.4206 | 0.5759 | 不平稳 |
| | PP Fisher Chi − Square | C，T，2 | 31.3782 | 0.9895 | 不平稳 |
| $\Delta lnI_{it}$ | Levin，Lin&Chu | C，0，2 | −6.5316 | 0.0000 | 平稳 |
| | Lm，Pearan&Shi | C，0，2 | −3.6733 | 0.0001 | 平稳 |
| | ADF Fisher Chi − Square | C，0，2 | 94.9172 | 0.0003 | 平稳 |
| | PP Fisher Chi − Square | C，0，2 | 103.262 | 0.0000 | 平稳 |
| $lnG_{it}$ | Levin，Lin&Chu | C，T，1 | −0.7247 | 0.2443 | 不平稳 |
| | Lm，Pearan&Shi | C，T，1 | 3.79541 | 0.9999 | 不平稳 |
| | ADF Fisher Chi − Square | C，T，1 | 24.7016 | 0.9995 | 不平稳 |
| | PP Fisher Chi − Square | C，T，1 | 12.4987 | 1.0000 | 不平稳 |
| $\Delta lnG_{it}$ | Levin，Lin&Chu | C，0，1 | −10.131 | 0.0000 | 平稳 |
| | Lm，Pearan&Shi | C，0，1 | −6.7892 | 0.0000 | 平稳 |
| | ADF Fisher Chi − Square | C，0，1 | 133.695 | 0.0000 | 平稳 |
| | PP Fisher Chi − Square | C，0，1 | 135.414 | 0.0000 | 平稳 |

注：检验形式中的 C，T，L 分别指有无截距项、趋势项及滞后阶数；所有检验的原假设 H0 为：序列存在单位根。

根据 E－G 两步法的思想，在单位根检验的基础上，估计模型（6）及模型（7），得到两个模型下的样本残差序列。对两个残差序列分别进行面板单位根检验，单位根检验结果表明，两个序列均为 0 阶单整的平稳序列。因此，模型（6）及模型（7）存在协整关系，从而避免了伪回归现象。

表 5 −7 　　　　　　　　　残差序列面板单位根检验

| 变量 | 检验方法 | 检验形式 | 统计量 | 相伴概率 | 结论 |
|------|---------|---------|--------|---------|------|
| $\varepsilon_{it}$ | Levin，Lin&Chu | 0，0，2 | −7.1856 | 0.0000 | 平稳 |
| | ADF Fisher Chi − Square | 0，0，2 | 160.038 | 0.0000 | 平稳 |
| | PP Fisher Chi − Square | 0，0，2 | 150.900 | 0.0000 | 平稳 |

| 变量 | 检验方法 | 检验形式 | 统计量 | 相伴概率 | 结论 |
|---|---|---|---|---|---|
| $\mu_{it}$ | Levin，Lin&Chu | 0，0，3 | −14.879 | 0.0000 | 平稳 |
| | ADF Fisher Chi－Square | 0，0，3 | 308.956 | 0.0000 | 平稳 |
| | PP Fisher Chi－Square | 0，0，3 | 250.039 | 0.0000 | 平稳 |

注：检验形式中的 C，T，L 分别指有无截距项、趋势项及滞后阶数；所有检验的原假设 H0 为：序列存在单位根。

### 5.2.4.4 基于面板数据的实证分析

1. 汇率变化、汇率波动对区域经济增长的效应估计（模型6）

表 5－8　　　　　　　汇率及汇率波动对区域经济增长效应估计

| Variable | Coefficient | Std. Error | t－Statistic | Prob. |
|---|---|---|---|---|
| C | −0.750548 | 1.796658 | −0.417747 | 0.6763 |
| lnI？ | 0.092440 | 0.022318 | 4.141994 | 0.0000 |
| lnG？ | 0.423287 | 0.062966 | 6.722523 | 0.0000 |
| lne 北京 | 0.424918 | 0.209233 | 2.030836 | 0.0412 |
| lne 天津 | 0.406259 | 0.209779 | 1.936604 | 0.0541 |
| lne 河北 | 0.510271 | 0.209576 | 2.434777 | 0.0214 |
| lne_ 山西 | 0.402407 | 0.209359 | 1.922090 | 0.0544 |
| lne 内蒙古 | 0.377235 | 0.209516 | 1.800506 | 0.0618 |
| lne 辽宁 | 0.500892 | 0.20944 | 2.391570 | 0.0233 |
| lne 吉林 | 0.397787 | 0.209665 | 1.897250 | 0.0628 |
| lne 黑龙江 | 0.464682 | 0.209558 | 2.217438 | 0.0384 |
| lne 上海 | 0.685595 | 0.209336 | 3.275093 | 0.0000 |
| lne 江苏 | 0.624832 | 0.209949 | 2.976113 | 0.0115 |
| lne 浙江 | 0.585719 | 0.209971 | 2.789523 | 0.0125 |
| lne 安徽 | 0.466295 | 0.209726 | 2.223353 | 0.0384 |
| lne 福建 | 0.520094 | 0.20981 | 2.478880 | 0.0284 |
| lne 江西 | 0.423686 | 0.209587 | 2.021528 | 0.0412 |
| lne 山东 | 0.627151 | 0.209744 | 2.990078 | 0.0100 |
| lne 河南 | 0.249401 | 0.210683 | 1.183773 | 0.1426 |
| lne 湖北 | 0.510271 | 0.209576 | 2.434777 | 0.0200 |
| lne 湖南 | 0.249401 | 0.210683 | 1.183773 | 0.1426 |
| lne 广东 | 0.613700 | 0.209749 | 2.925878 | 0.0120 |

续表

| Variable | Coefficient | Std. Error | t – Statistic | Prob. |
|---|---|---|---|---|
| lne 广西 | 0. 425486 | 0. 209458 | 2. 03136 | 0. 0499 |
| lne 海南 | 0. 249401 | 0. 210683 | 1. 183773 | 0. 1426 |
| lne 四川 | 0. 493245 | 0. 209369 | 2. 355864 | 0. 0326 |
| lne 贵州 | 0. 293068 | 0. 209351 | 1. 399888 | 0. 1340 |
| lne 云南 | 0. 359068 | 0. 20917 | 1. 716632 | 0. 0661 |
| lne 陕西 | 0. 386852 | 0. 209358 | 1. 847801 | 0. 0618 |
| lne 甘肃 | 0. 294661 | 0. 209237 | 1. 408264 | 0. 1212 |
| lne 青海 | 0. 130965 | 0. 210869 | 0. 621072 | 0. 5738 |
| lne 宁夏 | 0. 147404 | 0. 210802 | 0. 699253 | 0. 5356 |
| lne 新疆 | 0. 337704 | 0. 209335 | 1. 613222 | 0. 0756 |
| lnvol? – – 1995 | – 0. 129852 | 0. 046292 | – 2. 805073 | 0. 0053 |
| lnvol? – – 1996 | – 0. 107666 | 0. 043749 | – 2. 460985 | 0. 0143 |
| lnvol? – – 1997 | – 0. 086557 | 0. 041874 | – 2. 067074 | 0. 0393 |
| lnvol? – – 1998 | – 0. 104047 | 0. 042900 | – 2. 425363 | 0. 0157 |
| lnvol? – – 1999 | – 0. 039792 | 0. 040396 | – 0. 985048 | 0. 3252 |
| lnvol? – – 2000 | – 0. 078101 | 0. 038970 | – 2. 004139 | 0. 0457 |
| lnvol? – – 2001 | – 0. 097833 | 0. 037340 | – 2. 620030 | 0. 0091 |
| lnvol? – – 2002 | – 0. 095037 | 0. 037342 | – 2. 545042 | 0. 0113 |
| lnvol? – – 2003 | – 0. 093328 | 0. 040474 | – 2. 305890 | 0. 0216 |
| lnvol? – – 2004 | – 0. 046004 | 0. 034913 | – 1. 317651 | 0. 1883 |
| lnvol? – – 2005 | – 0. 238824 | 0. 036283 | – 6. 582256 | 0. 0000 |
| lnvol? – – 2006 | – 0. 221508 | 0. 046527 | – 4. 760849 | 0. 0000 |
| lnvol? – – 2007 | – 0. 209470 | 0. 016878 | – 12. 410831 | 0. 0000 |
| lnvol? – – 2008 | – 0. 212378 | 0. 037523 | – 5. 659942 | 0. 0000 |
| lnvol? – – 2009 | – 0. 203299 | 0. 038764 | – 5. 244531 | 0. 0000 |
| lnvol? – – 2010 | – 0. 221578 | 0. 040463 | – 5. 476065 | 0. 0000 |
| R – squared | 0. 993858 | Mean dependent var | | 8. 032406 |
| Adjusted R – squared | 0. 993164 | S. D. dependent var | | 1. 132964 |
| S. E. of regression | 0. 093677 | Akaike info criterion | | – 1. 800238 |
| Sum squared resid | 3. 650531 | Schwarz criterion | | – 1. 371974 |
| Log likelihood | 465. 6553 | Hannan – Quinn criter. | | – 1. 631658 |
| F – statistic | 1432. 112 | Durbin – Watson stat | | 1. 936240 |
| Prob. （F – statistic） | 0. 000000 | | | |

从表 5 – 8 可知，模型调整后的拟合优度为 0.99，DW 统计量为 1.93，F 值为 1432，模型整体 P 值为 0，模型整体回归效果良好。从模型估计结果可以得到以下启示：

第一，财政支出对经济增长的拉动作用远远大于固定资产投资的拉动作用。地方财政支出拉动经济增长的对数弹性为 0.42，地方固定资产投资拉动经济增长的对数弹性为 0.09，前者是后者的将近 5 倍。这表明投资拉动经济增长的长期效应较小，过分依靠投资拉动经济增长的做法并不具有持续性。而地方财政支出的增加对经济增长具有非常大的拉动作用，因此扩张性的财政政策对于刺激总需求是非常有效的。

第二，区域实际有效汇率对我国 29 个省、直辖市及自治区的影响具有显著的区域异质性（重庆与西藏不在研究的范围内），汇率水平的弹性系数分布在 0.13（青海）至 0.627（山东）之间。具体表现为：在 15% 的显著性水平上，青海与宁夏的经济增长受汇率水平的影响并不显著；其余各省、自治区及直辖市的经济增长受到汇率水平的影响显著。其中，江苏、山东、广东及上海的汇率水平变化对当地经济增长的影响程度最大，弹性系数分别为 0.625、0.627、0.614、0.686；弹性系数在 0.5 ~ 0.6 的省份有河北、辽宁、浙江、福建、湖北等，影响系数分别为 0.510、0.501、0.586、0.520、0.510；弹性系数在 0.4 ~ 0.5 的有北京、天津、山西、黑龙江、安徽、江西、广西及四川；弹性系数在 0.4 以下的省份有内蒙古、吉林、河南、湖南、海南、贵州、云南、陕西、甘肃、新疆、青海及宁夏。弹性系数的符号均为正，表明伴随着实际有效汇率的上升（人民币贬值），地区经济增长活力增强，符合经济学相关假设。

第三，区域经济增长在受汇率水平影响的同时，也受到汇率波动的负向影响，并且这种影响具有显著的时点异质性。具体地，1995—2004 年的大多数年份里（1994 年及 2004 年除外），实际有效汇率波动对区域经济增长具有显著的负向影响，影响系数在 –4% ~12%；2005—2010 年，汇率波动对区域经济的影响系数均在 1% 显著性水平上显著，显著性程度提高，影响系数在 –20% 左右，影响程度进一步加深。

原因在于，2005 年以来的汇率制度改革不仅实现了人民币的稳定升值，同时汇率的波动幅度及弹性也在逐渐增强。人民币升值无疑加大了企业出口的压力，降低了出口利润，从而在一定程度上削弱了出口贸易对经济的拉动作用，同时，人民币升值也使得 FDI 的流入有所减缓，最终使得人民币的升值降低了区域经济增长的速度。另一方面，汇率机制改革加剧了汇率波动，从而使企业面临的汇率风险陡增，在当前我国资本项目尚未完全放开、强制结售汇制度未完全改观、避险工具单一、外贸企业避险意识淡薄的背景下，这无疑降低了外贸企业的外贸积极性，并进一步阻碍了区域经济发展。此外，汇率波动率的增加加剧了市场对货币的投机需求与预防需求，投机活动增加，使大量的货币从实体经济流向虚拟经济，这在一定程度上也抑制了经济的发展。

2. 汇率变化、汇率波动对区域通货膨胀的效应估计（模型 7）

表 5－9　　　　　　　汇率及汇率波动对区域通货膨胀效应估计

| Variable | Coefficient | Std. Error | t－Statistic | Prob. |
|---|---|---|---|---|
| C | 6.607940 | 0.296499 | 22.28657 | 0.0000 |
| lnI? | −0.001276 | 0.002550 | −0.500202 | 0.6172 |
| lnG? | −0.005792 | 0.008053 | −0.719165 | 0.4724 |
| lne 北京 | 0.396890 | 0.057731 | 6.874874 | 0.0000 |
| lne 天津 | 0.398869 | 0.057653 | 6.918440 | 0.0000 |
| lne 河北 | 0.396723 | 0.057664 | 6.879877 | 0.0000 |
| lne 山西 | 0.397389 | 0.057637 | 6.894715 | 0.0000 |
| lne 内蒙古 | 0.397322 | 0.057651 | 6.891797 | 0.0000 |
| lne 辽宁 | 0.397376 | 0.057694 | 6.887623 | 0.0000 |
| lne 吉林 | 0.398647 | 0.057672 | 6.912266 | 0.0000 |
| lne 黑龙江 | 0.398124 | 0.057690 | 6.901049 | 0.0000 |
| lne 上海 | 0.396392 | 0.057721 | 6.867387 | 0.0000 |
| lne 江苏 | 0.396914 | 0.057770 | 6.870635 | 0.0000 |
| lne 浙江 | 0.397381 | 0.057719 | 6.884805 | 0.0000 |
| lne 安徽 | 0.397886 | 0.057659 | 6.900647 | 0.0000 |
| lne 福建 | 0.398669 | 0.057663 | 6.913753 | 0.0000 |
| lne 江西 | 0.398124 | 0.057629 | 6.908371 | 0.0000 |
| lne 山东 | 0.396204 | 0.057736 | 6.862361 | 0.0000 |
| lne 河南 | 0.401729 | 0.057645 | 6.968995 | 0.0000 |
| lne 湖北 | 0.396723 | 0.057664 | 6.879877 | 0.0000 |
| lne 湖南 | 0.401729 | 0.057645 | 6.968995 | 0.0000 |
| lne 广东 | 0.397657 | 0.057790 | 6.881060 | 0.0000 |
| lne 广西 | 0.398462 | 0.057629 | 6.914208 | 0.0000 |
| lne 海南 | 0.401729 | 0.057645 | 6.968995 | 0.0000 |
| lne 四川 | 0.395684 | 0.057705 | 6.857000 | 0.0000 |

| Variable | Coefficient | Std. Error | t – Statistic | Prob. |
|---|---|---|---|---|
| lne 贵州 | 0.397395 | 0.057630 | 6.895653 | 0.0000 |
| lne 云南 | 0.396228 | 0.057677 | 6.869792 | 0.0000 |
| lne 陕西 | 0.396343 | 0.057674 | 6.872165 | 0.0000 |
| lne 甘肃 | 0.397552 | 0.057703 | 6.889619 | 0.0000 |
| lne 青海 | 0.397700 | 0.057644 | 6.899269 | 0.0000 |
| lne 宁夏 | 0.400383 | 0.057785 | 6.928889 | 0.0000 |
| lne 新疆 | 0.397120 | 0.057666 | 6.886529 | 0.0000 |
| lnvol? - -1995 | 0.028917 | 0.004827 | -5.990049 | 0.0000 |
| lnvol? - -1996 | 0.006566 | 0.004536 | 1.447437 | 0.1485 |
| lnvol? - -1997 | 0.016020 | 0.004722 | 3.392879 | 0.0008 |
| lnvol? - -1998 | 0.011056 | 0.004268 | 2.590450 | 0.0099 |
| lnvol? - -1999 | 0.017590 | 0.004055 | 4.337648 | 0.0000 |
| lnvol? - -2000 | 0.031148 | 0.004931 | 6.317020 | 0.0000 |
| lnvol? - -2001 | 0.015980 | 0.003707 | 4.310313 | 0.0000 |
| lnvol? - -2002 | 0.017137 | 0.003617 | 4.737898 | 0.0000 |
| lnvol? - -2003 | 0.000628 | 0.003534 | 0.177746 | 0.8590 |
| lnvol? - -2004 | 0.010698 | 0.003448 | 3.102885 | 0.0020 |
| lnvol? - -2005 | 0.012295 | 0.003286 | 3.741612 | 0.0002 |
| lnvol? - -2006 | 0.059080 | 0.008416 | 7.019680 | 0.0000 |
| lnvol? - -2007 | 0.001662 | 0.001306 | 1.272010 | 0.2041 |
| lnvol? - -2008 | 0.015100 | 0.004414 | 3.420746 | 0.0007 |
| lnvol? - -2009 | 0.015800 | 0.003297 | 4.792377 | 0.0000 |
| lnvol? - -2010 | 0.010290 | 0.003704 | 2.778384 | 0.0057 |
| R – squared | 0.953722 | Mean dependent var | | 4.634973 |
| Adjusted R – squared | 0.948494 | S. D. dependent var | | 0.043314 |
| S. E. of regression | 0.009830 | Akaike info criterion | | -6.309055 |
| Sum squared resid | 0.040198 | Schwarz criterion | | -5.880791 |
| Log likelihood | 1511.701 | Hannan – Quinn criter. | | -6.140474 |
| F – statistic | 182.4091 | Durbin – Watson stat | | 1.922578 |
| Prob. (F – statistic) | 0.000000 | | | |

从表 5 – 9 可知，模型拟合优度为 0.95，调整后的拟合优度为 0.94，DW 值为 1.92，模型 F 值为 182，总体概率 P 值为零。因此，模型估计有效。从模型的

参数看，绝大多数参数都在5%的显著性水平上显著。

从以上估计结果可以得出以下结论：第一，固定资产投资与政府支出对物价水平的影响并不显著。第二，实际有效汇率指数的上升（人民币贬值）导致通货膨胀的上升，并且影响显著，所有的影响均在1%的显著性水平上显著。这是由于人民币贬值刺激了出口，从而导致很多生产资料流向贸易部门，造成非贸易部门生产资源的稀缺及价格上涨；与此同时，人民币贬值抑制了进口，从而不能获得足够的进口品来满足生产与生活的需要。因此，在国内需求基本稳定的情况下，人民币贬值刺激了对国内市场的供应，而削弱了对国内市场的供给，从而造成等价的上涨。另外，出口的大量增加必然产生大量的外汇储备，在当前强制结售汇背景下，巨额外汇储备形成的外汇占款也必然造成宽松的流动性环境，进一步增大了通货膨胀的压力。第三，从对通货膨胀影响的程度上看，人民币汇率对区域通货膨胀的影响具有显著的区域异质性。具体地，河南、海南、湖南、宁夏的影响系数为40%以上，其余各省份的影响系数为39%。第四，汇率波动 Lvol 对区域通货膨胀具有显著的正向影响，且这种影响具有时点上的异质性，1995—2010年汇率波动对通货膨胀的影响在1%~6%。伴随着汇率波动的加剧，国际资本市场的投机性增强，投机与套利空间增大，投机与套利活动的加剧使得金融资产的价格波动更为频繁，因此市场主体对货币的预防需求及投机需求增加，货币需求的增加在很大程度上增加了利率上调的压力，从而使得经济遇冷，流动性从紧。为稳定预期，货币当局通过适度宽松的货币政策增加货币供给，由于货币供给内生性的增强及货币乘数的作用，使得货币供给的实际增加量大于目标供给量，从而导致通货膨胀压力的上升。因此，汇率波动 Lvol 对通货膨胀的影响机制可以分为两个阶段：第一阶段为市场调节阶段，第二阶段为货币当局调控阶段。表示为：汇率波动↑→货币投机需求与预防性需求↑→货币总需求↑→利率↑→经济遇冷→货币当局适度宽松的货币政策→货币供给的内生性及乘数效应的扩大使得实际货币供给大于目标货币供给→物价上涨。

### 5.2.5　小结

本文在测度区域实际有效汇率指数及区域汇率波动率的基础上，构建了区域实际汇率及其波动率影响区域经济增长及区域通货膨胀的理论模型。采用省际面板数据模型，对人民币汇率机制改革的效应进行了计量分析，分析结论如下：

第一，区域经济增长与区域有效汇率、汇率波动、投资、政府支出存在协整关系；区域通货膨胀与区域有效汇率及汇率波动率也存在显著的协整关系。

第二，人民币汇率升值对区域经济增长具有显著的影响，并且这种影响具有显著的区域异质性。汇率变化对区域经济的影响可以分为四个梯次：第一梯次受影响最大，分别为江苏、山东、广东及上海；第二梯次为河北、辽宁、浙江、福建、湖北；第三梯次分别为北京、天津、山西、黑龙江、安徽、江西、广西及四川；处于第四梯次的省份有内蒙古、吉林、河南、湖南、海南、贵州、云南、陕西、甘肃及新疆。因此，我国区域经济受汇率水平影响的程度基本上（不绝对）呈现出由东向西依次降低的特征。

第三，人民币升值（区域实际有效汇率指数的下降）对我国区域经济增长具有抑制作用，并且这种抑制作用呈现出明显的地域差异：东部沿海地区由于有着非常高的贸易依存度，并且 FDI 流入规模庞大，因此受汇率升值影响最大；中部地区受汇率升值的影响小于东部地区，而西部地区所受到影响则非常小。

第四，基于以上两点，本文认为人民币汇率的稳步升值虽然在一定程度上抑制了区域的发展，但是由于对东部、西部、中部各省份的抑制程度不同，因此有利于缩小区域经济增长的差异，有利于实现全国经济的收敛与均衡协调发展。由于东部地区受汇率升值的影响最大，因此东部地区的资金、技术等生产要素必然去西部地区寻找出路以维持其利润空间，从而实现了东部技术、资金与西部资源的结合，这必将带来西部地区经济的跨越式发展。据发改委数据显示，我国西部地区经济增长速度已经连续五年高于东部发达地区，区域经济差异得到初步改观。

第五，汇率波动率（稳定性）对经济增长的影响不容忽视，汇率波动对经济增长的影响具有显著的时点异质性。具体地，1994—2004 年，汇率波动对区域经济增长的影响较小，而 2005 年汇率机制改革后，汇率波动对区域经济的影响出现扩大态势。因此，实现汇率稳步升值的同时保持人民币汇率的相对稳定是当前中央银行面临的重大考验。另外，完善外汇市场交易制度，健全监管体制，使藏汇于国逐步过渡为藏汇于民，逐步改革强制结售汇制度，使市场真正发挥调节外汇供给的作用，化解汇率风险，增强市场主体的避险意识。

第六，人民币汇率升值对区域通货膨胀具有显著的抑制作用，但是区域差异性并不大。一方面，汇率升值抑制了出口积极性，出口贸易下降，国内产能相对过剩，短期内造成供过于求的局面，从而使物价水平下降；出口下降势必导致外汇储备增速下降，外汇占款及派生货币减少，从而进一步降低了市场中的流动性水平。另一方面，汇率升值增强了进口积极性，进口品对国内的同类产品形成了竞争与替代，从而使得价格水平下降。

## 5.3 基于辽宁沈阳、大连及 12 个地级市的研究

### 5.3.1 模型设定

根据以上理论分析，考虑到区域固定资产投资、地方财政支出等因素对地区经济及物价的影响①，构建如下固定截距变系数面板模型：

$$\ln GDP_{it} = \alpha_{it} + \beta_{it}\ln e_{it} + \gamma_{it}\ln vol_{it} + \eta_{it}\ln I_{it} + \kappa_{it}\ln G_{it} + \varepsilon_{it} \qquad (1)$$

$$\ln CPI_{it} = \alpha_{it} + \beta_{it}\ln e_{it} + \gamma_{it}\ln vol_{it} + \mu_{it} \qquad (2)$$

在具体的计量方法上，本文采取了 PLS（Pooled Least Squares）计量方法。固定截距变系数模型中，每个地区增长模型中地区实际有效汇率指数的系数都不相同。

### 5.3.2 指标与数据选择

我们使用 14 个地区 2000—2012 年共计 13 年的年度数据进行面板分析。地区生产总值（$GDP_{it}$）表示 $i$ 地区在 $t$ 年的地区生产总值，数据来自《辽宁统计年鉴》；用 $e_{it}$ 表示 $i$ 地区在 $t$ 年的实际有效汇率指数；固定资产投资及地区财政支出也均来自历年《辽宁统计年鉴》，汇率波动 $vol_{it}$ 来源于 AR（1）－ MARCH（1，1）模型的估计。为了增强模型的线性及减少模型的异方差性，对各个变量取自然对数。

### 5.3.3 面板单位根检验及协整检验

在模型估计之前，首先检验数据的平稳性及变量之间的协整性，从而避免伪回归现象。为了确保检验结果的稳健性，这里分别采用 Levin，Lin 和 Chu、Lm，Pearan 和 Shi 、ADF Fisher Chi－Square 及 PP Fisher Chi－Square 四种方法进行检验。表 5－10 分别列出了所有变量的检验方法、检验形式、统计量及相伴概率。从表 5－10 可以看出，所有的变量均为一阶单整序列。

---

① 这里借鉴了郑长德和张高明（2009）的相关成果，但是郑长德和张高明（2009）仅仅考虑了汇率变化的影响，并没有考虑汇率波动对经济增长及区域通货膨胀水平的影响，实证结果表明原模型的设定存在偏误。

**表 5 – 10** 　　　　　　　　　　　　　　**面板单位根检验结果**

| 变量 | 检验方法 | 检验形式 | 统计量 | 相伴概率 | 结论 |
|---|---|---|---|---|---|
| $\ln GDP_{it}$ | Levin，Lin&Chu | C，T，2 | 5.8749 | 0.9812 | 不平稳 |
| | Lm，Pearan&Shi | C，T，2 | 11.1751 | 1.0000 | 不平稳 |
| | ADF Fisher Chi – Square | C，T，2 | 1.7698 | 1.0000 | 不平稳 |
| | PP Fisher Chi – Square | C，T，2 | 1.6404 | 0.9458 | 不平稳 |
| $\Delta \ln GDP_{it}$ | Levin，Lin&Chu | C，0，1 | – 22.476 | 0.0000 | 平稳 |
| | Lm，Pearan&Shi | C，0，1 | – 16.538 | 0.0000 | 平稳 |
| | ADF Fisher Chi – Square | C，0，1 | 302.138 | 0.0000 | 平稳 |
| | PP Fisher Chi – Square | C，0，1 | 334.021 | 0.0000 | 平稳 |
| $\ln CPI_{it}$ | Levin，Lin&Chu | 0，0，3 | 2.8671 | 0.9979 | 不平稳 |
| | Lm，Pearan&Shi | | | | |
| | ADF Fisher Chi – Square | 0，0，3 | 29.9842 | 0.9939 | 不平稳 |
| | PP Fisher Chi – Square | 0，0，3 | 58.6292 | 0.2454 | 不平稳 |
| $\Delta \ln CPI_{it}$ | Levin，Lin&Chu | 0，0，2 | – 21.493 | 0.0000 | 平稳 |
| | Lm，Pearan&Shi | | | | |
| | ADF Fisher Chi – Square | 0，0，2 | 394.091 | 0.0000 | 平稳 |
| | PP Fisher Chi – Square | 0，0，2 | 475.327 | 0.0000 | 平稳 |
| $\ln e_{it}$ | Levin，Lin&Chu | 0，0，1 | – 1.5854 | 0.0564 | 不平稳 |
| | Lm，Pearan&Shi | | | | |
| | ADF Fisher Chi – Square | 0，0，1 | 30.2598 | 0.9931 | 不平稳 |
| | PP Fisher Chi – Square | 0，0，1 | 30.3954 | 0.9928 | 不平稳 |
| $\Delta \ln e_{it}$ | Levin，Lin&Chu | 0，0，0 | – 41.277 | 0.0000 | 平稳 |
| | Lm，Pearan&Shi | | | | |
| | ADF Fisher Chi – Square | 0，0，0 | 647.295 | 0.0000 | 平稳 |
| | PP Fisher Chi – Square | 0，0，0 | 478.938 | 0.0000 | 平稳 |
| $\ln vol_{it}$ | Levin，Lin&Chu | 0，0，3 | 5.02014 | 1.0000 | 不平稳 |
| | Lm，Pearan&Shi | | | | |
| | ADF Fisher Chi – Square | 0，0，3 | 8.21249 | 1.0000 | 不平稳 |
| | PP Fisher Chi – Square | 0，0，3 | 39.6555 | 0.8527 | 不平稳 |
| $\Delta \ln vol_{it}$ | Levin，Lin&Chu | 0，0，0 | – 31.133 | 0.0000 | 平稳 |
| | Lm，Pearan&Shi | | | | |
| | ADF Fisher Chi – Square | 0，0，0 | 566.599 | 0.0000 | 平稳 |
| | PP Fisher Chi – Square | 0，0，0 | 460.517 | 0.0000 | 平稳 |

续表

| 变量 | 检验方法 | 检验形式 | 统计量 | 相伴概率 | 结论 |
|------|----------|----------|--------|----------|------|
| $\ln I_{it}$ | Levin, Lin&Chu | C, T, 2 | − 1. 5449 | 0. 0612 | 不平稳 |
| | Lm, Pearan&Shi | C, T, 2 | 2. 00696 | 0. 9776 | 不平稳 |
| | ADF Fisher Chi − Square | C, T, 2 | 49. 4206 | 0. 5759 | 不平稳 |
| | PP Fisher Chi − Square | C, T, 2 | 31. 3782 | 0. 9895 | 不平稳 |
| $\Delta \ln I_{it}$ | Levin, Lin&Chu | C, 0, 2 | − 6. 5316 | 0. 0000 | 平稳 |
| | Lm, Pearan&Shi | C, 0, 2 | − 3. 6733 | 0. 0001 | 平稳 |
| | ADF Fisher Chi − Square | C, 0, 2 | 94. 9172 | 0. 0003 | 平稳 |
| | PP Fisher Chi − Square | C, 0, 2 | 103. 262 | 0. 0000 | 平稳 |
| $\ln G_{it}$ | Levin, Lin&Chu | C, T, 1 | − 0. 7247 | 0. 2443 | 不平稳 |
| | Lm, Pearan&Shi | C, T, 1 | 3. 79541 | 0. 9999 | 不平稳 |
| | ADF Fisher Chi − Square | C, T, 1 | 24. 7016 | 0. 9995 | 不平稳 |
| | PP Fisher Chi − Square | C, T, 1 | 12. 4987 | 1. 0000 | 不平稳 |
| $\Delta \ln G_{it}$ | Levin, Lin&Chu | C, 0, 1 | − 10. 131 | 0. 0000 | 平稳 |
| | Lm, Pearan&Shi | C, 0, 1 | − 6. 7892 | 0. 0000 | 平稳 |
| | ADF Fisher Chi − Square | C, 0, 1 | 133. 695 | 0. 0000 | 平稳 |
| | PP Fisher Chi − Square | C, 0, 1 | 135. 414 | 0. 0000 | 平稳 |

注：检验形式中的 C，T，L 分别指有无截距项、趋势项及滞后阶数；所有检验的原假设 H0 为：序列存在单位根。

根据 E～G 两步法的思想，在单位根检验的基础上，估计模型（1）及模型（2），得到两个模型下的样本残差序列。对两个残差序列分别进行面板单位根检验，单位根检验结果表明，两个序列均为 0 阶单整的平稳序列。因此，模型（1）及模型（2）存在协整关系，从而避免了伪回归现象。

表5-11　　　　　　　　　　残差序列面板单位根检验

| 变量 | 检验方法 | 检验形式 | 统计量 | 相伴概率 | 结论 |
|------|----------|----------|--------|----------|------|
| $\varepsilon_{it}$ | Levin, Lin&Chu | 0, 0, 2 | − 7. 1856 | 0. 0000 | 平稳 |
| | ADF Fisher Chi − Square | 0, 0, 2 | 160. 038 | 0. 0000 | 平稳 |
| | PP Fisher Chi − Square | 0, 0, 2 | 150. 900 | 0. 0000 | 平稳 |
| $\mu_{it}$ | Levin, Lin&Chu | 0, 0, 3 | − 14. 879 | 0. 0000 | 平稳 |
| | ADF Fisher Chi − Square | 0, 0, 3 | 308. 956 | 0. 0000 | 平稳 |
| | PP Fisher Chi − Square | 0, 0, 3 | 250. 039 | 0. 0000 | 平稳 |

注：检验形式中的 C，T，L 分别指有无截距项、趋势项及滞后阶数；所有检验的原假设 H0 为：序列存在单位根。

## 5.3.4　基于面板数据的实证分析

### 5.3.4.1　汇率变化、汇率波动对区域经济增长的效应估计（模型1）

表 5 - 12　　　　　　汇率及汇率波动对区域经济增长效应估计

| Variable | Coefficient | Std. Error | t - Statistic | Prob. |
|---|---|---|---|---|
| C | - 0. 750548 | 1. 796658 | - 0. 417747 | 0. 6763 |
| lnI? | 0. 092440 | 0. 022318 | 4. 141994 | 0. 0000 |
| lnG? | 0. 423287 | 0. 062966 | 6. 722523 | 0. 0000 |
| lne 辽阳 | 0. 424918 | 0. 209233 | 2. 030836 | 0. 0412 |
| lne 盘锦 | 0. 406259 | 0. 209779 | 1. 936604 | 0. 0541 |
| lne 锦州 | 0. 510271 | 0. 209576 | 2. 434777 | 0. 0214 |
| lne 山西 | 0. 402407 | 0. 209359 | 1. 922090 | 0. 0544 |
| lne 抚顺 | 0. 377235 | 0. 209516 | 1. 800506 | 0. 0618 |
| lne 丹东 | 0. 500892 | 0. 20944 | 2. 391570 | 0. 0233 |
| lne 阜新 | 0. 397787 | 0. 209665 | 1. 897250 | 0. 0628 |
| lne 葫芦岛 | 0. 464682 | 0. 209558 | 2. 217438 | 0. 0384 |
| lne 大连 | 0. 685595 | 0. 209336 | 3. 275093 | 0. 0000 |
| lne 沈阳 | 0. 624832 | 0. 209949 | 2. 976113 | 0. 0115 |
| lne 营口 | 0. 585719 | 0. 209971 | 2. 789523 | 0. 0125 |
| lne 铁岭 | 0. 466295 | 0. 209726 | 2. 223353 | 0. 0384 |
| lne 鞍山 | 0. 520094 | 0. 20981 | 2. 478880 | 0. 0284 |
| lne 朝阳 | 0. 423686 | 0. 209587 | 2. 021528 | 0. 0412 |
| lnvol? - - 2000 | - 0. 129852 | 0. 046292 | - 2. 805073 | 0. 0053 |
| lnvol? - - 2001 | - 0. 107666 | 0. 043749 | - 2. 460985 | 0. 0143 |
| lnvol? - - 2002 | - 0. 086557 | 0. 041874 | - 2. 067074 | 0. 0393 |
| lnvol? - - 2003 | - 0. 104047 | 0. 042900 | - 2. 425363 | 0. 0157 |
| lnvol? - - 2004 | - 0. 039792 | 0. 040396 | - 0. 985048 | 0. 3252 |
| lnvol? - - 2005 | - 0. 078101 | 0. 038970 | - 2. 004139 | 0. 0457 |
| lnvol? - - 2006 | - 0. 097833 | 0. 037340 | - 2. 620030 | 0. 0091 |
| lnvol? - - 2007 | - 0. 095037 | 0. 037342 | - 2. 545042 | 0. 0113 |
| lnvol? - - 2008 | - 0. 093328 | 0. 040474 | - 2. 305890 | 0. 0216 |
| lnvol? - - 2009 | - 0. 046004 | 0. 034913 | - 1. 317651 | 0. 1883 |
| lnvol? - - 2010 | - 0. 238824 | 0. 036283 | - 6. 582256 | 0. 0000 |
| lnvol? - - 2011 | - 0. 221508 | 0. 046527 | - 4. 760849 | 0. 0000 |

续表

| Variable | Coefficient | Std. Error | t – Statistic | Prob. |
|---|---|---|---|---|
| lnvol? – –2012 | – 0. 209470 | 0. 016878 | – 12. 410831 | 0. 0000 |
| R – squared | 0. 993858 | Mean dependent var | | 8. 032406 |
| Adjusted R – squared | 0. 993164 | S. D. dependent var | | 1. 132964 |
| S. E. of regression | 0. 093677 | Akaike info criterion | | – 1. 800238 |
| Sum squared resid | 3. 650531 | Schwarz criterion | | – 1. 371974 |
| Log likelihood | 465. 6553 | Hannan – Quinn criter. | | – 1. 631658 |
| F – statistic | 1432. 112 | Durbin – Watson stat | | 1. 936240 |
| Prob. （F – statistic） | 0. 000000 | | | |

从表 5 – 12 可知，模型调整后的拟合优度为 0. 99，DW 统计量为 1. 93，F 值为 1432，模型整体 P 值为 0，模型整体回归效果良好。从模型估计结果可以得到以下启示：

第一，财政支出对经济增长的拉动作用远远大于固定资产投资的拉动作用。地方财政支出拉动经济增长的对数弹性为 0. 42，地方固定资产投资拉动经济增长的对数弹性为 0. 09，前者是后者的将近 5 倍。这表明投资拉动经济增长的长期效应较小，过分依靠投资拉动经济增长的做法并不具有持续性。而地方财政支出的增加对经济增长具有非常大的拉动作用，因此扩张性的财政政策对于刺激总需求是非常有效的。

第二，区域实际有效汇率对辽宁省 14 个地区的影响具有显著的区域异质性，汇率水平的弹性系数分布在 0. 37 至 0. 68 之间。具体表现为：在 10% 的显著性水平上，各地区的经济增长受到汇率水平的影响显著。其中，大连、沈阳、营口及鞍山的汇率水平变化对当地经济增长的影响程度最大。

第三，区域经济增长在受汇率水平影响的同时，也受到汇率波动的负向影响，并且这种影响具有显著的时点异质性。具体地，2000—2004 年的大多数年份里，实际有效汇率波动对区域经济增长具有显著的负向影响，影响系数在 – 4% ~ 12%；2005—2013 年，汇率波动对区域经济的影响系数均在 1% 显著性水平上显著，显著性程度提高，影响系数在 – 20% 左右，影响程度进一步加深。

原因在于，2005 年以来的汇率制度改革不仅实现了人民币的稳定升值，同时汇率的波动幅度及弹性也在逐渐增强。人民币升值无疑加大了企业出口的压力，降低了出口利润，从而在一定程度上削弱了出口贸易对经济的拉动作用，同时，人民币升值也使得 FDI 的流入有所减缓，最终使得人民币的升值降低了区域经济增长的速度。另外，汇率机制改革加剧了汇率波动，从而使企业面临的汇率风险陡增，在当前我国资本项目尚未完全放开、强制结售汇制度未完全改观、避险工具单一、外贸企业避险意识淡薄的背景下，无疑降低了外贸企业的外贸积极性，并进一步阻碍了区域经济发展。此外，汇率波动率的增加加剧了市场对货币的投机需求与预防需求，投机活动增加，使大量的货币从实体经济流向虚拟经济，这在一定程度上也抑制了经济的发展。

5.3.4.2　汇率变化、汇率波动对区域通货膨胀的效应估计（模型 2）

表 5 - 13　　　　　　　　汇率及汇率波动对区域通货膨胀效应估计

| Variable | Coefficient | Std. Error | t - Statistic | Prob. |
|---|---|---|---|---|
| C | 6.607940 | 0.296499 | 22.28657 | 0.0000 |
| lnI? | − 0.001276 | 0.002550 | − 0.500202 | 0.6172 |
| lnG? | − 0.005792 | 0.008053 | − 0.719165 | 0.4724 |
| lne 辽阳 | 0.396890 | 0.057731 | 6.874874 | 0.0000 |
| lne 盘锦 | 0.398869 | 0.057653 | 6.918440 | 0.0000 |
| lne 锦州 | 0.396723 | 0.057664 | 6.879877 | 0.0000 |
| lne 山西 | 0.397389 | 0.057637 | 6.894715 | 0.0000 |
| lne 抚顺 | 0.397322 | 0.057651 | 6.891797 | 0.0000 |
| lne 丹东 | 0.397376 | 0.057694 | 6.887623 | 0.0000 |
| lne 阜新 | 0.398647 | 0.057672 | 6.912266 | 0.0000 |
| lne 葫芦岛 | 0.398124 | 0.057690 | 6.901049 | 0.0000 |
| lne 大连 | 0.396392 | 0.057721 | 6.867387 | 0.0000 |
| lne 沈阳 | 0.396914 | 0.057770 | 6.870635 | 0.0000 |
| lne 营口 | 0.397381 | 0.057719 | 6.884805 | 0.0000 |
| lne 铁岭 | 0.397886 | 0.057659 | 6.900647 | 0.0000 |
| lne 鞍山 | 0.398669 | 0.057663 | 6.913753 | 0.0000 |
| lne 朝阳 | 0.398124 | 0.057629 | 6.908371 | 0.0000 |
| lnvol? - - 2000 | 0.028917 | 0.004827 | − 5.990049 | 0.0000 |
| lnvol? - - 2001 | 0.006566 | 0.004536 | 1.447437 | 0.1485 |
| lnvol? - - 2002 | 0.016020 | 0.004722 | 3.392879 | 0.0008 |
| lnvol? - - 2003 | 0.011056 | 0.004268 | 2.590450 | 0.0099 |
| lnvol? - - 2004 | 0.017590 | 0.004055 | 4.337648 | 0.0000 |
| lnvol? - - 2005 | 0.031148 | 0.004931 | 6.317020 | 0.0000 |
| lnvol? - - 2006 | 0.015980 | 0.003707 | 4.310313 | 0.0000 |

| Variable | Coefficient | Std. Error | t – Statistic | Prob. |
|---|---|---|---|---|
| lnvol? – – 2007 | 0. 017137 | 0. 003617 | 4. 737898 | 0. 0000 |
| lnvol? – – 2008 | 0. 000628 | 0. 003534 | 0. 177746 | 0. 8590 |
| lnvol? – – 2009 | 0. 010698 | 0. 003448 | 3. 102885 | 0. 0020 |
| lnvol? – – 2010 | 0. 012295 | 0. 003286 | 3. 741612 | 0. 0002 |
| lnvol? – – 2011 | 0. 059080 | 0. 008416 | 7. 019680 | 0. 0000 |
| lnvol? – – 2012 | 0. 001662 | 0. 001306 | 1. 272010 | 0. 2041 |
| lnvol? – – 2013 | 0. 015100 | 0. 004414 | 3. 420746 | 0. 0007 |
| R – squared | 0. 953722 | Mean dependent var | | 4. 634973 |
| Adjusted R – squared | 0. 948494 | S. D. dependent var | | 0. 043314 |
| S. E. of regression | 0. 009830 | Akaike info criterion | | – 6. 309055 |
| Sum squared resid | 0. 040198 | Schwarz criterion | | – 5. 880791 |
| Log likelihood | 1511. 701 | Hannan – Quinn criter. | | – 6. 140474 |
| F – statistic | 182. 4091 | Durbin – Watson stat | | 1. 922578 |
| Prob. （F – statistic） | 0. 000000 | | | |

从表 5 – 13 可知，模型拟合优度为 0. 95，调整后的拟合优度为 0. 94，DW 值为 1. 92，模型 F 值为 182，总体概率 P 值为零。因此，模型估计有效。从模型的参数看，绝大多数参数都在 5% 的显著性水平上显著。

从以上估计结果可以得出以下结论：第一，固定资产投资与政府支出对物价水平的影响并不显著。第二，实际有效汇率指数的上升（人民币贬值）导致通货膨胀的上升，并且影响显著，所有的影响均在 1% 的显著性水平上显著。这是由于人民币贬值刺激了出口，从而导致很多生产资料流向贸易部门，造成非贸易部门生产资源的稀缺及价格上涨；与此同时，人民币贬值抑制了进口，从而不能获得足够的进口品来满足生产与生活的需要。因此，在国内需求基本稳定的情况下，人民币贬值刺激了对国内市场的供应，而削弱了对国内市场的供给，从而造成等价的上涨。另外，出口的大量增加必然产生大量的外汇储备，在当前强制结售汇背景下，巨额外汇储备形成的外汇占款也必然造成宽松的流动性环境，进一步增大了通货膨胀的压力。第三，从对通货膨胀影响的程度上看，人民币汇率对区域通货膨胀的影响不具有显著的区域异质性。各地的影响系数均约为 39%。第四，汇率波动 Lvol 对区域通货膨胀具有显著的正向影响，且这种影响具有时点上的异质性，2000—2013 年汇率波动对通货膨胀的影响在 1% ~ 6%。伴随着汇率波动的加剧，国际资本市场的投机性增强，投机与套利空间增大，投机与套利活动的加剧使得金融资产的价格波动更为频繁，因此市场主体对货币的预防需求及投机需求增加，货币需求的增加在很大程度上增加了利率上调的压力，从而使得经济遇冷，流动性从紧。为稳定预期，货币当局通过适度宽松的货币政策增加货币供给，由于货币供给内生性的增强及货币乘数的作用，使得货币供给的实际增加量大于目标供给量，从而导致通货膨胀压力的上升。因此，汇率波动 Lvol 对通货膨胀的影响机制可以分为两个阶段：第一阶段为市场调节阶段，第二阶段为货币当局调控阶段。表示为：汇率波动↑→货币投机需求与预防性需求↑→货币总需求↑→利率↑→经济遇冷→货币当局适度宽松的货币政策→货币供给的内生性及乘数效应的扩大使得实际货币供给大于目标货币供给→物价上涨。

### 5.3.5　小结

本文在测度区域实际有效汇率指数及区域汇率波动率的基础上，构建了辽宁省区域实际汇率及其波动率影响区域经济增长及区域通货膨胀的理论模型。采用区际面板数据模型，对人民币汇率机制改革的效应进行了计量分析，分析结论如下：

第一，辽宁省区域经济增长与区域有效汇率、汇率波动、投资、政府支出存在协整关系；区域通货膨胀与区域有效汇率及汇率波动率也存在显著的协整关系。

第二，人民币汇率升值对区域经济增长具有显著的影响，并且这种影响具有显著的区域异质性。辽宁省区域经济受汇率水平影响的程度基本上（不绝对）呈现出由东向西依次降低的特征。

第三，人民币升值（区域实际有效汇率指数的下降）对辽宁省区域经济增长具有抑制作用，并且这种抑制作用呈现出明显的地域差异：辽宁东部沿海地区由于有着非常高的贸易依存度，并且 FDI 流入规模庞大，因此受汇率升值影响最大；辽宁中部地区受汇率升值的影响小于东部地区，而辽宁西部地区所受到影响则非常小。

第四，人民币汇率的稳步升值虽然在一定程度上抑制了区域的发展，但是由于对辽宁东部、西部、中部地区的抑制程度不同，因此有利于缩小辽宁区域经济增长的差异，有利于实现全省经济的收敛与均衡协调发展。由于辽宁东部地区受汇率升值的影响最大，因此辽宁东部地区的资金、技术等生产要素必然去西部地区寻找出路以维持其利润空间，从而实现了辽宁东部技术、资金与辽宁西部资源的结合，这必将带来辽宁西部地区经济的跨越式发展。

第五，汇率波动率（稳定性）对经济增长的影响不容忽视，汇率波动对经济增长的影响具有显著的时点异质性。具体地，2000—2004 年，汇率波动对区域经济增长的影响较小，而 2005 年汇率机制改革后，汇率波动对区域经济的影响出现扩大态势。因此，实现汇率稳步升值的同时保持人民币汇率的相对稳定是当前央行面临的重大考验。另外，完善外汇市场交易制度，健全监管体制，使藏汇于国逐步过渡为藏汇于民，逐步改革强制结售汇制度，使市场真正发挥调节外汇供给的作用，化解汇率风险，增强市场主体的避险意识。

第六，人民币汇率升值对辽宁区域通货膨胀具有显著的抑制作用，但是区域差异性并不大。一方面，汇率升值抑制了出口积极性，出口贸易下降，国内产能相对过剩，短期内造成供过于求的局面，从而使物价水平下降；出口下降势必导致外汇储备增速下降，外汇占款及派生货币减少，从而进一步降低了市场中的流动性水平。另一方面，汇率升值增强了进口积极性，进口品对国内的同类产品形成了竞争与替代，从而使得价格水平下降。

## 5.4　石油价格与汇率波动的经济增长效应研究[①]

当前，我国经济逐渐步入新常态，汇率与石油价格波动对我国经济增长的影响不可忽视。一方面，汇率变化事关国际资本流动的方向与规模，影响着我国的宏观经济稳定及经济增长。另一方面，我国较高的石油依存度及石油的大宗商品属性决定了其价格波动必然影响我国经济增长的速度与质量。因此，在石油价格与汇率波动日益加剧，全球经济下行压力不减的背景下，深入分析汇率与石油价格波动对我国经济增长的影响具有重要的现实意义。

### 5.4.1　汇率及石油价格波动现状分析

#### 5.4.1.1　人民币汇率波动现状分析

2005 年 7 月 21 日，我国货币当局按照"主动、可控、渐进"的原则启动了人民币汇率机制改革，至今已历时近 10 年。人民币已经从 2005 年 7 月 20 日的 8.27RMB/USD 升值到 2015 年 2 月 13 日的 6.24RMB/USD，累计升值幅度逾 25%，最大升值幅度超过 30%。值得关注的是，进入 2014 年以来，人民币汇率

---

①　基金项目：辽宁省教育厅科学研究项目（W2012047）。

波动呈现出新的特征：

第一，人民币汇率一改往日的单边升值态势，逐渐呈现出双向波动态势，汇率波动弹性明显增强。2014 年 12 个月中，人民币对美元中间价有 6 个月贬值，6 个月升值，2014 年全年人民币对美元汇率中间价贬值 0.36%；与此相似，人民币对美元即期汇率也有 6 个月升值，6 个月贬值，全年贬值 2.42%。整体来看，人民币已经由单边升值逐渐转变为双向波动。

第二，人民币汇率已经呈现出升贬参半的双向波动态势，人民币已经接近其均衡水平。至 2014 年末，人民币对美元累计最大升值幅度已达到 30% 左右，且 2014 年以来人民币汇率已经一改往日的单边升值态势，呈现出双边弹性波动的态势。从即期汇率的变化态势看，2014 年人民币对美元汇率升贬参半，呈现出贬—升—贬的态势。从 2014 年全年看，人民币对美元汇率（中间价）贬值约 0.36%，即期汇率贬值约 2.42%。而 2013 年中国人民银行公布的人民币对美元中间价累计升幅达 3.09%，即期累计升幅也超过 2.91%。

第三，伴随着汇率波动区间的放宽及人民币国际化步伐的加快，波动幅度明显加剧，市场对未来人民币汇率的走势判断出现多元化，汇率未来走势不确定性增强。2015 年 2 月 2 日，人民币对美元即期汇率创 27 个月新低；3 日，人民币汇率连续 7 个交易日中 6 个交易日接近跌停；4 日，即期汇率开盘后再次下跌。

伴随着人民币汇率由单边升值向双向弹性波动的转变，我国经常项目顺差占 GDP 的比例由 2007 年的峰值 10.1% 稳步回落至 2013 年的 2.6%，国际收支失衡状况得到改善，国民经济的外贸依存度有所下降。另外，伴随着人民币的持续升值，我国经济增长速度也持续回落，2014 年 GDP 增速回落至 7.4%。未来人民币汇率如何影响我国经济增长成为一个亟待解决的课题。

5.4.1.2　石油价格波动现状分析

国际油价的变化可分为四个阶段：

第一，1988—1996 年的油价平稳期。国际原油价格在 1988—1996 年较为稳定，在 20 美元上下波动。1997 年东南亚金融危机使得石油价格出现一定程度的下降与震荡。

第二，21 世纪初的持续稳定上升期。进入 21 世纪以来，伴随着全球经济新一轮快速增长及金融自由化的加速，石油价格一直呈上升态势，从 2001 年的约 20 美元/桶上升至 2008 年 7 月 14 日的 145 美元/桶。

第三，美国次贷危机前后的持续震荡期。受 2008 年全球金融危机的影响，石油价格由 145 美元/桶迅速下降至 2009 年 2 月 12 日的 34.03 美元/桶。此后，国际范围内的经济复苏政策纷纷出台，全球经济出现复苏，原油价格逐渐上升至 2011 年 4 月 29 日的 113.39 美元/桶。自此，国际原油价格一直围绕着 100 美元/桶的价位上下震荡，但是面临着较大的下行压力。

第四，后危机时代的石油价格暴跌期。受美国量化宽松政策逐步退出、新兴经济体增长乏力、欧美对俄罗斯经济制裁、乌克兰危机及 OPEC 石油减产失败等多因素的影响，国际油价在一段时间的持续震荡后快速下行。从 2014 年 6 月 16 日的 106.9 美元/桶迅速暴跌至 2015 年 1 月 28 日的 44.45 美元/桶，半年的时间里跌幅超过 50%。

尽管石油价格在近期经历着急剧下跌，但是从长期来看，影响石油价格走势的决定因素仍然是石油的需求与供给。随着全球石油需求的稳步回升及石油供给的相对有限与稳定，长期来看石油价格仍将趋于上升，2015 年 1 月 29 日以来的持续上涨也印证了这一点。那么，石油价格的变化是否会影响我国的经济增长？如果有影响，是什么样的影响？影响程度如何？这些问题的解决对于促进宏观经济稳定、保持经济可持续发展具有重要的现实意义。论文第二部分为文献综述，第三部分为研究框架设计，第四部分为实证分析，第五部分为结论及政策建议。

### 5.4.2　文献综述

当前，汇率与石油价格波动对经济的非对称性冲击已经逐渐成为学术界与政界关注的前沿问题。一方面，大量的文献已经表明[①]，汇率贬值在往往（但不绝对）能够增加一国出口，减少进口，从而改善一国的国际收支状况。因此，汇率贬值具有"支出转换"效应，即本国居民将大量的消费本国品从而替代进口品，而外国居民将减少本国品消费，转而消费大量的进口品，这种转换效应改善了出口国与进口国的贸易条件，并最终影响了出口国与进口国的经济增长。另一方面，石油价格上升将导致产品成本上升，对进口国形成供给冲击，导致进口国供给减少并带来成本推动型的通货膨胀，而货币政策与财政政策应对供给冲击的治理效应非常低。麦基洛普（McKillop，2004）认为，石油价格上升会降低经济增长速度，产生股票市场恐慌，造成通货膨胀，影响货币与金融的

---

① 事实上，一国汇率贬值对国际贸易的影响远没有如此简单。汇率波动对贸易的影响分为直接影响与间接影响。直接影响是通过汇率传递来影响一国的出口价格或出口量，而这又取决于出口商的规模、市场竞争结构等因素；间接影响是由于汇率升值有可能会触及贸易伙伴国的报复性贸易政策，从而间接影响了国际贸易。因此，准确地讲，汇率波动对贸易的影响因国而异，因行业而异。需要具体问题具体分析，不能一概而论。

稳定性，也可能推高利率，最终将经济托入衰退[155]。Jin（2008）认为，国际石油价格的急剧上升及汇率的剧烈振荡往往被视为经济下滑的信号。此外，大量的研究倾向于寻找汇率稳定有利于经济增长的证据[156]。Schnabl（2007）在41个 EMU 国家面板数据的基础上，利用 GLS 及 GMM 方法估计了汇率波动与经济增长之间的关系。结果表明，汇率波动不利于经济增长，两者存在显著的负相关关系[157]。Frankel 和 Rose（2002）的研究则表明，当发生真实汇率冲击时，浮动汇率制度在保持宏观经济稳定上具有无可比拟的优势；而固定汇率制度则大大降低了国际贸易的交易成本及不确定性[158]。

相应地，大量文献对石油价格波动与经济增长之间的关系进行了实证研究。Hamilton（1983）发现了石油价格波动与美国经济增长之间的负相关关系[159]。胡克（Hooker，1994）的研究结果表明，1948—1972 年的石油价格对美国经济增长影响显著。石油价格上升 10% 后的第三个季度与第四个季度里，美国 GPD 增长率下降 0.6%，从而再次印证了 Hamilton（1983）的观点[160]。Mork（1989），Lee 等（1995）和 Hamilton（1996）在模型与格兰杰因果关系检验中引入非线性变换。结果再次表明，石油价格波动与经济增长之间存在显著的负相关关系。但是，石油价格影响经济增长的因果关系仅在 1973 年前成立，而1973—1994 年石油价格与经济增长之间并不存在格兰杰因果关系。Gounder 和 Barleet（2007）的研究表明，石油价格与新西兰经济增长之间存在着显著的关系，并且石油冲击能够显著地影响通货膨胀与汇率[161]。Jin（2008）对石油价格冲击对中国、日本及俄罗斯经济增长的影响进行了比较研究。结果表明，石油价格上升对日本及中国的经济增长具有负向影响，但是对于俄罗斯的经济增长具有显著的正向影响。具体地，国际石油价格上升 10%，导致俄罗斯 GDP 增长5.16% 及日本 GDP 下降 1.07%。根据 Jin（2008），通过石油价格影响经济增长的渠道包括供给渠道与需求渠道。供给渠道效应与石油作为主要的生产原材料密切相关，石油价格的上升导致厂商生产成本上涨，从而降低了厂商的产量。需求渠道效应来自于石油价格变化对消费与投资决策的影响。由于石油价格上涨影响了居民可支配收入及国内贸易品的价格，因此石油价格上涨不利于消费的上涨。同时，由于石油价格上涨提高了厂商的投入与成本，降低了厂商的投资收益率，最终抑制了厂商的投资需求。

综上，本文的贡献如下：

第一，经济增长同时受总供给因素与总需求因素的影响，而单独研究汇率波动对 GDP 的影响只是捕捉了汇率变化所导致的支出转换效应，即总需求效应；

单独研究石油价格冲击对 GDP 的影响只是捕捉到了供给冲击。这两种研究均有所偏颇，将表示总需求冲击的汇率与表示总供给冲击的石油价格纳入到同一个分析框架下非常有必要。

第二，由于宏观经济变量大部分具有内生性，内生解释变量问题不可避免，OLS 估计失效。鉴于此，文章采用广义矩估计 GMM 对模型进行估计，以解决模型的内生解释变量问题。

第三，以前的研究很少同时将我国原油价格机制改革与汇率机制改革对经济增长的影响作为研究内容，本文弥补了这一不足。我国在 1998 年 6 月 1 日对原油和成品油价格形成机制进行了重大改革，国内原油价格实现了与国际市场的接轨，成品油价格确立了与国际油价变化相适应，在政府调控下形成以市场为主的价格机制。因此，国际原油价格波动对国内经济的影响在 1998 年 6 月前后呈现出不同的特点；而我国 2005 年 7 月 21 日进行了汇率机制改革。必然使其对 GDP 的影响存在着结构性断点，那么，石油价格机制改革与汇率机制改革对我国 GDP 的增长有什么影响呢？

## 5.4.3　研究框架设计

### 5.4.3.1　指标选择

1. 物价水平

总需求曲线是对总需求与物价水平关系的描述。标准的经济理论认为，伴随着物价水平的升高，需求量下降。

2. 消费

将消费引入模型中的目的有两个：第一，从理论上讲，消费对经济增长具有直接的拉动作用，消费增加一个单位带来的 GDP 的增加程度被称为消费系数。第二，从模型构建上讲，消费的引入是为了捕捉与总需求因素相似的变化趋势。由于消费、投资与进出口是我国经济增长的"三驾马车"，并且三者存在着共同的变化趋势，将三者同时引入模型中必然会造成多重共线性。根据数据可得性，这里将消费引入模型以捕捉 GDP 增长中的总需求上升趋势。

3. 石油价格

我国是石油净进口国，2012 年进口原油 2.7 亿吨，石油对外依存度提高至58.7%。石油价格的上升必然助推大宗商品价格，影响厂商的生产成本，进而影响其利润边际，从而抬高了厂商进入市场的门槛，影响了厂商的投资决策，抑制了投资需求及总供给。故将石油价格引入模型中，以捕捉石油价格波动对

GDP 的影响，这也是本文研究的目的之一。同时，由于我国于 1998 年 6 月进行了原油定价机制改革，国内原油价格与国际价格同步波动，势必大幅度增强国际油价波动对我国经济的影响。因此，需要在加入石油价格变量的基础上，引入价格机制改革虚拟变量。

4. 汇率

汇率波动是我国经济发展面临的另一外部冲击。一方面，汇率变化直接影响着一国的进出口及国际收支平衡状况，影响着经济增长，即汇率→进出口（贸易伙伴国相机性贸易政策）→支出转换效应→经济增长；另一方面，汇率→经济增长这一机制的存在也使得研究汇率波动影响经济增长非常必要，这也是本文研究的主要目的之一。

### 5.4.3.2 计量模型构建

综上，本文构建的计量模型如下：

$$\lg dp_t = \alpha_0 + \alpha_1 lcpi_t + \alpha_2 lcons_t + \alpha_3 lpoil_t + \alpha_4 lneer_t + \mu_t \tag{1}$$

其中，$\alpha_i(i = 0, \cdots, 4)$ 为待估参数，$\lg dp_t$、$lcpi_t$、$lcons_t$、$lpoil_t$、$lneer_t$ 分别表示 GDP、物价水平、消费、石油价格及名义汇率的对数值。

同时，为了考虑 1998 年 6 月的原油价格机制改革与 2005 年 7 月汇率机制改革的影响，这里进一步加入标志原油价格机制改革的虚拟变量 $D_{1t}$ 及标志汇率机制改革的虚拟变量 $D_{2t}$，模型如下：

$$\begin{aligned}\lg dp_t = &\alpha_0 + \alpha_1 lcpi_t + \alpha_2 lcons_t + \alpha_3 lpoil_t \\ &+ \alpha_4 D_{1t} lpoil_t + \alpha_5 lneer_t + \alpha_6 D_{2t} lneer_t + \mu_t\end{aligned} \tag{2}$$

其中，$D_{1t} = \begin{cases} 0, & t < Jun, 1998 \\ 1, & t \geqslant Jul, 1998 \end{cases}$ $D_{2t} = \begin{cases} 0, & t \leqslant Jun, 2005 \\ 1, & t > Jul, 2005 \end{cases}$

由于以上模型的解释变量中不可避免地存在内生性，从而引起模型 OLS 估计的偏差。为此，采用两种方法解决该问题：

第一，通过广义矩估计方法 GMM 估计模型 1 与模型 2。这就需要指定工具变量，根据工具变量的含义及传统做法，这里选取 lcpi（-1）、lcons（-1）、lneer（-1）、lpoil（-1）、c、lcpi（-2）、lcons（-2）、lneer（-2）、lpoil（-2）作为内生变量的工具变量。并通过 J 检验来判断工具变量选择的适宜性。

第二，通过设定 VAR 模型进行估计。一方面，VAR 模型是被解释变量关于被解释变量滞后变量、解释变量滞后变量及残差项的表达式，将所有被解释变量视为内生变量。另一方面，可以借助于 VAR 模型的 VECM、脉冲响应等研究汇率及石油价格冲击对 GDP 的短期影响及动态调整特征。

P 阶 VAR 模型的设定如下：

$$y_t = A_0 + \sum_{i=1}^{p} A_i y_{t-i} + \varepsilon_t \qquad (3)$$

其中，$y_t = [\lg dp_t, lcpi_t, lcons_t, lpoil_t, lneer_t]^T$，$A_0$ 为 4 ×1 常数向量，$A_i(i = 1, \cdots, p)$ 为 4 ×4 参数矩阵。$\varepsilon_t \sim (0, \sum)$，$\sum$ 为方差—协方差阵，正定对称阵。

## 5.4.4 实证分析

### 5.4.4.1 数据来源及说明

本文选取 1994 年 1 月至 2013 年 6 月作为研究区间，数据频率为月度。由于我国未公布 GDP 月度数据，这里对季度 GDP 数据采用 Eviews6.0 的 Cubic Match Last 方法转换为月度数据，GDP 数据来自国家统计局官方网站；消费者价格指数 CPI 来自国家统计局官方网站，用于平减名义 GDP 的物价影响因素，转化为真实 GDP。选择全国消费品零售总额作为消费的代理变量，数据来自国家统计

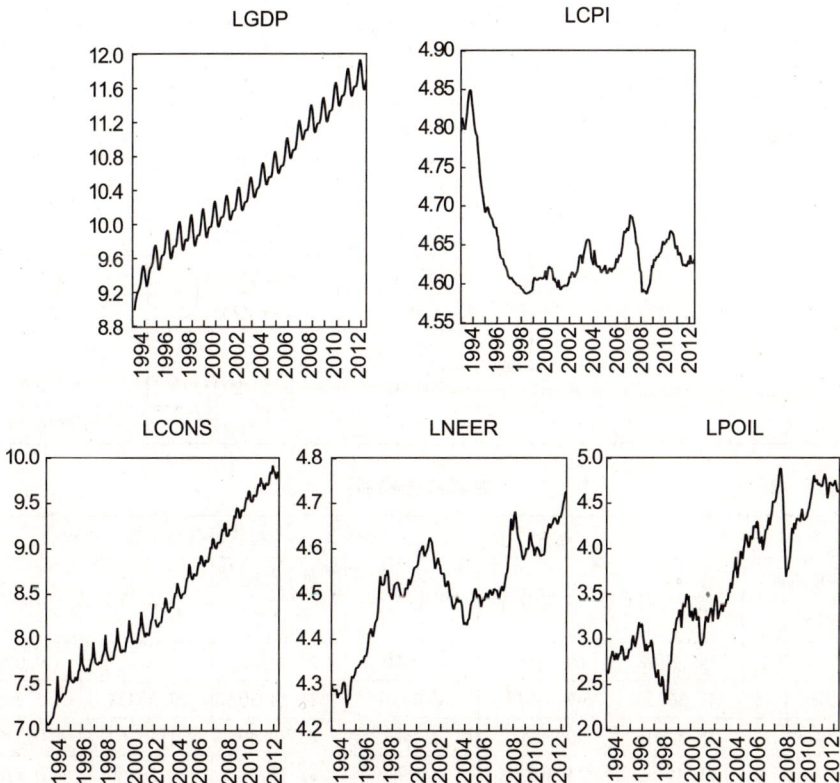

图 5 – 2　各变量对数走势图

179

局官方网站；石油价格采用美国能源信息管理局的布伦特原油价格 ［Europe Brent Spot Price FOB（Dollars per Barrel）］作为石油价格的代理变量；名义汇率来自 BIS 的名义有效汇率指数。由于汇率冲击影响的不只是中国与一个国家的贸易，而是中国与所有贸易伙伴国之间的贸易，由于中国与不同国家的贸易占中国贸易问题的比重不同，因此这里不采用中国对某一特定货币的双边名义汇率，而是采用综合考虑中国与各国贸易权重的多边汇率指数，即名义有效汇率指数。由于数据量纲不同，数据尺度差异悬殊，容易使模型产生异方差，解决这一问题的有效办法之一就是对所有数据取自然对数。

5.4.4.2　单整与协整检验

无论是单方程 GMM 估计还是 VAR 模型 OLS 估计，均要求所有变量为平稳变量或者变量之间满足协整关系。因此，首先进行单整 ADF 检验及 Jonhansen 协整检验。检验结果表明，所有变量均为一阶单整变量，并且变量之间存在且仅存在一个协整关系。检验结果如下：

表 5-14　　　　　　　　　　　变量平稳性检验

| 变量 | 检验形式 | ADF 统计量 | 临界值 | 相伴概率 |
| --- | --- | --- | --- | --- |
| $\lg dp_t$ | C，T，14 | -2.826755 | -3.430669 | 0.1893 |
| $\Delta \lg dp_t$ | C，0，14 | -2.937691 | -2.874741 | 0.0427** |
| $lcpi_t$ | 0，0，12 | -1.195972 | -1.942269 | 0.2118 |
| $\Delta lcpi_t$ | 0，0，11 | -4.011718 | -1.942282 | 0.0001*** |
| $lcons_t$ | C，T，14 | -2.123759 | -3.432115 | 0.5290 |
| $\Delta lcons_t$ | 0，0，13 | -1.837131 | -1.615659* | 0.0632* |
| $lpoil_t$ | C，T，1 | -3.319698 | -3.429313 | 0.0997 |
| $\Delta lpoil_t$ | 0，0，0 | -12.52844 | -1.942199 | 0.0000*** |
| $lneer_t$ | C，T，1 | -2.104748 | -3.429313 | 0.5400 |
| $\Delta lneer_t$ | 0，0，0 | -10.45263 | -1.942199 | 0.0000*** |

表 5-15　　　　　　　　　　　变量协整检验

| Hypothesized No. of CE（s） | 迹检验 | | | 极大特征根检验（秩检验） | | |
| --- | --- | --- | --- | --- | --- | --- |
| | 迹统计量 | 5% 临界值 | 相伴概率 | 极大特征统计量 | 5% 临界值 | 相伴概率 |
| None* | 145.8188 | 69.81889 | 0.0000 | 98.44943 | 33.87687 | 0.0000 |
| At most 1 | 47.36935 | 47.85613 | 0.0555 | 21.84930 | 27.58434 | 0.2282 |
| At most 2 | 25.52005 | 29.79707 | 0.1437 | 13.70840 | 21.13162 | 0.3894 |
| At most 3 | 11.81165 | 15.49471 | 0.1662 | 11.56151 | 14.26460 | 0.1282 |
| At most 4 | 0.250142 | 3.841466 | 0.6170 | 0.250142 | 3.841466 | 0.6170 |

### 5.4.4.3 模型估计与检验

**1. 模型（1）GMM 估计：1994M01～2013M06**

$$\lg dp_t = \underset{(1.4215)}{7.2938} - \underset{(0.2035)}{0.5992} lcpi_t + \underset{(0.0401)}{1.0576} lcons - \underset{(0.0.94)}{0.1113} lpoil_t$$
$$[5.1309] \quad [-2.9444] \quad [26.3821] \quad [-2.8258]$$

$$- \underset{(0.1557)}{0.5644} lneer_t$$
$$[-3.6242]$$

$$\overline{R}^2 = 0.987, DW = 2.0413, J = 0.2224 \tag{4}$$

从模型估计结果看，模型所有参数均在 1% 显著性水平上显著，且模型拟合优度为 0.988，模型整体估计效果良好。从参数符号看，物价水平的上升不利于我国 GDP 的增长，消费对 GDP 增长具有极强的拉动作用。人民币名义有效汇率升值 1%，GDP 将下降 0.56%，石油价格上涨 1%，GDP 将下降 0.11%。因此，可以得出人民币升值及石油价格上升会降低我国经济增长的结论。同时，对该模型的残差项进行单位根检验发现，残差项在 5% 的显著性水平上为平稳序列，这表明变量之间存在长期稳定的协整关系。

**2. 模型（2）GMM 估计：原油价格形成机制与汇率形成机制改革的长期影响**

对模型 2 的估计结果表明，原油价格形成机制改革与汇率机制改革显著改变了我国石油价格及汇率对我国经济增长的影响。

$$\lg dp_t = \underset{(1.2315)}{4.9552} - \underset{(0.0218)}{0.1143} lcpi_t + \underset{(0.0633)}{1.0835} lcons - \underset{(0.0086)}{0.0407} lpoil_t$$
$$[4.0237] \quad [-5.2456] \quad [17.1115] \quad [-4.7476]$$

$$- \underset{(0.0253)}{0.0842} D_{1t} lopil_t - \underset{(0.1750)}{0.6639} lneer_t - \underset{(0.0107)}{0.0492} D_{2t} lneer_t \tag{5}$$
$$[-3.3281] \quad [-3.7936] \quad [-4.5981]$$

$$\overline{R}^2 = 0.987, DW = 2.0413, J = 0.2224$$

根据模型（5）可以将我国汇率波动与石油价格影响经济增长的方程式写成分段的形式：

$$\lg dp_t = \begin{cases} 4.9552 - 0.1143 lcpi_t + 1.0835 lcons_t - 0.0407 lpoil_t - 0.6639 lneer_t \\ \qquad t \leqslant May1998 \qquad\qquad (6-1) \\ 4.9552 - 0.1143 lcpi_t + 1.0835 lcons_t - 0.1249 lpoil_t - 0.6639 lneer_t \\ \qquad Jun1998 \leqslant t \leqslant Jun2005 \qquad (6-2) \\ 4.9552 - 0.1143 lcpi_t + 1.0835 lcons_t - 0.1249 lpoil_t - 0.7131 lneer_t \\ \qquad Jun1998 \leqslant t \leqslant Jun2005 \qquad (6-3) \end{cases}$$

$$\tag{6}$$

模型拟合优度为 0.987，整体拟合效果非常好；同时，DW 统计量表明不存在一阶自相；J检验表明模型选择的工具变量具有合理性。从各个参数的显著性看，所有参数的 T 统计量的绝对值均大于 2，均在 5% 的显著性水平上显著。根据模型（5）~（6）可以得出以下结论：

第一，对上述模型的残差进行单位根检验，结果表明，无论是全样本区间还是子样本区间，残差项均为平稳序列，这表明，模型（6）满足协整关系，即 LGDP 与其他变量之间的长期协整关系。

第二，1998 年 6 月石油价格机制改革之前，原油价格波动对我国 GDP 影响显著，但是影响程度非常小，原油价格上升 1% 导致我国 GDP 下降 0.04%。1994 年至 1998 年属于我国的石油价格并轨阶段，国际油价波动对国民经济生产的影响已经初露端倪，但是由于我国当时石油进口依存度低，国际原油价格对国内油价的传递存在时滞性，使得该时期的石油价格上涨，因此该阶段的石油价格波动对我国经济增长的影响较小。

第三，1998 年 6 月至 2013 年 6 月，国际原油价格波动对我国 GDP 增长显著为负，且影响程度加大。具体地，国际原油价格上升 1%，导致我国 GDP 下降 0.12%，远远大于 1998 年 6 月之前的影响程度。1998 年 6 月，我国原油价格与国际油价接轨，国内油价与国际油价趋于同步。尽管此时我国成品油价格并没有完全实现市场定价，但是国家已经开启了对成品油价格形成机制改革，所以这个时期国际油价的变化对我国经济产生重大影响。

第四，1994 年 1 月至 2005 年 6 月，人民币汇率波动对 GDP 的影响显著且影响程度较大。具体地，人民币升值 1%，导致 GDP 下降 0.66%。这与"固定汇率制度下汇率对经济增长的影响不显著"这一结论相悖。

第五，2005 年 7 月至 2013 年 6 月，人民币汇率波动对 GDP 的影响程度进一步加大，且非常显著。具体地，人民币升值 1%，GDP 下降 0.71%。人民币汇率形成机制由单一盯住美元转变为盯住一揽子货币的汇率形成机制，人民币汇率波动幅度加大，波动频率加快，对 GDP 的影响程度更大。

综上，石油价格机制改革与人民币汇率机制改革对我国 GDP 增长的影响是非常显著的。基于此，后方的分析以 2005 年 7 月至 2013 年 6 月为子区间进行研究。

5.4.4.4  石油价格与汇率波动对我国 GDP 的短期影响：2005 年 7 月至 2013 年 6 月

在分析石油价格与汇率波动对我国 GDP 的长期影响的基础上，进一步利用 VECM 模型分析石油价格与汇率波动对 GDP 的短期影响。E－G 两步法及 Johansen 协整检验均表明，满足协整关系的变量之间必然存在着反映变量之间短期动态特征的误差修正机制。短期分析的动机是检验短期动态调整特征是否受长期协整关系的影响。

为了估计 VECM 模型，首先根据 SC 准则判定 VAR 模型的滞后阶数。结果表明，当 P = 4 时，VAR（4）模型的 SC 准则达到最小。在估计 VAR（4）的基础上，对模型进行平稳性检验，结果表明，VAR（4）的所有特征根（共计 20 个特征根，其中 4 个实数根，16 个复数根）的模均在单位圆外（或特征根模的倒数均在单位圆内），VAR 模型估计满足稳定性，可以进行脉冲响应分析。

为了考察石油价格及汇率影响 GDP 的短期调整特征，这里在 VAR 估计的基础上，估计 VECM 模型。由于我们关心石油价格波动及汇率波动对 LGDP 的动态调整机制，这里只给出 VECM（3）模型中以 LGDP 为被解释变量的估计结果[①]：

$$
\Delta \lg dp_t = \underset{(0.0033)}{0.0064} + \underset{(0.1360)}{2.1156 \Delta \lg dp_{t-1}} - \underset{(0.1193)}{1.4513 \Delta \lg dp_{t-2}} + \underset{(0.0984)}{0.7155 \Delta \lg dp_{t-3}}
$$
$$
\phantom{\Delta \lg dp_t =} [1.9211] \quad [15.5534] \quad\quad [-12.1612] \quad\quad [7.2683]
$$
$$
- \underset{(0.0414)}{0.2901 \Delta lcpi_{t-1}} - \underset{(0.1238)}{0.4554 \Delta lcons_{t-1}} - \underset{(0.0752)}{0.1374 \Delta lcons_{t-2}}
$$
$$
\phantom{x} [-7.0106] \quad\quad [-3.6779] \quad\quad\quad [-1.8257]
$$
$$
+ \underset{(0.0039)}{0.0304 \Delta lpoil_{t-1}} + \underset{(0.0035)}{0.0221 \Delta lpoil_{t-3}} + \underset{(0.0267)}{0.2515 \Delta lneer_{t-2}}
$$
$$
\phantom{x} [16.2735] \quad\quad [6.1563] \quad\quad\quad [9.4094]
$$
$$
- \underset{(0.0155)}{0.0621 ECM_{t-1}}
$$
$$
\phantom{x} [-4.0048]
$$

$$
\overline{R}^2 = 0.9204, DW = 2.1529, P = 0.0000
$$

从拟合优度及参数的显著性看，模型估计效果良好，可以解释石油价格及汇率对 GDP 的短期影响。在误差修正模型中，最重要的一个参数估计量是误差修正项 $ECM_{t-1}$ 的参数。估计结果表明，误差修正项的参数在 1% 的显著性水平上显著，且其符号为负，与理论相符。这表明，当我国经济发展偏离其均衡水平时，真实 GDP 存在着自动调整机制。参数 -0.0621 表明我国经济在受到石油或汇率冲击偏离其均衡水平后，会以一定的速度自动向其均衡水平收敛。消除 99% 的石油价格冲击或汇率冲击从而使经济收敛于其均衡路径需要 16.1 个月。

为了考察我国 GDP 对一个单位的汇率及石油价格标准新息冲击的响应机制，在 VECM 模型的基础上，计算 GDP 对 LNEER 及 LPOIL 的脉冲响应函数，结果

---

① VECM（3）模型中应当有各个变量的滞后 3 阶变量，但是这里省略了在 10% 显著性水平上不显著的变量。

见图 5-3。从图 5-3 可以看出，我国 GDP 对一个单位的汇率冲击在第一个月不会立即作出响应，原因在于汇率冲击发生时，很多进出口订单已经在很长时间之前签署，因此不会立即影响到我国的进出口。但是经过一段时间后，汇率升值冲击对 GDP 的负面影响逐渐显现出来。石油价格冲击对我国 GDP 的影响在第一个月就非常显著，能够迅速降低我国 GDP 的增长。从长期来看，汇率升值冲击与石油价格上涨对 GDP 的影响均为负向影响，与协整分析结果相符。

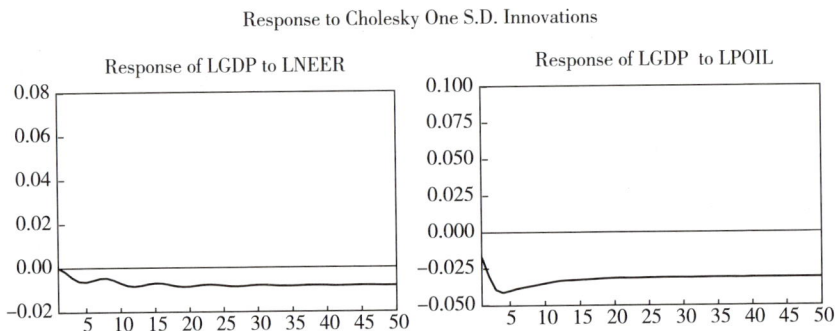

Response to Cholesky One S.D. Innovations

Response of LGDP to LNEER

Response of LGDP to LPOIL

**图 5-3  LGDP 脉冲响应图**

### 5.4.5  小结

考虑到我国石油进口依存度的不断攀升、石油定价机制的改革、人民币汇率形成机制的改革及汇率波动增强等因素，文章利用 1994 年 1 月至 2013 年 6 月的相关月度数据，构建并估计了协整与误差修正模型，着重研究了汇率与石油价格波动对我国 GDP 的长期与短期影响。结果表明：

第一，基于全样本的 GMM 估计结果表明，GDP 与物价水平、消费、石油价格与汇率之间存在着长期稳定的均衡关系。从长期来看，石油价格上涨与汇率升值对我国 GDP 具有显著的负效应，与理论分析相符。

第二，基于哑变量模型的 GMM 估计结果表明，我国 GDP 与物价水平、消费、石油价格与汇率之间存在着长期稳定的均衡关系，石油价格与汇率升值对 GDP 的长期影响仍然为负影响。1998 年 6 月的石油价格机制改革使我国石油价格与国际油价同步，从而进一步增强了石油价格冲击对经济增长的长期负向影响，从改革前的 -0.04 扩大为 -0.12。与此同时，2005 年汇率机制改革也进一步扩大了汇率冲击对经济增长的负向影响，从汇改之前的 -0.66 扩大至 -0.71。

第三，我国经济发展存在着自动调整机制，当经济受到冲击时，99% 的冲击能够在 16.1 个月的时间里被消除，从而使经济再次收敛至均衡路径上。

因此，保持油价与汇率的稳定性对经济的中高速增长具有非常重要的意义。关于稳定石油价格，可以从以下几个方面着手：

第一，调控石油供需，完善定价机制，稳定石油价格。从供给方来说，应收足石油资源税，提高石油企业的效率。近期国际油价下降使国内原油开采行业利润剧减，而炼油企业盈利上升。尽管同属国企，石油行业赢利或亏损基本上是国家的事，但定价机制不明确和价格调整滞后会导致开采和炼油各方缺乏责任，不能激励各方提高效率。从需求方来说，中国能源（石油）价格的刚性和不充分性影响了能源的使用效率，应当尽快让成品油价格与国际接轨，并辅以消费税调节，以提高需求效率和控制有效需求，降低石油需求增长速度。

第二，鼓励石油企业"走出去"，加强收购策略性与现场监管力度。需求方的努力只能降低石油消费增长率，中国只有更积极地参与全球石油开采勘探。全球石油战略投资既关系到石油安全，又能缩小石油涨价的影响，涨价造成的损失还可以通过油田投资的回报来弥补。"走出去"的策略应考虑时机以及增强管理能力。收购之后的管理显得尤其重要。重收购、轻管理导致的损失比比皆是。对于大规模的石油企业收购，经常是买得起，亏不起。此外，政府对海外国企的非现场监管也是导致海外油企效益低下的重要原因。因此，应当加强海外油田收购的策略性，强化海外油企监管机制，增强现场监管力度。

第三，不遗余力多举措扩大石油战略储备。对于中国石油储备问题，关键要认识到两点：一是石油供需态势决定了长期上涨趋势不会改变，二是石油储备是应付突发事件，实现能源安全的重要手段。中国是石油消费大国，在国际石油市场上的位置将日益重要。中国石油战略储备可以有效地降低国际油价冲击，对抑制石油投机有不可忽视的作用。目前我国已经分两批共建11个石油储备基地，规划库容量达4320万立方米，应当加快第三批石油储备基地的选址与构建。当前，国际油价持续回落，这为加快石油储备提供了契机。

构建储备基地的另一个补充是，以条件合适的油田作为战略油田，把石油储存在地下，平时不开采或少开采，需要时开采或提高产量，有一定的法律体系保障，统一规划、分步实施。另外，中国应当考虑利用经济合作与发展组织（OECD）的框架，通过国际能源署（IEA）的具体操作，建立自己的预警应对体系，并进一步形成石油进口国间的国际合作。总结国内外经验，建立石油安全预警和应对体系，可以作为缓慢储备策略的补充。中国石油战略储备对国际石油投机的抑制力量可以通过国际合作来加强。

第四，煤转油可以是石油战略储备的一个补充。"煤转油"对于中国来说有其深远的能源安全战略意义，它可以减少石油进口的依存度。从这一点出发，政府应当对长期石油需求有一个比较合理的预测，确定可接受的石油进口依存度，从而规划"煤转油"规模，根据煤、水资源以及可能的环境影响来确定"煤转油"的项目地点。其中，控制一定的"煤转油"规模是关键，不能让地方和企业打着为国家能源战略考虑的旗号，过快、过大规模地上"煤转油"项目。

第五，生物质能源和石油替代。寻找石油替代也是降低油价冲击的重要措施。目前知道的石油的可能替代有许多，但都有一个量和价的问题，即替代的量太小和替代的代价太高。生物质能源是一个比较接近的替代，因而可以有所作为。

当前我国汇率已经基本接近均衡水平，汇率由原来的单向升值逐渐转变为双向波动。在我国经济步入新常态的背景下，汇率的管控也应当适应新常态，具体地：

第一，与利率市场化同步，进一步加快汇率机制改革，进一步有序扩大汇率波动区间；

第二，与此同时，应当完善资本市场与宏观经济信息披露机制，增强信息披露的及时性与透明度，引导市场主体形成合理预期，并稳定市场预期，让汇率的小幅、持续调整代替汇率的暴涨暴跌；

第三，在合理适度放开资本账户的同时加强对国际热钱的监管，防止热钱过度流动导致汇率的暴涨暴跌。

# 6 企业对汇率波动承受能力分析：基于辽宁上市公司的研究

为了详细研究辽宁省企业对汇率波动的承受能力，课题组以辽宁省上市公司为例进行研究。选择上市公司的理由有：第一，在我国股票市场有效性提高的背景下，股票对汇率的变化能够较快、充分地反映，能够很好地反映出汇率变化对上市公司的影响。第二，辽宁省以制造业为主要产业，上市公司也以装备制造业、黑色金属、电力能源、化工等为主，而这些产业属于资本密集型与技术密集型企业，其销售也以国际市场为例，受汇率变化的影响较大。以上市公司为例研究汇率变化对辽宁省企业的影响具有较大的代表性。第三，收集辽宁省所有企业的财务数据非常不容易，一方面牵涉企业商业机密，而收集到的数据也无法保证其真实性；另一方面更受制于有限的研究经费。基于以上三个原因，本课题充分利用 Wind 资讯提供的数据，对辽宁省企业对汇率波动的承受能力进行计量分析。

## 6.1 辽宁省上市公司股票概况

表6-1 辽宁省上市公司清单（截至 2013 年 12 月）

| 证券代码 | 证券简称 | 地点 | 所属证监会行业名称 [行业级别] 大类行业 |
|---|---|---|---|
| 000410. SZ | 沈阳机床 | 沈阳市 | 通用设备制造业 |
| 000511. SZ | 烯碳新材 | 沈阳市 | 有色金属冶炼和压延加工业 |
| 000597. SZ | 东北制药 | 沈阳市 | 医药制造业 |
| 000633. SZ | 合金投资 | 沈阳市 | 电气机械和器材制造业 |
| 000638. SZ | 万方发展 | 沈阳市 | 批发业 |
| 000692. SZ | 惠天热电 | 沈阳市 | 电力、热力生产和供应业 |
| 000698. SZ | 沈阳化工 | 沈阳市 | 石油加工、炼焦和核燃料加工业 |
| 000715. SZ | 中兴商业 | 沈阳市 | 零售业 |

| 证券代码 | 证券简称 | 地点 | 所属证监会行业名称<br>［行业级别］大类行业 |
|---|---|---|---|
| 002231. SZ | 奥维通信 | 沈阳市 | 计算机、通信和其他电子设备制造业 |
| 002689. SZ | 博林特 | 沈阳市 | 通用设备制造业 |
| 300024. SZ | 机器人 | 沈阳市 | 通用设备制造业 |
| 300290. SZ | 荣科科技 | 沈阳市 | 软件和信息技术服务业 |
| 300293. SZ | 蓝英装备 | 沈阳市 | 专用设备制造业 |
| 600167. SH | 联美控股 | 沈阳市 | 电力、热力生产和供应业 |
| 600306. SH | ＊ST 商城 | 沈阳市 | 零售业 |
| 600396. SH | 金山股份 | 沈阳市 | 电力、热力生产和供应业 |
| 600609. SH | 金杯汽车 | 沈阳市 | 汽车制造业 |
| 600715. SH | 松辽汽车 | 沈阳市 | 汽车制造业 |
| 600718. SH | 东软集团 | 沈阳市 | 软件和信息技术服务业 |
| 600758. SH | 红阳能源 | 沈阳市 | 电力、热力生产和供应业 |
| 601999. SH | 出版传媒 | 沈阳市 | 新闻和出版业 |
| 合计 | | | 21 只股票 |
| 000530. SZ | 大冷股份 | 大连市 | 通用设备制造业 |
| 000616. SZ | 亿城投资 | 大连市 | 房地产业 |
| 000679. SZ | 大连友谊 | 大连市 | 零售业 |
| 000881. SZ | 大连国际 | 大连市 | 综合 |
| 002069. SZ | 獐子岛 | 大连市 | 渔业 |
| 002204. SZ | 大连重工 | 大连市 | 专用设备制造业 |
| 002220. SZ | 天宝股份 | 大连市 | 农副食品加工业 |
| 002354. SZ | 科冕木业 | 大连市 | 木材加工和木、竹、藤、棕、草制品业 |
| 002447. SZ | 壹桥苗业 | 大连市 | 渔业 |
| 002606. SZ | 大连电瓷 | 大连市 | 电气机械和器材制造业 |
| 002621. SZ | 大连三垒 | 大连市 | 专用设备制造业 |
| 200530. SZ | 大冷 B | 大连市 | 通用设备制造业 |
| 200706. SZ | 瓦轴 B | 大连市 | 通用设备制造业 |
| 300097. SZ | 智云股份 | 大连市 | 通用设备制造业 |
| 300125. SZ | 易世达 | 大连市 | 专业技术服务业 |
| 600125. SH | 铁龙物流 | 大连市 | 铁路运输业 |
| 600233. SH | 大杨创世 | 大连市 | 纺织服装、服饰业 |

续表

| 证券代码 | 证券简称 | 地点 | 所属证监会行业名称<br>［行业级别］大类行业 |
|---|---|---|---|
| 600241.SH | 时代万恒 | 大连市 | 批发业 |
| 600297.SH | 美罗药业 | 大连市 | 医药制造业 |
| 600346.SH | 大橡塑 | 大连市 | 专用设备制造业 |
| 600593.SH | 大连圣亚 | 大连市 | 公共设施管理业 |
| 600694.SH | 大商股份 | 大连市 | 零售业 |
| 600719.SH | 大连热电 | 大连市 | 电力、热力生产和供应业 |
| 600739.SH | 辽宁成大 | 大连市 | 批发业 |
| 600747.SH | 大连控股 | 大连市 | 房地产业 |
| 600795.SH | 国电电力 | 大连市 | 电力、热力生产和供应业 |
| 601880.SH | 大连港 | 大连市 | 水上运输业 |
| 900951.SH | ＊ST 大化 B | 大连市 | 化学原料和化学制品制造业 |
| 合计 | | | 28 只股票 |
| 000585.SZ | 东北电气 | 营口 | 电气机械和器材制造业 |
| 600317.SH | 营口港 | 营口 | 水上运输业 |
| 000809.SZ | 铁岭新城 | 铁岭 | 公共设施管理业 |
| 000059.SZ | 华锦股份 | 盘锦 | 石油加工、炼焦和核燃料加工业 |
| 300082.SZ | 奥克股份 | 辽阳 | 化学原料和化学制品制造业 |
| 000820.SZ | 金城股份 | 锦州 | 造纸和纸制品业 |
| 600190.SH | 锦州港 | 锦州 | 水上运输业 |
| 603399.SH | 新华龙 | 锦州 | 有色金属冶炼和压延加工业 |
| 900952.SH | 锦港 B 股 | 锦州 | 水上运输业 |
| 000751.SZ | ＊ST 锌业 | 葫芦岛 | 有色金属冶炼和压延加工业 |
| 000818.SZ | 方大化工 | 葫芦岛 | 化学原料和化学制品制造业 |
| 002487.SZ | 大金重工 | 阜新 | 金属制品业 |
| 600399.SH | 抚顺特钢 | 抚顺 | 黑色金属冶炼和压延加工业 |
| 300372.SZ | 欣泰电气 | 丹东 | 电气机械和器材制造业 |
| 600303.SH | 曙光股份 | 丹东 | 汽车制造业 |
| 600231.SH | 凌钢股份 | 朝阳 | 黑色金属冶炼和压延加工业 |
| 000761.SZ | 本钢板材 | 本溪 | 黑色金属冶炼和压延加工业 |
| 200761.SZ | 本钢板 B | 本溪 | 黑色金属冶炼和压延加工业 |
| 000898.SZ | 鞍钢股份 | 鞍山 | 黑色金属冶炼和压延加工业 |
| 002123.SZ | 荣信股份 | 鞍山 | 电气机械和器材制造业 |
| 002667.SZ | 鞍重股份 | 鞍山 | 专用设备制造业 |
| 300202.SZ | 聚龙股份 | 鞍山 | 通用设备制造业 |
| 300210.SZ | 森远股份 | 鞍山 | 专用设备制造业 |

数据来源：Wind 资讯。

截至 2013 年 12 月，辽宁省共有上市交易股票 72 只，其中沈阳 21 只，大连 28 只，鞍山 5 只，锦州 4 只，葫芦岛、营口、本溪、丹东各 2 只，阜新、抚顺、朝阳、铁岭、盘锦、辽阳各 1 只。72 只股票共分布于 30 个行业大类（证监会行业分类）。

## 6.2 模型构建与变量选择

构建固定效应面板数据模型如下：

$$ROE_{it} = \alpha_0 + \alpha_i + \beta reer_{it} + \varepsilon_{it} \tag{1}$$

其中，ROE 表示股权收益率，reer 表示实际有效汇率。$\alpha_i$ 表示截面效应，是对不可观测的固定效应的刻画。参数 $\beta$ 是对企业对汇率波动承受能力的计量，该值越大，表示企业对汇率波动越敏感。

ROE 数据来自 Wind 资讯，reer 数据来自前文的测度。72 只股票中要去除 *ST 大化及 *ST 锌业两只垃圾股。

## 6.3 模型估计与分析

由于不同区域具有不同数量的上市公司与股票，这里首先按照区域构建两类投资组合，从而形成 14 个截面的 ROE 数据：value – weighted 投资组合与 equal – weighted 投资组合。前者以各公司的流通股数为权重对各公司的 ROE 进行加权平均；后者则将各公司的收益率进行简单算术平均。两种组合形成的数据见表 6 – 2。

表 6 – 2　　　　　辽宁省企业对汇率波动承受能力计量分析

| Variable | Coefficient | Std. Error | t – Statistic | Prob. |
|---|---|---|---|---|
| Panel A：基于 value – weighted 的面板回归结果 | | | | |
| C | 7.090102 | 2.235945 | 3.170964 | 0.0019 |
| DL? EX | – 0.793882 | 0.209501 | – 3.789395 | 0.0000 |
| | Fixed Effects（Cross） | | | |
| _ SY – – C | – 3.038034 | | _ YK – – C | – 0.934752 |
| _ DL – – C | 4.438611 | | _ FX – – C | 19.32451 |
| _ AS – – C | 3.030334 | | _ LY – – C | 18.66657 |
| _ FS – – C | – 5.269142 | | _ PJ – – C | – 2.034136 |

续表

| Variable | Coefficient | Std. Error | t – Statistic | Prob. |
|---|---|---|---|---|
| _ BX – – C | – 0. 023235 | | _ TL – – C | – 3. 534644 |
| _ DD – – C | 4. 128043 | | _ CY – – C | 6. 650282 |
| _ JZ – – C | – 2. 948815 | | _ HLD – – C | – 1. 461005 |
| Effects Specification | | | | |
| Adjusted R – squared | 0. 813845 | Durbin – Watson stat | | 2. 625050 |
| F – statistic | 11. 55438 | Prob （F – statistic） | | 0. 0000 |
| Panel B：基于 equal – weighted 的面板回归结果 | | | | |
| C | 6. 807513 | 2. 394724 | 2. 842713 | 0. 0051 |
| DL？EX | – 0. 621022 | 0. 181782 | – 3. 416301 | 0. 0000 |
| Fixed Effects（Cross） | | | | |
| _ SY – – C | – 4. 354659 | | _ YK – – C | – 8. 606217 |
| _ DL – – C | 3. 892387 | | _ FX – – C | 19. 61819 |
| _ AS – – C | 1. 453121 | | _ LY – – C | 18. 96051 |
| _ FS – – C | – 4. 993547 | | _ PJ – – C | – 1. 758116 |
| _ BX – – C | 0. 251898 | | _ TL – – C | – 3. 259688 |
| _ DD – – C | 7. 919623 | | _ CY – – C | 6. 927760 |
| _ JZ – – C | – 7. 653673 | | _ HLD – – C | – 1. 181632 |
| Effects Specification | | | | |
| Adjusted R – squared | 0. 814700 | Durbin – Watson stat | | 2. 512931 |
| F – statistic | 13. 04812 | Prob （F – statistic） | | 0. 0000 |

注：结果来自 Eviews6. 0。

从以上估计结果看，基于 value – weighted 的估计与基于 equal – weighted 的估计结果非常相似，表明模型构建与估计具有较强的稳健性。模型拟合优度在80%以上，各参数均在1%的显著性水平上显著，模型估计有效。根据以上估计结果可得出以下结论：

第一，在汇率均衡的情况下（DL？EX = 0），辽宁省上市公司的平均股权收益率 ROE 在7%左右，其95%的置信区间为（2. 7192，11. 4608）。

第二，汇率上升一个百分点，辽宁省企业 ROE 平均下降0. 79%，其下降的置信区间为（– 1. 182%，– 0. 398%）。

第三，以 value – weighted 为例，若辽宁省企业平均 ROE 为7%，其对汇率变化的平均敏感度为0. 79%，则当前企业可容忍的汇率上升幅度为平均为 8.86%。

# 6.4 汇率波动对辽宁省企业承受力影响的区制效应研究

## 6.4.1 均衡实际有效汇率的区制转移行为研究：基于 MS – AR 的分析

### 6.4.1.1 MS – AR 模型

Hamilton（1989）认为，时间序列变量可以通过均值与方差具有区制转移的自回归（MS – AR）过程进行模拟：

$$y_t = \mu(s_t) + \left[ \sum_{i=1}^{p} \varphi_i (y_{t-1} - \mu(s_t)) \right] + \sigma(s_t)\varepsilon_t \qquad (2)$$

$\varphi_i$ 为自回归系数，$\mu$ 和 $\sigma$ 为基于区制 $s_t$ 的均值与标准差，$y_t$ 表示汇率对数变化率。MS – AR 框架不仅可以诊断汇率变化中潜在的区制转移，还可以研究经济危机对汇率变化的影响。

### 6.4.1.2 数据说明

研究汇率的区制转移行为，要求具备较高的样本容量，而辽宁省区域有效汇率的容量较低，不足以捕捉汇率的变化特征。但是，通过计算辽宁省区域有效汇率与人民币实际有效汇率的相关系数，发现两者的相关系数为 0.79，相关程度较高，且两者在 10% 的显著性水平上满足协整关系，为此，课题将人民币实际有效汇率作为区域有效汇率的代理变量，研究汇率的区制转移行为。数据来源为世界清算银行的官方网站，这里采用实际有效汇率指数 REER。令汇率收益率 $r_t = \log(reer_t/reer_{t-1})$，在计算收益率之前，首先对 REER 进行 HP 滤波及季度滤波，处理后的数据如图 6 – 1 所示。

图 6 – 1 中，左图为汇率对数变化率，右图为经过 HP 滤波及季度处理后的人民币实际有效汇率。根据 BIS 对实际有效汇率的测度方法，REER 上升表示人民币升值，REER 下降表示人民币贬值。从收益率图可知，2005 年 7 月以来，人民币汇率呈趋势性升值态势，与我国汇率机制改革的时间表同步。对收益率的描述性统计结果如下：

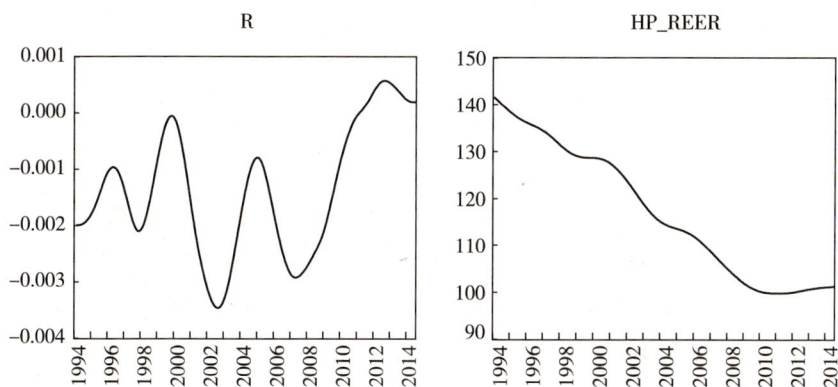

图 6 - 1  各序列走势图

表 6 - 3                                描述性统计分析

|  | R |
|---|---|
| Mean | − 0. 001366 |
| Median | − 0. 001411 |
| Maximum | 0. 000578 |
| Minimum | − 0. 003463 |
| Std. Dev. | 0. 001140 |
| Skewness | 0. 055925 |
| Kurtosis | 1. 980303 |
| Jarque − Bera | 10. 78600 |
| Probability | 0. 004548 |
| Sum | − 0. 335915 |
| Sum Sq. Dev. | 0. 000318 |
| ADF | − 9. 6147 *** |
| PP | − 9. 6011 *** |
| KPSS | 0. 2140 |

　　从表 6 - 3 描述性统计分析可知，人民币实际有效汇率的收益率并不服从正态分布。ADF、PP、KPSS 分别为 ADF 单位根检验统计量、PP 单位根检验统计量及 KPSS 平稳性检验统计量，其中前两者的原假设为"变量至少含有一个单位根"，后者的原假设为"变量不含有单位根"。从检验结果看，三种方法均表明汇率收益率序列为平稳序列，并不含有单位根。

### 6.4.1.3 MS－AR 模型估计

#### 1. AR 模型滞后阶数的确定

Correlogram of R

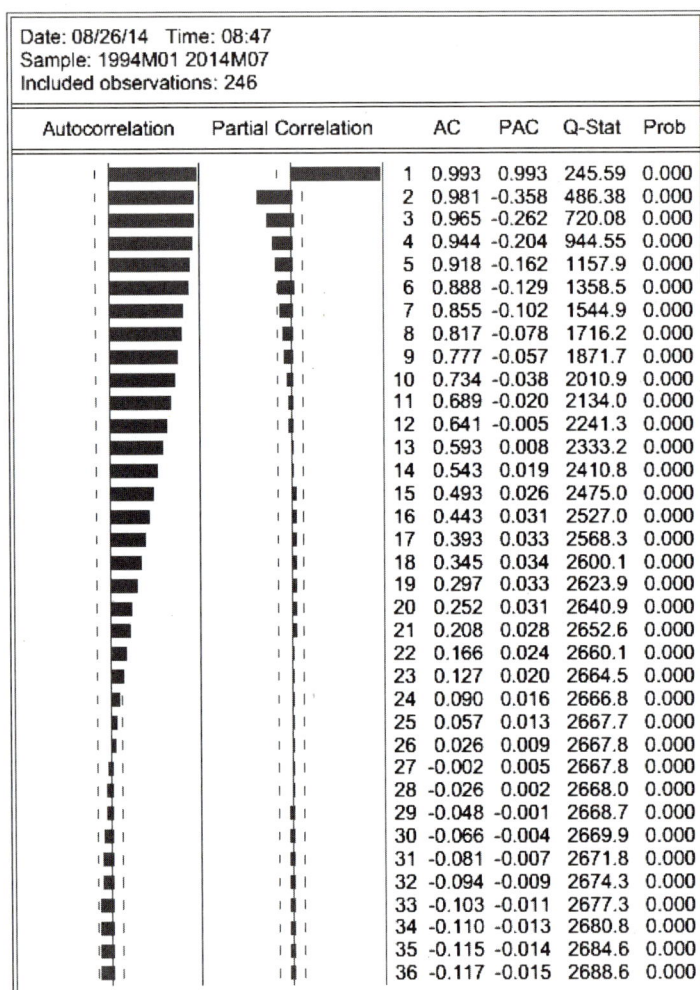

Date: 08/26/14   Time: 08:47
Sample: 1994M01 2014M07
Included observations: 246

| Autocorrelation | Partial Correlation | | AC | PAC | Q-Stat | Prob |
|---|---|---|---|---|---|---|
| | | 1 | 0.993 | 0.993 | 245.59 | 0.000 |
| | | 2 | 0.981 | -0.358 | 486.38 | 0.000 |
| | | 3 | 0.965 | -0.262 | 720.08 | 0.000 |
| | | 4 | 0.944 | -0.204 | 944.55 | 0.000 |
| | | 5 | 0.918 | -0.162 | 1157.9 | 0.000 |
| | | 6 | 0.888 | -0.129 | 1358.5 | 0.000 |
| | | 7 | 0.855 | -0.102 | 1544.9 | 0.000 |
| | | 8 | 0.817 | -0.078 | 1716.2 | 0.000 |
| | | 9 | 0.777 | -0.057 | 1871.7 | 0.000 |
| | | 10 | 0.734 | -0.038 | 2010.9 | 0.000 |
| | | 11 | 0.689 | -0.020 | 2134.0 | 0.000 |
| | | 12 | 0.641 | -0.005 | 2241.3 | 0.000 |
| | | 13 | 0.593 | 0.008 | 2333.2 | 0.000 |
| | | 14 | 0.543 | 0.019 | 2410.8 | 0.000 |
| | | 15 | 0.493 | 0.026 | 2475.0 | 0.000 |
| | | 16 | 0.443 | 0.031 | 2527.0 | 0.000 |
| | | 17 | 0.393 | 0.033 | 2568.3 | 0.000 |
| | | 18 | 0.345 | 0.034 | 2600.1 | 0.000 |
| | | 19 | 0.297 | 0.033 | 2623.9 | 0.000 |
| | | 20 | 0.252 | 0.031 | 2640.9 | 0.000 |
| | | 21 | 0.208 | 0.028 | 2652.6 | 0.000 |
| | | 22 | 0.166 | 0.024 | 2660.1 | 0.000 |
| | | 23 | 0.127 | 0.020 | 2664.5 | 0.000 |
| | | 24 | 0.090 | 0.016 | 2666.8 | 0.000 |
| | | 25 | 0.057 | 0.013 | 2667.7 | 0.000 |
| | | 26 | 0.026 | 0.009 | 2667.8 | 0.000 |
| | | 27 | -0.002 | 0.005 | 2667.8 | 0.000 |
| | | 28 | -0.026 | 0.002 | 2668.0 | 0.000 |
| | | 29 | -0.048 | -0.001 | 2668.7 | 0.000 |
| | | 30 | -0.066 | -0.004 | 2669.9 | 0.000 |
| | | 31 | -0.081 | -0.007 | 2671.8 | 0.000 |
| | | 32 | -0.094 | -0.009 | 2674.3 | 0.000 |
| | | 33 | -0.103 | -0.011 | 2677.3 | 0.000 |
| | | 34 | -0.110 | -0.013 | 2680.8 | 0.000 |
| | | 35 | -0.115 | -0.014 | 2684.6 | 0.000 |
| | | 36 | -0.117 | -0.015 | 2688.6 | 0.000 |

图 6－2　自相关与偏相关图

从收益率 R 的相关系数图与偏相关系数图 6－2 可知，自相关系数图具有拖尾性，而偏自相关系数图具有 7 阶截尾性。因此，建立 AR（7）模型。该模型的估计结果如下：

表 6 - 4                                              自回归模型估计结果

| Variable | Coefficient | Std. Error | t - Statistic | Prob. |
|----------|-------------|------------|---------------|-------|
| C | - 8. 38E - 08 | 9. 35E - 08 | - 0. 896492 | 0. 3709 |
| R （ - 1） | 3. 724852 | 0. 065531 | 56. 84135 | 0. 0000 |
| R （ - 2） | - 5. 293144 | 0. 252742 | - 20. 94285 | 0. 0000 |
| R （ - 3） | 3. 510402 | 0. 429118 | 8. 180497 | 0. 0000 |
| R （ - 4） | - 1. 022391 | 0. 482280 | - 2. 119913 | 0. 0351 |
| R （ - 5） | 0. 017332 | 0. 430147 | 0. 040293 | 0. 9679 |
| R （ - 6） | 0. 103670 | 0. 254427 | 0. 407465 | 0. 6840 |
| R （ - 7） | - 0. 040800 | 0. 066345 | - 0. 614965 | 0. 5392 |
| 模型论断与检验 | | | | |
| R - squared | 0. 974120 | F - statistic | | 81942045 |
| Adjusted R - squared | 0. 951143 | Prob （F - statistic） | | 0. 000000 |
| Log likelihood | 3038. 219 | Durbin - Watson stat | | 2. 000234 |

可见，各参数均在 1% 显著性水平上显著，且拟合优度为 95%，DW 值为 2，不存在一阶自相关性，此时的对数似然值为 3038。

2. 汇率区制转移行为检验

在确定自回归滞后阶数的基础上，需要进一步检验是否存在区制转移行为，或者区制转移行为模型是否比 AR 模型更优。这里采用 Garcia 和 Perron（1996）提出的似然比检验进行假设检验。似然比统计量为 $LR = 2 \times |\ln L_{MS-AR} - \ln L_{AR}|$，$\ln L$ 为各模型对数似然值。原假设为：各国股市不存在区制转移行为。检验结果如下：

表 6 - 5                                              区制转移检验

| $L_{MS-AR}$ | $L_{AR}$ | $LR$ | $p$ |
|-------------|----------|------|-----|
| 2287. 166 | 3038. 219 | 1502. 106 | 0. 0000 |

从检验结果看，具有区制转移特征的 MS - AR 模型更适合于模拟汇率的波动路径。

3. MS - AR 模型的估计

表 6-6 马尔科夫区制转移 VAR 模型估计结果

| | $R$ |
|---|---|
| Const（1） | $-1.42E^{**}$ |
| Const（2） | $-0.0002^{***}$ |
| Ar（1） | $-0.2113^{***}$ |
| Ar（2） | $-5.2931^{***}$ |
| Ar（3） | $3.2142^{***}$ |
| Ar（4） | $-1.0221^{***}$ |
| Ar（5） | $0.0172$ |
| Ar（6） | $0.1670$ |
| Ar（7） | $-0.0408$ |
| log（sigma1） | $-8.1799^{***}$ （0.0238） |
| log（sigma2） | $-6.5848$ （0.0215） |
| $d_1$ | 21.67 |
| $d_2$ | 2.43 |
| $P_{11}$ | 0.9539 |
| $P_{22}$ | 0.9446 |
| logL | 18782.25 |

从估计结果看，log（sigma1）均小于 log（sigma2），且两者均在 1% 显著性水平上显著，因此，我国汇率变化确实存在低波动率与高波动率两个区制。此外，保持低波动区制的概率为 0.95，保持高波动区制的概率为 0.94，前者高于后者；同时，我国汇率低波动区制平均持续期为 21.67 个月，高波动区制平均持续期为 2.43 个月。

## 6.4.2 辽宁省上市公司 ROE 的区制转移行为研究：MSAR 模型

6.4.2.1 基于 LR 统计量的中国股市及世界原油价格的区制行为检验

为了判断辽宁省上市公司 ROE 是否存在区制转移行为，这里采用 Garcia 和 Perron（1996）提出的似然比 LR 检验统计量，对辽宁省上市公司 ROE 的区制转移行为进行假设检验。LR 统计量为 $LR = 2 \times |\ln L_{MS-AR} - \ln L_{AR}|$，原假设为无区制转移行为，$\ln L_{MS-AR}$ 表示 MS – AR 模型的对数似然值，$\ln L_{AR}$ 为 AR 模型的对数似然值。

为了估计 MS – AR 模型及 AR 模型，这里首先根据 AIC 准则判断模型的滞后阶数，经过计算发现，当滞后阶数为 2 时，各序列的 AR（2）模型的 AIC 值达到最小，因此，最优滞后阶数为 2。

在此基础上，分别估计各序列的 AR（2）模型及 MS – AR（2）模型，分别得到各模型的对数似然值，在此基础上计算 LR 并进行假设检验。检验结果表明，辽宁省上市公司 ROE 及世界原油价格均存在显著的均值与方差区制转移行为。

### 6.4.2.2  MS – AR 模型估计

MS – AR 模型估计结果见表 6 – 7。根据估计结果可知，辽宁省上市公司 ROE 存在关于方差的区制转移行为。MS – AR 方程的 log（v(St = 1)）远远大于 log（v(St = 2)），且非常显著。

区制 1 与高波动区制相对应，区制 2 与低波动区制相对应。高波动区制平均持续期为 7. 69 个月，而低波动区制的平均持续期为 103. 36 个月。高波动区制持续的概率为 0. 86，低波动区制持续的概率为 0. 99。

表 6 – 7                              MS – AR 模型估计结果

|  | RS |
|---|---|
| $\mu$（$S_t = 1$） | 3. 3527 |
| $\mu$（$S_t = 2$） | 0. 5697 |
| $\varphi_1$ | 0. 0447 *** （0. 0554） |
| $\Phi_2$ | 0. 2280 *** （0. 0571） |
| log（$v(S_t = 1)$） | 3. 6772 *** （0. 1745） |
| log（$v(S_t = 2)$） | 2. 1151 *** （0. 0470） |
| $d_1$ | 7. 69 |
| $d_2$ | 103. 36 |
| $P_{11}$ | 0. 8699 |
| $P_{22}$ | 0. 9903 |

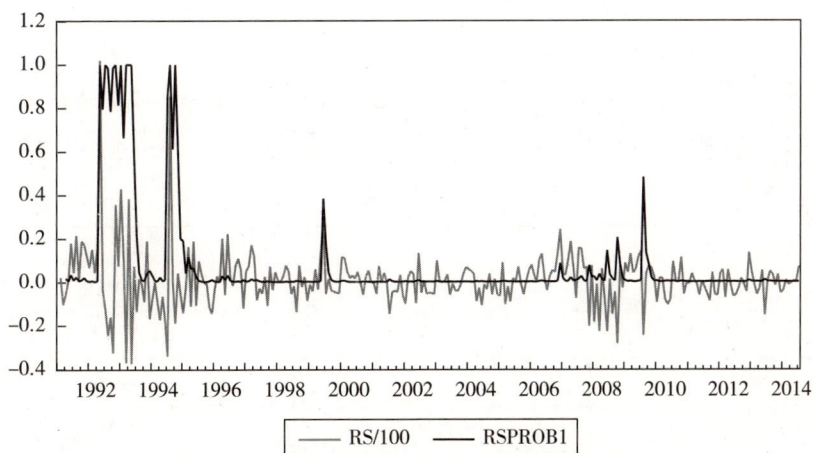

图 6 – 3   辽宁省 ROE 区制平滑转移概率

### 6.4.3 汇率波动对辽宁省企业承受力影响的区制效应研究：MS-VAR 模型

#### 6.4.3.1 MSVAR 模型

由于我们研究目的是上市公司收益与汇率的互动关系，这就需要将 MS – AR 模型扩展为 MS – VAR 模型，Krolzig（1997）对此作了扩展：

$$r_t = \alpha_1(s_t) + \sum_{k=1}^{l} \alpha_{2j}(s_t) r_{t-k} + \sum_{k=1}^{l} \alpha_{3j}(s_t) e_{t-k} + v(s_t) \varepsilon_{rt} \tag{3}$$

$$e_t = \beta_1(s_t) + \sum_{k=1}^{l} \beta_{2j}(s_t) e_{t-k} + \sum_{k=1}^{l} \beta_{3j}(s_t) r_{t-k} + v(s_t) \varepsilon_{et} \tag{4}$$

$r$ 与 $e$ 表示 ROE 与汇率变化率。$\varepsilon$ 为新息过程，其标准差 $v(s_t)$ 具有区制依赖性。区制 $s_t$ 为具有不可逆遍历性的两区制 Markov 过程，不同区制间的转移概率 $p_{ij}$ 定义如下：

$$P_{ij} = P(S_t = i \mid S_{t-1} = j), \sum_{j=1}^{2} P_{ij} = 1 \ i,j \in \{1,2\}$$

据此，我们有：

$$P_{11} = P(S_t = 1 \mid S_{t-1} = 1)$$
$$P_{12} = 1 - P_{11} = P(S_t = 1 \mid S_{t-1} = 2)$$
$$P_{21} = 1 - P_{22} = P(S_t = 2 \mid S_{t-1} = 1)$$
$$P_{22} = P(S_t = 2 \mid S_{t-1} = 2)$$

#### 6.4.3.2 数据

ROE 数据为辽宁省上市公司 ROE 月度值，R 表示汇率变化率。其中，前者为辽宁省年度 ROE 经过 Eviews 频率转换为月度数据。估计结果如表 6 – 8 所示。

表 6 – 8　　　　　　　　　　　　估计结果

| | | ROE – R MSVAR | |
| --- | --- | --- | --- |
| | | $S_t = 1$ | $S_t = 2$ |
| $\alpha_1(S_t)$ | | 0.78 * | – 0.59 * |
| $\alpha_{21}(S_t)$ | | 0.17 ** | – 0.31 ** |
| $\alpha_{22}(S_t)$ | | 0.49 *** | – 0.15 ** |
| $\alpha_{31}(S_t)$ | | – 0.06 ** | – 1.03 *** |

续表

| | $S_t = 1$ | ROE – R MSVAR $S_t = 2$ |
|---|---|---|
| $\alpha_{32}(S_t)$ | $-0.16^{**}$ | $-0.47^{**}$ |
| $\beta_1(S_t)$ | $0.32$ | $0.020$ |
| $\beta_{21}(S_t)$ | $0.33^{***}$ | $0.24$ |
| $\beta_{22}(S_t)$ | $0.07$ | $-0.18$ |
| $\beta_{31}(S_t)$ | $0.02$ | $0.10$ |
| $\beta_{32}(S_t)$ | $0.15$ | $0.12$ |
| $d(S_t)$ | $11.17$ | $5.15$ |
| $v_r(S_t)$ | $129.8^{**}$ | $194.8^{***}$ |
| $v_e(S_t)$ | $45.9^{***}$ | $68.67^{**}$ |
| 区制转移概率 | | |
| $S_t = 1$ | $0.91^{***}$ | $0.19^{**}$ |
| $S_t = 2$ | $0.09^{***}$ | $0.81$ |

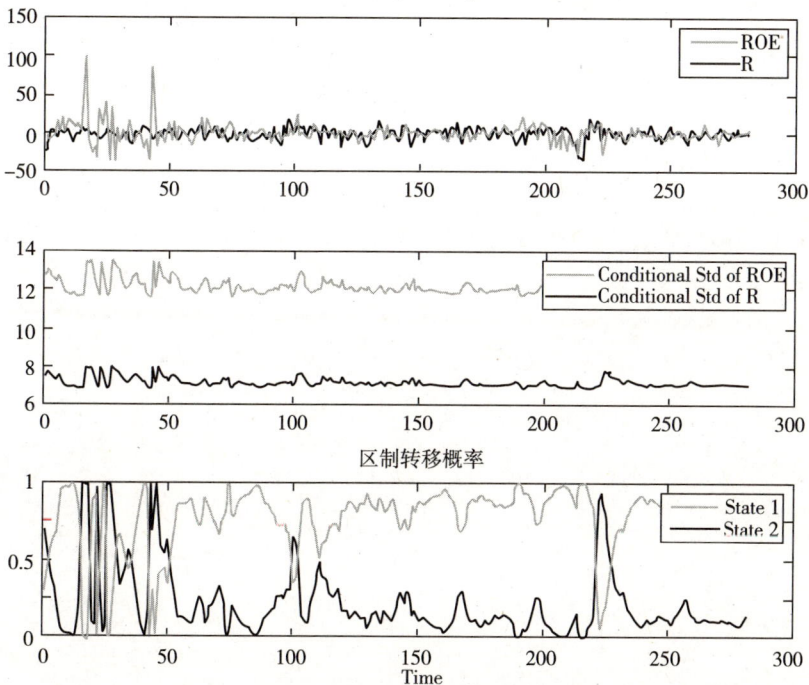

图 6 - 4　区制转移概率

从以上估计结果可知,汇率变化对辽宁省企业盈利状况具有显著性负向影响,而盈利状况变化并不影响汇率的变化。此外,汇率对企业盈利的状况影响具有区制效应与非对称效应。具体地,在高波动区制的影响大于低波动区制的影响,因此,促进辽宁省企业的稳定经营对于降低汇率波动的负向影响具有积极意义。

# 7 我国股票市场与外汇市场
关联性（传染性）研究

## 7.1 金融传染界定与识别：文献综述

过去的二十多年是全球经济、金融迅速一体化的二十年，也是金融危机频发的二十年，在此背景下，大量的文献致力于不同国家、不国地区或不同市场之间金融传染的研究。目前，国内外学者对金融传染的存在及其对宏观经济决策、国际投资决策的重要意义已经达到共识。对于宏观经济决策者而言，理解金融传染内在逻辑对于各国提前采取应对措施，降低国际冲击的负面影响，提高各国宏观经济的协调程度具有重要意义；对于国际投资者而言，理解各国金融市场之间的金融传染机制对于增强国际金融投资组合的多样化、增加投资组合的有效集、提高投资组合的有效界、增加投资组合的风险评价精度均具有重要的现实意义。

尽管国内外对金融传染取得了丰富研究成果，但是关于金融传染的界定（概念或定义）、识别与测度及其传染机制等仍然存在较大分歧，并且目前国内外均没有对金融传染文献进行系统梳理，基于此，论文旨在对国内外相关文献进行梳理与述评，对金融传染进行全面深入的分析，以弥补当前研究的不足。

### 7.1.1 金融传染的界定

1997 年之前，传染（Contation）一词一般用于医学领域，专指疾病的扩散感染。1997 年，源于泰国的货币危机迅速扩散至东亚各国，并进一步影响到俄罗斯及巴西，对各国经济造成严重损害。伴随着全球金融工具相对价格的变化，美国对冲基金 LTCM（Long－Term Capital Management）破产，危机进一步蔓延至北美及欧洲主要发达国家及地区。最终，源于泰国泰铢贬值的货币危机（某国特定危机）逐渐演变为影响东南亚各国的东南亚金融危机（区域金融危机），最终演化为全球金融危机。此次金融危机爆发突然，传染迅速，影响深远。自此，传染一词开始用于描述金融危机的传播。从 LEXIS – NEXIS 数据库搜索 Congation 一词，与金融传染相关的新闻已经占至九成，并且绝大多数研究将传染（Contation）定义为"金融市场紊乱在国家之间的传播（spread of financial market turmoil across countries）"（Claessens 和 Forbes，2001）。Claessens 和 Forbes（2001）将金融危机传染与疾病传染进行了比较①，发现两者具有较大相似之处[162]。《美国传统词典》（*American Heritage Dictionary*）对传染（Congation）有多种解释。其中一个意思是"疾病（disease）"，即能对有机体生命造成较大伤害。近年来爆发的金融危机的最终结果都是各国收入水平下降，最终影响居民的生活质量。此外，传染还指疾病的传播或传递，侧重于传播途径。与传染病的传染相似，大多数金融危机（东南亚金融危机、美国次贷危机及欧洲主权债务危机等）都源于某一特定国家，然后迅速扩散至其他国家或地区，最终深化为全球金融危机。最后，《美国传统词典》（*American Heritage Dictionary*）认为传染（Contation）还可以解释为"直接或间接接触"。而这也成为当前学术界对金融传染的重要争论之一。具体地，泰国货币危机、美国次贷危机及欧洲主权债务危机等蔓延至其他国家是通过直接的经济关联（主要指国家之间的经济基本面关联，如国际贸易）还是通过间接关联（经济基本面之外的其他因素，如市场投资情绪、金融恐慌等因素）。可以看出，国外对金融传染的界定仍然存在严重分歧，具体如下：

7.1.1.1　Wolf（1998）定义

Wolf（1998）将金融传染定义为"不能由基本因素解释的金融市场的联动效应"[163]。该观点认为，金融传染本身并不可测度，但是可以用基本因素所不能解释的金融市场联动性之外的残差估计量表示。两类文献对金融传染进行研究，一类文献从信息因素角度出发，另一类从机构角度出发。

信息类文献将凯恩斯"选美"模型用于股票市场操作。在凯恩斯选美中，每一位评委要做的首先不是如何按照自己的意愿投票，而是首先思考其他评委如何投票，然后进行效仿，即每位评委按照他所认为的其他评委的思考方式进行投票。同样道理，投资者在股票市场进行资产买卖时，在很大程度上并不相信自己的判断，而更倾向于将按照其他投资者的意愿出售特定资产。该理论能够在某种程度上解释股票市场投资者的"羊群效应"或"跟风行为"。以新兴市场为例，当大量的投资者相信其他投资者已经对新兴市场股票失去信心，那么

---

① Claessens 和 Forbes（2001）认为，尽管这种比较稍显过分，但是通过比较仍然能深入理解金融传染与疾病传染的联系。

前者将会率先抛售这些股票，从而导致新兴市场股票市场暴跌。投资者的羊群效应会进一步导致新兴市场股票广范围的下降或上升，当基本因素不能解释新兴市场间的联动性时，称此时存在金融传染。但是，信息论并没有进一步解释投资者为什么会将新兴市场股票作为单独的一类资产看待，而不是分别对待。一个可能的解释是资产管理中的委托—代理问题。当单个资产管理者的业绩与市场平均业绩进行比较时，由于一些管理者的非传统投资管理战略失败，具有低收益股票的管理者丝毫不担心会受到惩罚。在资金及利润结构给定的情况下，具有高于平均收益股票的管理者也会产生从众行为，而不是采取有可能获得超额风险溢价的管理策略。应用到新兴股票市场中，即使有些管理者对基本因素信心十足，委托—代理问题的存也有可能使其产生从众行为或羊群效应（Wolf，1998）。

机构类文献侧重于强制赎回及两阶段投资策略问题。新兴股票市场大量的资金注入是以开放式共同基金形式存在的。当这些基金面临着大规模的提款或净现金流下降时，可能被迫赎回。全球共同基金将首先抛售其具有宽裕流动性市场的资产，从而使具有丰富流动性的市场也陷入金融危机。因此，共同基金的赎回行为导致了众多市场的同时紊乱，而与经济基本因素的变化并无关系，此时，金融传染产生。在两阶段投资策略下，总投资中一部分首先用于购买新兴市场类股票，然后再根据主要新兴市场的权重再次分配这些资金在各新兴市场中的比例。由于第一阶段的决策是根据某些新兴市场的相关因子作出的，因此，该决策也会影响其余新兴市场（尽管决策因素对于这些市场毫无意义）（Buckberg，1996；Chuhan，1994）。

### 7.1.1.2 Fobrbes 和 Rigobon（2002）定义

Fobrbes 和 Rigobon（2002）将金融传染定义为金融冲击发生后国家或市场之间关联程度（如相关系数）的显著性增加[164]。根据该定义，如果两个市场在经济稳定期间具有较高的相关性或联动性，甚至在遭受经济危机冲击后，两国仍然保持较高的相关性，此时并不能称为金融传染。只有当金融危机爆发后及持续期内的相关性显著高于危机爆发之前才能构成金融传染。如果两个市场间的联动性并没有显著增加，那么两个市场间持续的高度相关只能说明两个市场或经济体的经济基本面存在着较高的关联性，如产业关联、贸易关联等，Forbes 和 Rigobon（2002）将这种现象称为协动（interdependence）。

### 7.1.1.3 世界银行对金融传染的定义

世界银行对金融传染的定义分为广义定义、严格定义、更为严格定义和 Pretorious（2002）定义。

1. 广义定义

广义视角下，世界银行将金融传染定义为"金融冲击在国家之间的传递"或一般意义上的"跨国溢出效应"。根据该定义，金融传染可以发生于经济周期的任何阶段，即包括复苏与繁荣等"好"的阶段，也可以发生在萧条与衰退等"坏"的阶段。因此，传染与经济危机没有必然联系。

2. 严格定义

但是，金融传染一词从产生开始就与金融危机密不可分。为此，世界银行又给出了较为严格的定义（restrictive definition）。根据该定义，金融传染是指一国特定冲击（非一般冲击）通过国家间基本关联之外的其他渠道向其他国家或地区的传递或导致的跨国关联性。该定义通常被解释为国家或市场间的过度联动，常解释为国家、地区或市场间的羊群效应或从众行为。世界银行将经济体间的基本关联（fundamental links）分为金融关联、实体（际）关联及政治关联。金融关联离不开国际金融系统，其形成的一个典型原因在于高杠杆金融机构面临亏损或追加保证金。此时，一国金融危机使其在该的抵押品价值下降，高杠杆金融机构需要追加其保证金，因此，往往会出售其在尚未受金融危机影响国家的金融资产，从而使得未受危机影响国家的金融资产面临着巨大抛压而陷入危机。金融关联的另一个典型例子是开放式共同基金。某特定国家发生经济危机后，开放式共同基金在该国面临着较大的赎回压力，因此，必须通过出售在第三国（未受危机影响的国家）的金融资产以提高其现金流。从而使得第三国面临较大的资产贬值压力，金融危机的影响进一步扩大。真实联系是指经济体间接基本经济关联，主要包括国际贸易。当两国具有巨额国际贸易额或在外贸中处于竞争地位时，一国货币贬值必然损害另一国的国际竞争力，其结果就是各国竞争贬值以保持本国外部部门的竞争优势。除了贸易外，FDI 也构成国家间的真实联系。FDI 的进入与流出必然会影响两国经济的发展。政府关联是指国家之间的政治关系，现有文献关注较少。当一国通过汇率安排成为"国家俱乐部"一员时，当其他货币贬值时，该国贬值的政治成本就会非常低，因此，竞相贬值局面形成，金融危机也得到了传播。当国家间的基本关联或一般冲击不能完全解释国家间的相互影响时，往往将这种影响归咎于从众行为，无论是理性的还是非理性的。

3. 更为严格的定义

在此基础上，世界银行给出了更为严格的定义（very restrictive definition），该定义与 Forbes 和 Rigobon（2002）的定义非常相似，即国家、地区或市场间相关性在金融危机期间显著高于非金融危机期时构成金融传染。尽管该定义过于严格，但是仍然具有两个优点：第一，该定义从实证的角度提供了检验金融传染是否存在的简明框架。例如，通过比较两个市场在金融危机期间的相关系数与非金融危机期间的相关系数，可以判断是否存在金融危机的金融传染效应。第二，该定义对区别不同的金融传递理论提供了简单明了的框架。由于该定义比较简短，Corsetti 等（2011）特别指出，当某一特定国家的冲击（country - specific shock）演变为区域冲击（regional）或全球冲击（global）时，金融传染就产生了[165]。

4. Pretorious（2002）定义

Pretorious（2002）对金融传染的定义与 Wolf（1998）相似，将金融传染视为协动性或者相互依赖性（interdependence）的特例之一。Pretorious（2002）认为，股票市场间协动性源于三种因素：金融传染、实体经济一体化及股票市场特质。当股票市场的协动性不能由经济基本面因素解释时，此时的协动性原因可解释为金融传染；而实体经济一体化对股票市场协动性的影响主要是通过双边贸易及相关经济变量如利率、通货膨胀率实现的；股票市场特质包括股票市场规模、交易机制等[166]。将金融传染定义为"不能由基本因素解释的金融市场的联动效应"。

除金融传染外，Pretorious（2002）认为金融一体化（economic integration）是导致各国股票市场协动性增强或相关性增强的主要原因。主要解释理论有两个：第一，两个经济体的相互依赖程度决定了两经济体股票市场协动性的程度，即两国贸易联系的程度决定着两国股市协动性程度；第二，根据现金流模型，主要宏观经济变量如利率、通货膨胀率等均影响着股票市场的表现。而各国利率、通货膨胀率等宏观经济变量间的关联性就决定了各国股票市场间的协动性。当两国宏观经济变量完全相同时，两国股票市场表现也趋于收敛或相同；当两国主要宏观经济变量现出分化与背离时，两国股票市场也会出现分化与背离。

最后，各国股票市场的特质如市场规模、波动率及行业相似性等均影响着两国股市的协动性。第一，Banz（1981），Berk（1996），Keppler 和 Traub（1993）及 Asness 等（1996）认为，公司规模对股票市场业绩具有重要的影响。由于公司规模越小，流动性越低，交易成本越高，因此，就要求更高的收益。此外，一国股票市场规模可以反映出其资本市场所处的发展阶段，同样能够反映出其市场流动性程度、信息成本及交易成本。从这个角度讲，规模相差悬殊意味着在资产流动性、信息成本及交易成本的较大差异，从而导致更小的联动性。随着时间的推移，伴随着股票市场规模的接近，两个股票市场间的联动性也逐渐增强。第二，收益是风险的增函数，而股市波动率是对股票市场风险的度量，因此，股票市场收益率是波动率的增函数。两个股票市场如果具有相同的波动率，则两者应当具有相同的回报率，从而表现出联动性。如果一个市场的波动率显著高于另一个市场的波动率，那么要求前者的收益率要显著高于后者的收益率。因此，当两个市场的波动率收敛时，其股票价格也具有相同的收敛特征，从而表现出股市间的协动性。第三，行业相似性对股票市场相关性的影响逐渐成为近来研究的热点（Serra，2000；Wolf，1998；Roll，1992）。Wolf（1998）认为，任何股票价格指数同时受到行业结构信息及其他噪音的影响。以两个石油行业作为国民经济发展主导行业的股票市场为例，全球对石油需求的下降必然会带来两个股票市场行情的下降。因此，当两个国家的主导行业具有相似性时，其股票价格的波动在很大程度上存在协动性。

从以上各种定义来看，目前国内外对金融传染的定义仍然存在分歧，主要表现为两个方面：一是金融传染的内涵与外延界定不统一（即松紧程度不一）；二是对区别金融传染与经济一体化的基本因素的认识并不统一。由于基本因素难以统一并确定，导致了金融传染实证检验方法论上的困难。Dungey 和 Tambakis（2003）认为，用传染一词描述金融危机的国际传递存在着争议，而世界银行提出的严格定义（restrictive definition）提供了良好的基准，并得到 Eichengreen 等（1995）及 Eichengreen 等（1996）的应用[167]。本文认为，世界银行的严格定义中，由于基本因素难以统一并确定，导致金融传染实证检验方法论上的困难。即使对金融传染的定义达成共识，对基本变量集的确定仍然存在较大的困难。这意味着，世界银行关于金融传染的定义缺少操作上的可行性。而世界银行关于金融传染的"更为严格的定义"或 Forbes 和 Rigobon（2002）提出的定义则提供了直接、明了的实证检验思路。因此，如何根据研究环境与条件的不同确定统一的内涵与外延，并全面、客观确定基本因素成为当前金融传染研究应当努力的方向。同时，在进行金融传染实证检验之前，阐明金融传染的具体含义显得非常必要，因为不同的定义所需要的检验方法存在很大差异。

### 7.1.2 金融传染的原因及其重要性

根据 Masson（1998），Dornbusch 等（2000），Pristker（2000）及 Forbes 和 Rigobon（2001）的研究，金融传染的原因可分为两类：第一类原因将金融传染

归咎于国家或市场之间正常相互依赖（基于基本因素的依赖与联系）的外溢效应。这意味着，由于国家之间存在着真实的金融联系，无论是地区冲击还是全球冲击，均会在国家之间进行传递。Reinhart 和 Calvo（1996）将该类型的金融传染称为"基于基本因素的传染"，这种形式的联动本身并不会构成传染[168]。第二类原因认为，金融危机的传染与观测到的宏观经济变量或经济基本因素的变化没有关系，而仅仅是由于投资者或其他金融机构的投资行为的变化导致的。在这种情况下，即使没有全球冲击且市场相互依赖性与基本因素并非影响因子时，只要市场间存在联动，金融传染就会产生。例如，发生于某一特定国家的经济危机可能会使投资者丝毫不考虑各市场间的差异性，而将其他市场中的投资收回，从而导致其他市场资产价格的回落，使金融危机从特定国家蔓延至其他市场。与"基于基本因素的传染"不同，该传染原因常被称为"非理性传染"，如金融恐慌、羊群行为、信心丢失及风险规避增强等。具体的传染原因见表 7-1。

**表 7-1**　　　　　　　　　　　　　　**金融传染原因**

| 宏观经济基本原因 | 投资者行为 |
| --- | --- |
| 共同冲击 | 流动性与激励问题 |
| 贸易关联与竞争性贬值 | 信息不对称及协调问题 |
| 金融关联 | 多重均衡 |
| | 游戏规则的改变 |

#### 7.1.2.1　基于基本因素的传染

基于基本因素的传染原因包括国际范围内的宏观经济冲击（共同冲击）、基于贸易关联与竞争性贬值的局部冲击、金融关联。

1. 共同冲击

Donbush 等（2001）将共同冲击识别为触发国际市场急剧深度调整并导致大规模资本流动或使发展中国家陷入危机的全球性冲击，如工业国家的经济变迁及商品价格的改变[169]。例如，美国利率的变化导致大量的资本流向拉美国家（Calvo 和 Reinhart 1996；Chuhan，Claessens 和 Mamingi，1998），1995—1996 年美元对日元的升值及东南亚金融危机是各国采取盯住美元汇率制度的主要原因，这使得东亚贸易下滑。这些共同冲击的发生均会导致资本的跨国流动及资产价格的急剧波动。

2. 贸易关联及竞争贬值

一个国家发生的局部冲击可以通过其与贸易伙伴国或竞争国的贸易关联及

竞争性贬值扩散至贸易伙伴国。当一个特定国家因经济危机导致本币急剧贬值时，其贸易伙伴国也会经历资产价格急剧下降、资本大量外流或成为国际游资的投机性攻击对象。这是因为，投机者会预期到贸易伙伴国因与危机爆发国的贸易关联及其货币贬值导致贸易伙伴国的经常账户恶化，故而提前抛售其资产，导致贸易伙伴国也陷入经济危机。

竞争性贬值是危机传染的另一个渠道。受经济危机冲击的国家货币贬值会导致其贸易伙伴国对第三国的出口竞争力下降，从而倒逼贸易伙伴国也处于竞争性贬值中，从而形成链式贬值状况（尤其是实施固定汇率制度的国家）。Corsetti 等（1999）认为，各国竞争性贬值的速度要远比由基本面恶化导致的贬值速度更快，此外，与合作均衡相比，基于非合作博弈的竞争性贬值将导致更大程度的货币贬值[170]。如果市场主体能预见到货币危机将引发竞争性贬值，则自然会提前抛售其在其他国家持有的证券、削减贷款额度及拒绝短期贷款的展期。亚洲金融危机期间，新加坡、中国及中国台湾等经济基本面较好的国家或地区也未能独善其身。

3. 金融关联

一个国家与世界经济的一体化程度往往包括贸易关联与金融关联。因此，一国发生金融危机会导致直接的金融效应，包括贸易信贷、外国直接投资等下降及资本外流。

7.1.2.2　投资者行为因素

金融危机的传染依赖于金融市场一体化程度。如果一个国家与全球金融市场高度一体化或一个地区内的各国高度一体化，则这些国家的资产价格与经济变量则会串联（同向）运动。一体化程度越高，共同冲击或真实冲击从一个国家传递至另一个国家的速度越快、程度越大。相反，如果一国与地区或全球的一体化程度非常低，则由于资本账户管制不能获得较多外部融资，此时存在对金融传染的免疫机制。从这个角度讲，国际金融市场助推了经济危机的传播，但是并不是金融危机的创造者。从这个角度讲，事前理性的个人投资者及集合投资者的行为应当属于基本因素一组。

但是，无论是理性投资者还是非理性投资者，都不会阻止冲击从一个国家向其他国家传递。当前文献对理性投资者行为与非理性投资者行为仍然存在分歧，因此有必要从投资者行为的类型谈起（Pritsker，2000）。首先，投资者都会采取自认为理性的行为，而这些行为都有可能导致基本因素无法解释的资产价格过度波动。通过该渠道（通常称为投资者实践），金融危机通过投资者行为得到传递，而这些投资者的行为具有更改特征。因此，该类投资者行为可以进一步归类为信息不对称与市场协作中的流动性与激励问题。第二，多重均衡问题的存在也可以解释金融危机通过投资者行为进行的传递。第三，国际金融体系的改变也会影响投资者在金融危机后的投资行为。

个体投资者的理性行为受流动性及其他条件的约束。例如，亚洲金融危机中，泰国货币的急剧贬值及股票价格的急剧下降导致国际金融机构投资者的巨额资本损失，从而使这些金融机构面临着较大的偿付、赎回及追加资本金压力，从而不得已出售其在其他新兴市场的有价证券。

从以上可以看出，尽管金融传染的定义目前仍然存在分歧，但是，国外已经对金融传染的原因及条件基本达成共识，即金融市场一体化程度。但是，这是不是意味着没有高度金融一体化的国家就不用担心金融传染？或者实行资本管制或缺少外资流动的国家就不会发生金融传染呢？对该问题的解答，要仍然依赖于"金融传染"定义的确定与界定。

Forbes 和 Rigobon（2001）认为，金融传染的理论文献可以划分为两类：危机逻辑（crisis – contingent）文献与非危机逻辑（non – crisis – contingent）文献两类[171]。危机逻辑理论解释了经济危机期间金融传染机制变化的原因或跨市场相关性为何在金融危机期间显著性增加；而非危机逻辑假设金融传递机制在经济危机期间与非金融危机期间相同，从而在金融危机之后市场间相关性不发生变化。这种情况下的金融相关性常被称为市场协动性而不是传染。

### 7.1.3 金融传染测度与检验

判断与评估金融传染是否发生并对之进行测度之所以重要，主要有以下三个原因：第一，各国的经济扰动存在异质性，使得不同国家的股票市场表现出相对较低的相关性，国际投资多样化战略能够在很大程度上降低组合投资风险并增加预期收益，这是国际投资战略进行投资多样化、分散投资风险的第一要义。如果在金融危机后发生金融传染，市场相关性会增加，会削弱国际投资多样化策略的功效，因此，忽略金融传染将使原有的投资组合变得更差并低估风险。第二，许多投资者行为模型假设投资者对较大的负面冲击作出不同的响应。因此，判断传染是否发生成为理解个人投资行为如何应对好消息与坏消息的关键。第三，许多国际机构及宏观经济决策者担心一个国家发生负向冲击后会对其他国家的资金流产生消极影响，即使其他国家的经济基本面表现良好且与冲击国的相关性较低的情况下也会这样。如果这样的金融传染存在，那么就为 IMF 的干预及基金稳定政策提供了辩护。此时，IMF 的短期贷款就能够在很大程度上帮助其他国家避免危机传染。相反，如果危机的传染是通过市场协动性而非传染进行传播，大量的资金援助只能降低金融危机对其他国家的初始影响，并不能避免危机的传染。资金援助只是为必要的调整提供了更多的时间。基于以上原因，有必要对金融传染进行测度。

跨市场关联的测度有多种方法，包括资产收益的相关性度量、投机性攻击概率的确定等。具体地，主要有四种模型用于金融传染的测度。第一，跨市场相关系数分析；第二，Probit 模型；第三，GARCH 族模型；第四，协整模型。需要注意的是，金融传染的检验与测度相关，而与金融传染的定义无关。

### 7.1.3.1　跨市场相关系数分析方法

以跨市场相关系数为基础进行风险传染的测度最为直接明了，源于 Forbes 和 Rigobon（2002）对金融传染的定义及世界银行对金融传染的"更为严格的定义"。通过检验两个市场在经济危机持续期间与非经济危机期间相关系数的差异性来判断金融传染是否发生。当跨国相关系数在冲击发生后显著增大，则足以证明金融传染已经发生。King 和 Wadhwani（1990）首次使用该方法对金融传染进行测度与检验[11]。结果表明，美国、英国及日本间的相关系数在美国陷入经济危机后显著增大。此后，Lee 和 Kim（1993）使用相同的方法将上述研究对象扩展至 12 个国家，同样找到了金融传染的证据[172]。Reinhart 和 Calvo（1996）利用该方法对 1994 年墨西哥比索危机对亚洲与拉美新兴国家的传染效应进行检验，结果表明，墨西哥比索危机对亚洲及拉美国家存在着显著的传染效应。Goldfajn 和 Baig（1999）利用该方法检验了 1997—1998 年亚洲金融危机期间的传染效应，结果表明，亚洲金融危机期间，存在显著的传染效应[173]。

### 7.1.3.2　概率模型

检验金融传染的第二类模型为概率模型，如 Probit 模型。该类方法应用非常广泛，原因在于其简洁性及简化的假设条件。该模型用外生事件对传染机制的变化进行直接识别与测度。Eichengreen 等（1996），Goldfajn 和 Baig（1999），Kaminsky 和 Reinhart（1998），Forbes 和 Rigobon（2001）等均使用该方法对金融传染进行了测度与检验。检验结果均表明，贸易是金融传染中最重要的传染渠道。

### 7.1.3.3　ARCH 及 GARCH 类模型的应用

ARCH 及 GARCH 模型主要被服务业估计不同国家及市场间资产收益与波动

率间的条件方差与协方差矩阵，在此基础上计算条件相关系数。通过观察条件相关性的变化特征判断是否存在金融传染。Hamoao 等（1990）及 Chou 等（1994）的研究结果表明，不同市场间存在着显著的外溢效应，各市场间存在着显著的协动性，但是由于条件相关系数并未显著性增大，因此，不存在金融传染[174-175]。Robert Engle（2002）采用 DCC - MGARCH 模型研究了股市间的相关系数时变性[176]。Thomas C. Chiang 等（2004）利用亚洲 9 国 1996—2003 年的日交易数据，借助 DCC - GARCH 模型对金融传染效应进行了研究。研究结果再次表明，金融危机持续期间，各国的相关系数显著性增大，表明金融传染效应的存在。Tran Phuong Thao 等（2013）分别利用 CCC - MGARCH 模型与 DCC - GARCH 模型研究了全球金融危机对亚洲国家与地区（中国香港、新加坡、中国台湾）的金融传染机制。结果表明，金融危机期间，美国与亚洲各国与地区的相关系数存在着较高的时变性，且显著大于金融危机之前[177]。Silvo Dajcman（2013）利用 VAR - DCC - MGARCH 模型检验了欧洲主权债务危机的传染性，结果表明，欧洲主权债务危机期间，意大利等危机国对其他欧洲国家存在着显著的传染效应[178]。

### 7.1.3.4 协整模型

E - G 两步法及 Johansen VAR 协整方法在检验金融传染的研究中得到广泛应用。Huang 等（2000）对两个主要的发达市场（美国与日本）及七个亚洲新兴市场的长期与短期协动性进行了研究。结果表明，亚洲新兴经济体股票市场与发达市场在短期内存在协整关系，但是在长期内不存在显著的协整关系。此外，还有大量文献对发达市场与东欧新兴市场间的协动性进行了研究[179]。Syriopoulos 和 Roumpis（2009）对七个东南欧新兴股票市场与美国、德国两个成熟股票市场间的协动性进行了研究。结果表明，尽管在短期内各新兴经济体股票市场与发达市场存在稳定的协整关系，但是东南欧七国的股票市场仍然可以在长期内作为国际投资者分散投资风险的对象。通过动态条件相关模型的研究结果表明，发达经济体内各国股票收益相关性与新兴经济体内各国股票收益相关性均非常高，而发达经济体与新兴经济体间的收益相关性则大大降低[180]。

还有一部分文献对亚洲各国股票市场间的协动性进行了研究。例如，Elyasiani 等（1998）对斯里兰卡股票市场与亚洲其他经济体股票市场的协动性进行了研究。结果表明，斯里兰卡与亚洲其他国家间的股市并不存在显著的协动性[181]。Qiao 等（2008）对中国股票市场与中国香港股票市场间的协动性进行研究，结果表明，中国内地 B 股与中国香港股票市场存在着双向波动外溢关系[182]。Ratanapakorn 和 Sharma（2002）检验了亚洲五个国家 1997 年亚洲金融危机前后股票市场的协动性的变化。结果表明，亚洲金融危机前，各国股票市场不存在显著的协动性，但是亚洲金融危机后，各国股票市场一体化程度显著增强，即亚洲金融危机增强了各国股票市场的一体化程度[183]。Raj 和 Dhal（2008）对印度与两个亚洲国家和地区股票市场及三个发达市场的协动性进行了研究。多变量协整检验表明，印度与其余五国间的股票市场存在着显著的协整关系，但是印度与任一国家间并不存在协整关系[184]。同样，Jang 和 Sul（2002）对亚洲金融危机是否改变了亚洲主要国家股票市场间的协动性进行了研究（中国香港、印度尼西亚、日本、韩国、新加坡、中国台湾及泰国）。结果表明，金融危机前，仅有少数国家间存在协动变化关系，亚洲金融危机后，存在协动变化关系的国家明显增多。但是这些研究并没有进一步解释金融危机增强各国股市一体化或协动性的原因[185]。

对拉美国家股票市场间的协动性研究始于 21 世纪初。Chen 等（2002）根据 1997 年亚洲金融危机与 1998 年俄罗斯与巴西金融危机将样本划分为多个子样本，检验了拉美 6 个国家股票市场协动性及其变化[186]。结果表明，1999 年前，拉美国家股票市场间具有协动性。1999 年后，这种协动性不再存在。还有一些研究对亚洲与太平洋盆地国家股票市场间的协动性及其在 1997 年金融危机前后的差异性进行了研究。例如，Chelley–Steeley（2004）对发达国家与亚太新兴国家股票市场间的一体化速度进行了研究。结果表明，亚太新兴国家股票市场间的一体化速度要远远大于新兴国家与发达国家股票市场的一体化速度[187]。Chi 等（2006）将若干亚洲新兴国家股市分别与日本及美国股市的协动性进行了研究，结果表明，金融危机后，各新兴国家股市与日本、美国股市的协动性迅速提高[188]。

以上所有研究均广泛使用协整方法对不同国家股票市场间的协动性进行了研究，大量研究结果表明亚洲新兴经济体股票市场与发达国家股票市场存在着显著的协动性。

### 7.1.3.5　各种方法面临的计量问题及解决对策

以上方法与模型被分别对应于检验金融传染效应。Jilber Urbina（2013）认为，概率模型、ARCH 模型及相关系数方法①得出的结果非常相似，因此，三种

---

①　跨市场相关系数虽然能够度量两个市场或资产间的协同性，但是并不能有效区分两个市场间的直接相关与间接相关，从而对金融传染是由基本因素关联引起还是非基本因素如投资情绪变化等引起难以作出判断，从而不利于货币当局制定适宜的应对策略。

方法的适用性目前仍未有明确的比较[189]。为此，本文仅对协整方法与 GARCH 方法使用中的问题及解决方法进行综述。

1. 协整方法存在问题及解决方法

Forbes 和 Rigobon（2001）认为，协整方法假设在整个数据跨度区间内相关系数不变，与实际不符，因此，利用协整检验金融传染效应并不准确。尤其是，随着样本跨度的增大，协整检验结果的有效性就越低。这表明，资产或市场间相关性的时变性、突变性与非线性成为协整方法中面临的主要问题。解决该问题，存在三种方法：第一，基于非线性 ARDL 模型的非线性协整方法[190]（Yongcheol Shin 等，2013）。第二，基于固定时间窗口的滚动回归估计方法，得到时变参数序列，在此基础上检验该序列的平稳性。第三，采用具有多个未知结构性断点的单位根检验与协整检验（Zivot 和 Andrews，1992；Lee 和 Strazicich，2003；Kim 和 Perron，2007）。

2. GARCH 模型问题及解决方法

GARCH 模型应用的主要问题是，当模型中资产数量或种类增加时，估计多种资产的时变协方差矩阵将存在较大的困难。伴随着资产种类的增加，协方差矩阵的维数急剧增加。具体地，在缺少具体协方差结构设定的情况下，$n$ 种资产的进变协方差矩阵在每个时间点上参数估计量为 $n(n+1)/2$。早期的方法如向量化条件协方差（vech）模型（Bollerslev，Engle 和 Wooldridge，1988）将协方差矩阵的每个元素表示为滞后方差项与滞后方差、协方差项的线性函数，在很大程度上降低了待估参数的数量[191]。但是，该方法过于一般化，而且仍需要估计 $O(n^4)$ 个参数，因此可行性大大降低。例如，假设模型中包括 15 种资产，VECH 模型需要估计的参数多达 28920 个。此外，协方差矩阵的正定性约束不一定能得到满足，因此需要施加其他约束以确保其正定性。尽管这些问题可以通过参数矩阵对角化约束（对控制协方差矩阵演化过程的方程参数施加对角化约束，如对角 VECH 模型或 BEKK 模型）在一定程度上降低，但这些约束仍然面临着维数过多的困扰，且仍然需要估计 $O(n^2)$ 个参数，因此用该模型进行实证研究时，模型中的资产数量很少超过 3~4 种。

为了克服 MGARCH 研究中无法保证矩阵正定性约束及维数过高的问题，Bollerslev（1990）提出了不变条件相关 MGARCH 模型，即 CCC - MGARCH 模型[192]。但是，该模型仍需估计 $O(n^2)$ 个参数。此后，Tsui 和 Yu（1999）及 Tse（2000）否定了 CCC - GARCH 模型，Tse 和 Tsui（2002）及 Engle（2002）放宽了不变相关假设，进而提出了动态相关 MGARCH 模型，即 DCC - MGARCH 模型。但这些研究假设所有时点上的相关性均服从相同的动态特征，而该假设随着变量的增加显得越来越不合适（Nicklas 和 Thong，2013）。尽管该不足可以通过对描述相关性动态特征的系数矩阵施加块状对角结构约束（Billio，Caporin 和 Gobbo，2006），但是该方法要求获得资产分组的先验信息。此外，Diebold 和 Nerlove（1989）及 King，Sentana 和 Wadhwani（1994）发展了潜在因子模型来解决快速上升的参数估计个数，即将因子表示为 ARCH 过程。该模型只需要估计 $O（n）$ 个参数。但是，这些模型很难利用 ML 方法进行计量经济分析，并且当资产数量较少时，估计效果非常不理想（Pitt 和 Shephard，1999；Engle 和 Sheppard，2001）。因此，后来的文献并没有进一步对因子型 MGARCH 模型下时变协方差矩阵进行研究。

20 世纪 90 年代中期，多变量模型得到拓展。Harvey 等（1994）在最基本的多变量随机波动率模型中（MSV），对协方差矩阵施加了与 CCC – GARCH 模型相似的约束条件。但是，与 CCC – GARCH 模型相似，MSV 模型与数据的拟合效果并不佳，且仍然面临着较多的待估参数个数的缺陷。

Pitt 和 Shephard（1999）提出了具有随机波动率特征的多变量因子模型（MSVFM），并发展估计时变协方差的计量经济学方法[193]。在此基础上，利用 5 个主要发达国家 1991—1998 年的汇率日数据对该模型进行了估计。该模型的因子结构使得求解与估计其时变协方差矩阵更为简明与灵活。其最大的优点在于该模型的待估参数个数是模型中资产数量的线性函数（$O（n）$）。Chib，Nardari 和 Shephard（2006）及 Yu 和 Meyer（2006）的研究表明，因子模型同样适用于时变相关性。

从以上分析可知，多变量随机波动因子模型（MSVFM）为估计动态相关与协方差提供了强有力的武器。该模型能够克服高维数带来的待估参数个数过多的问题。同时，该模型在以简明的方式模拟金融资产收益数据的同时，在充分捕捉协方差时变性方面保留了足够的灵活性。但是，标准的动态因子模型假设因子载荷矩阵及协方差矩阵均为非时变的，因此不能充分考虑大多数文献中提到的资产收益的结构性变化与异方差问题。为了克服此问题，需要将标准的因子模型修正为具有时变特征及随机波动特征的多变量随机波动因子模型（MSVFM）。

### 7.1.4　小结

论文从文献综述的角度对金融传染的界定、原因及检验方法进行了分析。

分析结果表明：

第一，当前国外对金融传染的具体含义仍然存在较大分歧，表现为对金融传染的内涵与外延界定标准不统一，对区别金融传染与经济一体化的基本经济因素认识不统一。从众多金融传染的定义看，世界银行"更为严格的定义"及 Forbes 和 Rigobon（2002）提出的定义应用更为广泛，且为实证检验提供了简单明了的框架。

第二，所有研究均一致认为，全球经济一体化是金融传染产生的前提条件。

第三，国外大量文献对金融传染是否发生及其传染机制进行了实证检验，大量研究均表明，1997 年的亚洲金融危机、2007 年的美国次贷危机及 2010 年的欧洲主权债务危机均存在显著的危机爆发国向周边国家及新兴国家的传染效应。

第四，虽然各研究对金融传染的原因进行了解释，但是这些解释均是在没有对金融传染具体含义界定清楚的基础上进行的，因此，容易引起混淆。本文认为，从广义的金融传染含义看，历次金融危机的传染有两大类渠道：基于基本因素的渠道与基于非基本因素（行为因素）的渠道。前者依赖于各国或各市场间的贸易与金融关联，后者则依赖于投资者投资情绪、投资行为等因素。在大多数情况下，基本因素与非基本因素相互交叉，使得金融传染的影响机制更为复杂，增加了当前的研究难度。

第五，从检验金融传染的方法看，目前主要有四大类方法，分别为子样本划分基础上的简单相关系数法、概率模型法、GARCH 方法及协整方法。大量的研究表明，相关系数法、概率模型法与 GARCH 方法的结论基本相似，而协整方法的研究结果的可信性伴随着研究区间的延长而下降。除了 GARCH 方法外，其他三类方法的研究均人为划定危机前、危机中与危机后三个子样本，因此不能排除其主观性，同时，这三种方法均没有考虑到每一个子样本期内的参数的非对称性、时变性及非线性性，因此，本文认为利用相关系数法、概率方法及协整方法对金融传染进行检验时，可以考虑以下三种方法：基于 ARDL 模型的非线性协整、具有固定时间窗口的滚动回归及考虑多个未知结构性断点的单位根与协整检验。

第六，GARCH 模型的应用越来越广泛，且经历了 VECH 模型到 CCC 模型再到 DCC 模型的演变。从 VECH 模型到 DCC 模型，主要解决协方差时变性问题及其参数估计问题，该类模型的优点在于能够在全样本的情况下通过 DCC - GARCH 模型考察其协方差或相关系数的时变性，且能够对不同市场或资产的溢出效应、非对称效应进行研究。其缺陷主要表现在随着资产数量的增加待估参数的数量也增加，现有研究中 DCC – GARCH 模型中的资产数量最多不超过 3 ~ 4 种。在此背景下，多变量随机波动动态因子模型（MSVDFM）为估计动态相关与协方差提供了强有力的武器。

## 7.2　基于 VAR – MGARCH – BEKK 模型的研究

股票市场与外汇市场之间的联动（外溢）效应一直备受关注。在宏观层面，货币当局制定与执行货币政策必然会影响到股市与汇市的变化，因此，股市与汇市关联效应成为货币当局预判经济走势、制定与执行货币政策必须考虑的因素。在微观层面，金融自由化使跨国投资成为必然趋势，股市与汇率之间的关联性直接影响着投资组合的优化策略与管理策略。因此，研究我国股市与汇市的联动效应对于促进金融市场稳定，制定适宜的宏观调控政策及优化市场主体的投资管理策略具有重要的理论与现实意义。

### 7.2.1　理论与文献综述

#### 7.2.1.1　理论分析

流量导向模型（flow – oriented model）与股票导向模型（stock – oriented model）为股票市场与外汇市场的关联性奠定了理论基础。流量导向模型（Dornbush 和 Fisher, 1980）认为，汇率的变化会影响代表性厂商的国际竞争力及其贸易量，进而影响到其未来现金流及利润，最终影响公司的股票价格。该模型表明，汇率的变化导致股票价格的变化，本币升值（直接标价法下，汇率下降）将导致股票价格下降，因此两者正相关[194]。

相反，股票导向模型（Frankel, 1983）认为，汇率的作用主要表现为对股票、债券等金融资产在国际范围内的供需调节。股票价格上升，导致境内外投资者更多地投资于国内股票市场，从而加大了对本币的需求，本币升值。该模型表明，股票价格上升导致本币升值（直接标价法下，汇率下降），因此两者负相关[195]。

#### 7.2.1.2　文献综述

目前对股市与汇市关联效应的研究主要有两个层面：一是股市与汇市收益关联研究，具体为股市收益与汇市收益因果关系方向及影响程度研究。但是，目前两者间的因果关系方向与影响程度尚未一致。二是股市与汇市波动率的关联研究，即两市的风险关联研究。股市与汇率波动率关联主要是指一个市场发生的冲击不仅影响本市场资产波动率，而且还会影响到另一个市场或资产的波动率。Ross（1989）将波动归咎于信息流的作用，如果信息流呈集聚状态，即使在市场完美及价格灵活调整的情况下，资产收益或价格仍然会呈现出集聚性波动态势[196]。因此，对波动关联或波动外溢效应进行研究有助于洞察信息流如何在不同的市场或资产间传递，从而对理解不同金融市场或资产间的传染机制具有重要意义。

大量文献对股票市场与外汇市场间的波动外溢进行了研究，从而为两个市场间的横向依赖性或关联性提供了有力的证据。Kanas（2000）首次提出了股市对汇市的单向因果关系证据[197]。Yang 和 Doong（2004）对 G7 集团的研究结果表明，股票价格的变化对未来汇率的走势具有显著的影响，但是汇率的变化对未来股票价格没有直接影响[198]。Tai（2007）对亚洲市场的研究结果表明，股票市场对货币市场存在显著的外溢效应[199]。与以上研究相反，Apergis 和 Rezitis（2001）的研究结果表明，外汇市场对股票市场存在显著的外溢效应，但是股票市场的变化并不会传染到外汇市场[200]。Yang 和 Chang（2008）认为，外汇市场能够在很大程度上解释本国股票市场的变化，但是股市不能为汇市的变化提供有效的解释[201]。第三种观点认为，股市与汇市之间存在着双向因果关系。Wu（2005）对 1997 年亚洲金融危机后的亚洲股市与汇市关联性进行了研究，结果表明，在经济复苏过程中，亚洲股市与汇市间存在着显著的双向因果关系[202]。Zhao（2010）的研究结果表明，人民币汇率与上证综合指数存在着显著的双向波动外溢效应，即股市的历史波动对汇市的未来波动存在着显著因果关系，反之也成立[203]。

与国外研究相比，国内对股市与汇市关联效应的研究集中出现于 2009 年以后，目前仍处于研究的高峰期。王蕾和李晓娟（2012）利用双变量 GARCH – BEKK 模型对我国股市与汇市的关联效应进行了估计，结果表明，我国存在显著的股市对外汇市场的单向外溢效应[204]。赵彦志和李凤羽（2010）基于增广型 VAR 模型的研究结果表明，虽然存在美国股市通过对外汇市场的影响进一步影响我国股票市场的间接机制，但是不存在从我国 A 股市场到外汇市场的反向引导关系[205]。温彬等（2011）利用 GED – EGARCH – M 模型研究了国际石油价格、人民币汇率等变量对我国 14 个行业股票收益率的影响，结果表明，汇率变化对化工制品行业、金融行业、工业和服务行业等 4 个行业的股票收益率存在显著影响，对其余行业的影响并不显著[206]。周虎群和李育林（2010）对金融危机背景下的我国股市与汇市关联性进行了研究，结果表明，股票价格与汇率之间的单向因果关系受变量滞后阶数的影响，并不稳定[207]。严武和金涛（2010）利用 VAR - MGARCH 模型研究了人民币对美元、欧元、日元汇率与我国股市间的关联性，结果表明，存在一定程度的从人民币兑欧元汇率到股指的价格溢出效应，存在人民币兑欧元汇率和人民币兑日元汇率到股指的波动溢出效应，但人民币兑美元汇率和股指之间既不存在明显的价格溢出效应，也不存在明显的波动溢出效应[208]。庞晓波和李艳会（2010）基于协整及格兰杰因果关系检验的研究结果表明，长期内上证综合指数是中日两国汇率变化的格兰杰原因[2091]。冯常生（2012）运用 GARCH - M 模型研究了人民币汇率波动对中国股票市场的影响，结果表明，人民币汇率波动对中国股市的整体收益率影响显著；从行业角度看，人民币汇率波动对能源、金融地产、信息技术业、工业、原材料等 5 个行业的股票指数产生显著的影响，而可选消费、主要消费、医药卫生、电信业务、公用事业等行业的股票指数对人民币汇率波动的响应不显著[210]。刘莉和万解秋（2011）利用滚动时间窗口技术及阈值误差修正模型对我国股票市场和人民币兑美元汇率间的联动关系进行了研究，结果表明，2008 年之前，股价与汇率之间总体上不存在长期均衡关系，而且仅存在汇率到股价的单向因果关系。2008 年之后，二者之间总体上存在显著的长期均衡关系，而且股价与汇率互为对方变动的 Granger 原因[211]。

本文旨在以 VAR - MGARCH 模型为框架研究 2005 年 7 月汇改后中国股市与汇市的动态关联性。主要贡献有四个方面：第一，尽管国内外对汇市与股市间的关联效应进行了大量研究，但是仍未得出一致结论。利用我国的现有数据对两者关系进行再检验，能够大大丰富现有研究成果，对我国证券投资组合的风险分散及资产配置具有重要指导意义。第二，在研究中国汇市与股市联动性的同时，还重点研究了其他外生变量对联动效应的影响。Lee（2010）认为，外国金融变量对本国金融变量的波动性具有强烈的影响[212]。为此，本文重点考虑美国股票市场及日元汇率对我国股市与汇率关联效应的影响。第三，目前国内很少有文献对股市与汇市波动交叉外溢效应的非对称性进行研究。所谓外溢效应是指股市的利空消息在引起自身波动的同时也导致外汇市场波动的变化。以股市对汇市的波动外溢为例，非对称外溢效应是指股市利空消息对汇市波动性的影响程度与股市利好消息对汇市波动性的影响程度显著不同。股市与汇市波动外溢的非对称特征对于交易与对冲策略的制定及优化两市的投资组合具有重要意义。第四，论文进一步研究了金融危机是否对股市与汇市之间的传染机制产生显著影响，如果有影响，是加强了两者的联系还是弱化了两者的联系。

本部分结构如下：第二部分为模型与方法设计，第三部分为实证研究，第四部分总结全文。

## 7.2.2 模型与方法设计

为了研究一个市场的信息流如何影响另一个市场的波动，需要将传统的单变量 GARCH 模型（Bollerslve, 1986）扩展为多变量 GARCH 模型（以下记为 MGARCH），从而使原来的条件方差转变为包含不同市场波动协方差的条件方差矩阵[213]。Bauwens，Laurent 和 Rombouts（2006）对 MGARCH 模型进行了详细系统的描述[214]。不同类型的 MGARCH 模型分别用于不同市场或不同资产间的联动性测度，如 VEC 模型、CCC 模型及 DCC 模型。这些模型只有在对条件方差—协方差矩阵施加具体的约束条件时才能估计出来（如正定性约束）。由于这些模型对方差—协方差矩阵假设条件的过度简化，使得交叉方程的方差—协方差矩阵没有考虑到不同市场或不同资产间波动的相互影响。为了克服这一缺陷，Engle 和 Kroner（1995）引入了 BEKK 参数化方法，从而满足了对不同市场或资产波动关联效应研究的需要。基于此，本文旨在运用 VAR – MGARCH – BEKK 模型对我国股票市场与外汇市场间的收益与波动关联效应进行实证研究。模型设定具体如下：

首先，估计 VAR 过程：

$$\begin{bmatrix} R_{1,t} \\ R_{2,t} \end{bmatrix} = \begin{bmatrix} \beta_{10} \\ \beta_{20} \end{bmatrix} + \begin{bmatrix} \beta_{11} & \beta_{12} \\ \beta_{21} & \beta_{22} \end{bmatrix} \begin{bmatrix} R_{1,t-1} \\ R_{2,t-1} \end{bmatrix} + Yen \begin{bmatrix} \gamma_{1,t} \\ \gamma_{2,t} \end{bmatrix} + SP \begin{bmatrix} \delta_{1,t} \\ \delta_{2,t} \end{bmatrix} + \begin{bmatrix} \varepsilon_{1,t} \\ \varepsilon_{2,t} \end{bmatrix} \quad (1)$$

其中，

$$\begin{bmatrix} \varepsilon_{1,t} \\ \varepsilon_{2,t} \end{bmatrix} \mid \Omega_{t-1} \sim N(0, H_t) \quad (2)$$

$R_{1,t}$ 为人民币兑美元汇率（RMB/USD）对数收益率，$R_{2,t}$ 为我国上证综合指数收盘价的对数收益率，$H_t$ 为对应的条件方差—协方差矩阵。$T-1$ 时刻的信息集由 $\Omega_{t-1}$ 表示。参数 $\beta_{ij}$ 表示不同市场间的平均溢出效应（即一阶矩溢出效应）。例如，$\beta_{11}$、$\beta_{22}$ 分别表示我国外汇市场收益率与股票市场收益率受自身滞后值的影响程度，而 $\beta_{12}$ 及 $\beta_{21}$ 分别表示我国股票市场收益对外汇市场收益的溢出效应及我国外汇市场对股票市场收益率的溢出效应，即股市与汇率收益的交叉效应。为了减小模型设定偏误的可能性，将模型（1）中加入日元兑美元汇率（Yen/USD）及 S&P500 的收益率，以最大可能地捕捉外生变量对我国股市与汇市波动性的影响。两变量 VAR 模型的构建有助于考察我国股市与汇市平均收益的关联机制[215]（Kang 和 Yoon，2011）。

第二，双变量 MGARCH 模型的标准 BEKK 参数化形式为：

$$H_t = C'C + A'\varepsilon_{t-1}\varepsilon'_{t-1}A + B'H_{t-1}B \tag{3}$$

其中，$H_t$ 为 $t$ 时刻的 $2 \times 2$ 条件方差—协方差矩阵，$C$ 为 $2 \times 2$ 阶下三角矩阵。$A$ 为 $2 \times 2$ 阶系数方阵，是对条件方差与滞后扰动项（收益冲击、未预期到的利好或利空消息）相关程度的测度。$B$ 为 $2 \times 2$ 阶系数方阵，是对当前条件方差与滞后条件方差相关程度的度量。将模型（3）展开，具有以下形式：

$$\begin{bmatrix} h_{11,t} & h_{12,t} \\ h_{21,t} & h_{22,t} \end{bmatrix} = \begin{bmatrix} c_{11} & \\ c_{21} & c_{22} \end{bmatrix}' \begin{bmatrix} c_{11} & \\ c_{21} & c_{22} \end{bmatrix}$$

$$+ \begin{bmatrix} a_{11} & a_{12} \\ a_{21} & a_{22} \end{bmatrix}' \begin{bmatrix} \varepsilon^2_{1,t-1} & \varepsilon_{1,t-1}\varepsilon_{2,t-1} \\ \varepsilon_{2,t-1}\varepsilon_{1,t-1} & \varepsilon^2_{2,t-1} \end{bmatrix} \begin{bmatrix} a_{11} & a_{12} \\ a_{21} & a_{22} \end{bmatrix}$$

$$+ \begin{bmatrix} b_{11} & b_{12} \\ b_{21} & b_{22} \end{bmatrix}' \begin{bmatrix} h_{11,t-1} & h_{12,t-1} \\ h_{21,t-1} & h_{22,t-1} \end{bmatrix} \begin{bmatrix} b_{11} & b_{12} \\ b_{21} & b_{22} \end{bmatrix} \tag{4}$$

其中，$h_{11,t}$ 表示我国外汇市场收益率的方差或波动性，$h_{12,t}$ 与 $h_{21,t}$ 表示我国外汇市场与股票市场收益率的协方差，即对两个市场波动协同性的测度。在假设所有参数满足显著性的情况下，参数 $a_{11}$ 与 $a_{22}$ 表示我国汇市及股市的方差 $h_{11,t}$（$h_{22,t}$）（波动性或风险）受自身历史新息（均值方程的误差平方项）影响，而参数 $b_{11}$ 及 $b_{22}$ 表示我国汇市或股市的当前条件方差 $h_{11,t}$（$h_{22,t}$）受其滞后条件方差的影响。而矩阵 $A$ 与矩阵 $B$ 非主对角线元素则提供了汇市与股市波动溢出效应或联动效应的证据。具体地，$a_{12}$ 与 $b_{12}$ 测度了我国股市对汇市波动的外溢效应，而 $a_{21}$ 与 $b_{21}$ 测度了我国汇市对股市的外溢效应。

标准的 BEKK 模型认为，历史收益新息或冲击在很大程度上影响着当前的方差与协方差，且这种影响具有对称性，即利空消息（$\varepsilon_{i,t-1} < 0$，$i = 1$，2）对汇市或股市波动的影响程度与利好消息（$\varepsilon_{i,t-1} > 0$，$i = 1$，2）对汇市或股市波动的影响程度相同。但是，Engle 和 Ng（1993）、Kroner 和 Ng（1998）等大量研究表明，股市或汇市波动对于利空消息的反应程度远远大于对利好消息的反应程度，即具有显著的非对称性。很显然，需要对 BEKK 模型作进一步的修正[216-217]。为此，Kroner 和 Ng（1998）将单变量 GJR - GARCH 模型扩展为多变量 GJR - GARCH 模型，以捕捉股市或汇市波动的非对称响应。非对称 BEKK 模型表示如下：

$$H_t = C'C + A'\varepsilon_{t-1}\varepsilon'_{t-1}A + B'H_{t-1}B + D'\eta_{t-1}\eta'_{t-1}D \tag{5}$$

$$\begin{bmatrix} h_{11,t} & h_{12,t} \\ h_{21,t} & h_{22,t} \end{bmatrix} = \begin{bmatrix} c_{11} & \\ c_{21} & c_{22} \end{bmatrix}' \begin{bmatrix} c_{11} & \\ c_{21} & c_{22} \end{bmatrix}$$

$$+ \begin{bmatrix} a_{11} & a_{12} \\ a_{21} & a_{22} \end{bmatrix}' \begin{bmatrix} \varepsilon_{1,t-1}^2 & \varepsilon_{1,t-1}\varepsilon_{2,t-1} \\ \varepsilon_{2,t-1}\varepsilon_{1,t-1} & \varepsilon_{2,t-1}^2 \end{bmatrix} \begin{bmatrix} a_{11} & a_{12} \\ a_{21} & a_{22} \end{bmatrix}$$

$$+ \begin{bmatrix} b_{11} & b_{12} \\ b_{21} & b_{22} \end{bmatrix}' \begin{bmatrix} h_{11,t-1} & h_{12,t-1} \\ h_{21,t-1} & h_{22,t-1} \end{bmatrix} \begin{bmatrix} b_{11} & b_{12} \\ b_{21} & b_{22} \end{bmatrix}$$

$$+ \begin{bmatrix} d_{11} & d_{12} \\ d_{21} & d_{22} \end{bmatrix}' \begin{bmatrix} \eta_{1,t-1}^2 & \eta_{1,t-1}\eta_{2,t-1} \\ \eta_{2,t-1}\eta_{1,t-1} & \eta_{2,t-1}^2 \end{bmatrix} \begin{bmatrix} d_{11} & d_{12} \\ d_{21} & d_{22} \end{bmatrix} \qquad (6)$$

其中，$\begin{bmatrix} \eta_{1,t-1} \\ \eta_{2,t-1} \end{bmatrix} = \begin{bmatrix} \max\ (0,\ -\varepsilon_{1,t-1}) \\ \max\ (0,\ -\varepsilon_{2,t-1}) \end{bmatrix}$，D 为 $2 \times 2$ 阶参数方阵，是对非对称响应的刻画。如果非主对角线元素 $d_{12}\ (d_{21}) > 0$，且非常显著，则表明我国股票市场（外汇市场）的利空消息对外汇市场（股票市场）的影响要大于利好消息的影响。

MGARCH 模型的估计需要采用 BHHH 优化算法及极大似然估计法，其条件对数似然函数 $L(\theta)$ 可表示为：

$$L(\theta) = -T\log 2\pi - 0.5 \sum_{t=1}^{T} \log |H_t(\theta)| - 0.5 \sum_{t=1}^{T} \varepsilon_t(\theta)' H_t^{-1} \varepsilon_t(\theta) \qquad (7)$$

其中，$T$ 为观测值个数，$\theta$ 表示所有未知参数向量。

### 7.2.3 实证研究

#### 7.2.3.1 变量与数据选择

论文选择上证综合指数 SSE 及人民币兑美元汇率作为我国股票市场与外汇市场的代理变量。考虑到我国 2005 年 7 月汇率机制改革及数据的可得性，这里选择 2005 年 8 月至 2013 年 11 月作为研究区间，数据为周数据。除此之外，选择日元兑美元汇率及美国 S&P500 指数作为外生变量，以尽可能排除国际因子对我国股市与汇市联动效应的影响，降低模型设定偏误的可能性。将上证综合指数与人民币兑美元汇率取自然对数，如图 7-1 所示。

从图 7-1 可以看出，我国上证综合指数与人民币汇率的走势在 2007 年金融危机前后呈现出不同的特点。2007 年 10 月之前，两者呈相反方向变化，2007 年 10 月美国次贷危机爆发之后，两者呈现出相同趋势。据此，本文在全样本研究的基础上，以 2007 年 10 月 18 日为界分为两个子样本，即 Subsample1

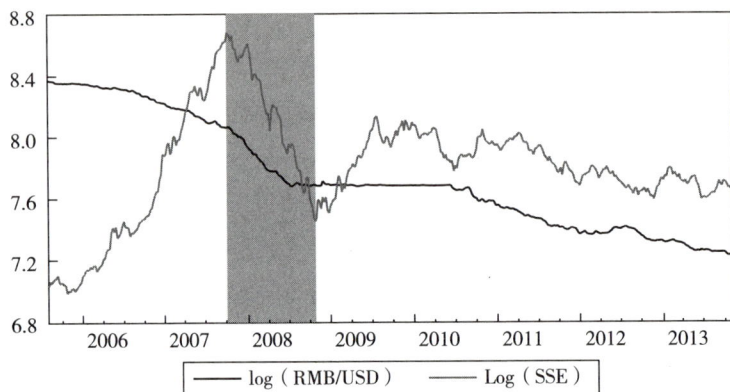

图 7 - 1　上证综指 SSE 与人民币汇率对数走势图

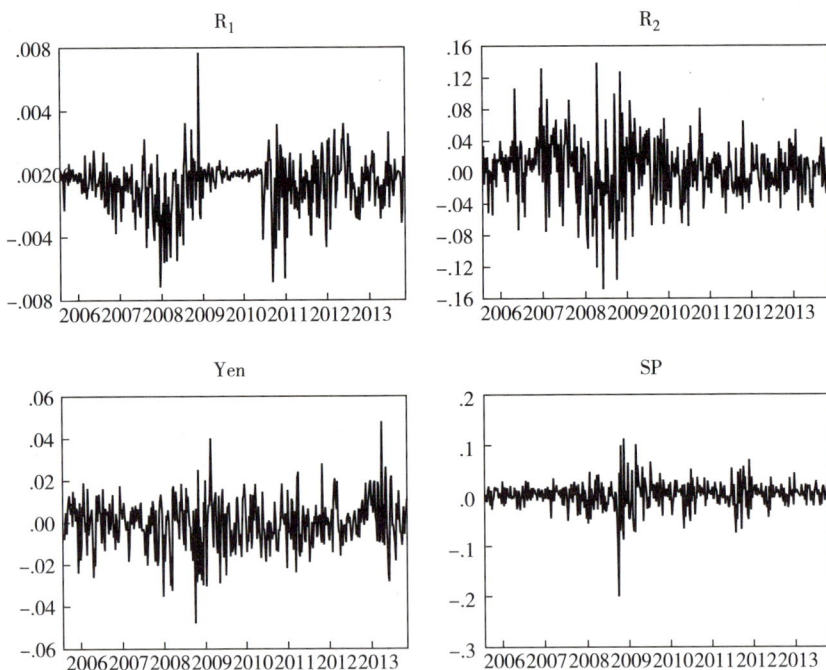

图 7 - 2　各变量收益率

（2005. 8. 1 - 2007. 10. 8）、Subsample 2（2007. 10. 15 - 2013. 11. 11）。这有助于本文对我国股市与汇市联动效应在金融危机前后出现的变化进行研究。利用一阶差分计算各自的对数收益率，各收益率序列分别记为中国外汇市场收益率 $R_1$，上证综合指数收益率 $R_2$，日元兑美元汇率收益率 Yen 及美国 S&P500 指数收益率 SP。其各自的走势图与描述性统计分析分别见图 7 – 2 与表 7 – 2。

表 7 – 2 全样本描述性统计分析

| | 全样本 | | 子样本 1 | | 子样本 2 | |
|---|---|---|---|---|---|---|
| | $R_1$ | $R_2$ | $R_1$ | $R_2$ | $R_1$ | $R_2$ |
| Mean | – 0.000661 | 0.001476 | – 0.000668 | 0.014512 | – 0.000658 | – 0.003197 |
| Median | – 0.000324 | 0.001429 | – 0.000447 | 0.015546 | – 0.000225 | – 0.002686 |
| Maximum | 0.007720 | 0.139447 | 0.002256 | 0.132407 | 0.007720 | 0.139447 |
| Minimum | – 0.007171 | – 0.148979 | – 0.004677 | – 0.075399 | – 0.007171 | – 0.148979 |
| Std. Dev. | 0.001632 | 0.036808 | 0.001127 | 0.034376 | 0.001779 | 0.036576 |
| Skewness | – 0.557755 | – 0.074363 | – 0.803317 | 0.108594 | – 0.514905 | – 0.102623 |
| Kurtosis | 5.906653 | 4.837310 | 4.407733 | 4.539472 | 5.431559 | 5.052221 |
| Jarque – Bera | 174.4739 | 61.16088 | 21.67419 | 11.48144 | 92.39210 | 56.36202 |
| Probability | 0.000000 | 0.000000 | 0.000020 | 0.003212 | 0.000000 | 0.000000 |
| Sum | – 0.285418 | 0.637753 | – 0.076159 | 1.654403 | – 0.209259 | – 1.016649 |
| Sum Sq. Dev. | 0.001147 | 0.583943 | 0.000144 | 0.133532 | 0.001004 | 0.424093 |
| L – B (3) | 37.335 *** [0.000] | 9.0149 ** [0.029] | 2.3728 [0.499] | 3.5939 [0.309] | 32.514 *** [0.000] | 1.3797 [0.710] |
| L – B (20) | 119.58 *** [0.000] | 61.983 *** [0.000] | 21.866 [0.348] | 24.335 [0.228] | 96.976 *** [0.000] | 36.633 ** [0.013] |
| L – B² (3) | 29.052 *** [0.000] | 13.809 *** [0.003] | 5.0197 [0.170] | 5.4558 [0.141] | 19.803 *** [0.000] | 13.224 *** [0.004] |
| L – B² (20) | 153.18 *** [0.000] | 147.79 *** [0.000] | 25.871 [0.170] | 18.039 [0.585] | 100.07 *** [0.000] | 166.66 *** [0.000] |
| Observations | 432 | 432 | 114 | 114 | 318 | 318 |

注：L – B 统计是为 Ljung – Box Q – statistics，[ ] 中数值为相伴概率，原假设为：不存在 k 阶自相关性。" *** "、" ** "、" * " 分别表示 1%、5%、10% 的显著性水平，以下同。

由表 7 – 2 描述性统计分析结果看，全样本下的汇市收益率 $R_1$ 与股市收益率 $R_2$ 均具有尖峰、厚尾的特征，且均不满足正态性。从 L – B 检验的 Q 统计量及相伴概率看，两收益率序列及序列的平方均具有显著的高阶自相关性，从而要求建模时必须考虑序列的 ARCH 或 GARCH 特征。子样本 1 的分析结果表明，尽管两序列仍不满足正态性，但是序列及序列平方的自相关系数均不显著；子样本 2 则存在着显著的高阶自相关性。这表明，金融危机后，我国股市与汇市收益率波动的持续性与自相关性增强，越来越具有 ARCH 特征。

### 7.2.3.2 单整与协整检验

### 1. 单位根检验

表 7 - 3                                    单位根检验

| | 全样本 | | 子样本 1 | | 子样本 2 | |
|---|---|---|---|---|---|---|
| | ADF 值 | P | ADF 值 | P | ADF 值 | P |
| Log（RMB/USD） | -0.7879 | 0.9648 | -1.3487 | 0.8704 | -3.4183 | 0.0507 |
| $R_1 = \Delta Log$（RMB/USD） | -7.9638 | 0.0000 | -7.1684 | 0.0000 | -8.8138 | 0.0000 |
| Log（SSE） | -1.9319 | 0.6359 | -1.7511 | 0.7218 | -3.0017 | 0.1334 |
| $R_2 = \Delta Log$（SSE） | -19.3148 | 0.0000 | -3.8651 | 0.0000 | -17.1409 | 0.0000 |

从单位根检验结果看，无论是全样本期还是两个子样本期内，人民币汇率与上证综合指数均为一阶单整序列，而其一阶差分即汇市收益率与股市收益率均为平稳过程。

### 2. 协整检验

表 7 - 4                                    协整检验

| 检验类型 | 原假设 | 全样本 | | 子样本 1 | | 子样本 2 | |
|---|---|---|---|---|---|---|---|
| | | 统计量 | 5% 临界值 | 统计量 | 5% 临界值 | 统计量 | 5% 临界值 |
| 迹检验 | 无协整 | 10.1909 | 15.4947 | 15.7642 ** | 15.4947 | 31.8642 *** | 15.4947 |
| | 至少存在一个协整 | 0.0090 | 3.8414 | 2.6033 | 3.8414 | 0.0337 | 3.8414 |
| 特征值检验 | 无协整 | 10.1819 | 14.2646 | 13.1608 | 14.2646 | 31.8305 *** | 12.2646 |
| | 至少存在一个协整 | 0.0090 | 3.8414 | 2.6033 | 3.8414 | 0.0337 | 3.8414 |

从协整检验结果看，我国上证综合指数与人民币兑美元汇率在整个样本期内并不存在长期稳定的均衡关系；在子样本 1 内，迹检验结果表明在 5% 的显著性水平上存在着协整关系，而极大特征值检验结果表明并不存在协整关系；在子样本 2 内，迹检验与极大特征值检验结果表明，上证综合指数与人民币汇率之间存在着显著的协整关系。这表明，金融危机后伴随着我国汇率市场化进程的加快，汇率与股票价格之间的长期稳定关系逐渐形成，我国不同金融市场的关联性或协同性增强。

## 3. 格兰杰因果关系检验

表 7 – 5 　　　　　　　　　　　格兰杰因果关系检验

| 原假设 | 全样本 | | 子样本 1 | | 子样本 2 | |
|---|---|---|---|---|---|---|
| | F 统计量 | P | F 统计量 | P | F 统计量 | P |
| 股市不是汇市变化的原因 | 4. 2003 | 0. 0010 | 1. 2512 | 0. 2912 | 2. 8253 ** | 0. 0164 |
| 汇市不是股市变化的原因 | 1. 7533 | 0. 1213 | 2. 1489 * | 0. 0658 | 1. 5640 | 0. 1700 |

从格兰杰因果关系看，全样本期内，股市是引致汇市变化的格兰杰原因，而汇市并不是导致股市变化的原因，即存在股市到汇市的单向因果关系；在子样本 1 期内，股市并不是导致汇市变化的原因，而汇市是导致股市变化的格兰杰原因，但是显著性水平为 10%，即存在汇市到股市的单向因果关系；在子样本 2 期内，股市是引致汇市变化的格兰杰原因，而汇市并不是导致股市变化的原因，即存在股市到汇市的单向因果关系。以上分析表明，我国股市与汇市之间存在单向因果关系，但是单向因果有关系的方向并不固定。结合我国实际情况，本文认为 2005 年 7 月的汇率机制改革使汇率的波动性加大，人民币升值预期高涨，导致大量热钱进入我国股市，助推了股市的上涨，表现为汇市影响股市的单向因果关系。但是，2007 年美国次贷危机爆发，我国股市应声而落，股市市值挥发严重，市场参与者的人民币升值预期逐渐回落，大量热钱外逃，对汇市造成一定的冲击，从而形成了由股市到汇市的单向因果关系。但是，从整个样本期看，我国存在股市影响汇市的单向因果关系。

### 7.2.3.3 模型估计与检验

我国股市与汇市因果关系的存在为我们进一步分析股市与汇率收益及波动的关联性奠定了基础。在此基础上，下面分别就全样本、子样本 1 与子样本 2 对 VAR – GJR – GARCH 模型进行估计与检验。

1. 全样本下的模型估计与检验

表 7 – 6 　　　全样本 VAR （1） – MVGARCH （1，1） – BEKK 估计

| | 变量与参数 | 约束 VAR （1） – GARCH （1，1） | | 无约束 VAR （1） – GARCH （1，1） | |
|---|---|---|---|---|---|
| | | 汇市方程 ($i = 1$) | 股市方程 ($i = 2$) | 汇市方程 ($i = 1$) | 股市方程 ($i = 2$) |
| VAR 均值方程 （mean equation） | $\beta_{i,0}$ | – 0. 0003 *** [0. 0001] | 0. 0015 [0. 3582] | – 0. 0003 *** [0. 0000] | 0. 0007 *** [0. 0000] |

续表

| 变量与参数 | | 约束 VAR（1）－GARCH（1, 1） | | 无约束 VAR（1）－GARCH（1, 1） | |
|---|---|---|---|---|---|
| | | 汇市方程（i = 1） | 股市方程（i = 2） | 汇市方程（i = 1） | 股市方程（i = 2） |
| VAR 均值方程（mean equation） | $\beta_{i,1}$ | 0.2461 ***<br>[0.0000] | 0.2224<br>[0.8061] | 0.2650 ***<br>[0.0000] | 0.0109<br>[0.4536] |
| | $\beta_{i,2}$ | 0.0025<br>[0.1454] | 0.0393<br>[0.4682] | －0.0029 **<br>[0.0411] | 0.0457 ***<br>[0.3848] |
| | $\gamma_i$ | 零约束 | 零约束 | 0.0110 **<br>[0.0168] | －0.0938<br>[0.4679] |
| | $\delta_i$ | 零约束 | 零约束 | 0.0019<br>[0.4537] | 0.2503 ***<br>[0.0000] |
| 方差方程（variance equation） | $c_{i1}$ | －0.0001<br>[0.2801] | 0.0014<br>[0.5915] | －0.0001<br>[0.5658] | －0.0014<br>[0.8337] |
| | $c_{i2}$ | 0.0000 ***<br>[0.0000] | 0.0039<br>[0.1068] | 0.0000 ***<br>[0.0000] | 0.0060 **<br>[0.0334] |
| | $a_{i1}$ | 0.3292 ***<br>[0.0100] | 0.0018<br>[0.3448] | 0.4123 ***<br>[0.0000] | 0.0040 **<br>[0.0410] |
| | $a_{i2}$ | 0.6721<br>[0.4266] | 0.2238 ***<br>[0.0000] | 0.2631 ***<br>[0.0003] | －0.7320<br>[0.6183] |
| | $b_{i1}$ | 0.9229 ***<br>[0.0000] | －0.0005<br>[0.2205] | 0.9158 ***<br>[0.0000] | －0.0014 ***<br>[0.0074] |
| | $b_{i2}$ | 0.0217<br>[0.9415] | 0.9668 ***<br>[0.0000] | 0.0441 ***<br>[0.0000] | 0.3669<br>[0.4306] |
| | $d_{i1}$ | 0.2282<br>[0.1253] | 0.0065 ***<br>[0.0004] | 0.0562 ***<br>[0.0301] | －0.0053<br>[0.1822] |
| | $d_{i2}$ | 0.0838<br>[0.9563] | －0.0016<br>[0.9817] | －0.0674 *<br>[0.0901] | 0.0504 ***<br>[0.0159] |
| 模型论断检验（model diagnostic test） | $L-B^2$（20）Q | 18.1621<br>[0.7814] | 14.1165<br>[0.8203] | 15.1364<br>[0.8159] | 22.1766<br>[0.5124] |
| | 似然比 LR | 241 [0.0000] | | | |

注：rates 8.0 估计命令：variables r1 r2；lags 1；det constant yen sp；end（system）；"***""**""**"同上，[ ] 内为相伴概率；garch（p = 1, q = 1, model = var1, mv = bekk, pmethod = simplex, asymmetric, piters = 10）。

首先观察表 7 – 6 的 VAR 均值方程。为了检验外生变量如日元兑美元汇率及 S&P500 对我国汇市与股市外溢效应的影响，这里还估计了约束条件下（即假设日元汇率与美国股市不影响中国汇市与股市的联动效应）的 VAR（1）– MV-GARCH（1，1）。从估计结果看，日元汇率对人民币汇率收益在 5% 的显著性水平具有同向效应（0.0110），而日元汇率对我国股市收益的影响并不显著；S&P500 对我国股市收益在 1% 的显著性水平上具有同向溢出效应（0.2503）。LR 检验结果表明，无约束的 VAR（1）– MVGARCH（1，1）– BEKK 估计结果要优于约束的 VAR（1）– MVGARCH（1，1）– BEKK 估计结果。参数 $\beta_{1,2}$ = – 0.0029，且在 5% 的显著性水平上显著，这表明，整个样本期内，我国股市收益对外汇市场收益存在着显著的负向外溢效应。参数 $\beta_{21}$ 虽然为正，但是并不显著，这表明，我国汇率对股市的收益外溢效应仍然不显著，从而再次印证了我国股市收益对汇市收益单向因果关系。同时，该估计结果也支持了 Frankel（1983）等提出的"股票导向理论"。即股票价格的上涨促进投资者对本国资产与货币的需求，从而导致本币升值压力上升，使得外汇收益率下降，两者呈显著的负相关关系。参数 $\beta_{11}$ 与参数 $\beta_{22}$ 均在 1% 的显著性水平上显著，且股市收益对历史信息的记忆性（0.2650）要远远强于汇市收益（0.0457）。

其次，从方差方程看，系数矩阵 A 与 B 的非主对角线元素分别刻画了不同市场的冲击外溢与波动外溢。在矩阵 A 与矩阵 B 中，参数 $a_{12}$、$b_{12}$ 均在 1% 的显著性水平上显著，表明我国股市对汇率同时存在着显著的冲击外溢效应与波动外溢效应[1]，验证了我国股市对汇市的单向因果关系。

最后，$d_{11}$ 与 $d_{22}$ 均在 1% 显著性水平上显著，这表明我国股票市场与外汇市场对利空消息的反应均大于对正向冲击的响应，即两个市场均存在着显著的非对称性。同时，参数 $d_{12}$ 在 10% 的显著性水平上显著为负，表明我国股市的利空冲击与利好冲击对汇市波动的影响存在着非对称性。具体地，股市的利空消息对汇市波动的影响程度要小于股市利好消息对汇市波动的影响程度。为检验模型设定的正确性，对标准残差的平方序列采用 $L - B^2$（20）Q 统计量进行检验，结果表明，建立在 VAR（1）– MVGARCH（1，1）模型基础上的标准残差不再具有自相关性。

2. 两子样本下的模型估计与检验：金融危机的影响

从表 7 – 7 VAR 均值方程估计结果看，金融危机前，我国汇市对股市存在显

---

[1] 冲击外溢效应是由滞后冲击或非系统性收益变化对当前条件方差的影响，即 $\varepsilon_{i2t-1}$（$i = 1$ 或 2）对 $\sigma_{i2t}$（$i = 2$ 或 1）的影响，而波动外溢效应是 $\sigma_{i2t-1}$（$i = 1$ 或 2）对 $\sigma_{i2t}$（$i = 2$ 或 1）的影响。

著的收益负外溢效应（$\beta_{2,1} = -0.0014$），与流动性导向模型相符；金融危机后，我国股市对汇市存在显著的收益正外溢效应（$\beta_{12} = 0.0046$），与股票导向模型相符。这表明，金融危机前后我国股市与汇市收益影响方向发生了变化，但是两者一直是单向引致关系。从外生因素对我国股市与汇市的影响看，金融危机前，日元汇率与 S&P500 对我国汇市与股市均不存在显著的外溢效应。但是，金融危机后，日元汇率与 S&P500 的变动对我国汇市在 5% 与 10% 的显著性水平上有显著性的外溢效应（0.0079 与 -0.0029），美国股市对我国股市出现了显著的同向外溢效应（0.2001），这表明，金融危机后，我国股票市场与国际市场的一体化程度显著提高。

从方差方程看，第一，金融危机前，$a_{21} = 0.0177$，在 1% 的显著性水平上显著，表明我国汇率冲击对股票市场波动存在着显著的外溢效应。这是由于，我国 2005 年 7 月开始汇率形成机制改革，从单一盯住美元转向盯住一揽子货币，汇率形成更具有市场化特征，汇率升值提速。在此背景下，大量热钱流入，股票价格上涨。第二，金融危机前，$b_{21} = 0.0087$ 且在 1% 的显著性水平上显著，这表明，汇率波动率对我国股票市场波动率也存在显著的外溢效应。第三，金融危机前，我国并不存在显著的股市冲击对汇市波动的外溢效应。综合以上分析，我国在美国次贷危机前存在着外汇市场对股票市场的显著外溢效应，汇率机制改革导致的汇率波动及由此引致的国际游资流动起到了重要的作用。第四，金融危机后，$a_{12} = 0.0034$，且在 1% 的显著性水平上显著，表明我国的股市冲击对汇市波动存在着显著的外溢效应。这是由于金融危机后，股票价格迅速回落，国际游资及大量实业资本外逃，再加上人民币汇率升值预期逐渐减弱，人民币汇率基本趋于均衡，国际上对国内资产的需求下降，从而形成了股票价格导致人民币汇率变化的机制。第五，金融危机后，股票市场波动对我国汇率市场波动存在着显著的负向外溢效应（$b_{12} = -0.0037$），即股票市场的波动减少了汇率市场的波动。第六，金融危机后，我国外汇市场对股票市场的外溢效应变得不显著。

表 7-7 子样本估计

| | 变量与参数 | 子样本1：金融危机前 | | 子样本2：金融危机后 | |
|---|---|---|---|---|---|
| | | 汇市方程<br>（i = 1） | 股市方程<br>（i = 2） | 汇市方程<br>（i = 1） | 股市方程<br>（i = 2） |
| VAR 均值方程<br>（mean<br>equation） | $\beta_{i,0}$ | -0.0005 ***<br>[0.0000] | 0.0075 **<br>[0.0378] | 0.0000<br>[0.3277] | -0.0023<br>[0.1997] |

续表

| 变量与参数 | | 子样本1：金融危机前 | | 子样本2：金融危机后 | |
|---|---|---|---|---|---|
| | | 汇市方程<br>（i=1） | 股市方程<br>（i=2） | 汇市方程<br>（i=1） | 股市方程<br>（i=2） |
| VAR 均值方程<br>（mean<br>equation） | $\beta_{i,1}$ | 0.1417*<br>[0.0832] | -0.0014**<br>[0.0310] | 0.3393***<br>[0.0000] | -0.0675<br>[0.9461] |
| | $\beta_{i,2}$ | 0.0007<br>[0.7719] | 0.0439<br>[0.5843] | 0.0046***<br>[0.0000] | 0.0307<br>[0.5840] |
| | $\gamma_i$ | 0.0177<br>[0.0131] | -0.2963<br>[0.2268] | 0.0079**<br>[0.0393] | 0.0896<br>[0.4953] |
| | $\delta_i$ | 0.0046<br>[0.8733] | 0.2146<br>[0.2220] | -0.0029*<br>[0.0824] | 0.2001***<br>[0.0000] |
| 方差方程<br>（variance<br>equation） | $c_{i1}$ | -0.0001<br>[0.7433] | 0.0080<br>[0.1446] | 0.0000<br>[0.4927] | 0.0025**<br>[0.0471] |
| | $c_{i2}$ | 0.0080<br>[0.1446] | 0.0000<br>[1.0000] | 0.0025**<br>[0.0471] | 0.0000<br>[1.0000] |
| | $a_{i1}$ | 0.1772<br>[0.1724] | 0.0177***<br>[0.0000] | 0.0045<br>[0.2145] | 0.0045<br>[0.2001] |
| | $a_{i2}$ | -0.06817<br>[0.1221] | 0.0126<br>[0.9084] | 0.0034***<br>[0.0276] | -0.0099<br>[0.8793] |
| | $b_{i1}$ | 0.7917***<br>[0.0000] | 0.0087***<br>[0.0000] | 0.0024<br>[0.4210] | -0.0002<br>[0.5969] |
| | $b_{i2}$ | -0.0095<br>[0.1984] | 0.7297***<br>[0.0000] | -0.0037**<br>[0.0472] | -0.0762***<br>[0.0000] |
| | $d_{i1}$ | 0.0540**<br>[0.0410] | -0.0015***<br>[0.0061] | 0.0586*<br>[0.0972] | 0.0007<br>[0.1072] |
| | $d_{i2}$ | 12.8977<br>[0.1159] | 0.0296**<br>[0.037] | -0.0026**<br>[0.0310] | 0.2527***<br>[0.0000] |
| 模型论断检验<br>（model<br>diagnostic test） | $L-B^2$（20）Q | 16.1621<br>[0.3822] | 19.1165<br>[0.6217] | 17.1364<br>[0.5100] | 31.1766<br>[0.4714] |
| | 对数似然值 | 847.1103 | | 2261.68 | |

注：同表7-6。

从股市与汇市外溢效应的非对称性看，第一，金融危机前，$d_{11}=0.0540$，$d_{22}=0.0296$，且均在5%的显著性水平上显著，表明金融危机前我国股市与汇市均存在显著的非对称波动效应，即利空消息对股市波动的影响程度要大于利好消息对股市波动的影响程度，利空消息对外汇市场波动的影响程度大于利好消息对外汇市场波动的影响程度。第二，金融危机前，$d_{21} = -0.0015$，且在 1% 的显著性水平上显著，表明金融危机前存在着汇市冲击对股市波动影响的非对称性。具体地，我国外汇市场的利空消息对股市波动的交叉影响程度要小于外汇市场利好消息对股市波动的交叉影响程度。第三，金融危机后，我国股市与汇市各自均存在非对称波动性，与此同时，股市与汇市间的交叉非对称性表现为股市冲击对汇市波动的非对称性影响。具体地，由于参数 $d_{12}$ 在 5% 的显著性水平上显著为负，表明股市的利空冲击对汇市的影响要小于股市利好冲击对汇市的影响程度。

综合以上分析可知，金融危机之后，我国股市、汇市与国际股市与汇市的关联程度增强，突出表现为日元汇率与标准普尔指数对我国汇市收益与股市收益的显著性影响上；金融危机前后，随着股票价格的周期性波动、人民币升值预期的逐渐减弱及人民币汇率逐步趋于基本均衡，汇市与股市的影响方向发生变化，由危机前的汇率对股市的单向影响转变为危机后股市对汇率市场的单向影响；值得关注的是，金融危机后，我国股市与汇市的波动率（风险）存在着负向关联，从而为积极的投资管理策略及投资组合的优化奠定了实证依据。

### 7.2.4 小结

论文借助 VAR（1）- GARCH（1，1）- BEKK 模型，利用 2005 年 8 月 1 日至 2013 年 11 月 17 日的月度上证综合指数收益率、人民币兑美元汇率收益率、日元兑美元汇率收益率及美国 S&P500 指数收益率等变量分别估计了全样本下的约束 VAR（1）- GARCH（1，1）- BEKK 模型与非约束 VAR（1）- GARCH（1，1）- BEKK 模型，在此基础上进一步估计了两个子样本下的无约束 VAR（1）- GARCH（1，1）- BEKK 模型，并进行了相关检验。结果表明：

第一，在全样本下，无约束的 VAR（1）- GARCH（1，1）- BEKK 模型估计结果优于约束 VAR（1）- GARCH（1，1）- BEKK 的估计结果。这表明，金融危机后我国股市与汇率与国际股市、汇市的关联度增强，金融一体化趋势增强。

第二，从全样本估计结果看：首先，我国股市对外汇市场存在着显著的负向外溢效应，但我国汇率对股市的收益外溢效应并不显著，再次印证了我国股市收益对汇市收益的单向因果关系及 Frankel（1983）等提出的"股票导向理论"。其次，从波动外溢性看，我国股市对汇市同时存在着显著的冲击外溢效应与波动外溢效应[1]。最后，我国股票市场与外汇市场对利空消息的反应均大于对正向冲击的响应，即两个市场均存在着显著的非对称性。同时，我国股市的利空冲击与利好冲击对汇市波动的影响存在着非对称性。具体地，股市的利空消息对汇市波动的影响程度要小于股市利好消息对汇市波动的影响程度。

第三，子样本估计结果表明：首先，金融危机前后我国股市与汇市之间的影响为单向因果关系，但是因果关系的方向在发生着变化，由金融危机前的汇率引致股市变化转变为金融危机后股市变化引致汇市变化。金融危机前支持流量导向理论，而金融危机后支持股票导向理论。这种转变与我国汇率升值预期的变化、人民币逐渐趋于均衡水平等因素密不可分。其次，金融危机前，日元汇率与标准普尔500指数对我国股市与汇市均不存在显著的收益外溢效应，而金融危机后，日元汇率与标准普尔500指数的变化对我国股市与汇市收益率的影响非常显著，这表明，金融危机后我国金融市场与国际金融市场的同步性及一体化程度均有所增强。再次，金融危机前，受汇率机制改革影响，汇率波动及汇率冲击对股票市场波动存在着显著的外溢效应，但是金融危机后，伴随着人民币汇率升值预期的逐渐下降及股票价格的大幅回落，汇率波动及汇率冲击对股市的外溢性影响变得不显著，而股市冲击与波动对汇市的外溢性影响变得非常显著。最后，我国股市与汇市各自均存在非对称性波动特征，与此同时，股市与汇市间也存在交叉非对称性外溢，但是外溢的方向在危机前后有所变化。金融危机前，表现为汇市冲击对股市波动的非对称性外溢效应；金融危机后，表现为股市冲击对汇市波动的非对称性影响。可见，金融危机后的子样本估计结论基本与全样本估计结论一致，表明估计结果的稳健性。

综上，伴随着我国资本市场与国际资本市场一体化与同步性的增强，优化投资组合的国际空间分布已是大势所趋，这就要求我国加快放开资本管制步伐，实现资本生产要素自由流动及在国际范围内的优化配置，也要求证券投资管理者实施积极的、动态的投资管理策略。

---

① 冲击外溢效应是由滞后冲击或非系统性收益变化对当前条件方差的影响，即 $\varepsilon_{i2t-1}$（$i=1$ 或 2）对 $\sigma_{i2t}$（$i=2$ 或 1）的影响，而波动外溢效应是 $\sigma_{i2t-1}$（$i=1$ 或 2）对 $\sigma_{i2t}$（$i=2$ 或 1）的影响。

## 7.3 基于马尔科夫区制转移模型 MSVAR 的汇市与股市互动关系计量分析

### 7.3.1 引言与文献综述

股票价格与汇率变化间的动态关联一直是学术界与实业界关注的重要研究问题。2007 年美国次贷危机后，股市与汇市间的动态关联问题再次受到关注。两者之间存在关联时，股票市场（或外汇市场）冲击会通过这种内在关联迅速传染至另一市场，两市场间的这种关联与传染机制对于宏观当局及投资者相关决策具有重要的现实与理论意义。

理论上，按照股市与汇市间影响方向，可分为两种观点：一是 Dornbush 和 Fisher（1980）提出的"汇率决定的流量导向理论"。该理论认为，本国货币贬值有利于本国企业竞争力的提升，导致其出口及未来现金流的增加。在未来现金流增加的预期下，股票价格上升。二是 Branson（1983）及 Frankel（1983）等人提出的"汇率决定的资产组合平衡模型"。该理论认为，本国股票价格的上升，卖到境外资本流入本国股市，增加对本币的需求，最终导致本币升值。可以看出，前者强调经常项目或贸易平衡，认为存在由汇率到股价的反向关系，这种理论着眼于微观层面；而后者强调资本项目是动态汇率的主要决定因素，认为存在股价到汇率的正向关系，这种分析着眼于宏观层面。

在实证上，大量文献对股票价格与汇率间的关系进行了研究。Yang 和 Doong（2004）的研究结果表明，股票价格变化对 G7 国家 1979—1999 年的汇率变化具有显著性影响。Phylaktis 和 Ravazolo（2005）利用协整方法与多变量 Granger 因果关系检验对太平洋盆地国家进行研究，表明股市与汇率间为正向关联。Pan 等（2007）利用 VAR 方法研究了东亚七国股票市场与汇率间的关联性，结果表明，亚洲金融危机前各国股市与汇率间存在双向因果关系。Chkili 等（2011）利用马尔科夫区制转移 EGARCH 模型研究 4 个发展中经济体汇率与股市收益间的动态关系，结果表明，股市对汇率冲击的响应存在显著的区制依赖性与非对称性。Diam 和 Drakos（2011）对 4 个拉美国家股市与汇市间的互动关系进行研究，并检验了各国与美国股市间的关系。结果表明，有两个国家的股票价格与汇率呈正相关，而美国股票市场成为一种传递渠道。Lin（2012）采用相似的方法对亚洲新兴市场进行了研究，结果表明，股市与汇市在经济危机期间存在显著的协动关系。

本文的贡献在于：第一，从当前研究文献看，还未曾见以金砖五国（巴西、俄罗斯、印度、中国与南非，以下简称 BRICS）为研究对象的文献。2007 年经济危机以来，发展中国家在全球经济复苏中贡献巨大，其中 BRICS 尤其突出。因此，有必要对 BRICS 股票市场与汇率间的关系进行检验，这有利于宏观当局采取合理的金融传染应对措施、加强金融监管，还有益于投资者与基金经理对冲投资风险、优化投资策略。第二，马尔科夫转移 VAR 模型的使用可以检验样本期内各国股市与汇市的互动机制。

结构如下：第二部分为 MS 模型；第三部分为数据描述；第四部分为实证分析；第五部分总结全文。

## 7.3.2　Markov Switching 模型

Hamilton（1989）认为，时间序列变量可以通过均值与方差具有区制转移的自回归（MS – AR）过程进行模拟：

$$y_t = \mu(s_t) + \Big[ \sum_{i=1}^{p} \varphi_i (y_{t-1} - \mu(s_t)) \Big] + \sigma(s_t) \varepsilon_t \tag{1}$$

$\varphi_i$ 为自回归系数，$\mu$ 和 $\sigma$ 为基于区制 $s_t$ 的均值与标准差，$y_t$ 表示 BRICS 股票收益率。MS – AR 框架不仅可以诊断股票收益率中潜在的区制转移，还可以研究经济危机对股市收益波动率的影响。

由于我们研究目的是汇市与股市间的互动关系，这就需要将 MS – AR 模型扩展为 MS – VAR 模型，Krolzig（1997）对此做了扩展：

$$r_t = \alpha_1(s_t) + \sum_{k=1}^{l} \alpha_{2j}(s_t) r_{t-k} + \sum_{k=1}^{l} \alpha_{3j}(s_t) e_{t-k} + \upsilon(s_t) \varepsilon_{rt} \tag{2}$$

$$e_t = \beta_1(s_t) + \sum_{k=1}^{l} \beta_{2j}(s_t) e_{t-k} + \sum_{k=1}^{l} \beta_{3j}(s_t) r_{t-k} + \upsilon(s_t) \varepsilon_{et} \tag{3}$$

$r$ 与 $e$ 表示各国股市收益与汇市收益。$\varepsilon$ 为新息过程，其方差 $\upsilon(s_t)$ 具有区制依赖性。区制 $s_t$ 为具有不可逆遍历性的两区制 Markov 过程，不同区制间的转移概率 $p_{ij}$ 定义如下：

$$P_{ij} = P(S_t = i \mid S_{t-1} = j), \sum_{j=1}^{2} P_{ij} = 1 \ i,j \in \{1,2\}$$

据此，我们有：

$$P_{11} = P(S_t = 1 \mid S_{t-1} = 1)$$

$$P_{12} = 1 - P_{11} = P(S_t = 1 \mid S_{t-1} = 2)$$

$$P_{21} = 1 - P_{22} = P(S_t = 2 \,|\, S_{t-1} = 1)$$

$$P_{22} = P(S_t = 2 \,|\, S_{t-1} = 2)$$

### 7.3.3 数据

根据数据可得性，论文采用 BRICS 以美元为基准货币汇率数据及 BRICS 各国股票价格数据，研究区间为 2002 年 5 月 30 日至 2014 年 7 月 30 日，数据频率为日数据。股票数据来自 MSCI 数据库，汇率数据来自 Pacific exchange rate database，汇率数据表示为单位美元的本币价格。所有数据取一阶对数差分，得到各国汇率收益率数据及股市收益率数据。

表 7 - 8 　　BRICS 各国股市与汇市收益率描述性统计及平稳性检验

| Panel A：股市收益率 | | | | | |
|---|---|---|---|---|---|
| | 巴西（RSB） | 中国（RSC） | 印度（RSI） | 俄罗斯（RSR） | 南非（RSS） |
| Mean * 100 | 0.0458 | 0.0427 | 0.0553 | 0.0245 | 0.0392 |
| Std. Dev. | 0.0224 | 0.0177 | 0.0175 | 0.0237 | 0.0183 |
| Skewness | − 0.2774 | − 0.0355 | − 0.0459 | − 0.5144 | − 0.3386 |
| Kurtosis | 10.9120 | 9.8665 | 11.9412 | 18.4958 | 7.8302 |
| Jarque − Bera | 8320 | 6236 | 10574 | 31896 | 3146 |
| LB$^{12}$ | 50.199 *** | 27.411 *** | 67.556 *** | 66.313 *** | 37.304 *** |
| LB$^{24}$ | 104.76 *** | 50.709 *** | 90.441 *** | 128.81 *** | 53.573 *** |
| LB$^{36}$ | 153.68 *** | 89.354 *** | 125.79 *** | 186 *** | 77.007 *** |
| ADF | − 51.96061 *** | − 54.58727 *** | − 52.53849 *** | − 52.11328 *** | − 54.33791 *** |
| PP | − 51.79629 *** | − 54.56556 **** | − 52.50178 *** | − 51.95603 *** | − 54.46842 *** |
| KPSS | 0.2383 | 0.1291 | 0.2261 | 0.2021 | 0.0898 |
| Panel B：汇率收益率 | | | | | |
| | 巴西（REB） | 中国（REC） | 印度（REI） | 俄罗斯（RER） | 南非（RES） |
| Mean * 100 | − 0.0034 | − 0.0093 | 0.0064 | 0.0040 | 0.0031 |
| Std. Dev. | 0.0103 | 0.0010 | 0.0047 | 0.0052 | 0.0109 |
| Skewness | − 0.0861 | − 3.1712 | 0.2704 | 1.0295 | 0.2866 |
| Kurtosis | 14.8817 | 80.2875 | 11.6142 | 18.1930 | 6.2006 |
| Jarque − Bera | 18674 | 795296 | 9852 | 31087 | 1398 |
| LB$^{12}$ | 44.174 *** | 33.494 *** | 50.605 *** | 84.397 *** | 49.164 *** |
| LB$^{24}$ | 64.798 *** | 61.444 *** | 67.742 *** | 152 *** | 67.708 *** |
| LB$^{36}$ | 117.63 *** | 87.420 *** | 86.815 *** | 179.51 *** | 137.57 *** |
| ADF | − 42.02944 *** | − 59.32611 *** | − 22.94856 *** | − 50.18991 *** | − 55.75660 |
| PP | − 56.02372 *** | − 59.38460 *** | − 56.36621 *** | − 50.16269 *** | − 55.76582 *** |
| KPSS | 0.1432 | 0.5454 | 0.3323 | 0.2515 | 0.2746 |

注："***""**""*"分别表示在 1%、5%、10% 的显著性水平上显著，下同。LB$^{12}$、LB$^{24}$、LB$^{36}$ 为 Ljung－Box Q 统计量在滞后期为 12、24、36 时的取值；ADF、PP、KPSS 分别表示 ADF 单位根检验、PP 单位根检验及 KPSS 单位根检验的统计量，其中前两个检验的原假设为"序列存在单位根"，KPSS 的原假设为"序列不存在原假设"。

表 7 - 8 对 BRICS 五国的汇率与股票收益率进行了描述性统计分析。从分析结果看，所有序列均不满足正态性假设，均存在尖峰厚尾特征，且所有序列均具有高阶自相关性。无论是 ADF、PP 单位根检验还是 KPSS 平稳性检验，检验结果表明，所有序列均为平稳序列，可以进行进一步的时间序列分析。

### 7.3.4 实证分析

论文首先利用 MS – AR 模型检验各国股票市场及汇率是否存在区制转移行为，然后利用 MS – VAR 模型检验 BRICS 各国股市与汇市间的区制转移行为。

#### 7.3.4.1 BRICS 五国股票市场的区制转移特征分析

为了检验各国股市是否存在区制转移行为，这里提出原假设 $H_0$：各国股市不存在区制转移行为。这意味着，用 AR 模型能够比 MS – AR 模型更好地拟合各国股市收益率的动态特征或数据生成过程。这里采用 Garcia 和 Perron（1996）提出的似然比检验以上原假设进行假设检验。似然比统计量为 $LR = 2 \times |\ln L_{MS-AR} - \ln L_{AR}|$，lnL 为各模型对数似然值。为了确定各模型的最优滞后阶数，这里根据 Davies（1987）准则确定。表 7 - 10 给出了各国股市收益率序列区制转移行为的检验结果。结果表明，各国均在 1% 显著性水平上拒绝了原假设，即各国股市收益率序列均存在显著的区制转移行为，即各国股市的时变行为可以由 MS – AR 模型进行模拟。各国持续的经济、金融改革政策及金融危机等重大事项的发生使各国股票收益率存在区制转移行为具有理论上的可能性。

表 7 - 9 对各国股票市场收益率的马尔科夫区制转移行为进行了估计。从各国两区制 MS – AR（1）模型的标准误差 Log（Sigma）及 Sigma 可以看出，由于各国 Log（Sigma1）＜Log（Sigma2），各国股票市场收益率确实存在低波动率区制与高波动率区制，前者为区制 1，后者为区制 2，且各国区制 2 的波动率是区制 1 波动率的 2 倍以上。巴西、俄罗斯的高低区制波动率在 5 个国家中处于最高行列。表 7 - 9 还表明，BRICS 五国股票市场处于区制 1 的概率 $P_{11}$ 高于区制 2 的概率 $P_{22}$，前者处于 0.9877（俄罗斯）～0.9941（南非），后者处于 0.9528（俄罗斯）～0.9760（中国），表明各国股市在低波动区制更具有可持续性，或者说，各国股市在小波动后紧跟的小波动持续时间要比大波动后紧跟的大波动持续时间更长。这可以从各国低波动区制与高波动区制的平均持续期 $d_1$ 与 $d_2$ 的估计结果得到证实。从各国区制平均持续期看，各国 $d_1$ 均远远大于 $d_2$。BRICS 各国低波动持续期在 81.59（俄罗斯）～170.72（南非），各国高波动区制的平均持续期在 21.17 天（俄罗斯）～41.58 天（中国）。

表 7 - 9 BRICS 股市区制转移 MSAR 估计

| | 巴西 | 俄罗斯 | 印度 | 中国 | 南非 |
|---|---|---|---|---|---|
| Const（1） | 0.0014 *** | 0.0013 *** | 0.0013 *** | 0.0009 *** | 0.0010 *** |
| | (0.0003) | (0.0003) | (0.0003) | (0.0002) | (0.0002) |
| Const（2） | − 0.0033 | − 0.0040 ** | − 0.0018 | − 0.0010 * | − 0.0023 *** |
| | (0.0020) | (0.0017) | (0.0012) | (0.0006) | (0.0001) |
| Ar（1） | 0.0870 *** | 0.0529 *** | 0.0862 *** | 0.0508 ** | 0.0166 *** |
| | (0.0184) | (0.0185) | (0.0186) | (0.0156) | (0.0024) |
| Log（sigma1） | − 4.1836 *** | − 4.2347 *** | − 4.4852 *** | − 4.4608 *** | − 4.3010 *** |
| | (0.0196) | (0.0182) | (0.0202) | (0.0205) | (0.0194) |
| Log（sigma2） | − 3.2521 *** | − 3.1442 *** | − 3.5393 *** | − 3.5389 *** | − 3.4724 *** |
| | (0.0396) | (0.0347) | (0.0305) | (0.0307) | (0.0219) |
| sigma1 | 0.0152 | 0.0145 | 0.0127 | 0.0116 | 0.0136 |
| sigma2 | 0.0387 | 0.0431 | 0.0290 | 0.0290 | 0.0310 |
| $d_1$ | 93.87 | 81.59 | 102.23 | 126.18 | 170.72 |
| $d_2$ | 24.61 | 21.17 | 32.78 | 41.58 | 40.17 |
| $P_{11}$ | 0.9893 | 0.9877 | 09902 | 0.9921 | 0.9941 |
| $P_{22}$ | 0.9594 | 0.9528 | 0.9695 | 0.9760 | 0.9751 |
| logL | 8039.535 | 8064.398 | 8873.677 | 8810.774 | 8557.666 |

注：Const 表示各区制下的常数项，Ar（1）表示 1 阶自回归项，Log（Sigma）与 Sigma 分别表示各模型的对数标准差与标准差，d 表示各区制的平均持续天数，"***""**""*"分别表示在 1%、5%、10% 的显著性水平上显著。

图 7 - 3 给出了 BRICS 各国收益率及高波动区制（区制 2）的平滑转移概率。各国收益率 RSB、RSR、RSI、RSC、RSS 在 2008 年美国次贷危机持续期间均呈现出相似的高波动特征，此外，2010 年前后的欧洲主权债务危机对各国股市高波动率的影响也能在各图中得到印证。此外，各国自身的风险因子及宏观经济状况对股市的影响也能得到印证。

7.3.4.2 BRICS 五国外汇市场的区制转移特征分析

表 7 - 10 BRICS 汇率区制转移 MSAR 估计

| | 巴西 | 俄罗斯 | 印度 | 中国 | 南非 |
|---|---|---|---|---|---|
| Const（1） | − 0.0005 *** | − 0.0001 *** | − 0.0001 *** | − 1.42E ** | 0.0012 ** |
| | (0.0001) | (4.42E − 5) | (3.93E − 5) | (5.79E − 6) | (0.0006) |
| Const（2） | 0.0021 *** | 0.0002 ** | 0.0002 | − 0.0002 *** | − 0.0004 ** |
| | (0.0007) | (9.56E − 5) | (0.0001) | (3.66E − 5) | (0.0002) |

| | 巴西 | 俄罗斯 | 印度 | 中国 | 南非 |
|---|---|---|---|---|---|
| Ar（1） | 0.0014 | 0.0709 *** | − 0.4515 ** | − 0.2113 *** | − 0.0412 * |
| | (0.0036) | (0.0173) | (0.0184) | (0.0186) | (0.0210) |
| Log（sigma1） | − 5.0559 *** | − 6.3443 *** | − 6.6115 *** | − 8.1799 *** | − 4.1407 *** |
| | (0.0217) | (0.0274) | (0.0378) | (0.0238) | (0.0397) |
| Log（sigma2） | − 3.9410 *** | − 4.9544 *** | − 5.0964 *** | − 6.5848 | − 3.8097 *** |
| | (0.0392) | (0.0199) | (0.0196) | (0.0215) | (0.0240) |
| $d_1$ | 67.43 | 46.42 | 15.88 | 21.67 | 27.77 |
| $d_2$ | 16.39 | 46.50 | 21.71 | 18.043 | 72.52 |
| $P_{11}$ | 0.9852 | 0.9784 | 0.9370 | 0.9539 | 0.9640 |
| $P_{22}$ | 0.9389 | 0.9784 | 0.9539 | 0.9446 | 0.9862 |
| LogL | 10692.63 | 13221.29 | | 18782.25 | 10065.17 |

从表 7 - 10 估计结果看，BRICS 各国汇率变化确实存在低波动率与高波动率两个区制，因为各国的 Log（sigma1）均小于 Log（sigma2），且两者均在 1% 显著性水平上显著。其中，无论是低波动区制还是高波动区制，南非与巴西的汇率波动性最大，而中国拥有最小的低区制波动率与高区制波动率。从各国的区制转移概率看，巴西与中国在第一区制的概率 $P_{11}$ 大于其在第二区制的概率 $P_{22}$，表明汇率大多时候比较稳定；印度与南非在第一区制的概率 $P_{11}$ 小于其在第二区制的概率 $P_{22}$，表明汇率更具有波动性。因此，印度与南非的汇率市场化程度大于巴西与中国的汇率市场化程度。俄罗斯汇率在区制 1 与区制 2 的概率几乎相等。同时，各国不同区制平均持续期的相对大小表现与各国高低区制概率的相对大小相同。

### 7.3.4.3 BRICS 各国汇市与股市互动关系的 MS - VAR 分析

表 7 - 11 给出了 BRICS 各国 MS - VAR 模型的估计结果，基于此，论文对各国汇率变化与股票收益间的互动关系进行研究。首先利用 LR 检验判断各国股市与汇市间的互动关系是否存在区制转移行为。由表 7 - 11 的 Panel A 可知，各国 LR 检验在 1% 显著性水平上拒绝了"股票市场与汇率市场不存在区制转移行为"的原假设。因此，MS - VAR 模型适用于各国股市与汇市间的区制转移效应。

**表7-11　　BRICS各国MS-VAR模型估计结果**

|  | 巴西 MSVAR | | 俄罗斯 MSVAR | | 印度 MSVAR | | 中国 MSVAR | | 南非 MSVAR | |
|---|---|---|---|---|---|---|---|---|---|---|
|  | $S_t=1$ | $S_t=2$ | $S_t=1$ | $S_t=2$ | $S_t=1$ | $S_t=2$ | $S_t=1$ | $S_t=2$ | $S_t=1$ | $S_t=2$ |
| $\alpha_1(S_t)$ | 0.00*** | −0.01*** | 0.00*** | −0.00** | 0.00*** | −0.00* | 0.00*** | −0.00 | 0.00*** | −0.00 |
| $\alpha_{21}(S_t)$ | 0.04 | 0.10* | 0.01 | 0.07*** | 0.05** | 0.04 | 0.05** | 0.02 | −0.06*** | −0.04 |
| $\alpha_{31}(S_t)$ | −0.15* | 0.13 | −0.06 | −0.33*** | −0.05 | −0.18 | −1.26 | −0.28 | −0.11*** | −0.21*** |
| $\beta_1(S_t)$ | 0.00*** | 0.00*** | −0.00*** | 0.00* | −0.00*** | 0.00* | −0.00*** | −0.00*** | −0.00 | 0.00*** |
| $\beta_{21}(S_t)$ | −0.10*** | −0.22*** | −0.02 | 0.14*** | −0.12*** | −0.07* | −0.32*** | −0.05* | −0.02 | −0.01 |
| $\beta_{31}(S_t)$ | −0.17*** | −0.15*** | −0.01 | −0.01 | −0.01 | −0.05*** | 0.00 | −0.00** | 0.00 | −0.02 |
| $d(S_t)$ | 21.83 | 5.29 | 13.13 | 4.92 | 8.59 | 6.36 | 18.81 | 15.18 | 12.37 | 3.71 |
| $\nu_r(S_t)*100$ | 0.022*** | 0.161*** | 0.019*** | 0.150*** | 0.01*** | 0.058*** | 0.017*** | 0.049*** | 0.014*** | 0.092*** |
| $\nu_e(S_t)*100$ | 0.004*** | 0.037*** | 0.001*** | 0.008*** | 0.000*** | 0.005*** | 0.000*** | 0.000*** | 0.006*** | 0.030*** |

转移概率矩阵P

|  | 巴西 MSVAR | | 俄罗斯 MSVAR | | 印度 MSVAR | | 中国 MSVAR | | 南非 MSVAR | |
|---|---|---|---|---|---|---|---|---|---|---|
|  | $S_t=1$ | $S_t=2$ | $S_t=1$ | $S_t=2$ | $S_t=1$ | $S_t=2$ | $S_t=1$ | $S_t=2$ | $S_t=1$ | $S_t=2$ |
| $S_t=1$ | 0.95*** | 0.19* | 0.92*** | 0.20*** | 0.88*** | 0.16*** | 0.95 | 0.07 | 0.92*** | 0.27*** |
| $S_t=2$ | 0.05*** | 0.81 | 0.08*** | 0.80*** | 0.12*** | 0.84*** | 0.05 | 0.93 | 0.08*** | 0.73*** |

表 7 - 11 给出了 VAR 模型中两个方程在不同区制下的方差（实际方差 × 100）。从各国的条件方差（$v_r(S_t) \times 100$ 与 $v_e(S_t) \times 100$）看，无论是股票收益率条件方差还是汇率收益率条件方差，区制 2 的方差均远远大于区制 1 的方差。根据方差的大小关系，将区制 1 称为低波动区制，将区制 2 称为高波动区制。此外，从 d（$S_t$）估计结果看，低波动区制比高波动区制具有更强的持续性。以上结论与 Kanas（2005）、Chan 等（2011）等的研究结论相似。

表 7 - 11 中的 $\alpha_{31}(S_t)$ 及 $\beta_{31}(S_t)$ 体现了股市与汇市间的互动关系。其中，$\alpha_{31}(S_t)$ 刻画了汇市对股市的影响，而 $\beta_{31}(S_t)$ 刻画了汇市对股市的影响。从估计结果看，各国股市与汇市的互动关系存在区制依赖性与非对称性。具体地，巴西股市与汇市在低区制时存在双向因果关系，在高区制时仅存在股市影响汇市的单向因果关系；俄罗斯汇市对股市的单向影响仅存在于高区制状态下，而在低波动区制下无显著互动关系；印度与中国在低波动区制下无因果关系，但是在高波动区制下存在股市对汇市的单向因果关系；南非汇市对股市存在显著的单向因果关系，但是高区制效应远远大于低区制效应。

总之，BRICS 各国股市与汇市间的互动关系具有区制依赖性及非对称性，不能一概而论。尽管 BRICS 各国均为发展中国家，但是由于各国资本市场健全程度、经济转轨路径、汇率安排等存在的差异，使得各国股市与汇率间的互动关系存在差异，具体见表 7 - 12。

表 7 - 12　　　　　　　　各国不同区制下的股市与汇市互动关系

|  |  | 关系 | 方向 | 结论 |
|---|---|---|---|---|
| 巴西 | $S_t = 1$ | 双向 | 双向因果 | 流量导向与资产组合平衡模型 |
|  | $S_t = 2$ | 单向 | 股市影响汇市 | 资产组合平衡模型 |
| 俄罗斯 | $S_t = 1$ | 无 | 无因果关系 | — |
|  | $S_t = 2$ | 单向 | 汇市影响股市 | 流量导向模型 |
| 印度 | $S_t = 1$ | 无 | 无因果关系 | — |
|  | $S_t = 2$ | 单向 | 股市影响汇市 | 资产组合平衡模型 |
| 中国 | $S_t = 1$ | 无 | 无因果关系 | — |
|  | $S_t = 2$ | 单向 | 股市影响汇市 | 资产组合平衡模型 |
| 南非 | $S_t = 1$ | 单向 | 汇市影响股市 | 流量导向模型 |
|  | $S_t = 2$ | 单向 | 汇市影响股市 | 流量导向模型 |

### 7.3.5　小结

论文在区制转移框架下首先分别检验并估计了 BRICS 各国股市、汇率的区制转移行为，在此基础上，利用 MS - VAR 模型研究了各国股市与汇市互动关系的区制依赖性及非对称性。结果表明：

第一，各国股票市场收益率确实存在低波动率区制与高波动率区制，且各国股市在低波动区制更具有可持续性，表明各国股票价格的下降速度快于上涨速度。

第二，各国外汇市场也存在低波动率区制与高波动率区制，但是，各国汇率市场在不同区制的持续性存在差异。

第三，MS - VAR 模型适用于各国股市与汇市间的区制转移效应，且低波动区制比高波动区制具有更强的持续性。但是，BRICS 各国股市与汇市间的互动关系具有区制依赖性及非对称性，不能一概而论。

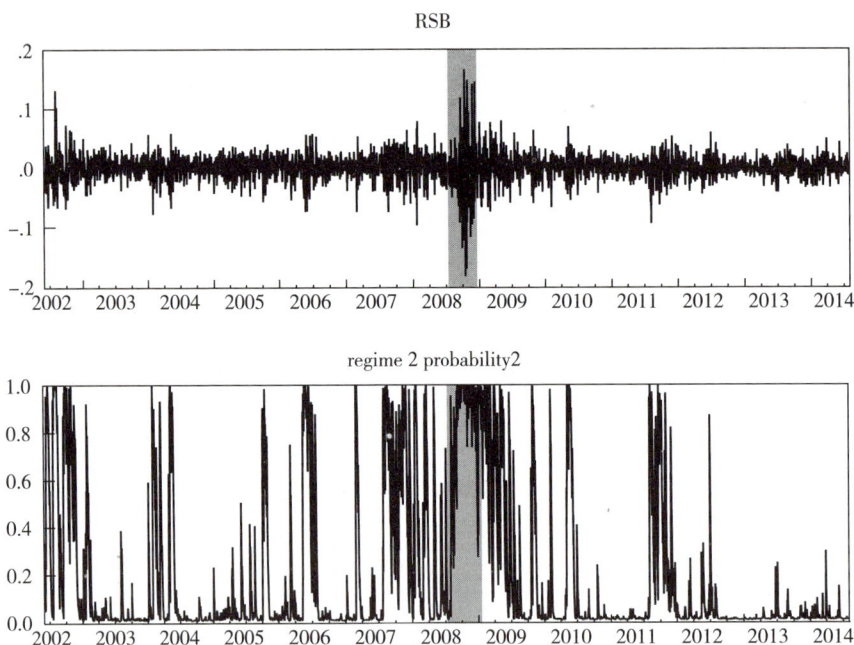

注：按由左向右，由上到下的顺序，各图分别为巴西股票收益及其区制 2 概率图、俄罗斯股票收益及其区制 2 概率图、印度股票收益及其区制 2 概率图、中国股票收益及其区制 2 概率图、南非股票收益及其区制 2 概率图、巴西汇率收益及其区制 2 概率图、俄罗斯汇率收益及其区制 2 概率图、印度汇率收益及其区制 2 概率图、中国汇率收益及其区制 2 概率图、南非汇率收益及其区制 2 概率图。

图 7 - 3  BRICS 各国股票收益率及其高波动区制（区制 2）概率、
汇率收益率及其高波动区制（区制 2）概率

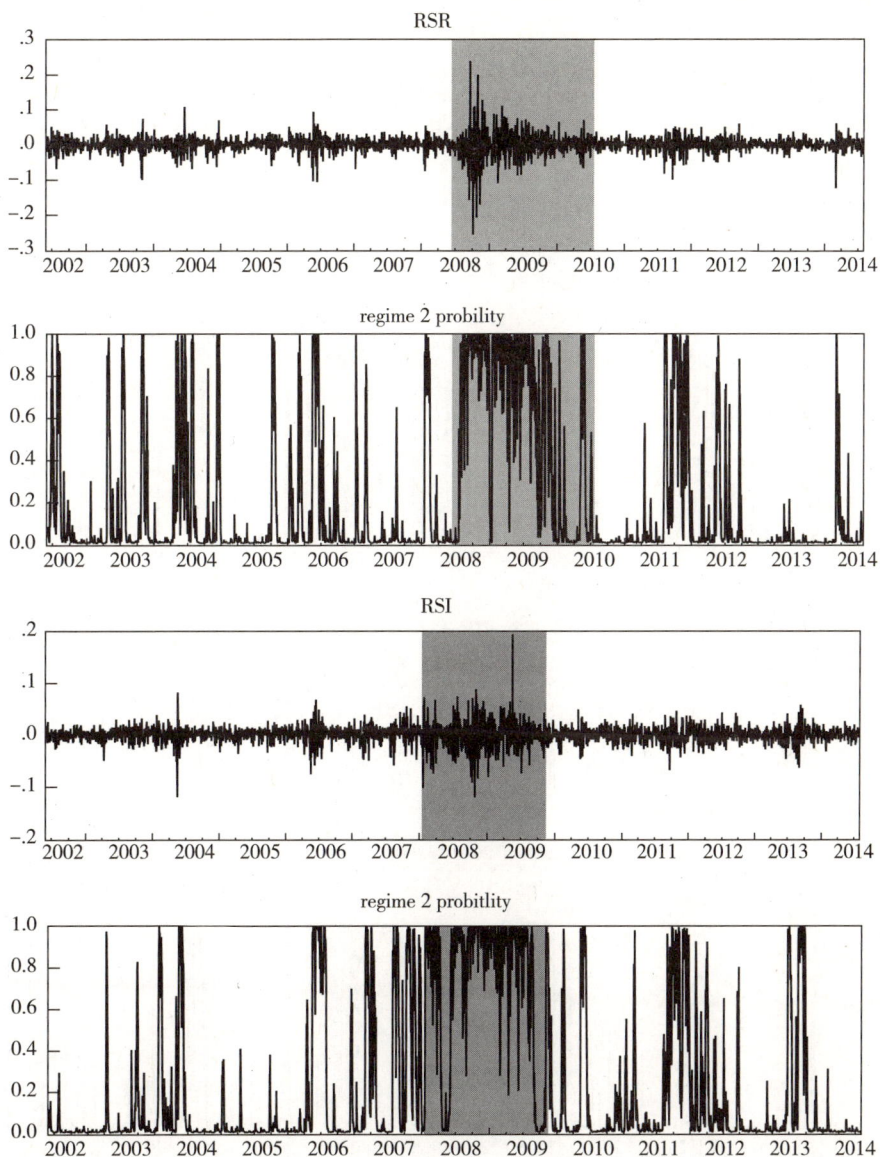

注：按由左向右，由上到下的顺序，各图分别为巴西股票收益及其区制 2 概率图、俄罗斯股票收益及其区制 2 概率图、印度股票收益及其区制 2 概率图、中国股票收益及其区制 2 概率图、南非股票收益及其区制 2 概率图、巴西汇率收益及其区制 2 概率图、俄罗斯汇率收益及其区制 2 概率图、印度汇率收益及其区制 2 概率图、中国汇率收益及其区制 2 概率图、南非汇率收益及其区制 2 概率图。

图 7 - 3  **BRICS 各国股票收益率及其高波动区制（区制 2）概率、汇率收益率及其高波动区制（区制 2）概率（续）**

RSC

regime 2 probalility

RSS

regime 2 probability

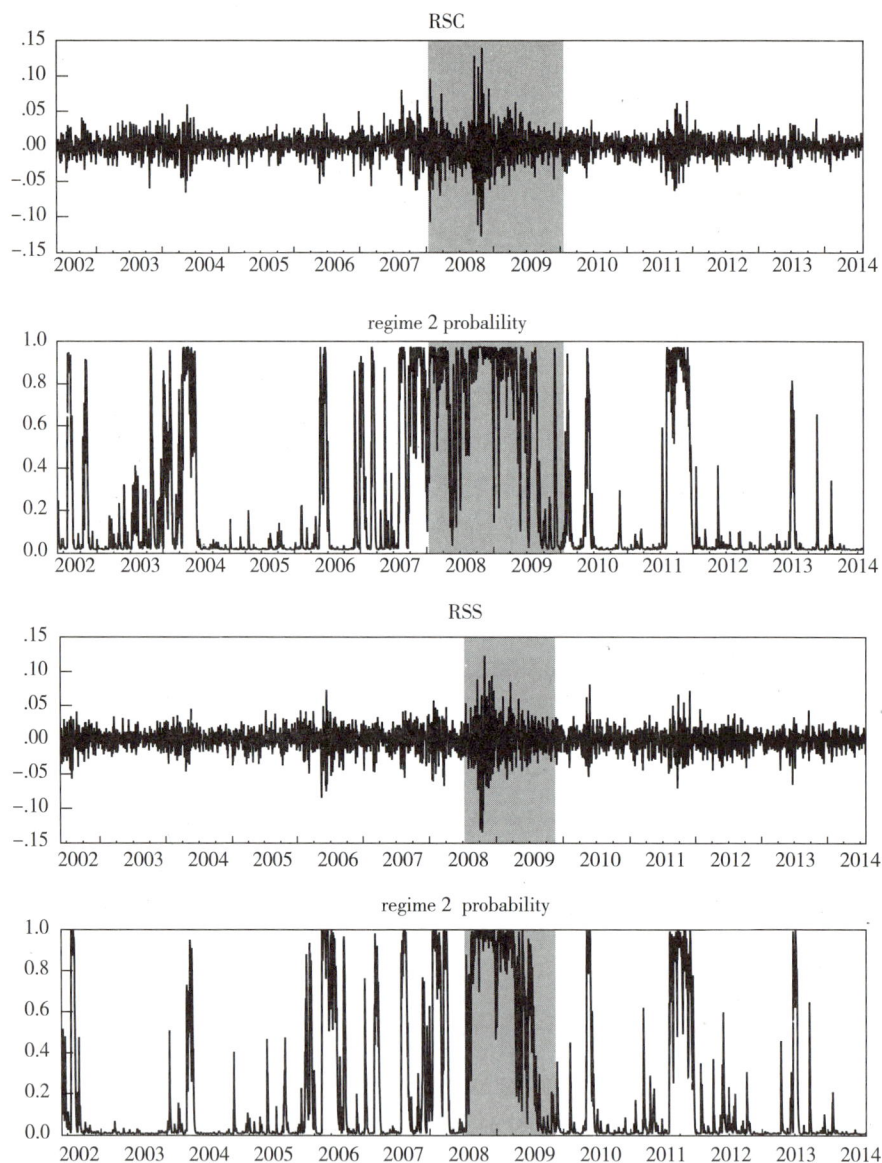

注：按由左向右，由上到下的顺序，各图分别为巴西股票收益及其区制 2 概率图、俄罗斯股票收益及其区制 2 概率图、印度股票收益及其区制 2 概率图、中国股票收益及其区制 2 概率图、南非股票收益及其区制 2 概率图、巴西汇率收益及其区制 2 概率图、俄罗斯汇率收益及其区制 2 概率图、印度汇率收益及其区制 2 概率图、中国汇率收益及其区制 2 概率图、南非汇率收益及其区制 2 概率图。

**图 7 - 3　BRICS 各国股票收益率及其高波动区制（区制 2）概率、汇率收益率及其高波动区制（区制 2）概率（续）**

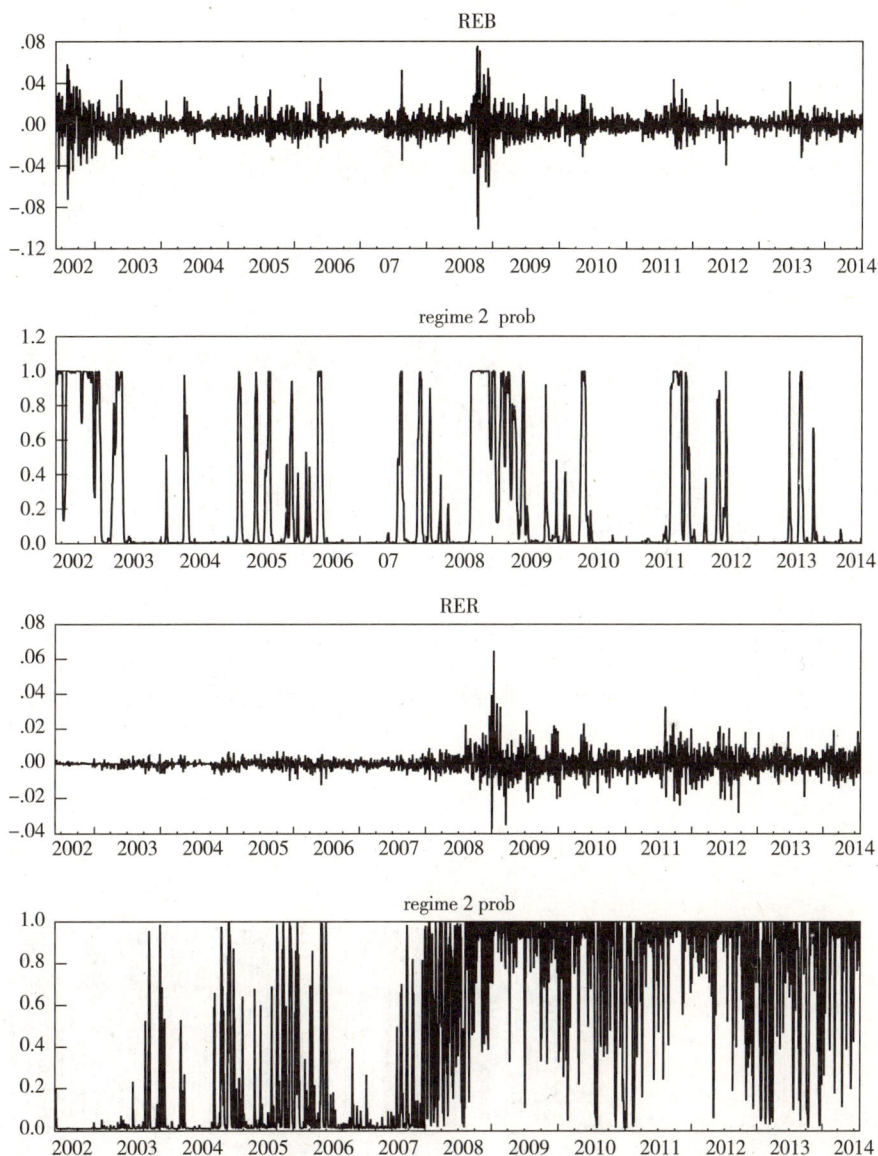

注：按由左向右，由上到下的顺序，各图分别为巴西股票收益及其区制 2 概率图、俄罗斯股票收益及其区制 2 概率图、印度股票收益及其区制 2 概率图、中国股票收益及其区制 2 概率图、南非股票收益及其区制 2 概率图、巴西汇率收益及其区制 2 概率图、俄罗斯汇率收益及其区制 2 概率图、印度汇率收益及其区制 2 概率图、中国汇率收益及其区制 2 概率图、南非汇率收益及其区制 2 概率图。

**图 7 – 3  BRICS 各国股票收益率及其高波动区制（区制 2）概率、汇率收益率及其高波动区制（区制 2）概率（续）**

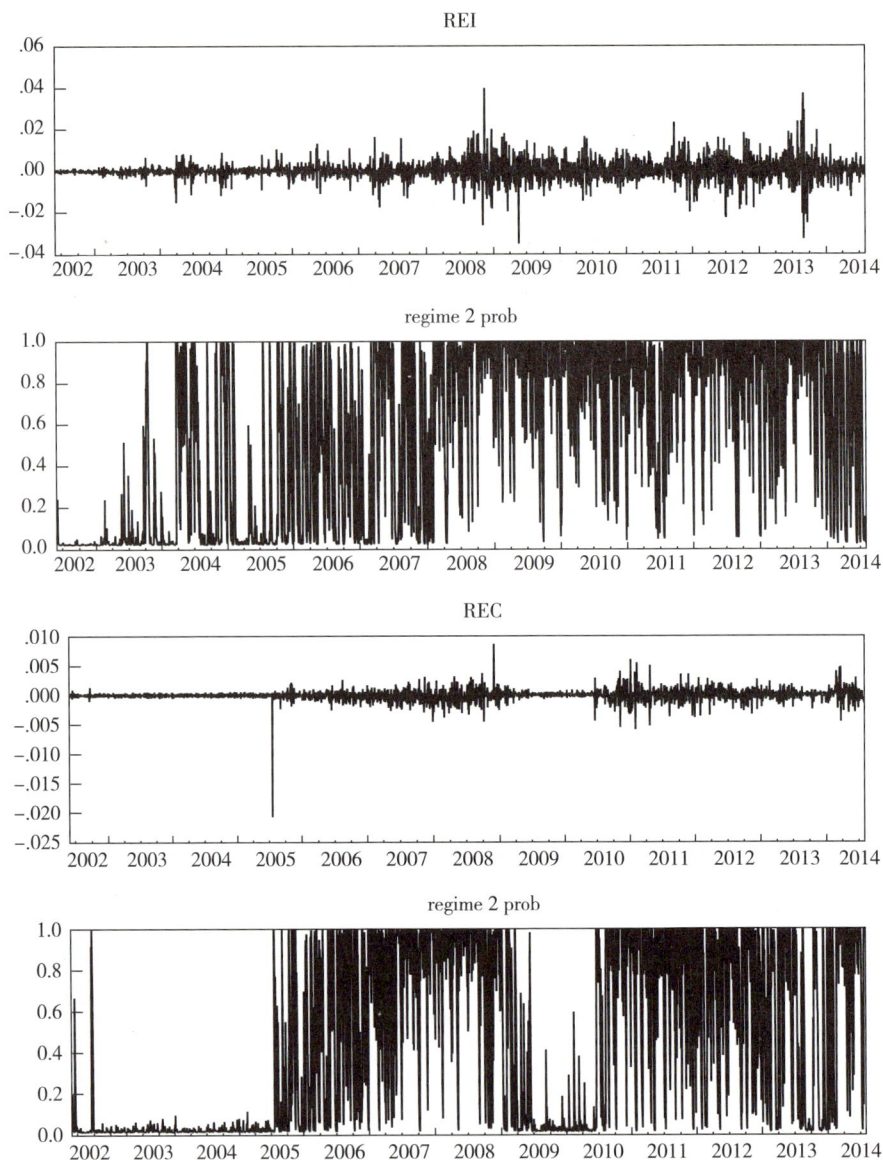

注：按由左向右，由上到下的顺序，各图分别为巴西股票收益及其区制 2 概率图、俄罗斯股票收益及其区制 2 概率图、印度股票收益及其区制 2 概率图、中国股票收益及其区制 2 概率图、南非股票收益及其区制 2 概率图、巴西汇率收益及其区制 2 概率图、俄罗斯汇率收益及其区制 2 概率图、印度汇率收益及其区制 2 概率图、中国汇率收益及其区制 2 概率图、南非汇率收益及其区制 2 概率图。

图 7 - 3　BRICS 各国股票收益率及其高波动区制（区制 2）概率、
汇率收益率及其高波动区制（区制 2）概率（续）

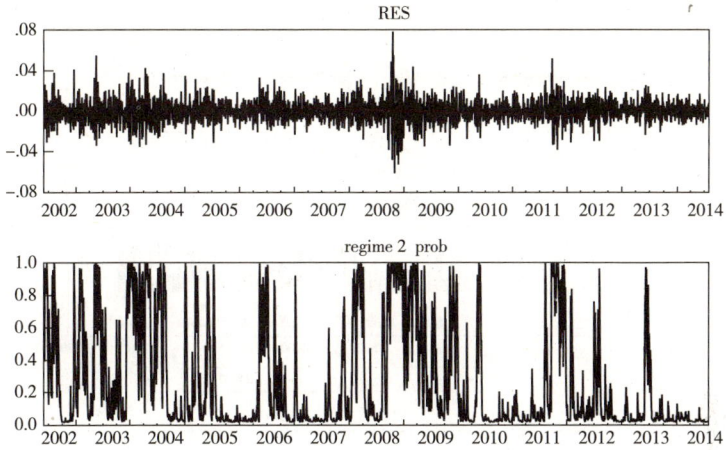

注：按由左向右，由上到下的顺序，各图分别为巴西股票收益及其区制 2 概率图、俄罗斯股票收益及其区制 2 概率图、印度股票收益及其区制 2 概率图、中国股票收益及其区制 2 概率图、南非股票收益及其区制 2 概率图、巴西汇率收益及其区制 2 概率图、俄罗斯汇率收益及其区制 2 概率图、印度汇率收益及其区制 2 概率图、中国汇率收益及其区制 2 概率图、南非汇率收益及其区制 2 概率图。

图 7 - 3　BRICS 各国股票收益率及其高波动区制（区制 2）概率、
汇率收益率及其高波动区制（区制 2）概率（续）

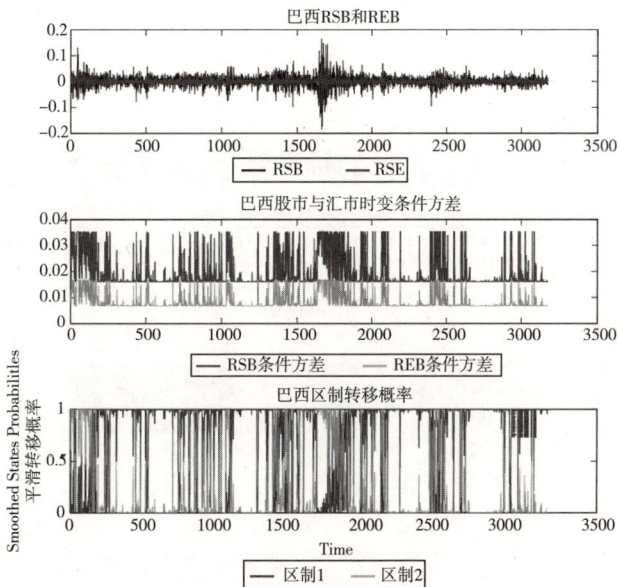

图 7 - 4　BRICS 各国股市与汇市互动区制转移图

245

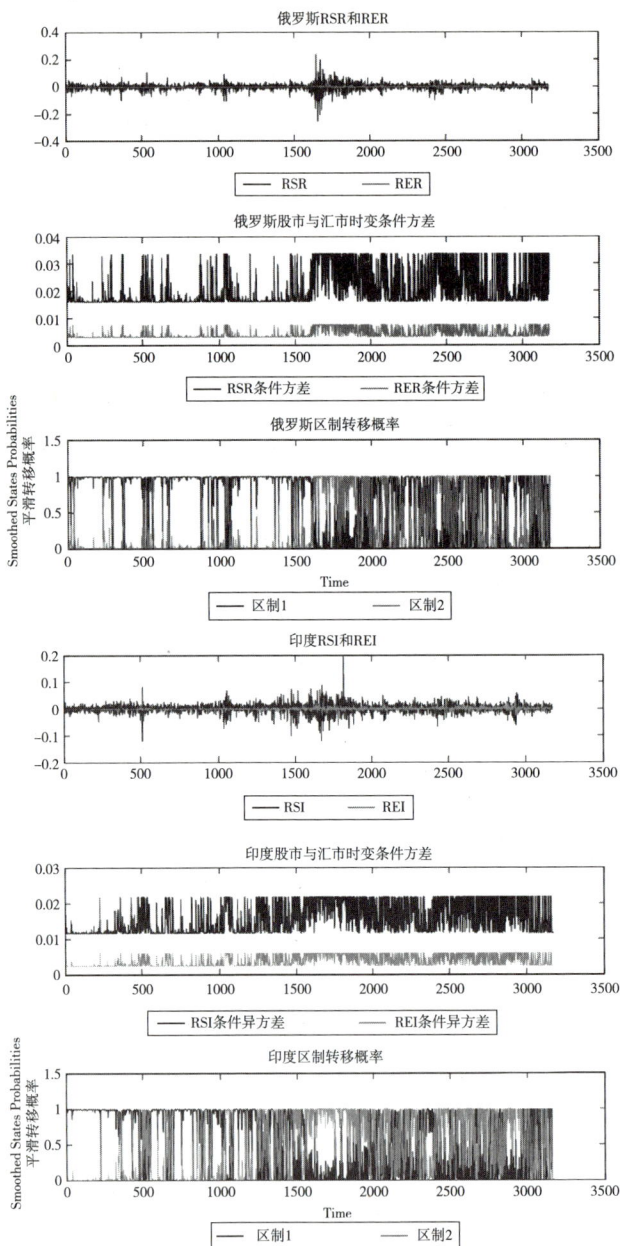

图中各子图标题依次为:

**俄罗斯RSR和RER**

图例:RSR　RER

**俄罗斯股市与汇市时变条件方差**

图例:RSR条件方差　RER条件方差

**俄罗斯区制转移概率**

Smoothed States Probabilities 平滑转移概率

Time

图例:区制1　区制2

**印度RSI和REI**

图例:RSI　REI

**印度股市与汇市时变条件方差**

图例:RSI条件异方差　REI条件异方差

**印度区制转移概率**

Smoothed States Probabilities 平滑转移概率

Time

图例:区制1　区制2

注:从上到下,各图依次为巴西、俄罗斯、印度、中国、南非。

各组图分别包括:(1)股市与汇率收益图;(2)股市收益方程与汇率收益方程的条件方差;(3)各国区制转移图。

估计结果来自 MATLAB。

**图7−4　BRICS 各国股市与汇市互动区制转移图(续)**

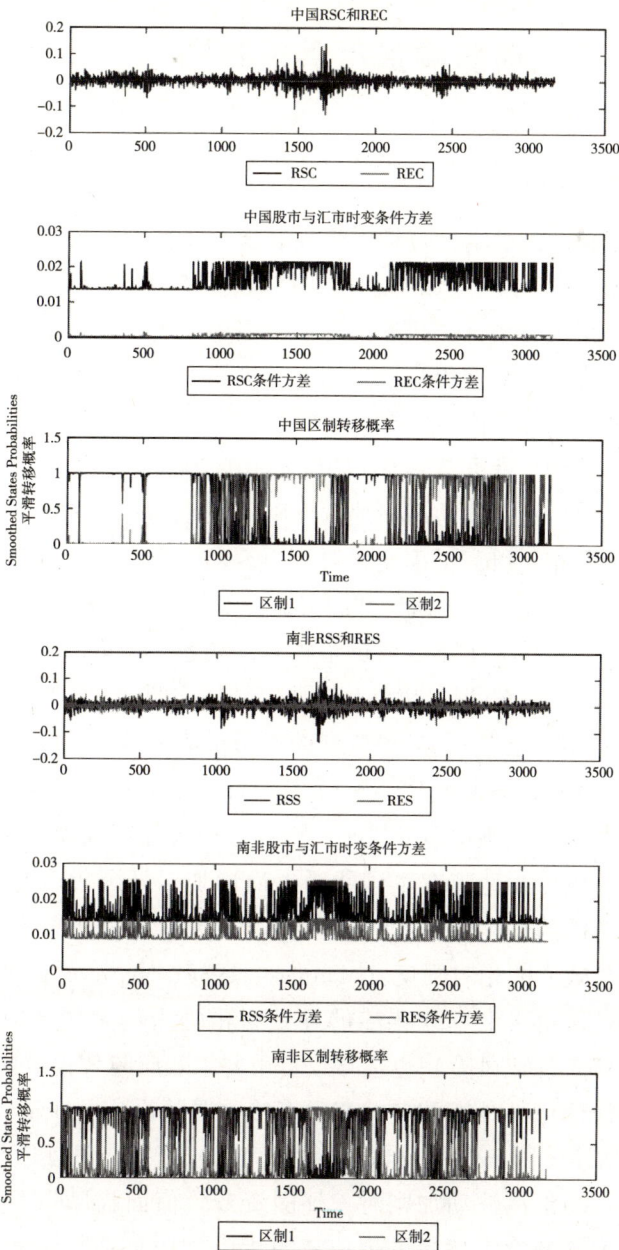

注：从上到下，各图依次为巴西、俄罗斯、印度、中国、南非。

各组图分别包括：（1）股市与汇率收益图；（2）股市收益方程与汇率收益方程的条件方差；（3）各国区制转移图。

估计结果来自 MATLAB。

**图 7-4　BRICS 各国股市与汇市互动区制转移图（续）**

# 7.4　汇率波动影响货币需求吗？

## 7.4.1　引言与文献综述

货币需求函数及其稳定性是货币当局制定与执行货币政策的基石，这也决定了货币需求成为货币经济学家永恒的研究课题。2005 年 7 月 21 日汇率机制改革启动以来，资本项目放开步伐逐渐加快，汇率波动逐渐加剧，这使得研究汇率波动对货币需求的影响变得日益迫切，而当前丰富的数据及计量技术的发展也为深入研究两者的关系提供了数据与方法支撑。

国外对汇率波动与货币需求关系的研究始于 20 世纪 60 年代。当时，布雷顿森林体系逐渐瓦解，汇率波动逐渐加剧。Robert Mundell（1963）首次将汇率纳入到货币需求函数中，研究汇率变化对货币需求的影响，但是蒙代尔本人并未进行实证检验。此后，大量的研究开始实证检验货币需求与汇率变化间的关系。这些研究均认为，货币需求不仅取决于收入与利率等变量，而且也依赖于汇率的变化[218]。Arango 和 Nadiri（1981）的研究结果表明，本国货币贬值时，外币升值，从而使本国居民持有的外国资产的本币价值上升，使居民产生财富增加的感觉，从而导致货币需求上升[219]。另一方面，Bahmani – Oskooee 和 Pourhey-darian（1990）则认为，当本币贬值时，市场参与者往往预期本币进一步贬值，从而导致本国居民更少地持有本国货币，而增加对外国货币的需求，形成外国货币对本国货币的替代[220]。可见，汇率变化对货币需求的影响最终取决于财富效应与替代效应的相对强度（Marquez，1987；McNown 和 Wallace，1992；Bahmani，2008）。由于汇率变化能够导致货币需求的替代效应与财富效应，汇率波动（不确定性或风险）也会导致货币需求效应与替代效应的不确定性。理论上，汇率波动势必对货币需求产生直接重要的影响。Mcgibany 和 Nourzad（1995）通过估计美国 1974—1990 年的货币需求函数，证实了汇率波动对货币需求的影响。当汇率波动加剧时，外国资产价值面临风险上升，理性投资者必然用更为安全的货币替代风险较高的货币，从而使汇率波动与货币需求呈现负相关关系[221]。

国内关于汇率波动与货币需求关系的研究目前仍然较少，且存在较大分歧。李富国和任鑫（2005）结合迈克·波尔多（Micheal D. Bordo）和伊萨·乔瑞（Ehsan U. Choudhri）提出的货币替代需求函数，分类提出中国货币替代模型的货币需求函数，最后对这一模型采用最小二乘法（OLS）进行实证分析。结果表明：我国现阶段货币替代程度较低，汇率因素并不显著[222]。易行健（2006）在构建开放条件下货币需求模型的基础上，利用中国 1994—2004 年的季度数据估计了包含人民币有效汇率与国外利率的货币需求函数。结论显示：人民币有效汇率指数的上升通过货币替代效应与资本流动效应显著减少中国经济主体对狭义货币与广义货币的持有[223]。伍戈（2009）采用"从一般到特殊"的建模方法，实证考察了广义货币需求、物价、产出、利率、汇率以及股票价格之间的有机联系，得出了有意义的结论。其中一个重要结论是：汇率的变化率并没有显著地影响货币需求，但是 2005 年以来的人民币升值预期确实引致了更多的货币需求[224]。宋金奇和雷钦礼（2009）引入汇率变动变量对开放经济条件下我国货币需求函数进行研究。结果表明：汇率变动是影响我国长期货币需求稳定的关键因素，且汇率变动对我国货币需求有正向的影响[225]。万晓莉、雷德明和陈斌开（2010）首次利用对数据稳定性没有要求的 Bounds Testing 方法，系统地考察了我国货币需求在 1987—2008 年 20 年间的特征。结果发现在考虑汇率（预期）和外部因素的条件下我国在长期内才有稳定的货币需求。虽然我国的资本账户还未完全放开，但是货币替代和资本流动效应表现明显。人民币贬值（升值）预期将显著减少（增加）居民和企业对人民币的需求[226]。肖卫国和袁威（2011）考察了 1999 年 1 月至 2010 年 5 月中国货币需求函数的特征。研究结果表明：人民币升值和升值预期通过货币替代效应和国际资本流动效应增加了长期实际货币余额需求。研究结果还表明在样本期间人民币汇率波动的短期国际资本流动效应是造成中国 A 股市场动荡加剧的重要原因之一。这意味着中国货币政策的制定与实施应该至少关注资产价格波动和考虑人民币汇率因素，尤其是当前应特别注重稳定人民币升值预期[227]。项后军、孟祥飞和潘锡泉（2011）基于结构突变的视角对纳入汇率（特别是在考虑到了汇率结构突变的情况下）及国外利率等因素的我国货币需求函数稳定性进行了研究。结果发现：2005 年 9 月后，汇率对广义货币需求产生了显著的正向影响[228]。蒋先玲、刘微和叶丙南（2012）依据货币需求、货币竞争替代理论，以企业利润最大化为目标建立境外人民币需求函数，推导出影响境外人民币需求的主要因素。结果表明：人民币汇率预期波动对境外人民币需求具有明显的长短期效应，随着资本项目进一步开放，汇率预期变化对境外人民币需求和中国国际收支影响将更加显著[229]。王绍洪、齐子漫和陈灿平（2013）研究了股改和汇改后我国货币需求函数的最新变化。结果表明：长期内，汇率影响较小；短期内，汇率对我国货币需求的影响较大[230]。

可以看出，当前我国对汇率与货币需求关系的研究在取得重大进展的同时，所有的国内研究只涉及汇率水平与货币需求之间的关系，汇率波动与货币需求关系研究目前仍然较少，更缺少汇率波动影响货币需求的长短期机制分析。基于此，本文在现有文献的基础上，研究汇率波动对货币需求的影响，进一步丰富现有研究。论文结构如下：第二部分为研究设计，第三部分为实证分析，第四部分为结论及政策建议。

## 7.4.2 研究设计

结合货币需求理论及国内外相关文献，货币需求函数包括以收入为代表的尺度变量、以利率或通货膨胀率为代表的机会成本。前者反映了货币的交易需求，后者则反映了货币投机需求及预防需求。除此之外，根据 Robert Mundell（1963）及相关研究，汇率也是影响货币需求的重要变量。最后，汇率波动（风险或不确定性）使得理性经济人存在将高风险资产转化为低风险资产的冲动，因此，汇率波动对货币需求的影响不容忽视。据此，构建以下线性回归模型：

$$\ln M_t = \beta_0 + \beta_1 \ln Y_t + \beta_2 \ln(P_t/P_{t-1}) + \beta_3 \ln EX_t + \beta_4 \ln V_t + \varepsilon_t \qquad (1)$$

模型（1）中，ln 表示对数运算符，$M$ 表示货币供给，$Y$ 表示收入，$P$ 表示消费者价格指数，$\ln(P_t/P_{t-1})$ 表示通货膨胀率，$EX$ 表示名义汇率，$V$ 表示汇率波动程度。需要注意的是，论文以通货膨胀率作为持有货币的机会成本，原因有两个：第一，我国金融市场无论从规模还是成熟度，均未达到发达金融市场的规模，市场主体投资的主要对象仍然是实体资产，对金融资产的投资比重仍然相对较小，因此，资产价值对通货膨胀率的敏感性更强；第二，我国当前仍然处于利率市场化过程，存款利率仍然受到管制，货币需求对利率变化的敏感性存在扭曲。根据经济学理论，参数 $\beta_1 > 0$、$\beta_2 < 0$，而参数 $\beta_3$、$\beta_4$ 的符号不能确定。

在估计模型（1）并检验汇率波动 $\ln V$ 参数显著性后，必须检验货币需求[模型（1）]的稳定性。为检验货币需求的稳定性，这里采用 Laidler（1975）的方法。Laidler（1975）认为，货币需求函数不稳定，主要源于对短期动态特征的非充分模拟。为此，需要估计模型（1）的误差修正形式，以考察短期调整机制。模型（1）的误差修正形式见下式：

$$\Delta \ln M_t = \alpha + \sum_{i=1}^{n1} \beta_i \Delta \ln M_{t-i} + \sum_{i=0}^{n2} \delta_i \Delta \ln Y_{t-i} + \sum_{i=0}^{n3} \gamma_i \Delta \ln (P_t/P_{t-1})_{t-i}$$

$$+ \sum_{i=0}^{n4} \eta_i \ln EX_t + \sum_{i=0}^{n5} \lambda_i \ln V_{t-i} + \rho_0 \ln M_{t-1} + \rho_1 \ln Y_{t-1}$$

$$+ \rho_2 \ln (P_t/P_{t-1})_{t-1} + \rho_3 \ln EX_{t-1} + \rho_4 \ln V_{t-1} + \varepsilon_t \qquad (2)$$

通过模型（2），可以估计出各变量对货币需求的长期效应与短期效应。在模型估计前，需要根据信息准则确定最优滞后阶数，在模型估计的基础上，根据一阶差分项系数计算出短期效应系数，通过参数 $\rho_1, \cdots, \rho_4$ 及 $\rho_0$ 推断出长期效应系数。需要注意的是，只有模型（1）各变量满足协整关系时，长期效应系数才有意义。Pesaran 等（2001）建议采用标准的 F 检验对滞后水平变量进行联合检验，但是此时的 F 检验临界值不同于传统的 F 检验临界值。当假设所有变量为非平稳变量或 I（1）变量时，Pesaran 等（2001）给出了 F 值的上限临界值；当假设所有变量为平稳变量或 I（0）变量时，Pesaran 等（2001）给出了 F 值的下限临界值。当计算的 F 值大于上限临界值时，滞后水平变量间满足协整关系，这就是著名的边限检验（Bounding Test）。该方法最大的优点在于，模型估计之前不需要进行单位根检验（Pesaran 等，2001）。这是因为，当模型中同时存在 0 阶单整与 1 阶单整变量时，边限检验的上限临界点值仍然是有效的。本文选择边限检验法进行协整检验的理由是：通货膨胀率、汇率波动率等变量很可能是平稳变量，而收入、货币及汇率很可能是一阶单整过程。

### 7.4.3　实证研究

#### 7.4.3.1　数据来源与说明

论文以 1996 年第一季度至 2014 年第一季度为研究区间。货币供给采用广义货币供给量 $M_2$、通货膨胀率采用消费者价格指数 CPI 计算得到、汇率采用名义有效汇率 NEER、汇率波动采用 GARCH 方法测度得到，所有数据均来自 Wind 资讯。需要说明的是，除 GDP 数据外，其他数据均为月度数据。为此，论文将每个季度 3 个月的平均值作为该变量的季度取值。同时，所有数据采用 census - X12 方法进行季节调整，以去除季节因素的影响。论文采用 GARCH（1，1）模型识别汇率波动率 V。各变量的描述性统计结果见表 7 - 13。

表 7 - 13　　　　　　　　　　描述性统计分析

|  | lnM | lnY | IN（$CPI_t$/$CPI_{t-1}$） | lnEX | lnV |
|---|---|---|---|---|---|
| Mean | 12. 55 | 11. 49 | 0. 00 | 4. 55 | - 3. 83 |
| Maximum | 13. 95 | 13. 25 | 0. 04 | 4. 74 | - 0. 98 |
| Minimum | 11. 16 | 9. 70 | - 0. 02 | 4. 35 | - 4. 56 |

|  | lnM | lnY | IN（CPI$_t$/CPI$_{t-1}$） | lnEX | lnV |
|---|---|---|---|---|---|
| Std. Dev. | 0.83 | 0.87 | 0.01 | 0.09 | 0.97 |
| Skewness | 0.08 | −0.02 | 0.96 | 0.18 | 1.49 |
| Kurtosis | 1.78 | 2.39 | 3.32 | 2.78 | 4.06 |
| Jarque – Bera | 4.51 | 1.11 | 11.10 | 0.53 | 29.45 |
| Probability | 0.10 | 0.57 | 0.00 | 0.77 | 0.00 |

#### 7.4.3.2 模型估计与检验

利用 1996 年第一季度至 2014 年第一季度数据，对模型（2）进行估计。由于论文采用的是季度数据，这里选择的最大滞后阶数为 4，在此基础上根据 Schwartz Bayesian 准则确定最优滞后阶数，Schwartz Bayesian 准则表明，当滞后阶数为 1 时，SBC 值达到最小。表 7 – 14 给出了短期效应系数的估计结果。

表 7 – 14　　　　　　　　　　模型 2 估计结果

| Variable | Coefficient | Std. Error | t – Statistic | Prob. |
|---|---|---|---|---|
| 短期参数估计 | | | | |
| C | 0.0592 | 0.1020 | 0.5802 | 0.5642 |
| $\beta_1$ | 0.2839 | 0.1268 | 2.2396 | 0.0293 |
| $\delta_0$ | 0.1209 | 0.0045 | 26.6467 | 0.0000 |
| $\delta_1$ | 0.0890 | 0.0044 | 20.1563 | 0.0000 |
| $\eta_0$ | 0.0428 | 0.0014 | 29.6930 | 0.0000 |
| $\eta_1$ | 0.2985 | 0.1628 | 1.8333 | 0.0723 |
| $\lambda_0$ | −0.2887 | 0.1453 | −1.9869 | 0.0520 |
| $\lambda_1$ | −0.1955 | 0.0658 | −2.9732 | 0.0010 |
| $\gamma_0$ | −0.3460 | 0.1958 | −1.7675 | 0.0828 |
| $\gamma_1$ | −0.2529 | 0.0934 | −2.7091 | 0.0003 |
| 长期参数估计 | | | | |
| $\rho_0$ | 0.1683 | 0.0114 | 14.7524 | 0.0000 |
| $\rho_1$ | 0.1060 | 0.0118 | 9.0160 | 0.0000 |
| $\rho_3$ | 0.3439 | 0.0279 | 12.3064 | 0.0000 |
| $\rho_4$ | 0.0200 | 0.0111 | 1.7995 | 0.0775 |
| $\rho_2$ | −0.4570 | 0.0530 | −8.6294 | 0.0000 |
| 模型检验 | | | | |
| R – squared | 0.5336 | Mean dependent var | | 0.0394 |
| Adjusted R – squared | 0.4127 | S. D. dependent var | | 0.0139 |
| Prob（F – statistic） | 0.0000 | Durbin – Watson stat | | 2.1922 |

从估计结果看，除常数项外，所有参数分别在 1%、5% 及 10% 的显著性水平上显著。具体地，短期效应参数包括 $\beta_1$、$\delta_0$、$\delta_1$、$\eta_0$、$\eta_1$、$\lambda_0$、$\lambda_1$、$\gamma_0$、$\gamma_1$，即各变量一阶差分（含滞后项）的参数。这意味着，收入、通货膨胀、汇率水平及汇率波动对货币需求具有显著的短期效应。其中，参数 $\beta_1$ 为 0.28，且在 5% 的显著性水平上显著，表明我国货币需求存在显著的正局部调整机制。$\delta_0$、$\delta_1$ 分别为 0.12、0.19，且在 1% 显著性水平上显著，表明收入增长对货币需求具有显著的促进作用，符合我们的预期。汇率升值对当期货币需求具有显著的正向影响。在短期内，汇率波动的加剧均显著降低了货币需求（$\lambda_0$、$\lambda_1 > 0$），而通货膨胀率的上升则显著地降低了货币需求（$\gamma_0$、$\gamma_1 < 0$）。

仔细观察长期效应系数的估计结果发现，以上短期效应均显著地转化为长期效应。从长期来看，汇率波动的加剧会促使本国居民更多地持有本国货币。这表明，汇率波动加剧导致的货币需求下降属于短暂行为。收入的长期效应系数为 0.11，且在 1% 显著性水平上显著，表明收入增长 1%，货币需求上升 0.11%，表明我国货币化进程速度已经放缓。通货膨胀对货币的长期效应为 -0.45，通货膨胀厌恶情绪较高，容忍度较低。长期来看，人民币汇率升值显著地增加了对本币的需求，货币的替代效应更为显著，也反映了投资主体较强的升值预期。

基于 F 检验的边限检验结果表明，原假设 $H_0(\rho_0 = \rho_1 = \rho_3 = \rho_4 = \rho_2 = 0)$ 在 10% 的显著性水平上被拒绝 [$P = 0.0980$，$F(4, 54) = 1.8583$]，表明模型（1）中各变量间存在协整关系。这意味着，以上对长期效应的分析是有效的。此外，为检验系数的稳定性，这里采用 CUSUM 及 CUSUMSQ 进行系数稳定性检验（如图 7-5、图 7-6 所示），结果表明，方程系数估计具有稳定性。

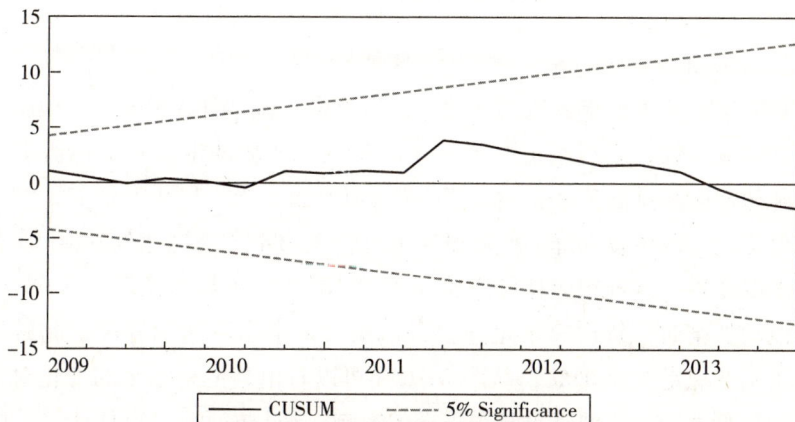

图 7-5　CUSUM 检验

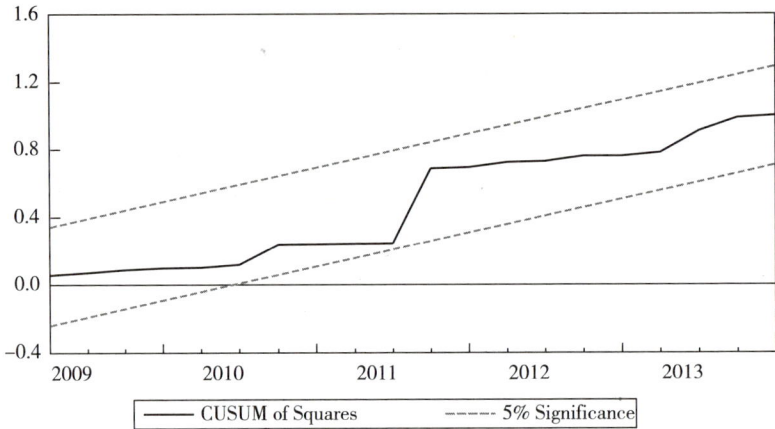

图 7 - 6　CUSUMSQ 检验

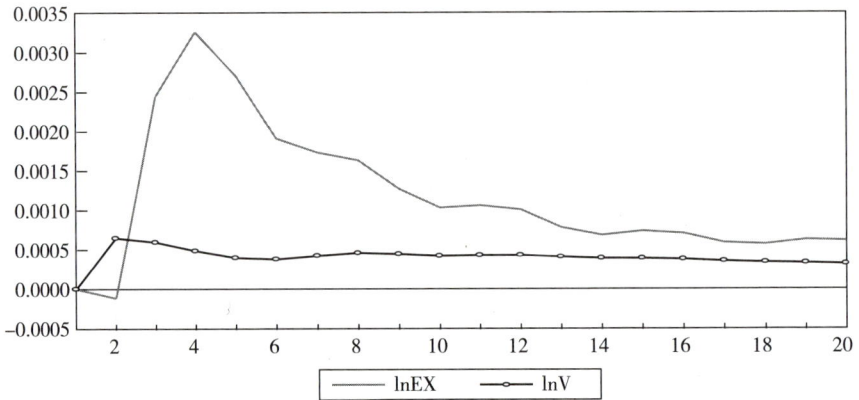

图 7 - 7　脉冲响应图

在获得稳定货币需求函数的基础上，这里进一步估计 VAR（2）模型，并估计其脉冲响应函数，以观察汇率水平冲击及汇率波动冲击影响货币需求的动态机制，脉冲响应图见图 7 - 7。从图 7 - 7 可以看出，当人民币升值时，货币需求在第 2 个季度出现短暂下降，此后迅速上升，在第 4 个季度达到峰值 0.4%。从第 4 个季度开始，这种响应持续下降，到第 18 个季度基本稳定在 0.08% 左右。当汇率波动加剧时，货币需求迅速上升，在第 2 个季度达到峰值，此后稍有回落，但是基本稳定在 0.05%。从图 7 - 6 还可以看出，汇率水平的变化对货币需求的影响显著大于汇率波动对货币需求的影响，这与模型（2）估计结果相符。

### 7.4.4　小结

论文以 1996 年第一季度至 2014 年第一季度货币供给、GDP、通货膨胀、汇率及汇率波动数据为基础，构建并估计了 ARDL 模型，对汇率波动影响货币需求的长短期效应进行了研究，并通过边限协整检验证实了长期效应的有效性。结果表明，汇率波动在短期内降低了货币需求，但在长期内会提高货币需求。此外，人民币汇率升值在短期及长期内均显著地提高了货币需求，货币替代效应较为突出，这与宋金奇和雷钦礼（2009）、肖卫国和袁威（2011）的研究结果相符。

由于汇率波动及汇率升值均显著地增加了货币需求，在央行货币供给总量缺少弹性的情况下，这必然会助推市场利率水平的提高，为我国当前的宏观经济调控带来严峻挑战。一方面，市场利率上升抑制了投资热情及证券市场行情，不利于我国经济转型与升级；另一方面，市场利率上升提高了国内外利差，导致热钱流入，货币当局面临的通货膨胀压力上升。因此，应当保持人民币汇率基本均衡与稳定，减少汇率波动，为我国经济结构调整创造良好的货币政策环境。

## 7.5　金融传染的动态相关分析

金融一体化在实现生产要素优化配置的同时，也增强了各国经济的脆弱性。伴随着金融一体化程度的增强，各国经济与金融的相互依赖性日益明显。在此背景下，金融危机的传染机制成为各国学者关注的重要课题，2007 年美国次贷危机再次引起学术界对金融传染的研究。短期内，金融危机不仅导致相关各国资产价格下跌，而且催生恶性投机与资本外逃行为，使得整个地区的金融稳定性受到严重打击。长期内，投资者信心下降，经济下滑。投资者信心一旦发生转变，在短时间内很难反转，继而影响投资者的投资组合收益。因此，研究金融传染对于建立危机预警机制，制定及时的应对策略具有重要的理论与现实意义。

### 7.5.1　引言与文献综述

许多学者将金融冲击及传染归咎于经济联系之外的因素，将研究的重点集中于各国股市收益、股市波动率的跨市场相关性分析上[231]（Sachs 等，1995）。

但是，当前对金融传染的研究仍然存在很大争议。Baig 和 Goldfajin（1999）的研究结果表明，亚洲金融危机期间，亚洲股票市场相关系数显著上升，因此，存在金融传染[2322]。而 Forbes 和 Rigobon，（2002）、Bordo 和 Murshid（2001）、Basu（2002）等在消除模型的异方差性后，各股市收益率的相关系数并没有在金融危机期间显著上升，从而得出"只有相互依赖而无传染"的结论[233-235]①。Corsetti 等（2005）研究发现，利用单因子模型检验金融传染时，会得出"部分传染，部分相互依赖"的结论[236]。此外，Froot 等（2001）及 Basu（2002）通过对不同传染渠道的研究再次证实了金融传染效应的存在[237]。综上，对金融传染是否存在仍然存在较大争议。

现有文献在研究金融传染时存在若干缺陷：第一，金融危机期间，金融集聚现象异常突出，在进行相关性测度时，模型存在异方差问题。第二，由于不能获得口径一致且相兼容的数据，在估计跨国相关系数时，存在滞后被解释变量问题与遗失变量问题。第三，由于"传染"被定义为不同市场协动的显著性上升，而市场间任何水平的持续性相关被称为依赖性，因此，对传染的检验必然涉及对动态相关系数的显著性检验，这也要求测度出动态相关系数。第四，所有研究对金融传染的检验均受"危机来源识别及危机窗口长度选择"的影响[238]（Billio 和 Pelizzon，2003）。同时，根据波动性大小选择子样本的做法稍显主观，且存在选择偏差（Boyer 等，1999）。

为克服以上问题，这里采用跨国多元 GARCH 模型进行研究，从而能够对时变条件相关系数进行测度。该方法在避免对样本进行任意划分的同时，解决模型估计存在的异方差问题。同时，将美国股市收益的滞后值作为外生变量可以解决模型存在的遗失变量问题。此外，该模型可以对相关系数的时变性特征进行分析与描述，进而有利于通过动态相关系数分析投资者在受到新闻或新息冲击时的动态投资行为。论文结构安排如下：第二部分为研究框架设计；第三部分为实证研究；第四部分总结全文。

## 7.5.2 研究框架设计

### 7.5.2.1 相关系数分析

相关分析被广泛应用于金融传染程度的测度，因此，这里对两两股票市场

---

① Forbes 和 Rigobon（2002）将"传染"定义为：金融市场协变动性的显著性增加。市场间持续性的高相关性不是"传染"，而是定义为相互依赖性（interdependence）。据此，当发生金融传染时，相关系数必须有显著性上升。

收益率进行简单相关分析。各国股票市场间的相关系数在股票市场急剧波动时期会明显增大。这是因为，如果金融危机对 A 国产生冲击，使其股票市场波动率上升，则该冲击会被传递到 B 国，使 B 国股票市场的波动也加剧，从而导致两国股票市场收益率的相关系数增大。相关系数随着时间的变化而变化，表明股市收益率存在异方差问题。为解决异方差问题，这里按照 Forbes 和 Rigobon（2002）的方法，计算经异方差调整后的相关系数，然后利用标准的 Z 检验进行统计推断。Forbes 和 Rigobon（2002）提出的经异方差调整后的相关系数为：

$$\rho^* = \frac{\rho}{\sqrt{1 + \delta(1 - \rho^2)}} \tag{1}$$

其中，$\delta = \dfrac{VAR(r_2)_h}{VAR(r_2)_l} - 1$ 为序列 $r_{2,t}$ 的方差变化比，$VAR(r_2)_h$ 与 $VAR(r_2)_l$ 分别为高波动率时期与低波动率时期的方差；$r_{1,t}$、$r_{2,t}$ 分别为第一个国家及第二个国家的股市收益率，且两者具有以下关系：

$$r_{1,t} = \beta_0 + \beta_1 r_{2,t} + v_{1,t} \tag{2}$$

$v_{1,t}$ 为随机扰动项，且独立于 $r_{2,t}$，$\rho$ 为未调整的相关系数：

$$\rho = \mathrm{corr}(r_1, r_2) = \frac{Cov(r_1, r_2)}{\sqrt{\mathrm{var}(r_1)\mathrm{var}(r_2)}}$$

$$= \frac{\beta_1 Var(r_2)}{\sqrt{[\beta_1^2 Var(r_2) + \mathrm{var}(v_1)]\mathrm{var}(r_2)}}$$

$$= \left[1 + \frac{Var(v_1)}{\beta_1^2 Var(r_2)}\right]^{-0.5} \tag{3}$$

Morrison（1983）提出 T 统计量对相关系数的显著性变化进行假设检验，其原假设为：相关系数没有显著性增加[239]。具体地：

$$T = \frac{Z_0 - Z_1}{Var(Z_0 - Z_1)} \tag{4}$$

其中，$Z_0 = \dfrac{1}{2}\ln(\dfrac{1 + \rho_0}{1 - \rho_0})$，$Z_1 = \dfrac{1}{2}\ln(\dfrac{1 + \rho_1}{1 - \rho_1})$ 为美国次贷危机前后相关系数的 Fisher 变换。$Var(Z_0 - Z_1) = sqrt[1/(N_0 - 3) + 1/(N_1 - 3)]$，其中 $N_0$、$N_1$ 分别为危机前后子样本容量（本文分别为 1327、1681）。该统计量服从渐近正态分布，且对于非正态相关系数具有很好的稳健性 [Basu（2002）；Corsetti 等（2005）]。

对简单相关系数进行异方差修正能够在很大程度上反映出金融危机前后各国股票市场相关性的显著性变化。但是，各股票市场相关性的变化应当是渐近性与持续性地，而简单相关分析无法对股市相关性的时变性进行刻画，这就需要借助多元 GARCH 模型的时变协方差矩阵及时变相关系数作进一步研究。

### 7.5.2.2 动态相关系数模型构建

Engle（2002）提出的 GARCH 模型在估计动态条件相关系数（DCC）时具有三个优点：第一，用 DCC - GARCH 模型估计标准残差的相关系数，进而能够直接解释模型中的异方差问题；第二，DCC - GARCH 模型的均值方程中可以包括其他解释变量，从而确保模型的设定形式正确；第三，相对于 BEKK - GARCH 等模型而言，多元 DCC - GARCH 模型在不用增加太多参数的情况下就可以研究多个资产的收益相关性，具有较好的简约性。具体地，其均值方程 VAR（1）可如下表示：

$$r_t = \gamma_0 + \gamma_1 r_{t-1} + \varepsilon_t \tag{5}$$

其中，$r_t = (r_t^i, r_t^{US})'$，$i = 1$，…，$10$，$\varepsilon_t = (\varepsilon_t^i, \varepsilon_t^{us})'$，且 $\varepsilon_t \mid \Omega_{t-1} \sim N(0, H_t)$。模型中加入被解释变量的一阶滞后项以消除时间序列的自相关性。模型中加入美国股市收益率的一阶滞后项以解释美国股市作为传染源对其他股市的收益传染。当前已有研究表明，美国股市对亚洲股市具有不可低估的影响，而亚洲股市对美国股市的影响并不显著（Thomas C. Chiang 等，2004；Dungey 等，2003）。下面，定义条件方差—协方差方程：

$$H_t = D_t R_t D_t \tag{6}$$

其中，$D_t = \begin{bmatrix} \sqrt{h_{t11}^i} & \\ & \sqrt{h_{t22}^{us}} \end{bmatrix}$ 为 2×2 阶时变标准差对角矩阵，其对角线第 $i$ 个元素为 $\sqrt{h_{tii}}$，$R_t = \begin{bmatrix} 1 & \rho_{12,t} \\ \rho_{21,t} & 1 \end{bmatrix}$ 为 2×2 阶时变无条件相关系数矩阵。Engle（2002）对 DCC 模型的估计包括两个步骤：第一步，对单个国家股票市场收益率进行 GARCH 模型估计，得到估计量 $\sqrt{h_{tii}}$；第二步，利用参数标准误将第一步估计得到的收益残差标准化，即 $\mu_{i,t} = \varepsilon_{i,t} / \sqrt{h_{tii}}$，利用 $\mu_{i,t}$ 估计条件相关系数。DCC 模型中动态相关性的时变轨迹如下式所示：

$$Q_t = (1 - \alpha - \beta)\overline{Q} + \alpha \mu_{t-1} \mu'_{t-1} + \beta Q_{t-1} \tag{7}$$

其中，$\overline{Q} = E[\mu_t \mu'_t]$ 为 2×2 阶非条件方差矩阵，参数 $\alpha$、$\beta$ 为非负数，且 $\alpha + \beta < 1$。将矩阵 $Q_t$ 的对角元素通过正式标准化为 1，得到动态相关系数矩阵 $R_t$：

$$R_t = diag(q_{11,t}^{-1/2}, q_{us,t}^{-1/2}) Q_t diag(q_{11,t}^{-1/2}, q_{us,t}^{-1/2}) \tag{8}$$

模型（8）中的 $R_t$ 为主对角线元素为 1，非主对角线元素绝对值小于 1 的动态相关系数矩阵，$Q_t$ 为正定矩阵。$R_t$ 任一元素可表示如下：

$$\rho_{ij,t} = q_{ij,t} / \sqrt{q_{ii,t}q_{jj,t}} \quad i,j = 1,2,\cdots 10, i \neq j \tag{9}$$

以两变量为例，上式可表示为：

$$\rho_{12,t} = \frac{(1-\alpha-\beta)\bar{q}_{12} + \alpha\mu_{1,t-1}\mu_{2,t-1} + \beta q_{12,t-1}}{\sqrt{[(1-\alpha-\beta)q_{11} + \alpha\mu_{1,t-1}^2 + \beta q_{11,t-1}][(1-\alpha-\beta)\bar{q}_{22} + \alpha\mu_{2,t-1}^2 + \beta q_{22,t-1}]}} \tag{10}$$

根据 Engle（2002），DCC 模型可以通过极大化以下对数似然函数对参数进行估计：

$$L = \left[ -\frac{1}{2}\sum_{t=1}^{T}(n\log(2\pi) + \log|D_t|^2 + \varepsilon'_t D_t^{-2}\varepsilon_t) \right]$$
$$+ \left[ -\frac{1}{2}\sum_{t=1}^{T}(\log|R_t| + \mu'_t R_t^{-1}\mu_t - \mu'_t\mu_t) \right] \tag{11}$$

### 7.5.3 实证研究

#### 7.5.3.1 数据选择与来源

论文选择泰国、印度尼西亚、马来西亚、菲律宾、韩国、中国台湾、中国香港、新加坡、中国、日本作为研究对象。此外，在模型中加入美国股市以捕捉影响股市相关性的国际因子。所有股票价格指数采用本币计价，不对分红进行调整，所有股票价格指数为收盘价。所有数据来自 MSCI。采用日数据，根据数据可得性，日数据研究区间为 2002 年 5 月 30 日至 2013 年 12 月 10 日，共计3009 个样本。

#### 7.5.3.2 描述性统计分析

1. 收益率计算

现有文献对收益率的计算一般采用两种方法。一是对数收益率，即股票价格对数值之差；二是取若干交易日的平均收益率作为某交易日的收益率[①]（Forbes 和 Rigobon，2002）。鉴于第二种方法有可能导致数据自相关性，且 Thomas C. Chiang 等（2004）的研究表明，基于两种收益率的实证结果并没有显著性差异。因此，这里仍采用对数收益率进行实证研究。

2. 描述性统计分析

表 7 - 15 对各经济体股票收益率进行了描述性统计分析。以 2007 年 7 月 2

---

① Forbes 和 Rigobon（2002）采用两日滚动平均方法计算收益率以平滑经济体股市交易具体时间不一致导致的噪音。但是，该方法必然导致收益率序列存在自相关性。

日为分界点，将日数据划分为美国次贷危机之前与美国次贷危机之后两个子样本，分别进行描述性统计分析。从图7-8可以看出，各经济体收益率序列表现

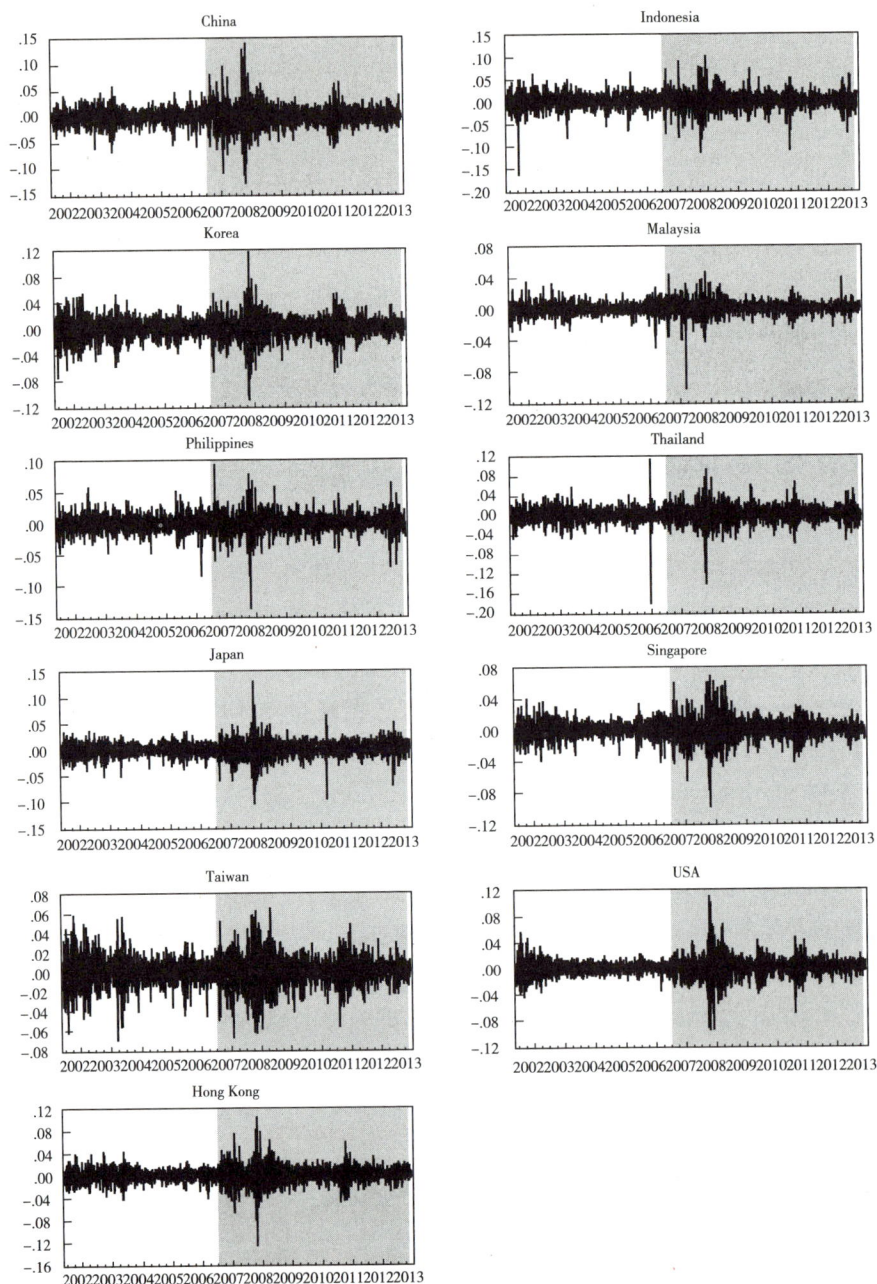

**图7-8 各经济体收益率序列图**

出相似的波动形状，均存在显著的波动集聚效应，即一个大的波动后紧跟着大的波动，小的波动后紧跟着小的波动。由于不同时点上的波动率存在显著差异，因此各序列均存在着显著的异方差性。图中非阴影部分与阴影部分分别表示金融危机前与金融危机后。可以看出，金融危机前后股市波动率存在着显著性差异。从表7-15描述性统计结果看：全样本下与金融危机前，各经济体平均收益率均为正；金融危机后各经济体股市收益率显著下降，接近于0，中国台湾、新加坡与日本收益率为负；三个样本期内，J-B相伴概率均在1%显著性水平上显著，各经济体收益率均不服从正态分布；各经济体偏度在三个样本期内均为负，具有明显的左偏态，此时数据位于均值左边的比位于右边的少，直观表现为左边的尾部相对与右边的尾部要长，因为有少数变量值很小，使曲线左侧尾部拖得很长，这表明各经济体股市受利空消息的影响频率要多于受利好消息的影响频率。

表7-15　　　　　　　　　　　　描述性统计

| | Mean | Std. Dev. | Skewness | Kurtosis | Jarque-Bera | Probability | Obs |
|---|---|---|---|---|---|---|---|
| 全样本（2002.5.30-2013.12.10） | | | | | | | |
| China | 0.0004 | 0.0180 | -0.0403 | 9.6987 | 5624.8270 | 0.0000 | 3008 |
| Indonesia | 0.0007 | 0.0173 | -0.5407 | 9.8939 | 6103.0600 | 0.0000 | 3008 |
| Korea | 0.0003 | 0.0155 | -0.3524 | 7.7718 | 2916.1340 | 0.0000 | 3008 |
| Malaysia | 0.0003 | 0.0082 | -0.7483 | 14.6913 | 17411.9900 | 0.0000 | 3008 |
| Philippine | 0.0004 | 0.0142 | -0.4464 | 9.2710 | 5028.6060 | 0.0000 | 3008 |
| Thailand | 0.0004 | 0.0157 | -0.6827 | 14.7175 | 17441.8300 | 0.0000 | 3008 |
| Japan | 0.0000 | 0.0142 | -0.3854 | 10.2211 | 6609.8120 | 0.0000 | 3008 |
| Singapore | 0.0002 | 0.0123 | -0.1969 | 8.6631 | 4038.9340 | 0.0000 | 3008 |
| Taiwan | 0.0000 | 0.0141 | -0.1996 | 5.7690 | 980.9806 | 0.0000 | 3008 |
| USA | 0.0002 | 0.0129 | -0.2341 | 12.4744 | 11277.8800 | 0.0000 | 3008 |
| Hong Kong | 0.0003 | 0.0134 | -0.1581 | 10.6967 | 7437.2600 | 0.0000 | 3008 |
| 美国次贷危机前（2002.5.30-2007.7.2） | | | | | | | |
| China | 0.0010 *** | 0.0138 *** | -0.2466 | 4.9471 | 223.0735 | 0.0000 | 1327 |
| Indonesia | 0.0011 * | 0.0156 *** | -0.9756 | 13.4127 | 6205.4610 | 0.0000 | 1327 |
| Korea | 0.0005 | 0.0149 *** | -0.3377 | 4.8755 | 219.7192 | 0.0000 | 1327 |
| Malaysia | 0.0005 * | 0.0075 *** | -0.2035 | 6.7192 | 773.9878 | 0.0000 | 1327 |
| Philippine | 0.0007 | 0.0129 *** | -0.1093 | 5.5807 | 370.8956 | 0.0000 | 1327 |
| Thailand | 0.0006 | 0.0143 *** | -1.1408 | 25.5886 | 28500.1900 | 0.0000 | 1327 |
| Japan | 0.0004 * | 0.0112 *** | -0.3468 | 4.2402 | 111.6561 | 0.0000 | 1327 |

|  | Mean | Std. Dev. | Skewness | Kurtosis | Jarque – Bera | Probability | Obs |
|---|---|---|---|---|---|---|---|
| Singapore | 0. 0005 ** | 0. 0098 *** | − 0. 2572 | 4. 6696 | 168. 7593 | 0. 0000 | 1327 |
| Taiwan | 0. 0002 | 0. 0136 *** | − 0. 1428 | 5. 7739 | 429. 9403 | 0. 0000 | 1327 |
| USA | 0. 0003 | 0. 0097 *** | 0. 1881 | 6. 9040 | 850. 5199 | 0. 0000 | 1327 |
| Hong Kong | 0. 0004 | 0. 0099 *** | − 0. 0675 | 4. 8393 | 188. 0541 | 0. 0000 | 1327 |
| 美国次贷危机后（2007. 7. 3 – 2013. 12. 10） | | | | | | | |
| China | 0. 0000 | 0. 0208 | 0. 0440 | 9. 1007 | 2607. 4330 | 0. 0000 | 1681 |
| Indonesia | 0. 0003 | 0. 0184 | − 0. 3079 | 8. 1427 | 1878. 9800 | 0. 0000 | 1681 |
| Korea | 0. 0001 | 0. 0159 | − 0. 3571 | 9. 4820 | 2978. 6140 | 0. 0000 | 1681 |
| Malaysia | 0. 0001 | 0. 0087 | − 0. 9951 | 17. 5368 | 15078. 5400 | 0. 0000 | 1681 |
| Philippine | 0. 0002 | 0. 0151 | − 0. 5959 | 10. 5245 | 4065. 1120 | 0. 0000 | 1681 |
| Thailand | 0. 0003 | 0. 0168 | − 0. 4447 | 9. 7633 | 3259. 2260 | 0. 0000 | 1681 |
| Japan | − 0. 0002 | 0. 0162 | − 0. 3503 | 10. 0235 | 3489. 4760 | 0. 0000 | 1681 |
| Singapore | − 0. 0001 | 0. 0139 | − 0. 1387 | 8. 4566 | 2090. 8770 | 0. 0000 | 1681 |
| Taiwan | − 0. 0001 | 0. 0144 | − 0. 2331 | 5. 7300 | 537. 2292 | 0. 0000 | 1681 |
| USA | 0. 0001 | 0. 0150 | − 0. 3009 | 11. 3892 | 4954. 7950 | 0. 0000 | 1681 |
| Hong Kong | 0. 0001 | 0. 0156 | − 0. 1508 | 9. 7777 | 3223. 9220 | 0. 0000 | 1681 |

运用以上方法进行分析，首先需要确定传染源。这里以美国作为 2007 年次贷危机的传染源进行分析，分析结果见表 7 – 16。从分析结果看，尽管经方差调整后的相关系数的显著性低于未经调整相关系数的显著性，但是仍然能够发现金融危机前后各经济体股市与美国股市的相关系数显著提高。

### 7.5.3.3　相关系数分析

表 7 – 16　　　　　美国次贷危机前后股市相关系数增大的显著性检验

|  | 危机前 $\rho$ | 危机后 $\rho$ | 危机后 $\rho^*$ | Z – stat（未调整） | Z – stat（调整） |
|---|---|---|---|---|---|
| USA – China | 0. 1182 | 0. 2283 | 0. 1537 | − 3. 0915 *** | − 0. 9840 |
| USA – Indonesia | 0. 0463 | 0. 1468 | 0. 1248 | − 2. 7622 *** | − 2. 1524 ** |
| USA – Korea | 0. 0966 | 0. 2118 | 0. 1990 | − 3. 2142 *** | − 2. 8507 *** |
| USA – Malaysia | − 0. 0045 | 0. 1039 | 0. 0897 | − 2. 9592 *** | − 2. 5692 *** |
| USA – Philippine | − 0. 0228 | 0. 0319 | 0. 0273 | − 1. 4885 * | − 1. 3632 |
| USA – Thailand | 0. 0494 | 0. 2521 | 0. 2165 | − 5. 6643 *** | − 4. 6394 *** |
| USA – Japan | 0. 1029 | 0. 1181 | 0. 0819 | − 0. 4186 | 0. 5762 |
| USA – Singapore | 0. 1495 | 0. 3018 | 0. 2178 | − 4. 3763 *** | − 1. 9238 * |
| USA – Taiwan | 0. 1164 | 0. 1399 | 0. 1323 | − 0. 6500 | − 0. 4393 |
| USA – Hong Kong | 0. 1432 | 0. 2277 | 0. 1468 | − 2. 3823 *** | − 0. 1000 |

### 7.5.3.4 VAR – DCC – GARCH 模型估计结果

分别以中国、印度尼西亚、韩国、马来西亚、菲律宾、泰国、日本、新加坡、中国台湾、中国香港作为被传染国家和地区，以美国作为次贷危机传染源，构建由被传染国家与传染源构成的双变量 VAR – DCC – GARCH 模型，共计 10 个，估计结果见表 7 – 17。从均值方程估计结果看，除了马来西亚外，其余国家与地区的股市收益率均显著地受上一个交易日收益率影响，其中中国、印度尼西亚、菲律宾、泰国上一个交易日收益率对当前交易日收益率具有显著正影响，而新加坡、中国台湾、中国香港、韩国、日本股市上个交易日的收益率对当前收益率的影响显著为负，从而再次印证了 Thomas C. Chiang 等（2004）的结论：即新兴市场由于存在市场摩擦及局部调整，使得相邻交易日的收益率显著正相关；而发达市场如中国香港、日本由于存在积极的反馈交易机制，相信交易日的收益率显著负相关（Antoniou 等，2005）。从美国股市对亚洲各主要国家与地区股市的传染看，美国股市对亚洲各经济体股市具有显著的正向影响，且显著性水平均为 1%。其中，对韩国的影响最大，影响系数为 0.8108，其次为中国，影响系数为 0.6917，对马来西亚的影响最小，仅为 0.1947。

从方差方程看，滞后条件方差系数 b 与滞后残差平方项系数 a 均在 1% 的显著性水平上显著，表明股市存在着时变波动性，也表明 GARCH 模型设定基本正确。所有经济体的系数 a 与 b 之和分布在区间 [0.5209, 1.0209]，表明各经济体股市存在不同程度的波动持续性。具体地，新加坡、中国、中国香港、菲律宾等的持续性系数均在 0.9 以上，具有较高的持续性；韩国的波动持续性系数最小，约为 0.5209。

表 7 – 17 　　　　　　　　　　VAR – DCC – GARCH 估计结果

| 国家或地区 | 均值方程 | | | 方差方程 | | | 持续性 |
|---|---|---|---|---|---|---|---|
| | $\gamma_0$ | $\gamma_1$ | $\gamma_2$ | c | a | b | |
| 中国 | 0.00460 *** [20.8913] | 0.15358 *** [76.6468] | 0.6917 *** [27.5377] | 0.0000 *** [26.5569] | 0.1788 *** [49.9364] | 0.7250 *** [95.1590] | 0.9038 |
| 印度尼西亚 | 0.0009 *** [4.5839] | 0.0594 *** [2.7850] | 0.4609 *** [17.2204] | 0.0001 *** [28.5427] | 0.2698 *** [32.6412] | 0.3973 *** [56.4179] | 0.6671 |
| 韩国 | 0.0019 *** [10.1347] | – 0.1133 *** [– 5.1847] | 0.8108 *** [62.9857] | 0.0001 *** [26.4537] | 0.0483 *** [14.7355] | 0.4727 *** [50.5152] | 0.5209 |
| 马来西亚 | 0.0012 *** [12.3429] | 0.0345 [1.5910] | 0.1947 *** [15.3263] | 0.0000 *** [22.5911] | 0.2418 *** [33.1888] | 0.5367 *** [71.0939] | 0.7783 |

| 国家或地区 | 均值方程 | | | 方差方程 | | | 持续性 |
|---|---|---|---|---|---|---|---|
| | $\gamma_0$ | $\gamma_1$ | $\gamma_2$ | c | a | b | |
| 菲律宾 | 0.0005 **<br>[2.1802] | 0.0885 ***<br>[4.7871] | 0.4449 ***<br>[23.6911] | 0.0000 ***<br>[3.7757] | 0.1064 ***<br>[8.0180] | 0.8620 ***<br>[46.7160] | 0.9684 |
| 泰国 | 0.0012 ***<br>[5.5360] | 0.0205 ***<br>[0.7541] | 0.3795 ***<br>[13.8138] | 0.0001 ***<br>[24.8540] | 0.1536 ***<br>[25.8114] | 0.6076 ***<br>[79.2583] | 0.7612 |
| 日本 | 0.0004 **<br>[2.3716] | −0.0351 **<br>[−2.2053] | 0.4109 ***<br>[23.9981] | 0.0000 ***<br>[19.4486] | 0.1504 ***<br>[21.4408] | 0.6230 ***<br>[93.4915] | 0.7734 |
| 新加坡 | 0.0005 ***<br>[3.8524] | −0.0962 ***<br>[−5.7189] | 0.3560 ***<br>[21.6082] | 0.0000 ***<br>[3.9267] | 0.1935 ***<br>[42.6146] | 0.8275 ***<br>[114.0163] | 1.0209 |
| 中国台湾 | 0.0003<br>[1.2309] | −0.0571 **<br>[−2.3256] | 0.4618 ***<br>[16.6905] | 0.0000 ***<br>[20.8703] | 0.2461 ***<br>[25.1948] | 0.4057 ***<br>[45.4241] | 0.6518 |
| 中国香港 | 0.0005<br>[2.4462] | −0.0191 **<br>[−2.1151] | 0.4465 ***<br>[22.100] | 0.0000<br>[3.8450] | 0.0706 ***<br>[8.3878] | 0.9175 ***<br>[92.7862] | 0.9881 |

### 7.5.3.5  动态相关系数分析

利用 Rates 软件 8.0，将动态条件方差—协方差矩阵非主对角线元素除以主对角元素乘积的平方根，即得到第 i 个国家股市与美国股市的动态相关系数。图 7－9 分别对中国等 10 个亚洲国家或地区股市与美国股市的动态相关系数进行了描述。可以看出，第一，各经济体股市与美国股市均为正相关，但是在相关程度上存在显著性差异。具体地，中国香港股市与美国股市平均相关系数约为 0.21；菲律宾股市与美国股市相关系数为 0.03；中国股市与美国股市平均相关系数约为 0.21，与中国香港相同；印度尼西亚股市与美国股市的动态相关系数平均为 0.13；马来西亚股市与美国股市动态相关系数约为 0.08；泰国股市与美国股市相关系数平均为 0.20；中国台湾股市与美国股市平均动态相关系数约为 0.14；日本股市与美国股市动态相关系数 0.13；新加坡股市与美国股市动态相关系数平均为 0.27；韩国股市与美国股市平均相关系数为 0.20。可见，新加坡最高，菲律宾最低。第二，各经济体股市与美国股市动态相关系数均存在着显著的时变性与持续性。第三，各经济体股市与美国股市的动态相关系数在金融危机期间显著大于非金融危机时期，即平静期。根据 Forbes 和 Rigobon（2013）等人的观点，当股票市场相关程度出现显著性增大时，可认为存在金融传染。因此，各经济体股票市场成为美国次贷危机从美国向亚洲各经济体传染的重要渠道。

### 7.5.4　小结

论文借助亚洲主要经济体股市与美国股市 2002 年 5 月 30 日至 2013 年 12 月 10 日的日交易数据，分别采用 Forbes 和 Rigobon（2002）异方差调整相关系数法及 VAR – DCC – GARCH 方法对美国次贷危机对亚洲主要经济体的股市传染机制进行了实证研究。结果表明：

第一，两种方法的检验结果均表明，美国次贷危机后亚洲各经济体股市与美国股市的相关系数均显著高于次贷危机前，因此，股市成为美国次贷危机重要的传染机制。

第二，各经济体股市与美国股市均为正相关，但是在相关程度上存在显著性差异，其中新加坡最高，其次为中国内地及中国香港，菲律宾最低。

第三，各经济体股市与美国股市动态相关系数均存在着显著的时变性与持续性，从而为资产管理公司实行积极管理策略提供了依据。

第四，各经济体股市与美国股市动态相关系数存在因事件引起的结构性断点，并没有足够证据表明相关系数存在趋势性漂移。从各经济体动态相关系数图可以看出，金融平稳期的相关系数与危机期间的相关系数在方差上存在显著性差异，但是在均值上并无显著差异。这表明，亚洲各经济体股市与美国股市动态相关系数也存在均值回归现象（mean – reversion）。

## 7.6　次贷危机以来股市传染机制的实证检验与解释

### 7.6.1　引言与文献综述

美国次贷危机导致的全球金融危机被认为是 20 世纪 30 年代"大萧条"后最严重的经济危机（Tran Phuong Thao 等，2013）。一种较为一致的观点认为，美国 2006 年房地产市场的投机性泡沫是美国次贷危机爆发的主要原因之一，它直接导致了 2007 年初美国次贷危机的爆发，而这又迅速蔓延为全球范围内的金融危机。Dooley 和 Hutchison（2009），Markwat 等（2009），Bartram 和 Bondnar（2009），Claessens 等（2010）及 Allen 和 Carletti（2010）等分别从国家或区域与全球层面研究了金融危机对经济的影响[240 - 244]。Gklezakou 和 Mylonakis（2010）的研究结果表明，以前的经济危机仅对直接受影响经济体的金融体系造成严重破坏，而此次金融危机对全球经济的方方面面均造成极大的破坏[245]。

Guo，Chen 和 Huang（2011）实证检验了金融危机对各种市场的影响，包括股票市场、房地产市场、能源市场及信用违约掉期市场。结果表明，包括信用违约掉期市场在内的所有市场均显著受到美国股市的影响，而信用违约掉期市场在以前的危机中并未受到影响[246]。

从研究对象上看，尽管 Claessens 等，（2010）、Mishkin（2011）、Gupta 和 Donleavy（2009）、Marcal 等，（2011）等研究了危机期间各市场的互动行为[247]，但是这些研究仅是针对发达国家的研究，而对亚洲经济体的研究则不多见，并且并未对危机增强各国股市协动性的内在机制进行深入分析。基于此，论文主要研究美国股市冲击对亚洲地区或国家（中国香港、日本及新加坡、中国、马来西亚、泰国及中国台湾）股票市场的动态时变传染机制。

最近 20 年，全球市场经历了数次金融危机。每次危机均始于一国或地区，然后迅速向其他国家或地区蔓延与传播。Dornbusch，Park 和 Claessens（2000），Forbes 和 Rigobon（2002），Guo，等，（2011），Khalid 和 Kawai（2003）等将金融危机从一国向其他国家或地区的蔓延称为"传染效应"。20 世纪 90 年代后期，该词汇被广泛用于经济领域中，描述某种冲击在不同市场间的传染。Forbes 和 Rigobon（2002）将其定义为"经济危机期间股票市场间相关系数的显著性上升"[248]，Claessens，Dornbusch 和 Park（2010）认为，传染不仅可以描述国家之间的关联度，而且还可以描述冲击发生后不同市场关联度的增强[249]。Forbes 和 Rigobon（2002）的定义与世界银行第三层次的传染定义相吻合。这里采用 Forbes 和 Rigobon（2002）提出的"传染"，在此基础上研究次贷危机期间美国股市对亚洲股票市场的传播机制。

股市的传染必将增强股市间的关联性，这使得投资组合理论的有效性大大降低（Cheung，Fung 和 Tsai，2010；Chakrabarti，2011）。因此，理解发达国家股市对其他国家或地区股市的传染性对于各国学术界及投资实践者均具有十分重要的意义。美国次贷危机影响的广度与深度均远超过以前，但是大量的研究将重点局限于美国股市对发达市场的影响，而对新兴经济体的研究稍显不足。因此，这里的主要目标就是研究美国股市对亚洲新兴经济体股票市场的影响。论文结构如下：第二部分为数据与研究方法设计，第三部分为实证研究，第四部分为金融传染机制分析，第五部分总结全文。

## 7.6.2  数据与研究设计

### 7.6.2.1  数据说明

为了研究美国股市对东亚股票市场的影响，本文采用中国香港恒生价格指数、中国台湾 TSE 综合价格指数、新加坡 STE 指数、日本日经指数 Nikkei 225、马来西亚 KLSE 综合指数、泰国 SET 指数、中国上证综合指数 SSE 的收盘价进行研究。为了捕捉美国股市冲击的区域效应，这里将美国 S&P500 指数也考虑在内。根据 MSCI（2013）分类方法①，我们将以上各国划分为两个组，即发达市场组（中国香港、新加坡、日本）、新兴市场组（马来西亚、中国台湾、泰国、中国）。数据来自于 MSCI 官方网站。根据数据可得性及本文的研究目的，论文以 2007 年 7 月 1 日至 2013 年 12 月 3 日为研究区间。所有数据采用本币计价以捕捉本地经济政策与经济条件对股票市场的影响。众所周知，亚洲各经济体或地区的股票市场每个交易日的具体交易时间存在较大的重叠，而美国股市交易则滞后一天。因此，论文采用美国滞后一期的股市收益率作为与亚洲股市相同交易日的收益率代理变量。将股票价格指数取自然对数后进行一阶差分，将差分序列乘以 100 作为各股市收益率的代理变量。为捕捉美国股市对亚洲各国的传染机制，论文将整个样本期划分为三个子样本期：危机前子样本期（2007 年 7 月 1 日至 2008 年 9 月 14 日）315 个观测值、危机持续子样本期（2008 年 9 月 15 日至 2009 年 3 月 31 日）142 个观测值、后危机时期（2009 年 4 月 1 日至 2013 年 12 月 3 日）1220 个观测值。

### 7.6.2.2 描述性统计分析

表 7 - 18 对以上七国或地区股市收益率进行描述性统计分析。可以看出，第一，各经济体股市在金融危机前与金融危机持续期间具有相似的特征。具体地，所有股票市场的平均收益在两个时期内均为负收益，表明所有国家或地区的股票行情呈下降态势，从侧面说明了美国次贷危机的严重性及其对亚洲区域市场的影响。第二，金融危机持续期间，美国、日本、新加坡、中国香港等发达市场的平均收益率处于最低水平，其标准差处于较高水平。第三，只有个别国家或地区在个别时期的股市收益率服从正态分布，大多数国家或地区的股市收益率均不满足正态分布。第四，所有经济体股市平均收益率在后危机时期均为正，意味着金融危机后各经济体股市的复苏。但是，各经济体呈现出不同的复苏态势，最高收益率为泰国的 0.08，最低为中国台湾的 0.03，意味着各经济体复苏进程非同步，存在着较大的组合构建与调整机会。第五，从各国或地区股市收益率的偏度统计量看，大多数国家或地区股市收益率在左偏态与右偏态两种状态下摇摆。

---

① http：//www.msci.com/products/indices/market_classification.html.

表 7 - 18                                   各国或地区股市收益率描述性统计

危机前子样本 7/1/2007 ~ 9/14/2008

| | Mean | Std. Dev. | Skewness | Kurtosis | Jarque - Bera | Probability | Obs |
|---|---|---|---|---|---|---|---|
| HK | - 0.01 | 0.02 | 0.09 | 4.90 | 47.59 | 0.00 | 314 |
| JP | - 0.13 | 0.02 | - 0.21 | 3.63 | 7.57 | 0.02 | 314 |
| SG | - 0.10 | 0.02 | - 0.01 | 4.36 | 24.17 | 0.00 | 314 |
| TW | - 0.12 | 0.02 | - 0.24 | 3.81 | 11.49 | 0.00 | 314 |
| TH | - 0.05 | 0.02 | 0.32 | 3.61 | 10.35 | 0.01 | 314 |
| US | - 0.06 | 0.01 | - 0.07 | 3.38 | 2.16 | 0.34 | 314 |
| CN | - 0.08 | 0.03 | - 0.05 | 4.37 | 24.65 | 0.00 | 314 |
| ML | - 0.09 | 0.01 | - 1.55 | 15.40 | 2135.80 | 0.00 | 314 |

危机持续期子样本 9/15/2008 ~ 3/31/2009

| | | | | | | | |
|---|---|---|---|---|---|---|---|
| HK | - 0.25 | 0.03 | 0.00 | 6.23 | 61.67 | 0.00 | 142 |
| JP | - 0.31 | 0.03 | 0.06 | 4.96 | 22.78 | 0.00 | 142 |
| SG | - 0.30 | 0.03 | 0.04 | 3.70 | 2.94 | 0.23 | 142 |
| TW | - 0.16 | 0.02 | - 0.11 | 3.32 | 0.90 | 0.64 | 142 |
| TH | - 0.30 | 0.03 | - 0.64 | 6.45 | 79.95 | 0.00 | 142 |
| US | - 0.32 | 0.04 | 0.10 | 3.70 | 3.10 | 0.21 | 142 |
| CN | - 0.13 | 0.04 | 0.20 | 4.41 | 12.69 | 0.00 | 142 |
| ML | - 0.12 | 0.01 | 0.27 | 4.63 | 17.49 | 0.00 | 142 |

后危机子样本 4/1/2009 ~ 12/3/2013

| | | | | | | | |
|---|---|---|---|---|---|---|---|
| HK | 0.05 | 0.01 | 0.05 | 4.64 | 136.64 | 0.00 | 1220 |
| JP | 0.04 | 0.01 | - 0.50 | 7.86 | 1250.01 | 0.00 | 1220 |
| SG | 0.05 | 0.01 | 0.20 | 6.53 | 643.21 | 0.00 | 1220 |
| TW | 0.03 | 0.01 | - 0.02 | 5.66 | 358.72 | 0.00 | 1220 |
| TH | 0.08 | 0.01 | 0.03 | 4.95 | 193.71 | 0.00 | 1220 |
| US | 0.07 | 0.01 | - 0.42 | 6.68 | 723.58 | 0.00 | 1220 |
| CN | 0.04 | 0.01 | 0.02 | 4.93 | 190.27 | 0.00 | 1220 |
| ML | 0.06 | 0.01 | 0.08 | 6.21 | 526.38 | 0.00 | 1220 |

　　表 7 - 19 是各经济体股市收益率在三个子样本期内的简单相关系数。可以看出，除中国台湾与美国的相关系数在危机前、危机中与危机后呈递增态势外，其余各经济体与美国的相关系数均呈现出先升后降的倒 V 型走势，但是后危机时期的相关系数普遍高于危机前的相关系数。以中国股市与美国股市为例，经

济危机前，中国股市与美国股市相关系数接近零，经济危机持续期内，该相关系数骤升至 0.37，后危机时期该相关系数又下降至 0.21，但仍然高于危机前的相关系数。因此，我们可以初步认为，金融危机增强了亚洲各经济体与美国等发达市场的关联性。

图 7-10 是各国或地区股市收益率的走势图。可以看出，第一，各经济体股市的波动形状非常相似，尤其是三个子样本时期的波动特征具有显著差异，危机持续期内的集聚效应更为突出。该图从侧面印证了 Mishkin（2011）及 Aït-Sahalia 等（2012）子样本划分界限的合理性。波动集聚效应的存在是论文选择 ARCH 类模型的重要依据之一。第二，由于各经济体股市在规模、结构上存在着差异，使得各经济体受金融危机的影响也存在差异。突出表现为，马来西亚 ML 在金融危机期间的波动集聚效应明显要小于其他经济体。

**表 7-19**         **各国或地区股市收益率简单相关系数**

| 危机前子样本 7/1/2007 ~ 9/14/2008 | | | | | | | |
|---|---|---|---|---|---|---|---|
| | HK | JP | SG | TW | TH | US | CN | ML |
| HK | 1.00 | | | | | | | |
| JP | 0.59 | 1.00 | | | | | | |
| SG | 0.72 | 0.64 | 1.00 | | | | | |
| TW | 0.55 | 0.62 | 0.60 | 1.00 | | | | |
| TH | 0.53 | 0.40 | 0.55 | 0.49 | 1.00 | | | |
| US | 0.08 | 0.09 | 0.11 | 0.06 | 0.05 | 1.00 | | |
| CN | 0.83 | 0.65 | 0.74 | 0.58 | 0.51 | 0.00 | 1.00 | |
| ML | 0.47 | 0.46 | 0.53 | 0.48 | 0.44 | 0.01 | 0.50 | 1.00 |
| 危机持续期子样本 9/15/2008 ~ 3/31/2009 | | | | | | | |
| HK | 1.00 | | | | | | | |
| JP | 0.67 | 1.00 | | | | | | |
| SG | 0.71 | 0.57 | 1.00 | | | | | |
| TW | 0.57 | 0.63 | 0.56 | 1.00 | | | | |
| TH | 0.71 | 0.55 | 0.70 | 0.49 | 1.00 | | | |
| US | 0.33 | 0.12 | 0.37 | 0.16 | 0.41 | 1.00 | | |
| CN | 0.88 | 0.68 | 0.77 | 0.65 | 0.70 | 0.37 | 1.00 | |
| ML | 0.45 | 0.56 | 0.60 | 0.58 | 0.55 | 0.15 | 0.59 | 1.00 |

续表

| 后危机子样本 4/1/2009～12/3/2013 | | | | | | | |
|---|---|---|---|---|---|---|---|
| HK | 1.00 | | | | | | | |
| JP | 0.47 | 1.00 | | | | | | |
| SG | 0.70 | 0.45 | 1.00 | | | | | |
| TW | 0.58 | 0.48 | 0.59 | 1.00 | | | | |
| TH | 0.53 | 0.35 | 0.56 | 0.42 | 1.00 | | | |
| US | 0.21 | 0.11 | 0.32 | 0.17 | 0.19 | 1.00 | | |
| CN | 0.84 | 0.48 | 0.70 | 0.64 | 0.57 | 0.21 | 1.00 | |
| ML | 0.49 | 0.41 | 0.51 | 0.49 | 0.44 | 0.13 | 0.54 | 1.00 |

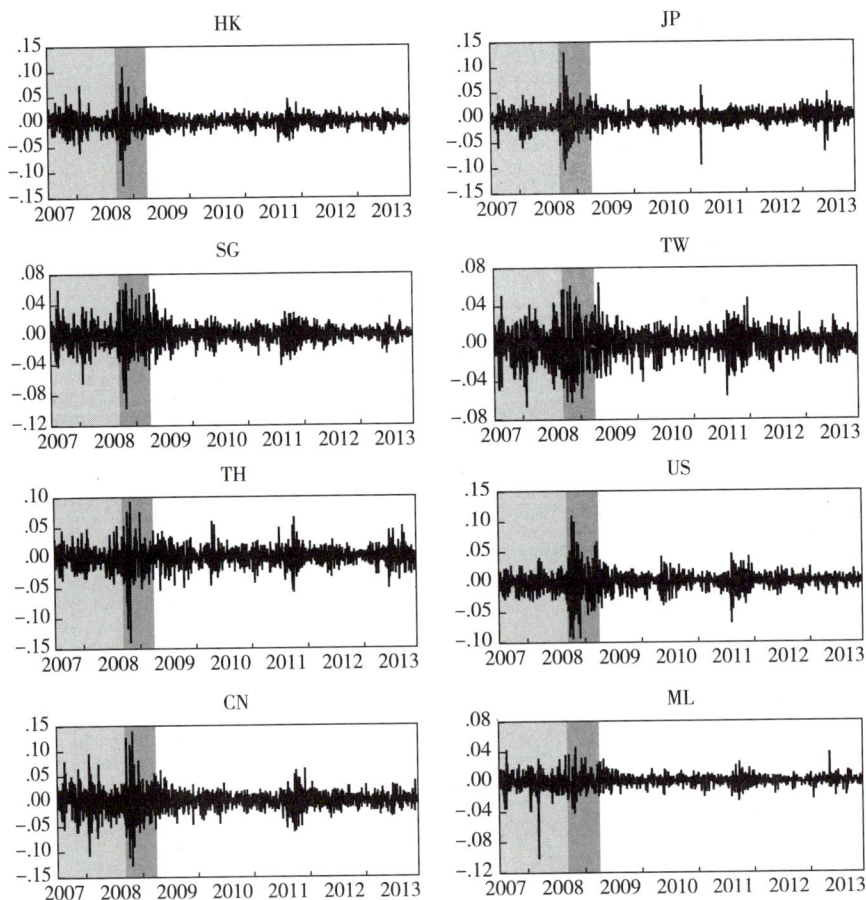

图 7-10  各国或地区股市收益率走势图

描述性统计分析只能为金融危机前后美国股市对各国或地区股市的影响提供静态描述，不能对美国股市冲击的传染机制进行动态刻画，因此，仍需要借助其他方法作进一步研究。

### 7.6.2.3 美国次贷危机的股市传染机制模型构建

这里遵循 Forbes 和 Rigobon（2002）中对金融传染的定义，即金融危机或冲击后跨市场相关系数的显著性增加。这就意味着股市间的相关系数随着外界条件的变化呈现出较大的时变性，要对股市相关时变性及股市波动集聚性进行捕捉，DCC–MGARCH 模型（Engle，2002）成为一种合理的选择。为便于比较，这里进一步估计 CCC–MGARCH 模型（Bollerslev，1990），即常相关系数模型。

为捕捉股票市场收益率波动性的时变特征，论文首先估计单变量 GARCH（1，1）模型（Bollerslve，1986），其基本表达式如下：收益（均值）方程：

$$r_t = \mu + \epsilon_t \tag{1}$$

波动率方程：$h_{it} = w_i + \alpha \epsilon_{i,t-1}^2 + \beta h_{it-1}$ \hfill (2)

其中，$i = 1$，$\cdots$，$m$。$r_t$ 为股票市场收益率。$h_{it}$ 表示条件方差，是滞后残差平方 $\epsilon_{it-1}^2$ 及自身滞后值 $h_{it-1}$ 的函数。参数 $\alpha$ 及 $\beta$ 分别捕捉过去残差新息对当前条件方差的影响及条件方差的自持续性或记忆性（体现了波动集聚性）。波动率方程有效的必要条件是 $\alpha$，$\beta > 0$，且 $\alpha + \beta < 1$。

在估计单个市场的波动性后，进一步测度两个股市不变条件相关系数 CCC。利用以下模型可将不变条件相关系数 $\rho_t$ 分解为条件方差—协方差矩阵 $h_{ij}$ 及由其条件标准差组成的对角矩阵的乘积，即

$$\rho_t = h_{ii,t}^{-1/2} h_{ij,t} h_{jj,t}^{-1/2} \tag{3}$$

分别利用金融危机前、金融危机持续期及金融危机后三个子样本估计各样本期的 CCC。如果金融危机持续期及金融危机后的 CCC 与金融危机前的 CCC 存在显著性差异，则表明存在金融危机从美国向其他国家或地区传染。反之，若不存在显著性差异，则表明不存在金融传染。如果各子样本期内 CCC 非常高，说明各市场间存在相互依赖性（interdependence）。

尽管 CCC 模型能够测度市场波动性的条件相关系数，但是，每个子样本期内，CCC 为静态相关系数，不能刻画相关系数的连续动态特征。因此，我们进一步采用 DCC 模型研究相关系数的时变性。首先估计单变量 GARCH（1，1）模型以估计不同市场的条件方差 $\sigma_t$，以此基础上将残差项通过下式进行标准化：

$$\delta_{t-1} = \frac{\varepsilon}{\sqrt{h_t}} \tag{4}$$

假设条件方差服从 GARCH（1，1）过程，且具有以下时变特征：

$$\sigma_{ij,t} = (1 - \theta_1 - \theta_2)\overline{\sigma}_{ij} + \theta_1\delta_{t-1}\delta'_{t-1} + \theta_2\sigma_{ij,t-1} \tag{5}$$

其中，$\overline{\sigma}_{ij}$ 为标准残差 $\delta_{it}$、$\delta_{jt}$ 的非条件协方差，来自于单变量 GARCH 模型的估计。参数 $\theta_1$ 及 $\theta_2$ 均为正数，且 $\theta_1 + \theta_2 < 1$。将条件方差—协方差矩阵 $\sigma_{ij}$ 进行如下标准化可得到 DCC：

$$\rho_t = \sigma_{ii,t}^{-1/2}\sigma_{ij,t}\sigma_{jj,t}^{-1/2} \tag{6}$$

Engle（2002）通过最大化以下似然函数以测度动态条件相关系数：

$$L_t = -\frac{1}{2}\sum_{t=1}^{T}[n\log(2\pi) + \log|D_t|^2 + \varepsilon'_t D_t^{-2}\varepsilon_t]$$

$$-\frac{1}{2}\sum_{t=1}^{T}[\log|R_t| + \varepsilon'_t R_t^{-1}\varepsilon_t - \varepsilon'_t\varepsilon_t] \tag{7}$$

我们将美国与亚洲其他经济体之间的时变相关系数分别绘制散点图，以观察其时变性，估计软件为 RATES8.0。

### 7.6.3 实证分析

#### 7.6.3.1 各市场的波动性估计

为了估计美国与亚洲各经济体股市间两两条件相关系数，首先估计各样本期下的单变量 GARCH（1，1）模型以获得各市场的波动率序列。

表 7 - 20 估计结果表明，所有参数（常数项除外）均非常显著。具体地，三个子样本期内的 GARCH 项与 ARCH 项均满足 5% 的显著性水平，大部分参数满足 1% 显著性水平。以上参数的显著性进一步支持了本文使用 CCC 模型及 DCC 模型研究金融危机的国际传染机制。

此外，方差方程的参数之和（$\alpha + \beta$）均小于 1，但非常接近于 1，表明基于 GARCH（1，1）的波动率模型能够很好地解释各市场的波动行为。由于第二个子样本期时间较短，观测值或样本容量数量相对较少，使得金融危机持续期子样本下的 GARCH 模型中的常数项及部分 ARCH 项的显著性较低。

表 7 - 20　　　　　　　　各经济体单变量 GARCH 模型估计结果

| 市场 | 系数 | 危机前子样本 | 危机持续期子样本 | 危机后子样本 |
|---|---|---|---|---|
| HK：中国香港 | ARCH | 0.1211 *** | 0.1891 ** | 0.0386 *** |
| | GARCH | 0.8190 *** | 0.7681 *** | 0.9392 *** |
| | 常数项 | 1.74E - 5 ** | 3.93E - 5 | 2.02E - 06 *** |

| 市场 | 系数 | 危机前子样本 | 危机持续期子样本 | 危机后子样本 |
|---|---|---|---|---|
| JP：日本 | ARCH | 0.0617*** | 0.1752** | 0.0938*** |
| | GARCH | 0.8958*** | 0.7878*** | 0.8216*** |
| | 常数项 | 1.26E−5** | 3.90E−5 | 1.31E−5*** |
| SG：新加坡 | ARCH | 0.1377*** | 0.0757* | 0.0813*** |
| | GARCH | 0.7894*** | 0.8655*** | 0.9049*** |
| | 常数项 | 2.00E−5 | 4.57E−5 | 1.13E−6*** |
| TW：中国台湾 | ARCH | 0.0819** | 0.2141** | 0.0450*** |
| | GARCH | 0.8421*** | 0.7130*** | 0.9374*** |
| | 常数项 | 2.61E−5 | 3.99E−5 | 1.98E−6*** |
| TH：泰国 | ARCH | 0.1489** | 0.0705*** | 0.0888*** |
| | GARCH | 0.7834*** | 0.9052*** | 0.8967*** |
| | 常数项 | 1.97E−5 | 1.61E−5 | 3.28E−6*** |
| US：美国 | ARCH | 0.0273 | 0.0694 | 0.1010*** |
| | GARCH | 0.8829*** | 0.9020*** | 0.8732*** |
| | 常数项 | 1.50E−5 | 2.82E−5 | 2.75E−6*** |
| CN：中国 | ARCH | 0.1565*** | 0.0754* | 0.0492*** |
| | GARCH | 0.7361*** | 0.8988*** | 0.9333*** |
| | 常数项 | 7.54E−5 | 2.42E−5 | 3.07E−6*** |
| ML：马来西亚 | ARCH | 0.2024*** | 0.1803* | 0.0871*** |
| | GARCH | 0.7492*** | 0.6682*** | 0.8590*** |
| | 常数项 | 1.35E−5* | 2.77E−5 | 1.97E−6*** |

注：以上估计结果来自 Eriews6.0，"***""**""*"分别表示1%、5%、10%显著性水平。

### 7.6.3.2 不变条件相关系数

表7-21是 CCC-MGARCH（1，1）模型的估计结果。表中不仅列出了美国与亚洲各经济体股票市场的条件相关系数，而且也显示了亚洲各经济体股票市场间的条件相关系数。从表7-21可以看出：第一，经济危机爆发之前，美国股市仅与新加坡股市存在显著的相关系数（0.1295），与亚洲其他经济体的相关系数非常小，且不显著。亚洲各经济体股票市场的相关系数较高且非常显著，尤其是中国股票市场与亚洲其他经济体间的相关系数均非常高，且非常显著，这表明中国在亚洲区域经济中的作用日益重要，对各经济体股市的协动性显著。第二，经济危机持续期内，美国与亚洲经济体的相关系数大幅增长，且除与日

本仍然不显著外，与其他经济体的相关系数非常显著。泰国、新加坡、中国等与美国的相关系数上升程度最高。此外，亚洲各经济体之间的相关系数在经济危机持续期内仍然保持着较高且显著的相关性。第三，在后危机时期，除个别相关系数有所上升外，其余大部分相关系数均有所回落，尤其是美国与亚洲各经济体之间的相关系数（除与日本的相关系数上升外）均有所回落，但是仍然十分显著。以上分析表明，亚洲各经济体股市在危机前、中、后均保持着较高且显著的相关性，表明存在协动性（interdependence），同时，危机期间的相关系数显著高于危机前与危机后的相关系数，表明存在美国至亚洲各经济体的股市的动态传染机制。

### 7.6.3.3 动态条件相关性

Corsetti, Pericoli 和 Sbracia（2005）认为，不同市场收益率的相关系数不是静态的，而是动态的，具有时变性。因此，进一步研究美国股票市场与亚洲各经济体股票收益率相关系数的时变性。具体地，在全样本状态下利用 DCC – MGARCH（Engle, 2002）模型测度美国股市收益率与亚洲任意股票市场收益率间的时变条件相关系数。

表 7 – 21　　　　　　　　　CCC – MGARCH（1，1）估计结果

| 危机前子样本 7/1/2007 ~ 9/14/2008 | | | | | | | |
|---|---|---|---|---|---|---|---|
| | HK | JP | SG | TW | TH | US | CN | ML |
| HK | 1.00 | | | | | | | |
| JP | 0.5872 *** | 1.00 | | | | | | |
| SG | 0.7306 *** | 0.6346 *** | 1.00 | | | | | |
| TW | 0.5836 *** | 0.6238 *** | 0.6170 *** | 1.00 | | | | |
| TH | 0.5357 *** | 0.4148 *** | 0.5431 *** | 0.4846 *** | 1.00 | | | |
| US | 0.0915 | 0.0870 | 0.1295 ** | 0.0806 | 0.0743 | 1.00 | | |
| CN | 0.8344 *** | 0.6331 *** | 0.7532 *** | 0.6120 *** | 0.5219 *** | 0.0062 | 1.00 | |
| ML | 0.4843 *** | 0.4255 *** | 0.5134 *** | 0.4688 *** | 0.4206 *** | 0.0030 | 0.5069 *** | 1.00 |
| 危机持续期子样本 9/15/2008 ~ 3/31/2009 | | | | | | | |
| HK | 1.00 | | | | | | | |
| JP | 0.6516 *** | 1.00 | | | | | | |
| SG | 0.6844 *** | 0.5447 *** | 1.00 | | | | | |
| TW | 0.5878 *** | 0.6663 *** | 0.5609 *** | 1.00 | | | | |
| TH | 0.6479 *** | 0.5541 *** | 0.7208 *** | 0.5058 *** | 1.00 | | | |
| US | 0.2768 *** | 0.1062 | 0.3609 *** | 0.1825 ** | 0.3737 *** | 1.00 | | |
| CN | 0.8602 *** | 0.6372 *** | 0.7393 *** | 0.6520 *** | 0.6546 *** | 0.3315 *** | 1.00 | |
| ML | 0.4837 *** | 0.5714 *** | 0.5878 *** | 0.5744 *** | 0.5647 *** | 0.1783 ** | 0.5805 *** | 1.00 |

续表

后危机子样本 4/1/2009 ~ 12/3/2013

| HK | 1.00 | | | | | | | |
|---|---|---|---|---|---|---|---|---|
| JP | 0.4704 *** | 1.00 | | | | | | |
| SG | 0.6775 *** | 0.4673 *** | 1.00 | | | | | |
| TW | 0.5531 *** | 0.4883 *** | 0.5725 *** | 1.00 | | | | |
| TH | 0.4974 *** | 0.3548 *** | 0.5439 *** | 0.3983 *** | 1.00 | | | |
| US | 0.2236 *** | 0.1452 *** | 0.2950 *** | 0.1501 *** | 0.1815 *** | 1.00 | | |
| CN | 0.8287 *** | 0.4903 *** | 0.6817 *** | 0.6199 *** | 0.5438 *** | 0.2185 *** | 1.00 | |
| ML | 0.4420 *** | 0.3902 *** | 0.4870 *** | 0.4535 *** | 0.4024 *** | 0.1292 *** | 0.4914 *** | 1.00 |

注：以上估计结果来自于 RATES8.0，"***""**""*"分别表示 1%、5%、10% 显著性水平。

从图 7 - 11 可以看出：第一，在经济危机持续期间（子样本 2），亚洲各经济体与美国股市收益率的相关系数显著高于经济危机前后，且存在显著的积聚效应。第二，图 7 - 11 中第 1 个阴影带呈现出先大后小的收敛波动状态，表明金融危机刚爆发时的传染性最强，而在后续的金融危机持续期内，这种传染程度趋于下降。这也表明各经济体股市对金融危机可能存在着超调现象。第三，不难看出，2011 年 6 月至 2011 年末，亚洲各经济体与美国股票市场的相关性再次上升（各图中的第 2 个阴影带），出现集聚效应，但是集聚程度小于经济危机期间。这可能是由于经济复苏过程中的二次探底及欧洲主权债务危机的影响造成，反映了经济复苏的曲折性与脆弱性。第四，美国与任意经济体的动态相关系数虽然具有时变性，但是经济危机后总是能够迅速回落至其均值附近，表明美国与各经济体的动态相关系数具有均值回归现象。

综上，金融危机期间，存在美国股市对亚洲各国或地区股市的传染机制，该结果与 Yiu 等（2010），Hwang（2012）等的研究结果一致。Yiu 等（2010），Hwang（2012）等研究结果表明[250-251]，2007 年 9 月至 2009 年 3 月，美国对中国香港、日本及新加坡存在显著的金融传染效应。但是，与其不同的是，本文的传染效应存在于两个时段，分别为 2008 年 9 月至 2009 年 3 月及 2011 年下半年。在其他时段，较高的 DCC 表明只存在协动性而非传染性。

### 7.6.3.4　传染机制的理论解释

根据实证分析，我们得到以下两个结论：美国次贷危机增强了美国股市与亚洲各经济体股市的协动性，存在美国股市到亚洲各经济体股市的传染性。其内在机理如下：

第一，基于基本面因素的传染机制，包括共同冲击、贸易关联、金融关

Dynamic Correlation Coefficient between US and Main Country in Asia

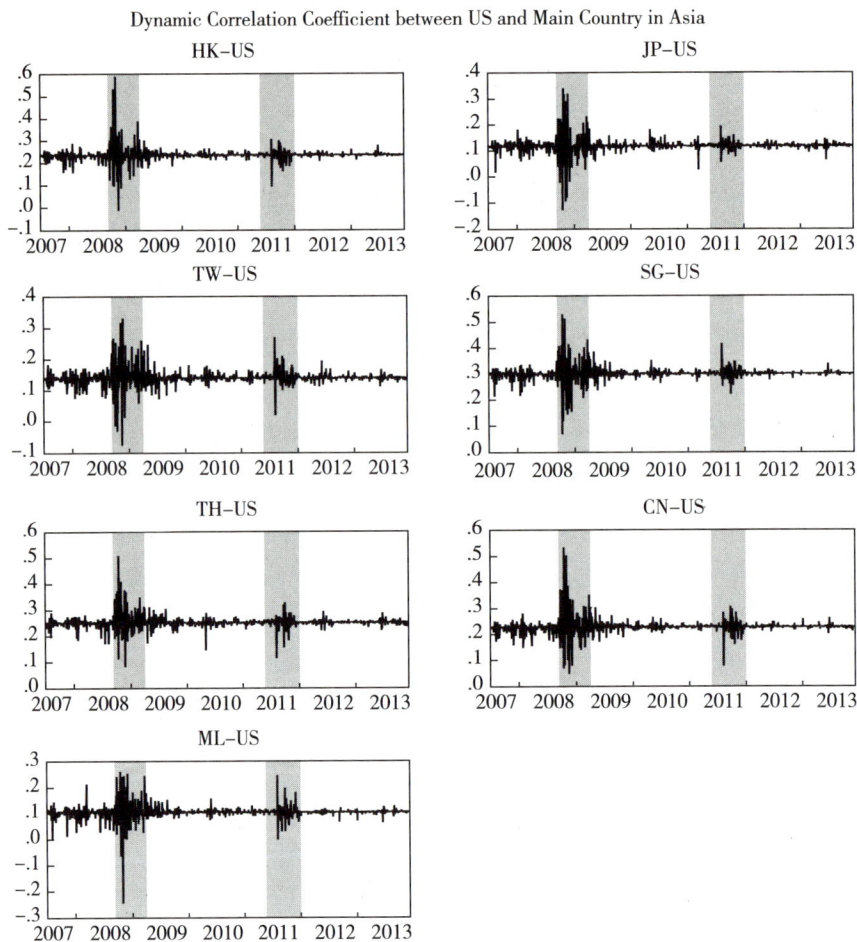

图 7 – 11　美国与亚洲主要经济体股市收益率时变相关系数

联等。

　　共同冲击可定义为触发国际市场急剧深度调整并导致大规模资本流动，使发展中国家陷入危机的全球性冲击（Dornbush 等，2001）。美国次贷危机迅速演化为全球性金融危机，全球经济陷入深入调整与衰退，正是共同冲击的例证。共同冲击的发生导致资本的跨国流动及资产价格的急剧波动，金融传染发生。

　　金融与经济全球化背景下，美国与亚洲各经济体贸易与金融关联度的上升是美国股市对亚洲各经济体股市传染的主要原因。以中国与美国为例，中美贸易额在 2007 年已经高达 3867 亿美元，占美国贸易额的 12.4%。其中，中国对美国贸易顺差高达 2563 亿美元，是美国第二大贸易伙伴国。危机爆发后，外需疲软，中国出口下滑，总需求下降，势必影响到中国股市。亚洲其他经济体（包括日本）大部分是美国的贸易顺差国，对美国的外需依赖性较强。因此，美国经济的振荡必然会通过贸易渠道传染给亚洲经济体。

同时，国际投资机构在次贷危机爆发后作出的投资组合调整也必然会直接影响各经济体股市的走势，增强了美国与亚洲各经济体股市的协同性。其次，全球产业链的延长、专业化分工与合作也必然使经济牵一发而动全身。

第二，基于非基本面因素的金融传染机制，包括流动性与激励问题、信息不对称及协调问题、多重均衡等。

无论是理性投资者还是非理性投资者，都不会阻止冲击从一个国家向其他国家传染。个体投资者的理性行为受流动性及其他条件的约束。美国次贷危机中，美国股票价格的急剧下降导致机构投资者巨额资本损失，使这些金融机构面临着较大的偿付、赎回及追加保证金压力，从而不得已出售其在其他新兴市场的有价证券，这必然导致其他新兴市场的资产价格急剧下降，传染发生。

另一个导致金融传染的原因可以归结为信息不对称及投资者期望或信念分化。在投资者没有被及时告知或无法分辨被传染经济体的真实经济特征或信息，投资者理性行为建立在不完全信息甚至错误信息的基础上。在缺少较好的信息沟通机制的情况下，一个经济基本面存在缺陷的经济体发生经济危机时，投资者的理性行为会导致具有相同或相似经济状况、具有高度经济关联的经济体也爆发经济危机，从而使金融危机传染到其他经济体。一般情况下，投资者决策的信息集往往更倾向于其他投资者所需要的信息，从而使得投资行为具有从众行为，金融危机得以传染。美国次贷危机使全球经济不确定性骤升，全球投资者的悲观情绪与跟风行为是导致美国股市与亚洲各经济体股市协同性上升的又一主要原因。行为金融学认为，投资者为有限理性且极具跟风行为，这无疑增加了全球股票市场的协同性。

此外，存在多重均衡的金融市场能够使投资者预期自我实现。当某特定市场发生金融危机时，会导致另一个新兴市场陷入或跃至一个更坏的均衡，其典型特征为本币贬值、资产价格下降、资本外流及债务违约。

### 7.6.3.5　结论

论文将研究区间划分为三个子样本，借助不变相关系数 CCC 及动态相关系数 DCC 模型对 MGARCH（1，1）进行了估计，实证检验了经济危机前、中、后三个阶段美国股市对亚洲 7 个经济体的传染机制，深入研究了美国股市与亚洲各经济体动态相关系数的时变轨迹。结果表明，金融危机持续期内的动态相关系数 DCC 显著高于金融危机前后，说明美国股市与亚洲股市的协动性在金融危机持续期内显著增强，存在着美国股票市场对亚洲 7 国或地区股市的时变动态传染性。此外，金融危机后，美国股市与亚洲各经济体股市的协动性高于危机前的协动性，可以说金融危机的爆发增强了美国与亚洲各经济体股市的协动性。最后，亚洲各经济体（地区）的股市也存在显著、强烈的协动性（interdepend-ence），美国与亚洲各国股市动态相关系数存在着显著的均值回归现象。

为此，亚洲各经济体货币当局应当构建或完善信息沟通与协调机制，增强危机信息披露，使投资者形成合理预期与决策，减少市场恐慌等因素对危机的进一步传染。各经济体在推动金融与经济一体化进程时，要特别加强金融监管，包括金融衍生品规模、结构的监管及外资流动性监管，对国际资本实施动态监控，并构建危机预警机制，防止经济危机的爆发与传染。

# 参 考 文 献

［1］刘青．基于 STAR 模型的人民币实际汇率非线性调整——兼评购买力平价检验方法［J］．宏观经济研究，2013，12：018.

［2］贾凯威．中国货币政策规则与相机抉择效应研究［D］．辽宁大学，2010.

［3］郑挺国，刘金全．区制转移形式的"泰勒规则"及其在中国货币政策中的应用［J］．经济研究，2010（3）：40－52.

［4］刘斌．稳健的最优简单货币政策规则在我国的应用［J］．金融研究，2006（4）：12－23.

［5］卞志村．泰勒规则的实证问题及在中国的检验［J］．金融研究，2006（8）：56－69.

［6］郭杰，杨杰，程栩．货币供给内生环境下财政对内需的影响研究［J］．经济理论与经济管理，2013（5）：68－81.

［7］刘青．基于 STAR 模型的人民币实际汇率非线性调整——兼评购买力平价检验方法［J］．宏观经济研究，2013，12：018.

［8］刘柏，赵振全．基于 STAR 模型的中国实际汇率非线性态势预测［J］．数量经济技术经济研究，2008，25（6）：3－11.

［9］张卫平．购买力平价非线性检验方法的进展回顾及其对人民币实际汇率的应用［J］．经济学，2007，6（4）：1277－1296.

［10］谢赤，戴克维，刘潭秋．基于 STAR 模型的人民币实际汇率行为的描述［J］．金融研究，2005（5）：51－59.

［11］贾凯威，杨洋．汇率与国际贸易关系研究：国外文献综述［J］．经济问题探索，2014（3）：165－171.

［12］徐奇渊．人民币汇率对 CPI 的传递效应分析［J］．管理世界，2012（1）：59－66.

［13］朱建平、刘璐．人民币汇率、国内总需求与通货膨胀——基于汇率传递理论的实证研究［J］．经济理论与经济管理，2012（3）：80－89.

［14］项后军，许磊．汇率传递与通货膨胀之间的关系存在中国的"本土特征"吗？［J］．金融研究，2011（11）．

［15］王永茂．2001—2006年日本量化宽松货币政策下汇率传递效应分析［J］．现代日本经济，2012（1）．

［16］刘思跃，叶苹．不同汇率制度下汇率传递时滞的实证分析——基于中国、日本、巴西、阿根廷四国数据［J］．经济评论，2011（4）．

［17］何娟文．对外贸易总量决定因素及其弹性的计量分析［J］．统计与决策，2014，14：132－135．

［18］沙文兵．汇率变动、贸易地位与人民币境外存量——基于1994—2012年月度数据的实证分析［J］．中南财经政法大学学报，2014，01：3－9＋158．

［19］谷家奎，陈守东，刘琳琳．汇率变动的贸易溢出效应：时变性与异质性分析［J］．山西财经大学学报，2014，05：1－10．

［20］邓小华，李占风．汇率变动对我国贸易收支影响研究——基于向量自回归模型分析［J］．经济学动态，2014，07：12－22．

［21］丁正良，纪成君．基于VAR模型的中国进口、出口、实际汇率与经济增长的实证研究［J］．国际贸易问题，2014，12：91－101．

［22］王君斌，郭新强．经常账户失衡、人民币汇率波动与货币政策冲击［J］．世界经济，2014，08：42－69．

［23］印梅．人民币汇率变动、出口贸易及其影响因素的再检验［J］．南通大学学报（社会科学版），2013，03：123－127．

［24］杨凯文，臧日宏．人民币汇率波动对我国国际贸易的传导效应［J］．财经问题研究，2015，02：123－129．

［25］范祚军，陆晓琴．人民币汇率变动对中国—东盟的贸易效应的实证检验［J］．国际贸易问题，2013，09：164－176．

［26］吕淑芳．人民币汇率变动对中国出口贸易影响的实证分析［J］．经济问题，2015，03：61－64＋84．

［27］曹伟，左杨．人民币汇率水平变化、汇率波动幅度对进口贸易的影响——基于省际面板数据的研究［J］．国际贸易问题，2014，07：42－52．

［28］郭维．人民币汇率与中国贸易平衡：基于汇改后数据的实证研究［J］．南方经济，2014，09：59－77．

［29］鲁晓东，张晋．人民币汇率与中国双边对外贸易：基于"S曲线"假说的检验［J］．世界经济研究，2013，07：26－32＋87－88．

[30] 冯永琦，裴祥宇．人民币实际有效汇率变动的进口贸易转型效应 [J]．世界经济研究，2014，03：21 - 26 + 87.

[31] 殷功利．人民币实际有效汇率与贸易顺差的经验分析 [J]．江西社会科学，2014，06：69 - 74.

[32] 苏海峰，陈浪南．人民币汇率变动对中国贸易收支时变性影响的实证研究——基于半参数函数化系数模型 [J]．国际金融研究，2014，02：43 - 52.

[33] 韩斌，刘园．人民币的J曲线效应——基于中国主要双边贸易市场的实证研究 [J]．国际商务（对外经济贸易大学学报），2013，03：34 - 43.

[34] 陈浪南，苏海峰．人民币汇率变动对中国出口的非对称影响研究 [J]．系统工程理论与实践，2014，09：2212 - 2219.

[35] 郑玉．人民币汇率波动与我国对外贸易的关系研究——基于对美进出口贸易的分析 [J]．价格理论与实践，2014，03：109 - 111.

[36] 毕玉江．人民币汇率波动与中国贸易顺差调整——基于主要贸易伙伴数据的实证研究 [J]．国际经贸探索，2013，12：74 - 84.

[37] 熊焰，张英，管慧娟．人民币实际有效汇率与我国对欧盟贸易关系的实证 [J]．统计与决策，2013，19：156 - 158.

[38] 马威，杨胜刚．人民币双边实际汇率与中美贸易关联的实证研究 [J]．财经理论与实践，2013，01：7 - 10.

[39] 张明龙，万方．中美贸易与人民币实际汇率关系的实证研究 [J]．河北经贸大学学报，2014，04：56 - 60.

[40] 柳向东，陈天然．人民币升值与国民收入变动对中美贸易的影响 [J]．统计与信息论坛，2014，07：41 - 46.

[41] 李富有，孙敏．人民币实际汇率变动对中日贸易影响的实证分析（2000—2011）[J]．现代日本经济，2013，02：59 - 65.

[42] 高伟刚，蓝天．人民币实际汇率及其波动对中美进出口贸易影响的实证研究——基于 VAR 模型和 VEC 模型的分析 [J]．现代管理科学，2013，03：59 - 61 + 112.

[43] 于燕．进口贸易的技术溢出效应分析——基于中国贸易伙伴国行业层面实证分析 [J]．工业技术经济，2014，04：44 - 51.

[44] 邓小华，李占风．汇率变动对我国商品贸易结构影响研究 [J]．数量经济技术经济研究，2014，08：56 - 71 + 130.

[45] 田东文，田丽婕，胡娜．汇率变化对出口增长的微观作用机制——以

中国制造业出口为例［J］．国际商务（对外经济贸易大学学报），2015，01：14－26．

［46］刘荣茂，黄丽．欧元汇率变动及对我国对欧农产品出口贸易的影响研究［J］．农业技术经济，2014，03：83－88．

［47］张伯伟，田朔．汇率波动对出口贸易的非线性影响——基于国别面板数据的研究［J］．国际贸易问题，2014，06：131－139．

［48］马飒．人民币汇率变动对中国出口企业的绩效影响［J］．南通大学学报（社会科学版），2014，06：133－137．

［49］杨凯文，臧日宏．人民币汇率波动对我国国际贸易的传导效应［J］．财经问题研究，2015，02：123－129．

［50］周东明，蒋义文．人民币升值对中国制造业出口的影响——基于产业内贸易的视角［J］．学习与实践，2013，04：22－29．

［51］郑长德，张高明．人民币地区实际有效汇率的变动及其对区域经济发展的影响［J］．广东金融学院学报，2009（1）：118－127．

［52］曾铮，陈开军．人民币实际有效汇率波动与我国地区经济增长差异［J］．数量经济与技术经济研究，2006（12）．

［53］巴曙松，吴博，朱元倩．关于实际有效汇率计算方法的比较与评述——兼论对人民币实际有效汇率指数的构建［J］．管理世界，2007（5）．

［54］张斌，徐奇渊．汇率与资本项目管制下的人民币国际化［J］．国际经济评论，2012（4）．

［55］王蕾，李晓娟．人民币汇率与股票市场收益率波动溢出效应研究［J］．科学经济社会，2012，02：45－50．

［56］赵彦志，李凤羽．国际市场冲击、名义汇率和股票市场收益——基于汇改后数据的经验研究［J］．税务与经济，2010，03：15－22．

［57］温彬，刘淳，金洪飞．宏观经济因素对中国行业股票收益率的影响［J］．财贸经济，2011，06：51－59．

［58］周虎群，李育林．国际金融危机下人民币汇率与股价联动关系研究［J］．国际金融研究，2010，08：69－76．

［59］严武，金涛．我国股价和汇率的关联：基于 VAR － MGARCH 模型的研究［J］．财贸经济，2010，02：19－24．

［60］庞晓波，李艳会．中日两国汇率与股价指数的联动性分析［J］．现代日本经济，2010，02：21－27．

[61] 冯常生. 人民币汇率波动对中国股市的影响——基于计量模型的实证检验 [J]. 经济问题, 2012, 08: 97-101.

[62] 刘莉, 万解秋. 我国股市与汇市之间关系的再检验——基于滚动时间窗口技术和阈值误差修正模型的证据 [J]. 国际金融研究, 2011, 07: 90-96.

[63] 李富国, 任鑫. 中国货币替代模型实证研究 [J]. 金融研究, 2005 (11): 46-55.

[64] 易行健. 人民币有效汇率波动对我国货币替代与资本外流影响的实证检验 [J]. 世界经济研究, 2006 (12): 40-44.

[65] 伍戈. 中国的货币需求与资产替代: 1994—2008 [J]. 经济研究, 2009 (03): 53-67.

[66] 宋金奇, 雷钦礼. 汇率变动与我国货币需求非线性误差修正 [J]. 财经研究, 2009 (02): 86-98.

[67] 万晓莉, 霍德明, 陈斌开. 中国货币需求长期是否稳定? [J]. 经济研究, 2010 (1): 39-54.

[68] 肖卫国, 袁威. 股票市场、人民币汇率与中国货币需求 [J]. 金融研究, 2011 (04): 52-64.

[69] 项后军, 孟祥飞, 潘锡泉. 开放框架下的中国货币需求函数稳定性问题研究——基于结构突变的视角 [J]. 经济评论, 2011 (05): 47-56.

[70] 蒋先玲, 刘微, 叶丙南. 汇率预期对境外人民币需求的影响 [J]. 国际金融研究, 2012 (10): 68-75.

[71] 王绍洪, 齐子漫, 陈灿平. 股票市场、汇率和房地产对中国货币需求影响的实证分析 [J]. 软科学, 2013 (03): 70-75.

[72] Sarno L. Real exchange rate behavior in the Middle East: a re-examination [J]. Economics Letters, 2000, 66 (2): 127-136.

[73] Sarno L, Taylor M P. The economics of exchange rates [M]. Cambridge University Press, 2002.

[74] Taylor M P, Peel D A, Sarno L. Nonlinear Mean - Reversion in Real Exchange Rates: Toward a Solution to the Purchasing Power Parity Puzzles [J]. International Economic Review, 2001, 42 (4): 1015-1042.

[75] Taylor A M, Taylor M P. The purchasing power parity debate [J]. J Econ Perspect, 2004, 18 (4): 135-158.

[76] Kilian L, Taylor M P. Why is it so difficult to beat the random walk forecast

of exchange rates? ［J］. Journal of International Economics, 2003, 60 (1): 85 – 107.

［77］ Bierens H J. Testing the unit root with drift hypothesis against nonlinear trend stationarity, with an application to the US price level and interest rate ［J］. Journal of Econometrics, 1997, 81 (1): 29 – 64.

［78］ Engel C, Hamilton J. Long Swings in the Dollar: Are They in the Data and Do Markets Know It? ［J］. American Economic Review, 1990, 80 (4): 689 – 713.

［79］ Sarno L, Valente G, Wohar M E. Monetary fundamentals and exchange rate dynamics under different nominal regimes ［J］. Economic Inquiry, 2004, 42 (2): 179 – 193.

［80］ Clarida R H, Waldman D. Is Bad News About Inflation Good News for the Exchange Rate? and, if so, can that tell us anything about the conduct of monetary policy? ［M］// Asset Prices and Monetary Policy. University of Chicago Press, 2008: 371 – 396.

［81］ De Grauwe P, Vansteenkiste I. Exchange rates and fundamentals: a non - linear relationship? ［J］. International journal of finance & economics, 2007, 12 (1): 37 – 54.

［82］ Frömmel M, MacDonald R, Menkhoff L. Markov switching regimes in a monetary exchange rate model ［J］. Economic Modelling, 2005, 22 (3): 485 – 502.

［83］ ENGEL C, WEST K D. Taylor Rules and the Deutschmark - Dollar Real Exchange Rate ［J］. Journal of Money, Credit & Banking (Ohio State University Press), 2006, 38 (5).

［84］ Lubik T A, Schorfheide F. Do central banks respond to exchange rate movements? A structural investigation ［J］. Journal of Monetary Economics, 2007, 54 (4): 1069 – 1087.

［85］ Zheng T, Guo H. Estimating a small open economy DSGE model with indeterminacy: Evidence from China ［J］. Economic Modelling, 2013, 31: 642 – 652.

［86］ Taylor A M. A century of purchasing – power parity ［J］. Review of Economics and Statistics, 2002, 84 (1): 139 – 150.

［87］ Lopez C, Murray C J, Papell D H. State of the art unit root tests and purchasing power parity ［J］. Journal of Money, Credit and Banking, 2005, 37 (2): 361 – 369.

[88] Rogoff K. The purchasing power parity puzzle [J] . Journal of Economic Literature, 1996: 647 –668.

[89] Baharumshah A Z, Liew V K S, Chowdhury I. Asymmetry dynamics in real exchange rates: New results on East Asian currencies [J] . International Review of Economics & Finance, 2010, 19 (4): 648 –661.

[90] Zhou S. Stationarity of Asian – Pacific real exchange rates [J] . Economics Letters, 2008, 98 (1): 16 –22.

[91] Liew V K, Baharumshah A Z, Chong T T. Are Asian real exchange rates stationary? [J] . Economics Letters, 2004, 83 (3): 313 –316.

[92] O Cushman D. Has exchange risk depressed international trade? The impact of third – country exchange risk [J] . Journal of International Money and Finance, 1986, 5 (3): 361 –379.

[93] BROLI U D O. FOREIGN PRODUCTION AND FORWARD MARKETS ∗ [J] . Australian Economic Papers, 1994, 33 (62): 1 –6.

[94] Wolf A. Import and hedging uncertainty in international trade [J] . Journal of Futures Markets, 1995, 15 (2): 101 –110.

[95] Qian Y, Varangis P. Does exchange rate volatility hinder export growth? [J] . Empirical Economics, 1994, 19 (3): 371 –396.

[96] Adler M, Dumas B. Exposure to currency risk: definition and measurement [J] . Financial Management, 1984: 41 –50.

[97] Baak S. Exchange Rate Volatility and Trade among the Asian Pacific Countries [C] //Econometric Society Far Eastern Meeting. 2004.

[98] Égert B, Morales – Zumaquero A. Exchange rate regimes, foreign exchange volatility and export performance in central and Eastern Europe [J] . Focus on European Economic Integration, 2005 (1): 76 –97.

[99] Chakrabarti G. , Sarkar A and C Sen. Volatility Spillover: A Study of India's FII, foreign exchange market and stock market 2002 –07 in Byasdeb Dasgupta et al eds. , [Z] . Globalization, foreign capital and development, Regal Publisher, New Delhi, 2010, 314 –45.

[100] Mishra A K. Stock market and foreign exchange market in India: are they related? [J] . South Asia Economic Journal, 2004, 5 (2): 209 –232.

[101] Bahmani – Oskooee M, Sohrabian A. Stock prices and the effective ex-

change rate of the dollar [J]. Applied Economics, 1992, 24 (4): 459 – 464.

[102] Granger C W J, Hyung N. Occasional structural breaks and long memory with an application to the S&P 500 absolute stock returns [J]. Journal of Empirical Finance, 2004, 11 (3): 399 – 421.

[103] Inclan C, Tiao G C. Use of cumulative sums of squares for retrospective detection of changes of variance [J]. Journal of the American Statistical Association, 1994, 89 (427): 913 – 923.

[104] Sansó A, Aragó V, Carrion J L. Testing for changes in the unconditional variance of Financial time series [J]. Revista de Economía Financiera, 2004, 4: 32 – 53.

[105] Im K S, Pesaran M H, Shin Y. Testing for unit roots in heterogeneous panels [J]. Journal of Econometrics, 2003, 115 (1): 53 – 74.

[106] Blake A P, Kapetanios G. Pure significance tests of the unit root hypothesisagainst nonlinear alternatives [J]. Journal of Time Series Analysis, 2003, 24 (3): 253 – 267.

[107] Caner M, Hansen B E. Threshold autoregression with a unit root [J]. Econometrica, 2001, 69 (6): 1555 – 1596.

[108] Kapetanios G, Shin Y, Snell A. Testing for a unit root in the nonlinear STAR framework [J]. Journal of Econometrics, 2003, 112 (2): 359 – 379.

[109] De Peretti C, Siani C, Cerrato M. An artificial neural network based heterogeneous panel unit root test in case of cross sectional independence [C] //Neural Networks, 2009. IJCNN 2009. International Joint Conference on. IEEE, 2009: 2487 – 2493.

[110] Menon J. Exchange rate pass - through [J]. Journal of Economic Surveys, 1995, 9 (2): 197 – 231.

[111] Goldfajn I, Werlang D C. The pass – through from depreciation to inflation: a panel study [J]. Banco Central de Brasil Working Paper, 2000 (5).

[112] Campa J M, Goldberg L S. Exchange rate pass – through into import prices [J]. Review of Economics and Statistics, 2005, 87 (4): 679 – 690.

[113] Rowland P. Uncovered interest parity and the USD/COP exchange rate [J]. Borradores de economía, 2002, 227.

[114] An L, Wang J. Exchange rate pass – through: Evidence based on vector

autoregression with sign restrictions [J] . Open Economies Review, 2012, 23 (2): 359 – 380.

[115] Gueorguiev N. Exchange rate pass – through in Romania [M] . International Monetary Fund, 2003.

[116] MacCarthy J. Pass – through of exchange rates and import prices to domestic inflation in some industrialized economies [R] . Staff Report, Federal Reserve Bank of New York, 1999.

[117] Dwyer, J. and K. Leong. Changes in the Determinants of Inflation in Australia [J] . Research Discussion Paper 2001 (2), Reserve Bank of Australia Economic Group.

[118] Monetary Authority of Singapore. Investigating the exchange Rate Pass – Through Relationship in Singapore [J] . Economics Department Quarterly Bulletin, Volume III Issue 3, 2001, pp. 47 – 54.

[119] Campa, J. and L. Goldberg. Exchange Rate Pass – Through into Import Prices [J] . Review of Economics and Statistics, 2005, 87 (4), pp. 679 – 690.

[120] Campa, J. , L. Goldberg, and J. Gonzalez – Minguez. Exchange Rate Pass – Through to Import Prices in the Euro Area [Z] . Banco De Espana, 2005, Working Paper 0538.

[121] Marazzi, M. and N. Sheet. Declining Exchange Rate Pass – Through to US Import Prices: The Potential Role of Global Factors [J] . Journal of International Money and Finance, 26, 2007, pp. 924 – 947.

[122] Bailliu, J. and E. Fujii. Exchange Rate Pass – Through and the Inflationary Environment in Industrialized Countries: An Empirical Investigation [Z] . Bank of Canada, 2004, Working Paper 2004 – 21.

[123] Taylor, J. Low Inflation, Pass – Through and the Pricing Power of Firms [J] . European Economic Review, 2000, June Volume 44 Issue 7, pp. 1389 – 1408.

[124] Devereux, M. and J. Yetman. Price Setting and Exchange Rate Pass – Through: Theory and Evidence [C] . In Price Adjustment and Monetary Policy, conference proceedings, 2002, Bank of Canada, Ottawa: Bank of Canada.

[125] Dornbusch, R. Exchange Rates and Prices [J] . American Economic Review, 1987 (7), pp. 93 – 106.

[126] Olivei, G. Exchange Rates and the Prices of Manufacturing Products Im-

ported into the United States ［J］. New England Economic Review, First Quarter 2002, pp. 3 – 18.

［127］ Engel, C. Expenditure Switching and Exchange – Rate Policy ［Z］. NBER Macroeconomics Annual, 2002, pp. 231 – 272.

［128］ Krugman, P. Pricing to Market when the Exchange Rate Changes ［Z］. NBER Working Papers, 1986.

［129］ Dixit, A. , and J. Stiglitz. Monopolistic Competition and Optimum Product Diversity ［J］. American Economic Review, 1977, Vol. , 67 （3）, pp. 297 – 308.

［130］ Campa, J. M. , G. – M. J. and M. Sebastiá – Barriel. Non – linear adjustment of import prices in the European Union ［Z］. 2006, Banco de España, Working Papers, 0635.

［131］ Yang, J. Is exchange rate pass – through symmetric? Evidence from US imports ［J］. Applied Economics, 2007, Vol. , 39 （2）, pp. 169 – 178.

［132］ Pollard, P. S. , and C. Coughlin. Size Matters: Asymmetric Exchange Rate Pass – Through at the Industrial Level ［Z］. Federal Reserve Bank of St. Louis, Working Paper, 2003, 029C.

［133］ Wickremasinghe, G. , and P. Silvapulle. Exchange Rate Pass – Through to Manufactured Import Prices: The Case of Japan ［J］. International Trade, 2004 （6）.

［134］ Webber, A. Dynamic and Long Run Responses of Import Prices to the Exchange Rate in the Asia – Pacific ［Z］. Economics Working Papers, 1999, WP99 – 11 （School of Economics, University of Wollongong, NSW, Australia）.

［135］ Bussière, M. Exchange rate pass – through to trade prices: the role of non – linearities and asymmetries ［Z］. European Central Bank Working Paper Series, 2007, No822.

［136］ Nogueira, R. , and M. Leon – Ledesma. Exchange Rate Pass – Through into Inflation: The Role of Asymmetries and NonLinearities ［J］. Studies in Economics, 2008 （1）.

［137］ Brouwer and Ericsson. Modelling Inflation in Australia ［Z］. Reserve Bank of Australia Research Discussion Paper, 1995, No10.

［138］ Obstfeld, Maurice and Kenneth Rogoff. "Exchange Rate Dynamics Redux ［J］. Journal of Political Economy, 1995, Vol. 103, pp. 624 – 660.

［139］Krugman, Paul, Pricing to Market when the Exchange Rate Changes ［J］. Real Financial Linkages Among Open Economies, 1987, MIT Press: Cambridge, pp. 49 – 70.

［140］Choi, Woon Gyu, and David Cook. New Keynesian Exchange Rate Pass – Through ［J］. Working Paper No. 20 08/213, International Monetary Fund.

［141］Choudhri, Ehsan U., Hamid Faruqee, and Dalia S. Hakura. Explaining the Exchange Rate Pass – Through in Different Prices ［J］. Working Paper 2002/224, International Monetary Fund.

［142］Takhtamanova, Yelena F. Understanding Changes in Exchange Rate Pass – Through ［J］. Federal Reserve Bank of San Francisco, 2008.

［143］Campa, Jose M., and Linda S. Goldberg. Exchange Rate Pass – Through into Import Prices: A Macro or Micro Phenomenon? ［J］. Staff Reports, 2002, No. 149 (New York: Federal Reserve Bank of New York).

［144］Frankel, Jeffrey, David Parsley, and Shang – Jin Wei. Slow Pass – Through around the World: A New Import for Developing Countries ［J］. Working Paper 2005 (11199), National Bureau of Economic Research.

［145］Zorzi, Michele Ca', Elke Hahn, and Marcelo Sánchez. Exchange Rate Pass – Through in Emerging Markets ［J］. Working Paper Series No. 2005/739, European Central Bank.

［146］Choudhri, Ehsan U., and Dalia S. Hakura. Exchange Rate Pass – Through to Domestic Prices: Does Inflationary Environment Matter? ［J］. Working Paper No. 2001/194, International Monetary Fund.

［147］Clark. Uncertainty, Exchange Rate Risk, and the Level of International Trade ［J］. Western Economic Journal, 1973 (11): 303 – 13.

［148］Broll and Eckwert. Exchange Rate Volatility and International Trade ［J］. Southern Economic Journal, 1999, Vol., 66: 178 – 185.

［149］IMF. Exchange Rate Volatility and World Trade ［Z］. IMF Occasional Paper 30, 1984.

［150］Krugman. Pricing to Market When the Exchange Rate Changes ［Z］. NBER Working Paper 1926, 1986, National Bureau of Economic Research.

［151］Baccheta and Wincoop. Does Exchange Rate Stability Increase Trade and Welfare? ［J］. American Economic Review, 2000, Vol., 93 (March): 42 – 55.

［152］IMF. Exchange Rate Volatility and Trade Flows － Some New Evidences ［Z］. IMF Occasional Paper 235, 2004.

［153］Chit, Myint Moe, Marian Rizov and Dirk Willenbockel. Exchange Rate Volatility and Exports: New Empirical Evidence from the Emerging East Asian Economies ［J］. World Economy, 2010, Vol. 33: 239 － 263.

［154］Peridy. Exchange Rate Volatility, Sectoral Trade and the Aggregation Bias ［J］. Review of World Economics, 2003, Vol. 139: 389 － 418.

［155］Broda, Christian and John Romalis. Identifying the Relationship between Trade and Exchange Rate Volatility ［C］. Commodity Prices and Markets East Asia Seminar on Economics, 2010, Volume 20, University of Chicago Press, 2010.

［156］Eichengreen. The Real Exchange Rate and Economic Growth ［Z］. Commission on Growth and Development Working Paper 4, 2007, World Bank.

［157］Freund, Caroline and Martha Denise Pierola. Export Surges: The Power of a Competitive Currency ［Z］. Policy Research Working Paper Series 4750, 2010, the World Bank.

［158］OECD. To What Extent Do Exchange Rates and Their Volatility Affect Trade ［Z］. TAD/TC/WP (2010a) 21/Rev. 1.

［159］OECD. To What Extent Do Exchange Rates and Their Volatility Affect Trade? The Case of Two Small Open Economies, China and New Zealand ［Z］. TAD/TC/WP (2011b) 17.

［160］Berman et al. , How Do Different Exporters React to Exchange Rate Changes? Theory, Empirics and Aggregate Implications ［J］. Quarterly Journal of Economics, 2012, Vol. 127, Issue 1 (February): 437 － 492.

［161］Irwin. The Nixon Shock after Forty Years: The Import Surcharge Revisited ［Z］. NBER Working Paper No. 17749, 2012.

［162］Meade. The theory of international economic policy, I: the balance of payment ［M］. Oxford: Oxford University Press, 1951.

［163］Hirschman. Devaluation and the trade balance: a note ［J］. Review of Economics and Statistics, 1949, Vol. 31, pp. 50 － 53.

［164］Cooper. Currency devaluation in developing countries ［J］. Essays in International Finance, 1971, No 86.

［165］Alejandro. Note on the impact of devaluation and redistributive effect

[J]. Journal of Political Economy, 1963, Vol. 71, pp. 577 – 580.

[166] Bruno. Stabilization and stagflation in a semi – industrialized economy [J]. International Economic Policy, 1979.

[167] Krugman and Taylor. Contractionary effects of devaluation [J]. Journal of International Economics, 1978 (9): 445 – 456.

[168] Gylfason and Schmid. Does devaluation cause stagflation? [J]. Canadian Journal of Economics, 1983 (9): 641 – 654.

[169] Tony Makin and Alex Robson. Comparing Capital and Trade Weighted Measures of Australia's Effective Exchange Rate [J]. Pacific Economic Review, 1999 (4): 203 – 214.

[170] IMF. World Economic Outlook [Z]. http: //www. imf. org.

[171] Dimitrios Serenisa & Nicholas Tsounis. A new approach for measuring volatility of the exchange rate [J]. Procedia Economics and Finance, 2012 (12).

[172] McKillop, A. Oil Prices, Economic Growth and World Oil Demand [J]. Middle East Economic Survey, 2004, VOL. XLVII No 35.

[173] Guo. The Impact of Oil Price Shock and Exchange Rate Volatility on Economic Growth: A Comparative Analysis for Russia Japan and China [J]. Research Journal of International Studies, 2008 (8), pp. 98 – 111.

[174] Schnabl, Gunther. Exchange Rate Volatility and Growth in Small Open Economies at the EMU Periphery [Z]. ECB Working Paper Series, 2005 (7). No. 773.

[175] Frankel Rose. An Estimate of the Effect of Common Currencies on Trade and Income [J]. Quarterly Journal of Economics, 2002, Vol117, pp. 437 – 66.

[176] Hamilton, James D. Oil and the Macroeconomy since World War II [J]. Journal of Political Economy, 1983, Vol 91, pp. 228 – 248.

[177] Hooker, Mark A. What Happened to the Oil Price – Macroeconomy [J]. Journal of Econometrics, 1994 (3), Vol31, pp. 307 – 27.

[178] Gounder, R. and M. Bartleet. Oil price shocks and economic growth: Evidence for New Zealand, 1989 – 2006 [C]. Paper presented at the New Zealand Association of Economist Annual Conference, 2007 (6), Christchurch, 27th to 29th June.

[179] Claessens S, Forbes K. International financial contagion: An overview of

the issues and the book [M] //International financial contagion. Springer US, 2001: 3 - 17.

[180] Wolf H C. Determinants of emerging market correlations [M] //Emerging Market Capital Flows. Springer US, 1998: 219 - 235.

[181] Forbes K J, Rigobon R. No contagion, only interdependence: measuring stock market comovements [J]. The Journal of Finance, 2002, 57 (5): 2223 - 2261.

[182] Pretorius E. Economic determinants of emerging stock market interdependence [J]. Emerging Markets Review, 2002, 3 (1): 84 - 105.

[183] Corsetti G, Pericoli M, Sbracia M. Correlation analysis of financial contagion [J]. Financial Contagion: The Viral Threat to the Wealth of Nations, 2011: 11 - 20.

[184] Forbes K, Rigobon R. Measuring contagion: conceptual and empirical issues [M] //International financial contagion. Springer US, 2001: 43 - 66.

[185] Calvo S, Reinhart C. Capital Flows to Latin America: Is There Evidence of Contagion Effects? [J]. World Bank Policy Research Working Paper, 1996 (1619).

[186] Dornbusch R, Park Y C, Claessens S. Contagion: understanding how it spreads [J]. The World Bank Research Observer, 2000, 15 (2): 177 - 197.

[187] Corsetti G, Pesenti P, Roubini N. The Asian crisis: an overview of the empirical evidence and policy debate [J]. The Asian financial crisis: Causes, contagion and consequences, 1999: 127 - 66.

[188] King M A, Wadhwani S. Transmission of volatility between stock markets [J]. Review of Financial Studies, 1990, 3 (1): 5 - 33.

[189] Lee S B, Kim K J. Does the October 1987 crash strengthen the co - movements among national stock markets [J]. Review of Financial Economics, 1993, 3 (1): 89 - 102.

[190] Baig T, Goldfajn I. Financial Market Contagion in the Asian Crisis (EPub) [M]. International Monetary Fund, 1998.

[191] Hamao Y, Masulis R W, Ng V. Correlations in price changes and volatility across international stock markets [J]. Review of Financial Studies, 1990, 3 (2): 281 - 307.

［192］ Chou R Y T, Ng V, Pi L K. Cointegration of international stock market indices ［R］. International Monetary Fund, 1994.

［193］ Engle R. Dynamic conditional correlation: A simple class of multivariate generalized autoregressive conditional heteroskedasticity models ［J］. Journal of Business & Economic Statistics, 2002, 20 （3）: 339 – 350.

［194］ Thong J, Nicklas S. International Equity Correlations, Integration and Contagion ［J］. Integration and Contagion （September 13, 2012）, 2012.

［195］ Dajcman S, Festic M, Kavkler A. Comovement between Central and Eeastern European and Developed European Stock Markets: Scale Based Wavelet Analysis ［J］. Actual Problems of Economics/Aktual΄ni Problemi Ekonomìki, 2012, 129 （3）.

［196］ Huang B N, Yang C W, Hu J W S. Causality and cointegration of stock markets among the United States, Japan and the South China Growth Triangle ［J］. International Review of Financial Analysis, 2000, 9 （3）: 281 – 297.

［197］ Syriopoulos T, Roumpis E. Dynamic correlations and volatility effects in the Balkan equity markets ［J］. Journal of International Financial Markets, Institutions and Money, 2009, 19 （4）: 565 – 587.

［198］ Elyasiani E, Perera P, Puri T N. Interdependence and dynamic linkages between stock markets of Sri Lanka and its trading partners ［J］. Journal of Multinational Financial Management, 1998, 8 （1）: 89 – 101.

［199］ Qiao Z, Chiang T C, Wong W K. Long – run equilibrium, short – term adjustment, and spillover effects across Chinese segmented stock markets and the Hong Kong stock market ［J］. Journal of International Financial Markets, Institutions and Money, 2008, 18 （5）: 425 – 437.

［200］ Ratanapakorn O, Sharma S C. Interrelationships among regional stock indices ［J］. Review of Financial Economics, 2002, 11 （2）: 91 – 108.

［201］ Raj J, Dhal S. Integration of India's stock market with global and major regionalmarkets ［J］. Bank for International Settlements Press & Communications CH 4002 Basel, Switzerland, 2008: 202.

［202］ Jang H, Sul W. The Asian financial crisis and the co – movement of Asian stock markets ［J］. Journal of Asian Economics, 2002, 13 （1）: 94 – 104.

［203］ Chen G, Firth M, Meng Rui O. Stock market linkages: evidence from

Latin America [J]. Journal of Banking & Finance, 2002, 26 (6): 1113 – 1141.

[204] Chelley – Steeley P. Equity market integration in the Asia – Pacific region: A smooth transition analysis [J]. International Review of Financial Analysis, 2004, 13 (5): 621 – 632.

[205] Chi J, Li K, Young M. Financial integration in East Asian equity markets [J]. Pacific Economic Review, 2006, 11 (4): 513 – 526.

[206] Jilber Urbina. Contagion or Interdependence in the recent Global Financial Crisis? An application to the stock markets using unconditional cross – market correlations [J]. CREIP Working Paper, 2013 (11): 1 – 22.

[207] Shin Y, Yu B, Greenwood – Nimmo M. Modelling asymmetric cointegration and dynamic multipliers in a nonlinear ARDL framework [J]. Available at SSRN 1807745, 2011.

[208] Bollerslev T, Engle R F, Wooldridge J M. A capital asset pricing model with time – varying covariances [J]. The Journal of Political Economy, 1988: 116 – 131.

[209] Bollerslev T. Modelling the coherence in short – run nominal exchange rates: a multivariate generalized ARCH model [J]. The Review of Economics and Statistics, 1990: 498 – 505.

[210] Pitt M, Shephard N. Time varying covariances: a factor stochastic volatility approach [J]. Bayesian Statistics, 1999, 6: 547 – 570.

[211] Dornbusch R, Fischer S. Exchange rates and the current account [J]. The American Economic Review, 1980, 70 (5): 960 – 971.

[212] Frankel J A. Monetary and portfolio – balance models of exchange rate determination [M]. University of California, Berkeley, Department of Economics, 1987.

[213] Ross S A. Information and volatility: The no - arbitrage martingale approach to timing and resolution irrelevancy [J]. The Journal of Finance, 1989, 44 (1): 1 – 17.

[214] Kanas A. Volatility spillovers between stock returns and exchange rate changes: International evidence [J]. Journal of Business Finance & Accounting, 2000, 27 (3 - 4): 447 – 467.

[215] Yang S Y, Doong S C. Price and volatility spillovers between stock prices

and exchange rates: empirical evidence from the G – 7 countries [J] . International Journal of Business and Economics, 2004, 3 (2): 139 – 153.

[216] Tai C S. Market integration and contagion: Evidence from Asian emerging stock and foreign exchange markets [J] . Emerging Markets Review, 2007, 8 (4): 264 – 283.

[217] Apergis N, Rezitis A. Asymmetric Cross - market Volatility Spillovers: Evidence from Daily Data on Equity and Foreign Exchange Markets [J] . The Manchester School, 2001, 69 (s1): 81 – 96.

[218] Yang Y L, Chang C L. A double – threshold GARCH model of stock market and currency shocks on stock returns [J] . Mathematics and Computers in Simulation, 2008, 79 (3): 458 – 474.

[219] Wu, Ruey – Shan. International Transmission Effect of Volatility between the Financial Markets during the Asian Financial Crisis [J] . Transition Studies Review, 2005, 12: 19 – 35.

[220] Zhao, Hua. Dynamic Relationship between Exchange Rate and Stock Price: Evidence from China [J] . Research in International Business and Finance, 2010, 24: 103 – 112.

[221] Lee, Keun Yeong. The Impact of International Financial Shocks on the Volatility of Domestic Financial Market [J] . Journal of Money & Finance, 2010, 24 (4): 49 – 85.

[222] Bollerslev T. Generalized autoregressive conditional heteroskedasticity [J] . Journal of Econometrics, 1986, 31 (3): 307 – 327.

[223] Bauwens L, Laurent S, Rombouts J V K. Multivariate GARCH models: a survey [J] . Journal of Applied Econometrics, 2006, 21 (1): 79 – 109.

[224] Kang S H, Yoon S M. Price and Volatility Transmission between ADRs and Their Underlying Stocks: Evidence from the Korean Case [J] . Korea and the World Economy, 2011, 12: 99 – 116.

[225] Engle R F, Ng V K. Measuring and testing the impact of news on volatility [J] . The Journal of Finance, 1993, 48 (5): 1749 – 1778.

[226] Kroner K E, Ng V K. Modeling asymmetric comovements of asset returns [J] . Review of Financial Studies, 1998, 11 (4): 817 – 844.

[227] Mundell R A. Capital mobility and stabilization policy under fixed and

flexible exchange rates [J] . Canadian Journal of Economics and Political Science, 1963: 475 –485.

[228] Arango S, Ishaq Nadiri M. Demand for money in open economies [J] . Journal of Monetary Economics, 1981, 7 (1): 69 –83.

[229] Bahmani – Oskooee M, Pourheydarian M. Exchange rate sensitivity of demand for money and effectiveness of fiscal and monetary policies [J] . Applied Economics, 1990, 22 (7): 917 –925.

[230] Mcgibany JM, Nourzad F. Exchange rate volatility and the demand for money in the U. S [J] . International Review of Econmic Finance, 1995, 4: 411 – 425.

[231] Sachs J, Tornell A, Velasco A. Financial crises in emerging markets: the lessons from 1995 [R] . National Bureau of Economic Research, 1996.

[232] Baig T, Goldfajn I. Financial Market Contagion in the Asian Crisis (EPub) [M] . International Monetary Fund, 1998.

[233] Forbes K J, Rigobon R. Nocontagion, only interdependence: measuring stock market comovements [J] . The Journal of Finance, 2002, 57 (5): 2 223 –2261.

[234] Bordo M D, Murshid A P. Are Financial Crises Becoming More Contagious? What is the Historical Evidence on Contagion? [M] //International Financial Contagion. Springer US, 2001: 367 –403.

[235] Basu R. Financial contagion and investor learning: an empirical investigation [M] . International Monetary Fund, 2002.

[236] Corsetti G, Pericoli M, Sbracia M. 'Some contagion, some interdependence': More pitfalls in tests of financial contagion [J] . Journal of International Money and Finance, 2005, 24 (8): 1177 –1199.

[237] Froot K A, O' connell P G J, Seasholes M S. The portfolio flows of international investors [J] . Journal of Financial Economics, 2001, 59 (2): 151 –193.

[238] Billio M, Pelizzon L. Contagion and interdependence in stock markets: Have they been misdiagnosed? [J] . Journal of Economics and Business, 2003, 55 (5): 405 –426.

[239] Neter J, Kutner M H, Nachtsheim C J, et al. Applied linear statistical methods [J] . Irwin, Chicago, 1996.

［240］Dooley M, Hutchison M. Transmission of the US subprime crisis to emerging markets: Evidence on the decoupling – recoupling hypothesis ［J］. Journal of International Money and Finance, 2009, 28 (8): 1331 –1349.

［241］Markwat T, Kole E, Van Dijk D. Contagion asa domino effect in global stock markets ［J］. Journal of Banking & Finance, 2009, 33 (11): 1996 –2012.

［242］Bartram S M, Bodnar G M. No place to hide: The global crisis in equity markets in 2008/2009 ［J］. Journal of International Money and Finance, 2009, 28 (8): 1246 –1292.

［243］Claessens S, Dell' Ariccia G, Igan D, et al. Cross - country experiences and policy implications from the global financial crisis ［J］. Economic Policy, 2010, 25 (62): 267 –293.

［244］ALLEN, F. and CARLETTI, E. An Overview of the Crisis: Causes, Consequences, and Solutions ［J］. International Review of Finance, 2010, 10 (1): 1 – 26.

［245］Gklezakou T, Mylonakis J. Links and interdependence of developed stock markets under global economic crisis conditions ［J］. Journal of Financial Services Marketing, 2010, 14 (4): 314 –327.

［246］Guo F, Chen C R, Huang Y S. Markets contagion during financial crisis: A regime – switching approach ［J］. International Review of Economics & Finance, 2011, 20 (1): 95 –109.

［247］Mishkin F S. Over the Cliff: From the Subprime to the Global Financial Crisis ［J］. The Journal of Economic Perspectives, 2011, 25 (1): 49 –70.

［248］Forbes K J, Rigobon R. No contagion, only interdependence: measuring stock market comovements ［J］. The Journal of Finance, 2002, 57 (5): 2223 –2261.

［249］Dornbusch R, Park Y C, Claessens S. Contagion: understanding how it spreads ［J］. The World Bank Research Observer, 2000, 15 (2): 177 –197.

［250］Yiu M S, Alex Ho W Y, Choi D F. Dynamic correlation analysis of financial contagion in Asian markets in global financial turmoil ［J］. Applied Financial Economics, 2010, 20 (4): 345 –354.

［251］Hwang J K. Dynamic Correlation Analysis of Asian Stock Markets ［J］. International Advances in Economic Research, 2012, 18 (2): 227 –237.

# 后　记

　　2007 年次贷危机以来，我国资本市场开放水平更加提高，多层次的资本市场体系逐步完善，人民币离岸中心数量逐渐上升，人民币的国际结算角色日益凸显，外汇交易工具日益丰富，这些变化必将丰富人民币汇率波动效应的研究。其中一个重要的研究方向就是，伴随着人民币国际化进程的推进，人民币汇率波动的溢出效应及人民币汇率波动的危机传染机制有待于进一步深入研究，这也成为本课题的后续研究方向。

　　本书的立项、撰写与出版均得到了辽宁省教育厅 2012 科学研究项目（W2012047）、辽宁省财政科研基金项目（14D001）的资助，也是辽宁省教育厅科学研究项目（W2012047）的研究成果之一，这里对两个项目的资助表示感谢。

贾凯威

**2015 年 4 月 18 日**